Harald Mante **DAS FOTO**

BILDAUFBAU UND FARBDESIGN

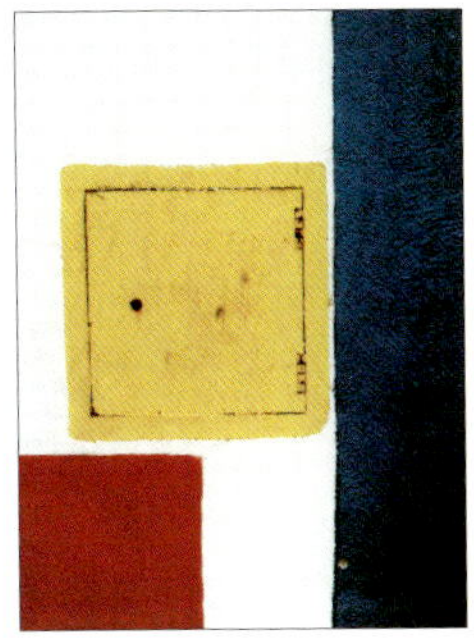

VERLAG PHOTOGRAPHIE

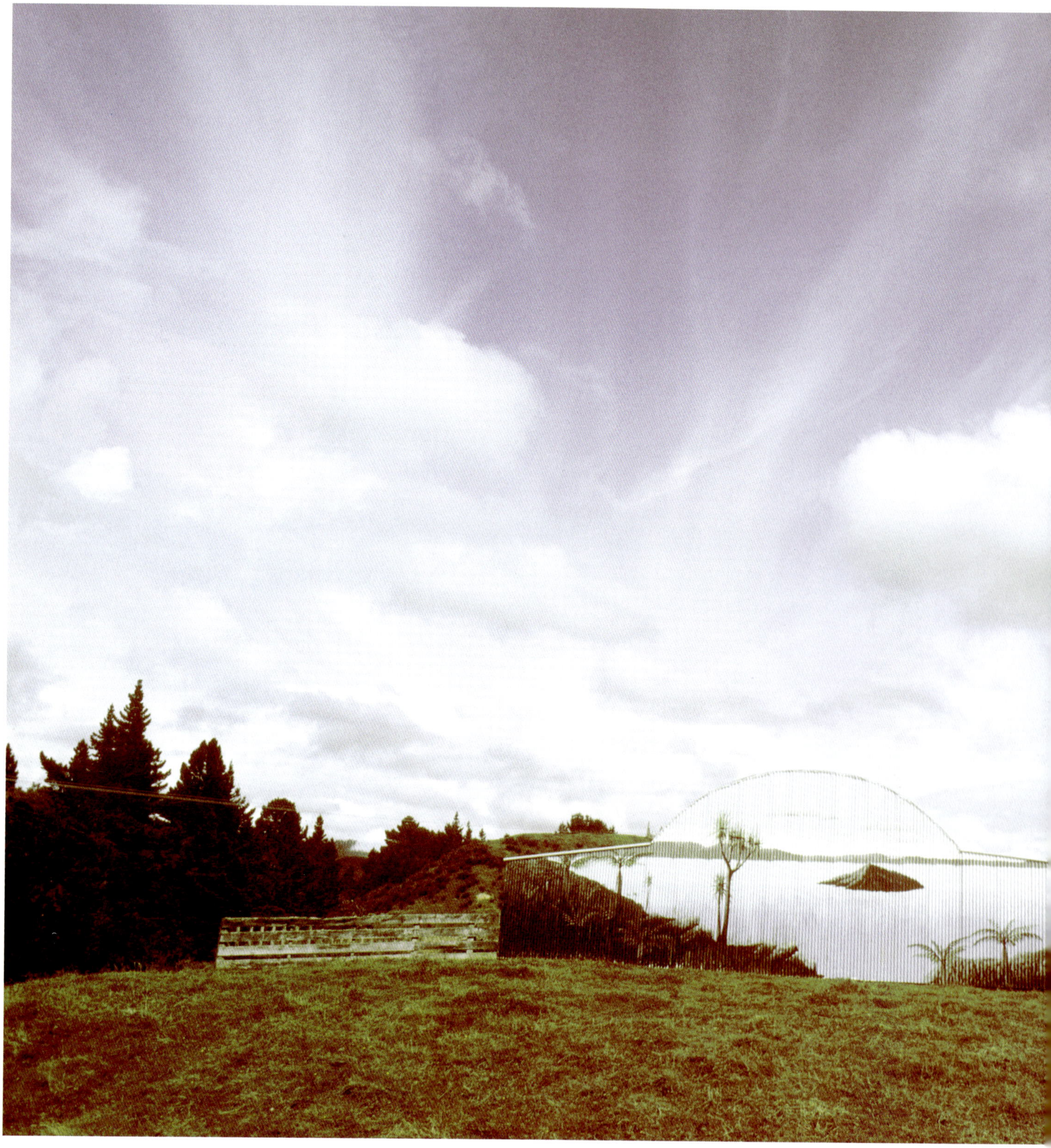

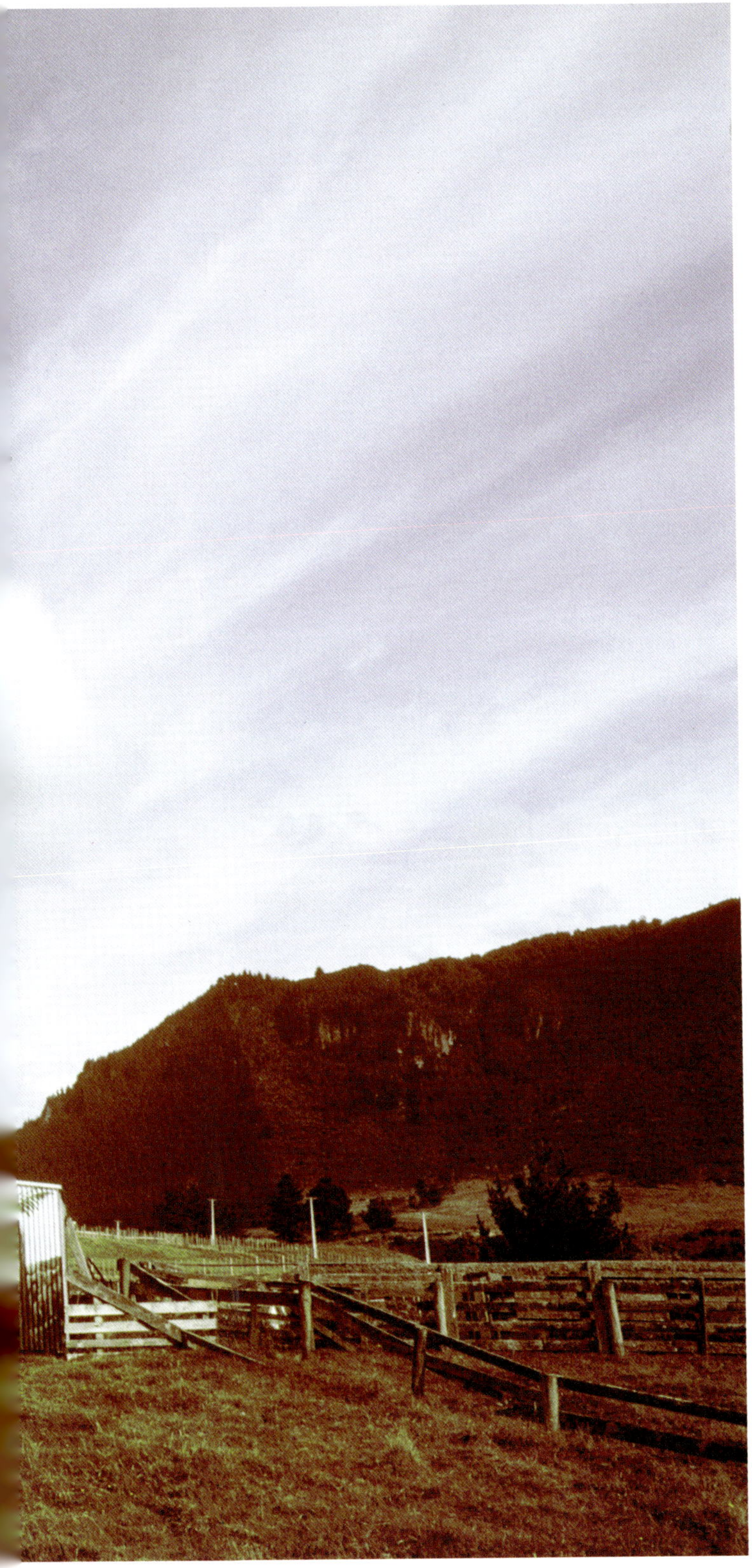

Harald Mante

DAS FOTO

Bildaufbau und Farbdesign

VERLAG PHOTOGRAPHIE

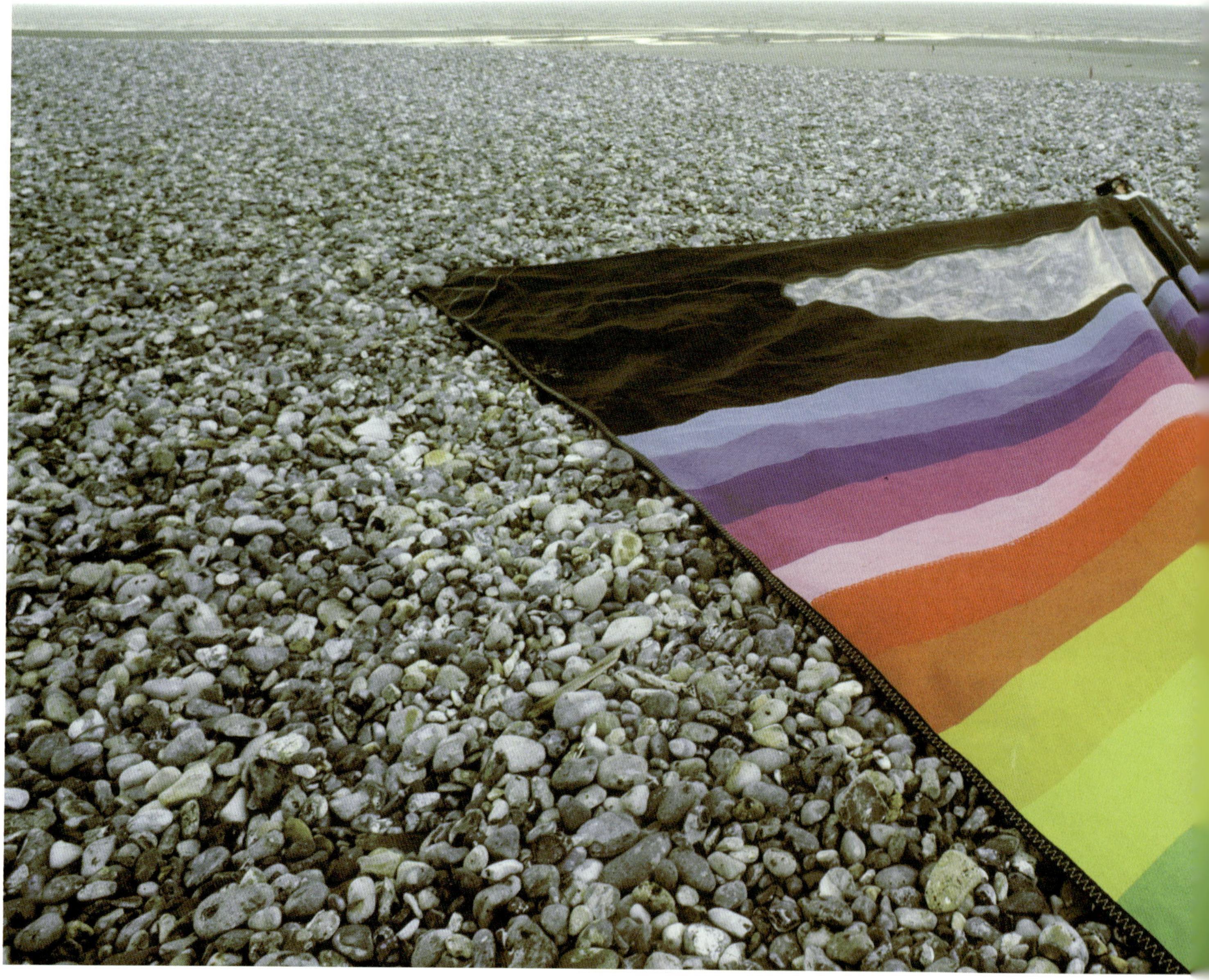

Aufnahme auf Seite 140, Abb. 7, von Eva Witter, alle übrigen Aufnahmen und Grafiken vom Autor.
Ein besonderer Dank an Eva Witter für ihre intensive redaktionelle Mitarbeit.

Printed in Germany

ISBN 3-933131-56-1

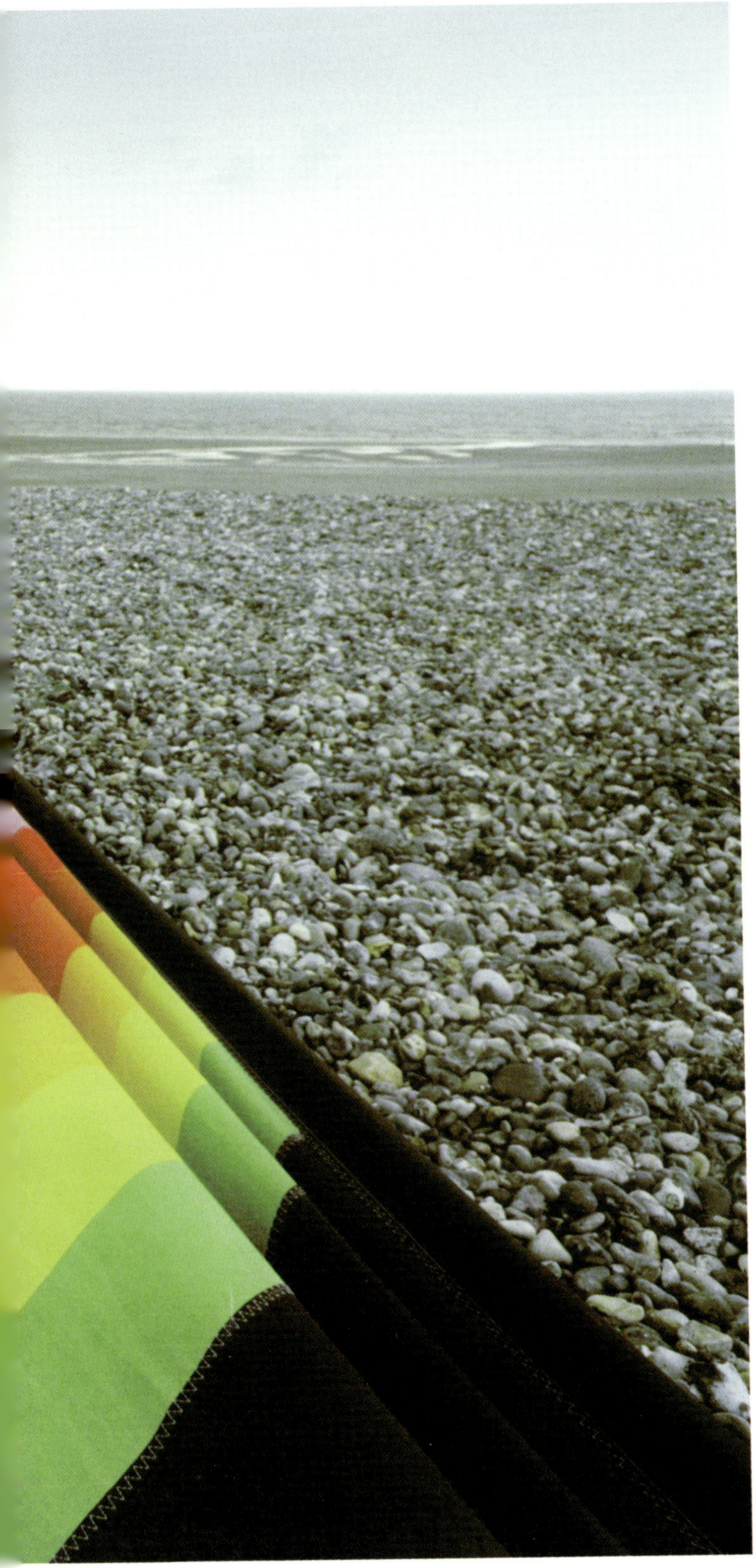

Inhalt

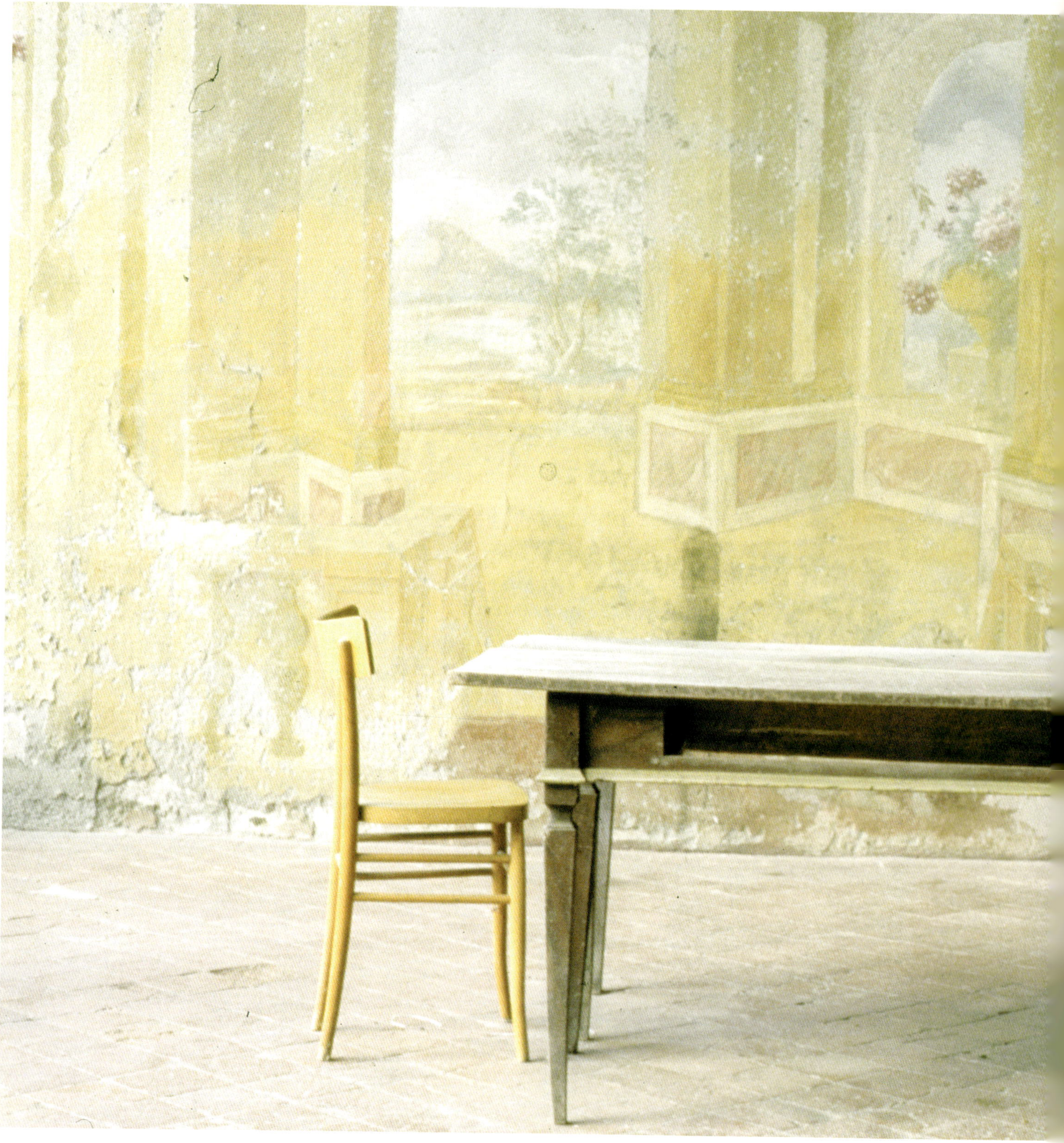

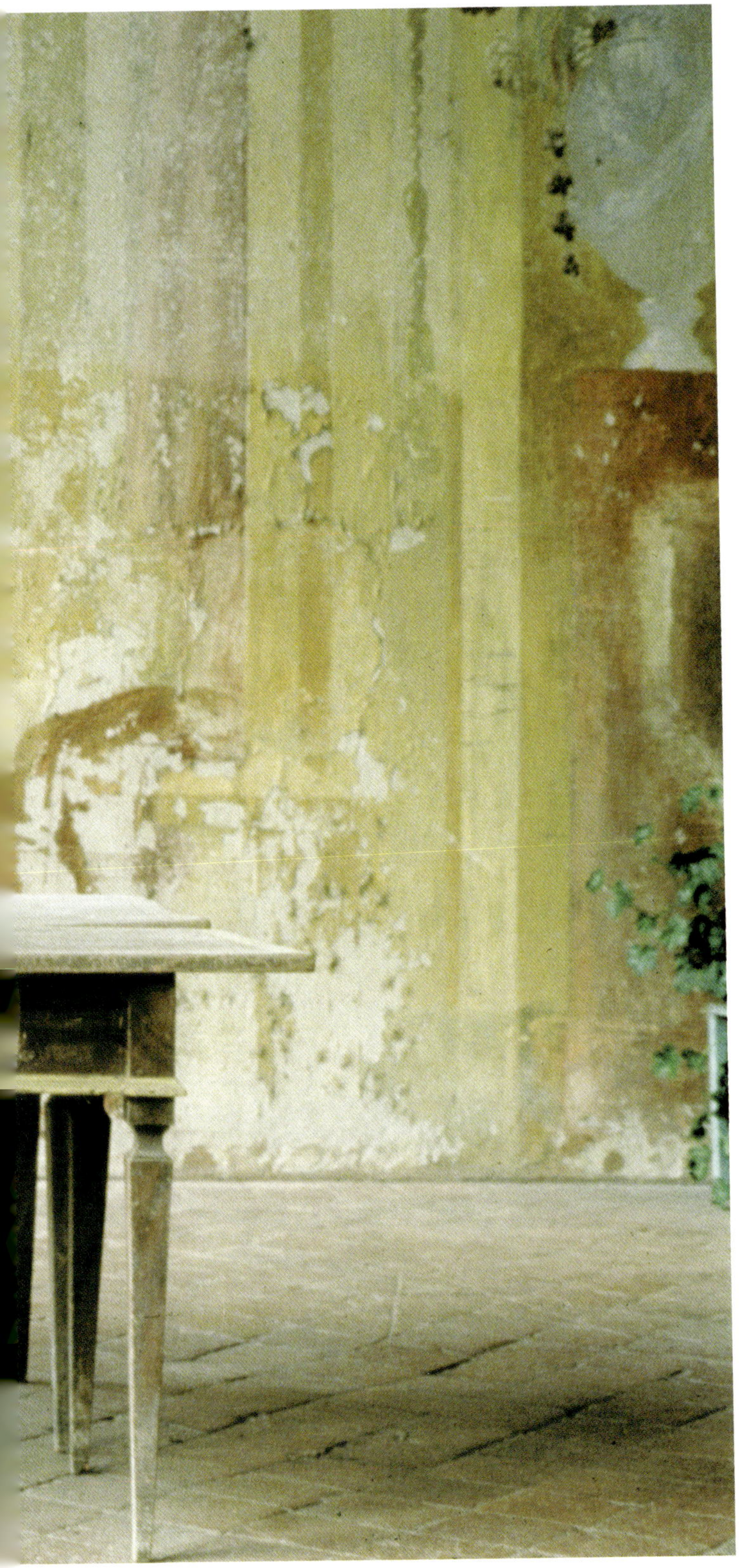

Kein Bildinhalt ohne Gestaltung

Unabhängig vom Inhalt und von der Bedeutung bezieht jedes Bild seine optische Wirkung durch die Elemente der Gestaltung und der Farbgebung. Eine gute Bildkomposition unterstreicht den Bildinhalt ohne selbst aufdringlich zu sein.

Die Lehrer des Bauhauses - und später deren Schüler - haben sich sehr intensiv mit allen Problemen von Punkt, Linie, Fläche und Farbe auseinandergesetzt. Diese Lehren habe ich nach einem Studium der angewandten Malerei mit den Büchern »Bildaufbau - Gestaltung in der Fotografie« (1969) und »FARB-DESIGN in der Fotografie« (1970) auf das Medium Fotografie übertragen.

Allen Porter (Camera) schreibt im Vorwort zu »Bildaufbau«: »Man sucht nach Wegen die Fotografie zu erlernen wie andere Kunstübungen, aber auf der Beherrschung der Technik allein kann keine Kunst bestehen. Ziel und Absicht in der Plazierung, Verteilung und Ordnung von Linie, Raum, Tiefe und anderen Faktoren sind es, worum wir uns bei einem schöpferischen Bild bemühen müssen.« und »Ich habe in meinem Unterricht oft die Notwendigkeit gespürt ein solches Buch zu haben, damit der Lernende seine eigenen Arbeiten nach einem bewussten Gestaltungskonzept verwirklicht und nicht nur in der »Nachahmung des Lehrers«.« Im Vorwort zum »FARB-DESIGN« sagt Karl Pawek: »Farbfotografie ist gegenüber der Schwarz-Weiß-Fotografie ein völlig neues »Werk« mit neuen Gestaltungsansprüchen. Wer Farbaufnahmen macht, will mit der Farbe etwas erreichen. Die Farbe hat daher in der Fotografie eine ganz neue Dimension des Gestalterischen eröffnet, sie hat in die Fotografie etwas hinein gebracht, was vorher höchstens ein Mißverständnis der Kunstfotografen war: das Design.« und »Wenn

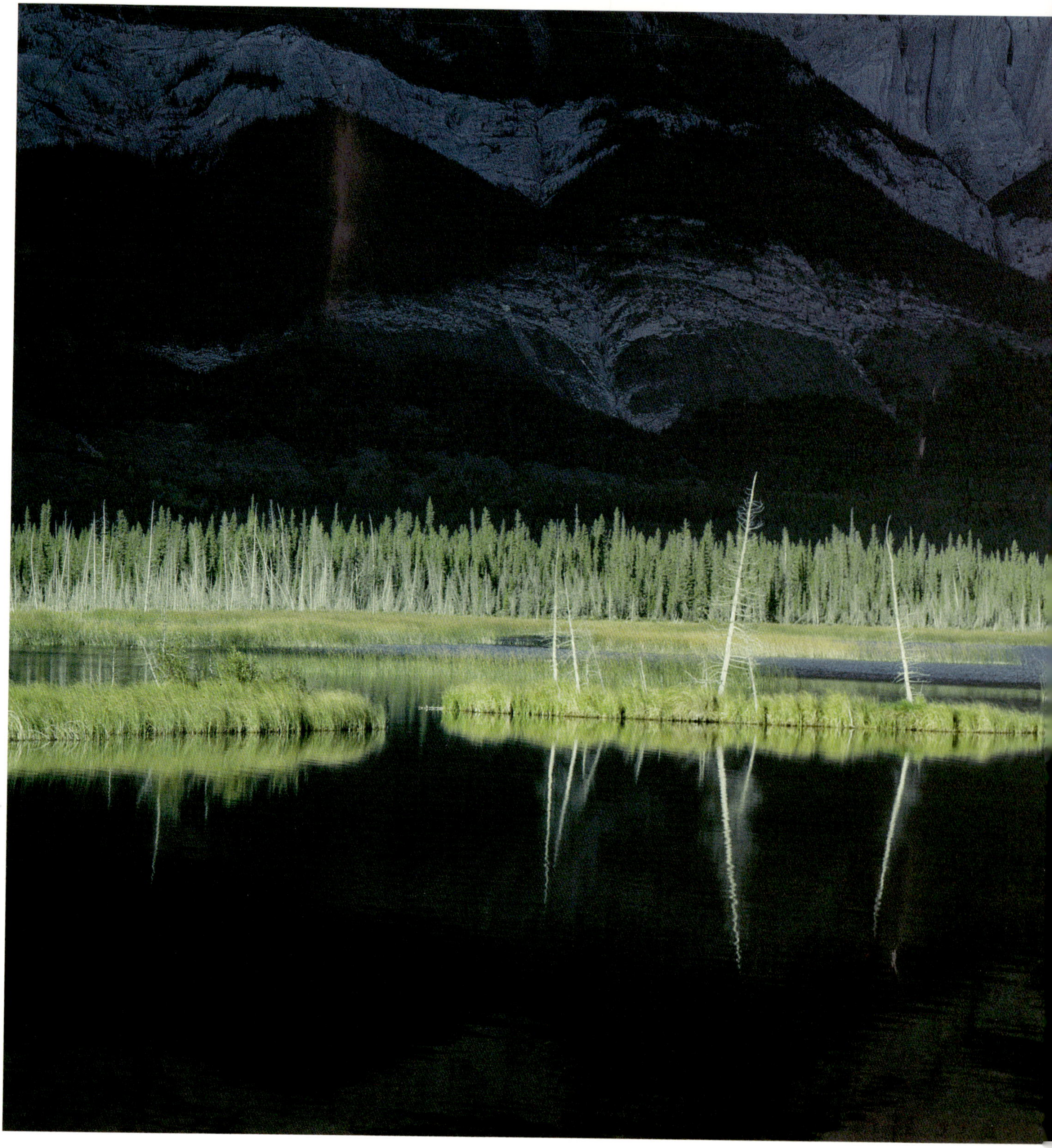

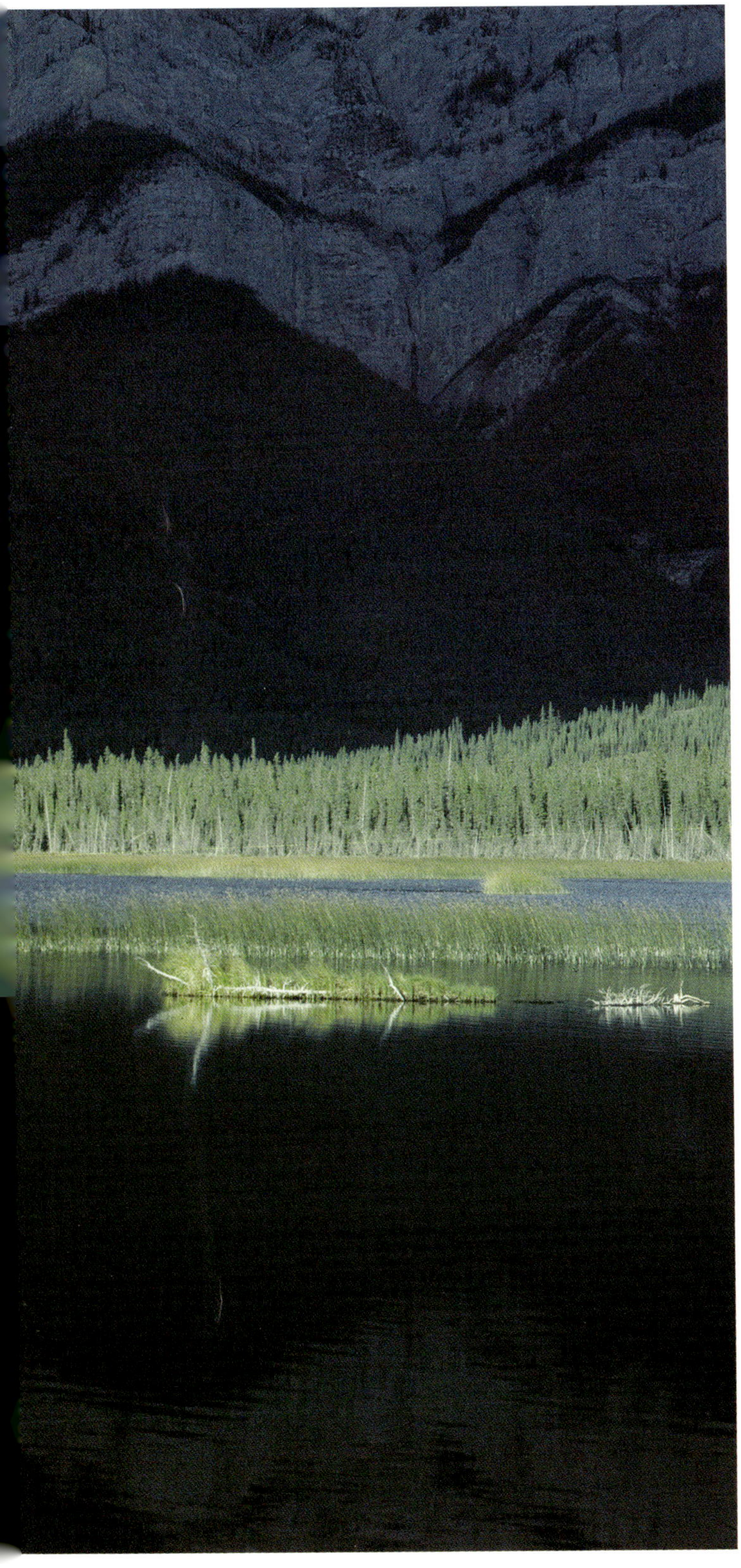

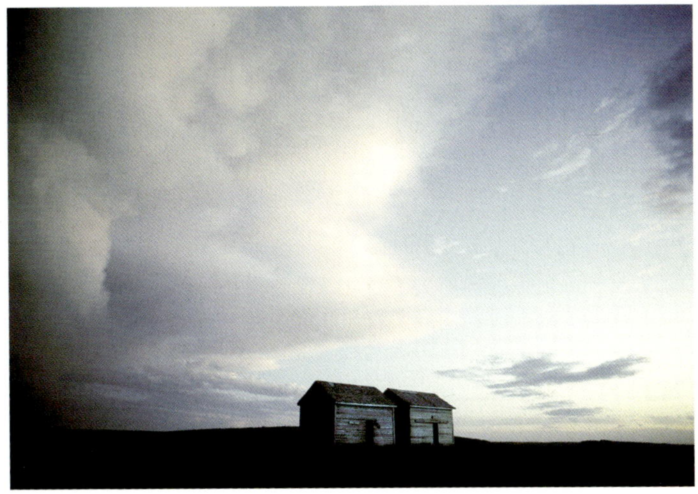

Farbfotografie nicht völlig sinnlos sein soll und nicht ausschließlich in der Imitation gängiger Leitbilder bestehen soll, wenn es den sich selbst entfaltenden Farbfotografen geben soll, dann muß er die Gesetze des Farb-Design erlernen«.Langjährige Lehre und ständiges unabhängiges Fotografieren haben meine Kenntnisse erweitert und mir bewusst gemacht wie sehr sich Gestaltung und Farbgebung verzahnen.

Gibt es eine Gebrauchsanweisung für gute Bilder ? Eine Frage, die nicht einfach mit ja oder nein zu beantworten ist, denn die Antwort liegt irgendwo dazwischen. Dazwischen, weil jedes Bild immer zwei Ebenen der Beurteilung hat – die Ebene »Inhalt und Aussage« mit den Bereichen des rationalen Erkennens und des emotionalen Reagierens und die Ebene »Qualität der Gestaltung« mit den Bereichen Bildaufbau und Farbdesign. Bildinhalte werden vom Betrachter nicht nach Qualität, sondern nach Informationsgehalt und dem Interesse an dieser Information gemessen. Grob eingeteilt in sehr interessanter, interessanter, weniger interessanter und uninteressanter Bildinhalt – immer aus der Perspektive des jeweiligen Betrachters. Bildinhalte können zudem auch informativ, belehrend, dramatisch, belustigend, erschütternd,

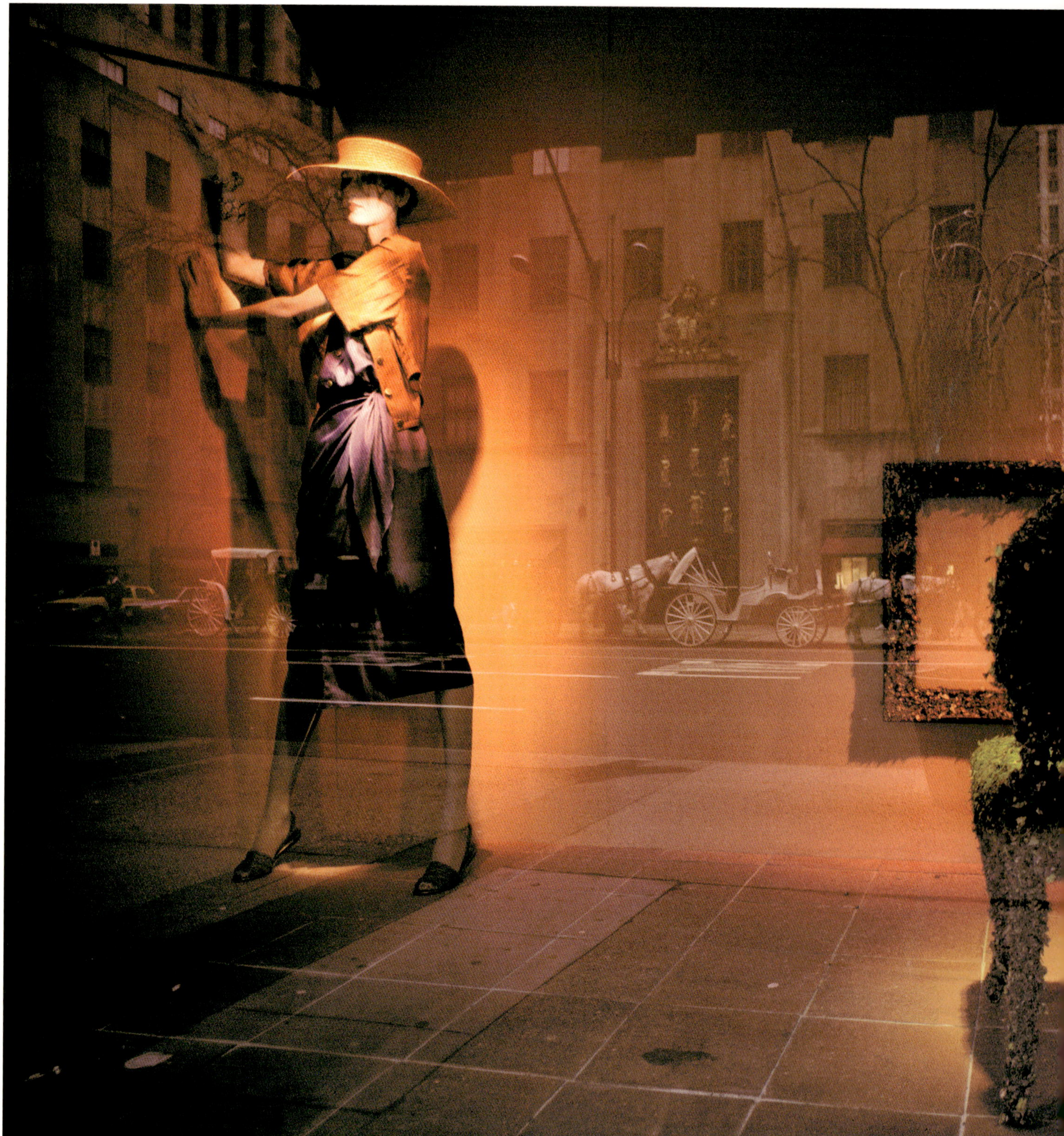

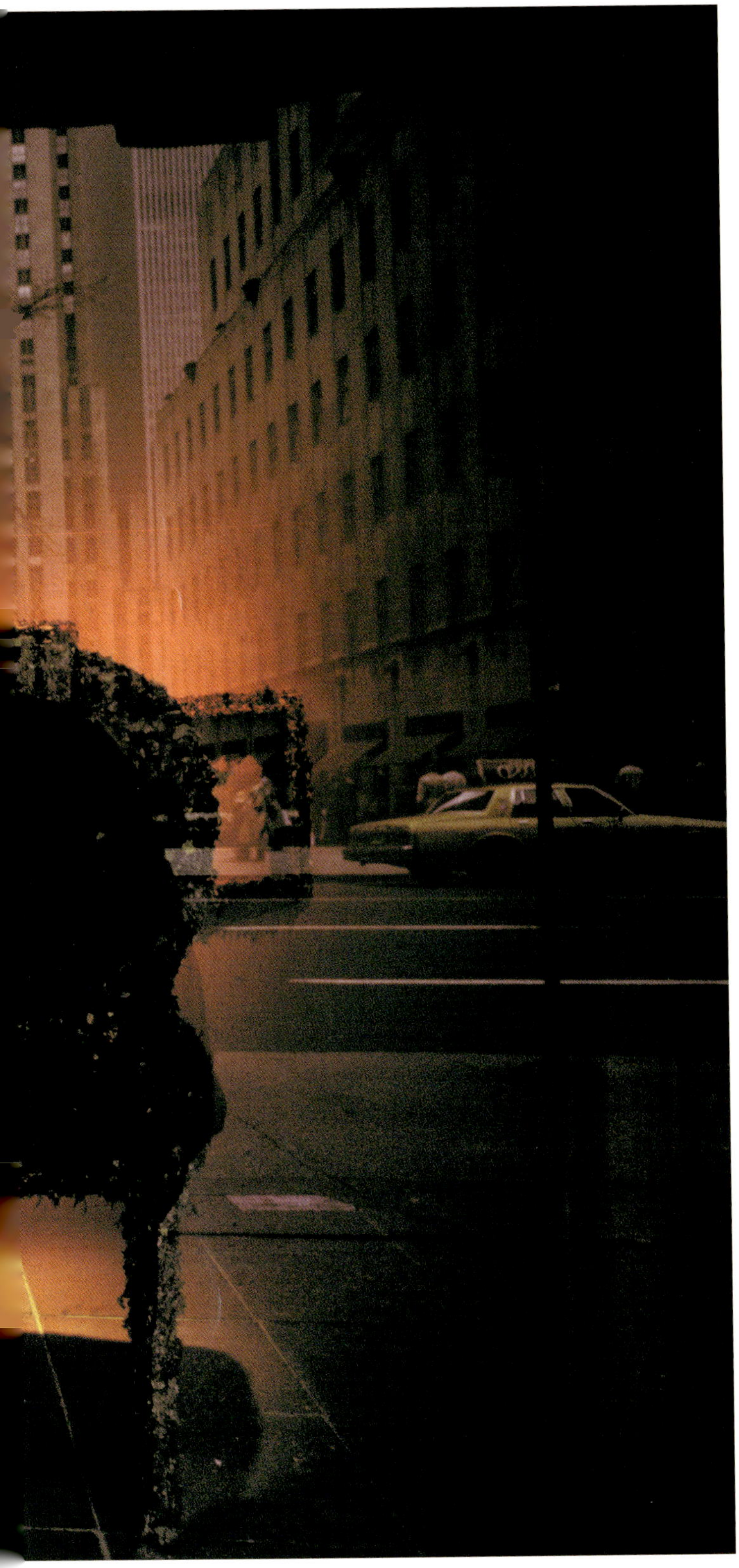

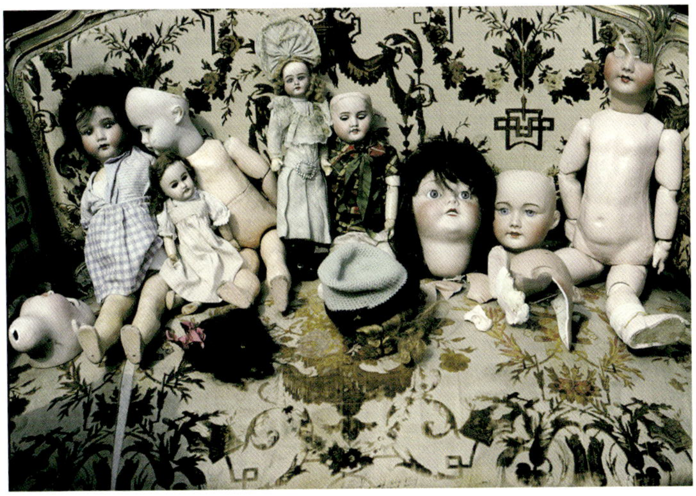

traurig usw. sein. Um zu interessanten Bildinhalten zu kommen braucht es den Zufall oder kreative Ideen und pfiffige Konzepte – und, um diese zu finden und zu entwickeln gibt es weder Gebrauchsanweisungen noch Rezepte. Bemerkenswert ist, dass Bildinhalte selbst bei schlechter Technik und schlechter Gestaltung noch erkannt werden können. Eine gute Technik und eine gute Gestaltung hat somit primär die Aufgabe, den Erkennungsprozess zu erleichtern und zu unterstützen. Dabei gelten für jedes Bild zwei allgemeine Thesen. Erstens: es gibt keinen Inhalt ohne Gestaltung, wobei es aber Kriterien für die Qualität der Gestaltung gibt. Zweitens: es gibt keine Gestaltung ohne Inhalt – und sei der Inhalt noch so uninteressant. Bildinhalt und -gestaltung können zunächst sogar identisch sein und erst durch ein spezielles Wissen ihre inhaltliche Bedeutung bekommen. Zu sehen ist zum Beispiel ein grosser roter Kreis auf einem weissen Rechteck oder ein schwarzes Quadrat auf weissem Untergrund = für den entsprechend gebildeten Betrachter die japanische Nationalfahne und das berühmte Bild des russischen Malers Kasimir Malewitsch. Da es für die Bereiche des Bildaufbaus und des Farbdesigns erlernbare Gesetzmässigkeiten gibt, ergeben sich hier, ebenso wie bei der erlernbaren Fototechnik, auch

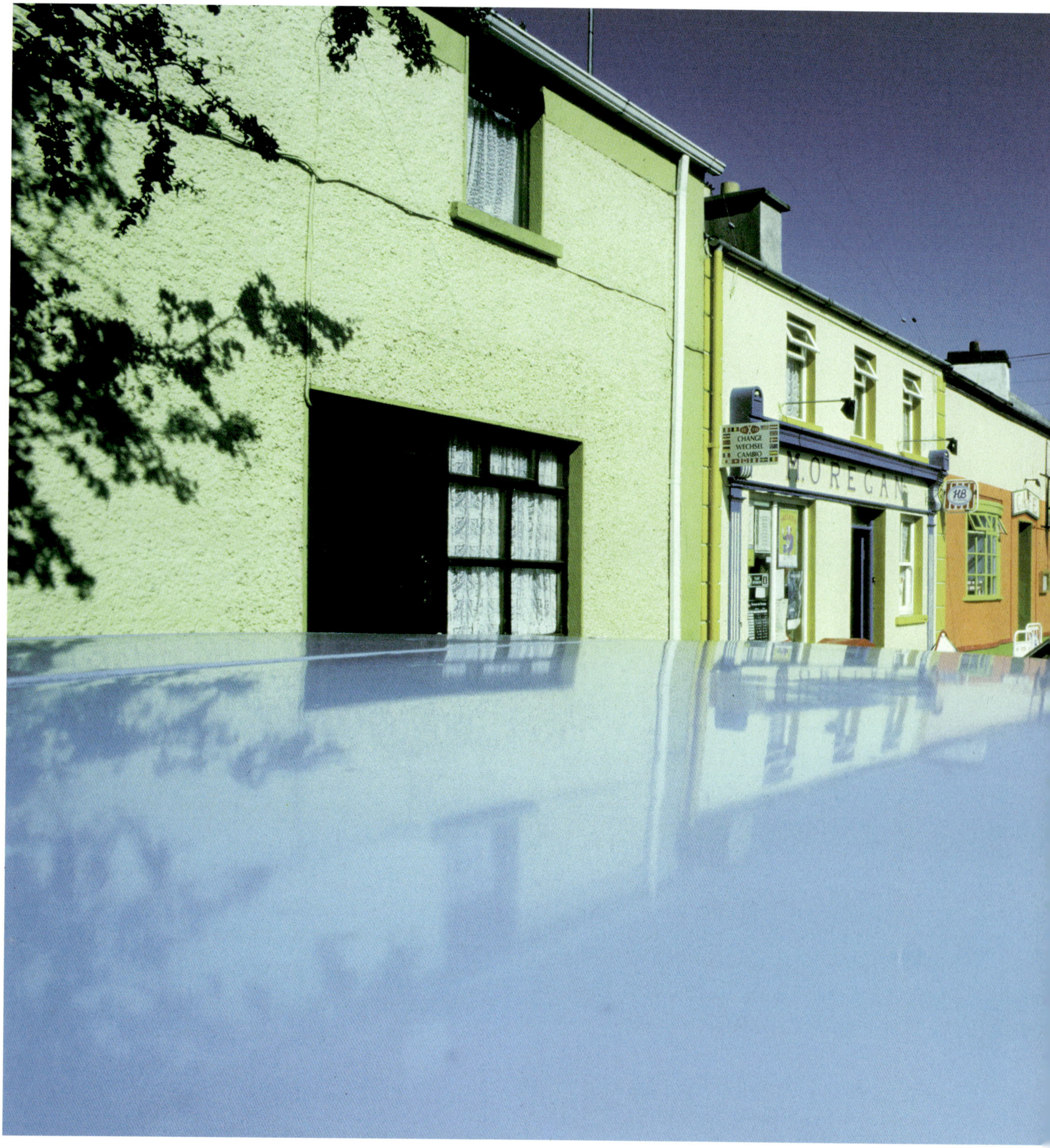
CHANGE
WECHSEL
CAMBIO
M. O'REGAN
HB

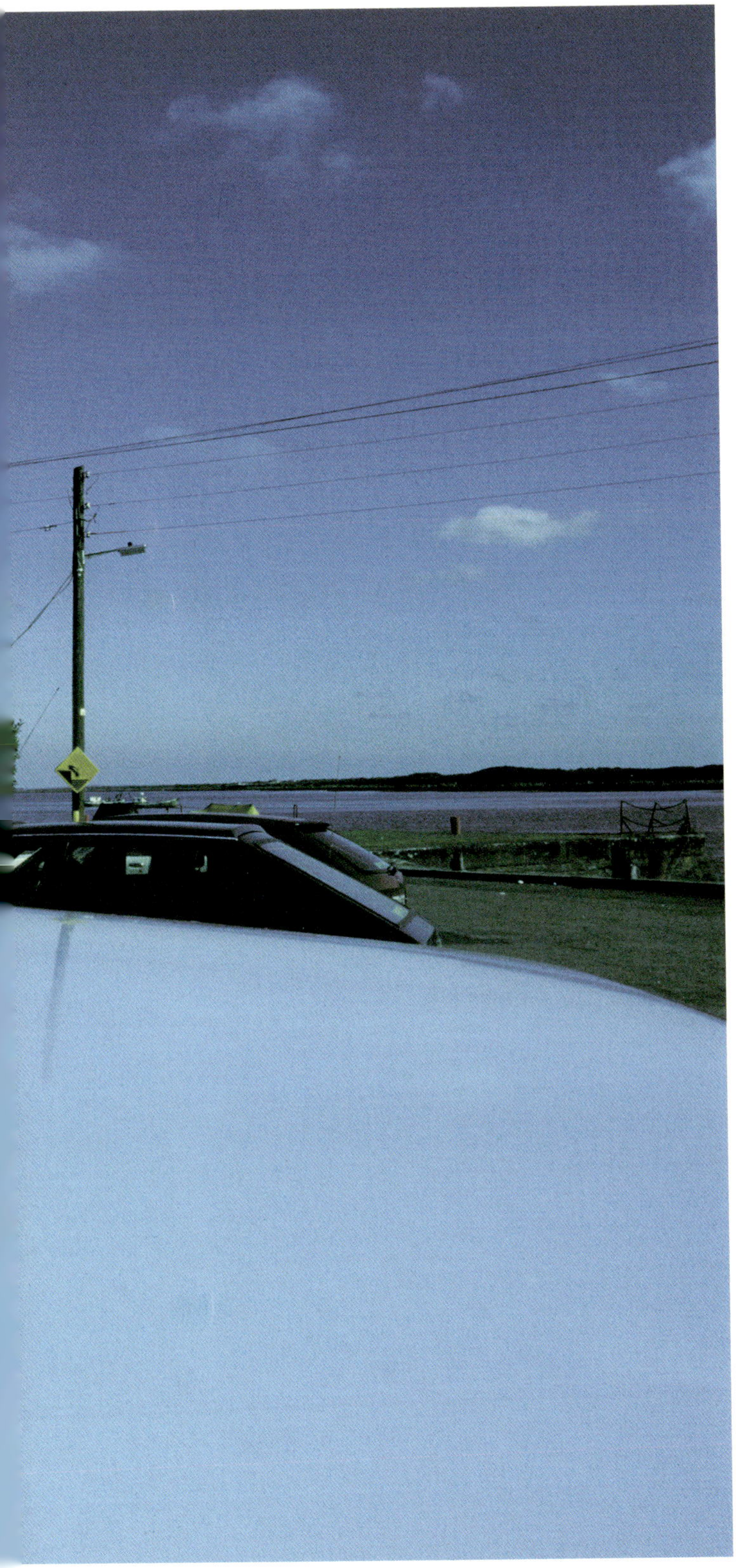

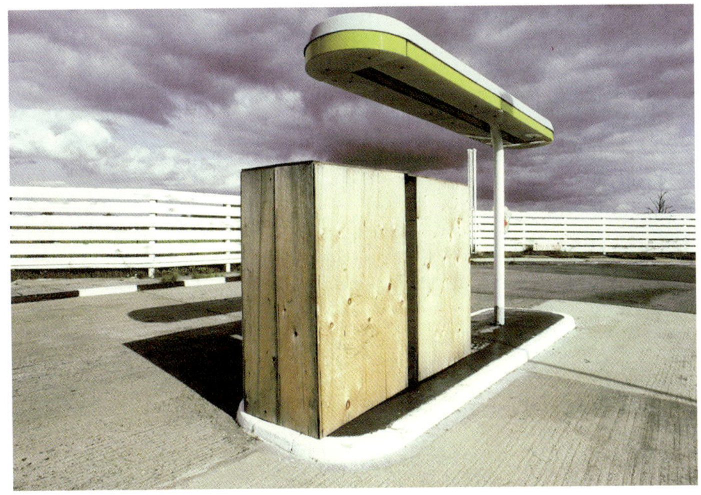

Möglichkeiten der qualitativen Beurteilung. Die Mittel der Gestaltungselemente und der Farbkontraste, die erlauben ein Bild als ein in seiner Gestaltung gutes Bild zu bezeichnen, können am Bild selbst analytisch erklärt und aufgezeigt werden. Für den Bereich der Gestaltung gibt es somit durchaus Mittel, die man als eine Art »Gebrauchsanweisung« bezeichnen könnte. Ein Wissen über die Gesetzmässigkeiten der künstlerischen Mittel kann zu einer fundierten Bildbeurteilung und einer qualitätvollen Bilderstellung befähigen. Darüber hinaus ist es grundsätzlich eine Bereicherung im Bereich des Sehens und Empfindens, des mehr Sehens (als vorher) und des mehr Sehenkönnens als andere Betrachter, die nicht über das Wissen verfügen. Das Anwenden der Mittel darf dabei natürlich nicht zum Selbstzweck werden. Das Wissen um die Gestaltungsmittel sollte total verinnerlicht sein und bei der praktischen Arbeit aus dem Unterbewusstsein, also sozusagen »aus dem Bauch heraus« Einfluss nehmen. Bei fotografischer Arbeit kann so die Konzentration völlig bei der Aufnahme und im Bereich des Motives und dessen Inhalt liegen.

Harald Mante

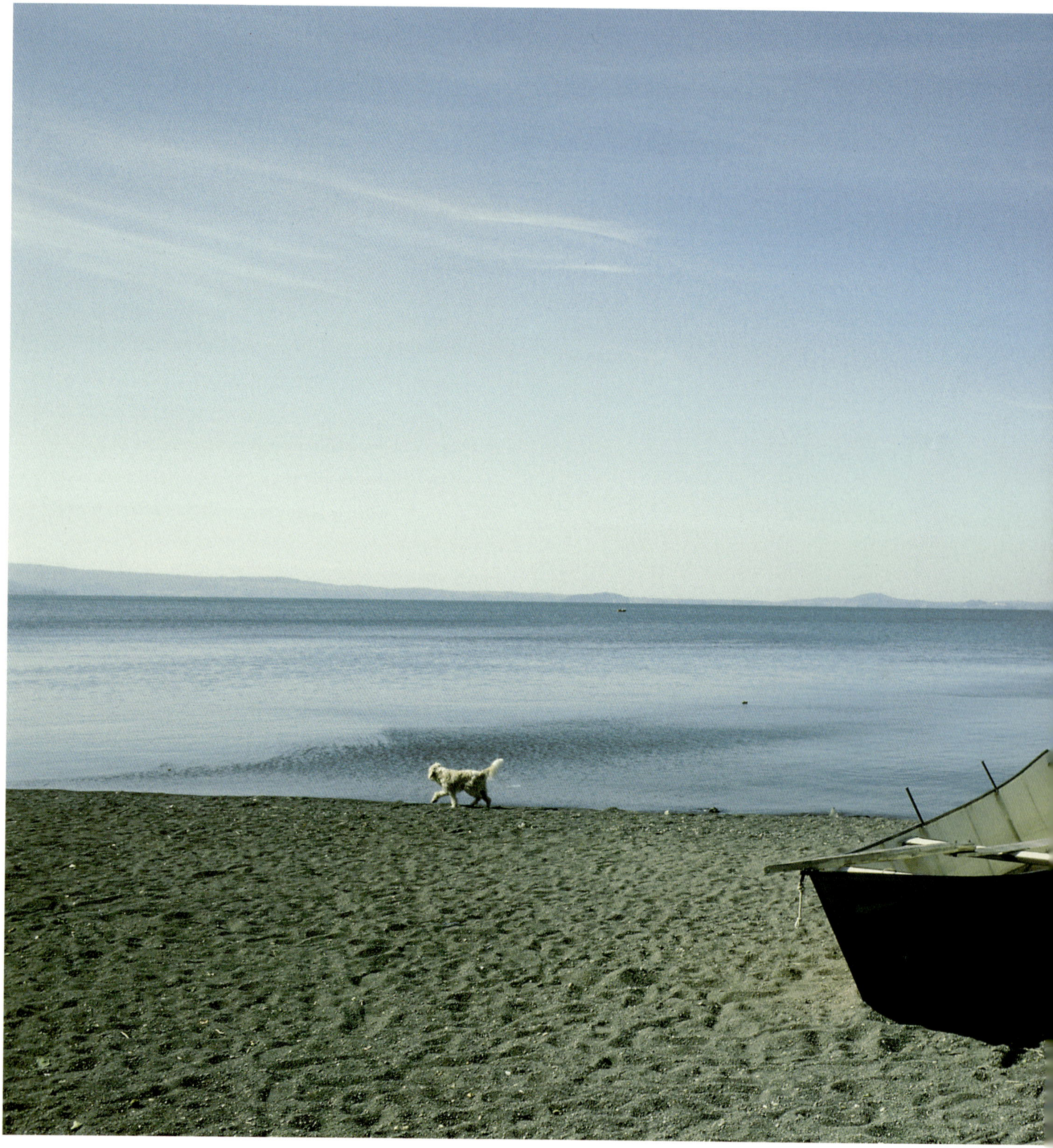

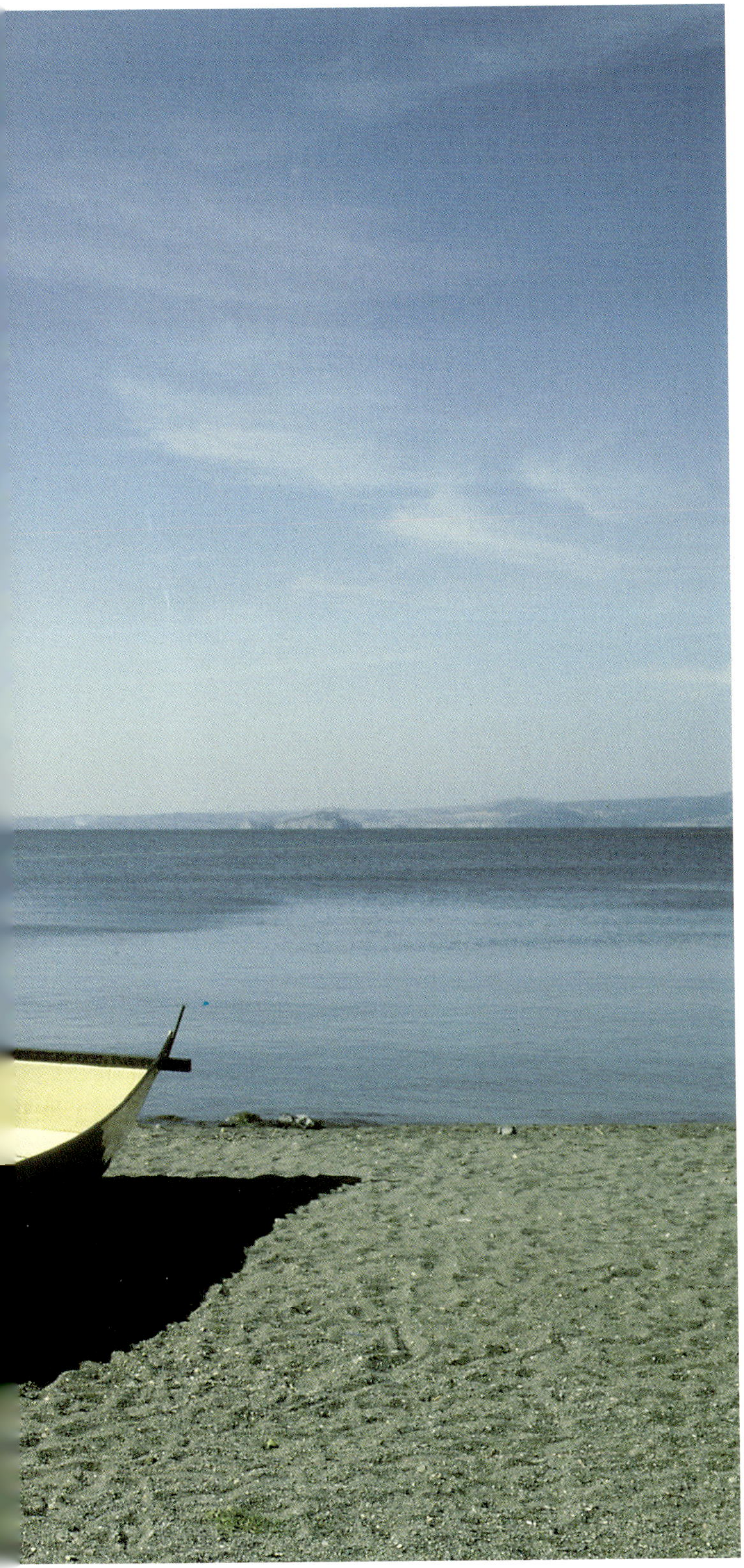

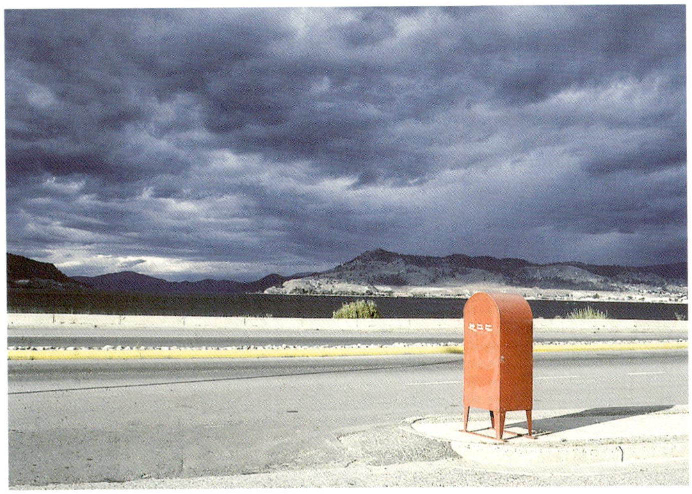

Der Punkt

Innerhalb einer Komposition bezieht sich die Bezeichnung »Punkt« auf ein Gestaltungsmittel, das im Verhältnis zur Bildfläche sehr klein oder relativ klein ist. Punkte können über Helligkeiten, Dunkelheiten und/oder durch Farben gebildet werden. Der Punkt ist statisch und behauptet sich an seinem Standort, ohne die Tendenz einer Bewegung auf der Bildfläche zu zeigen.

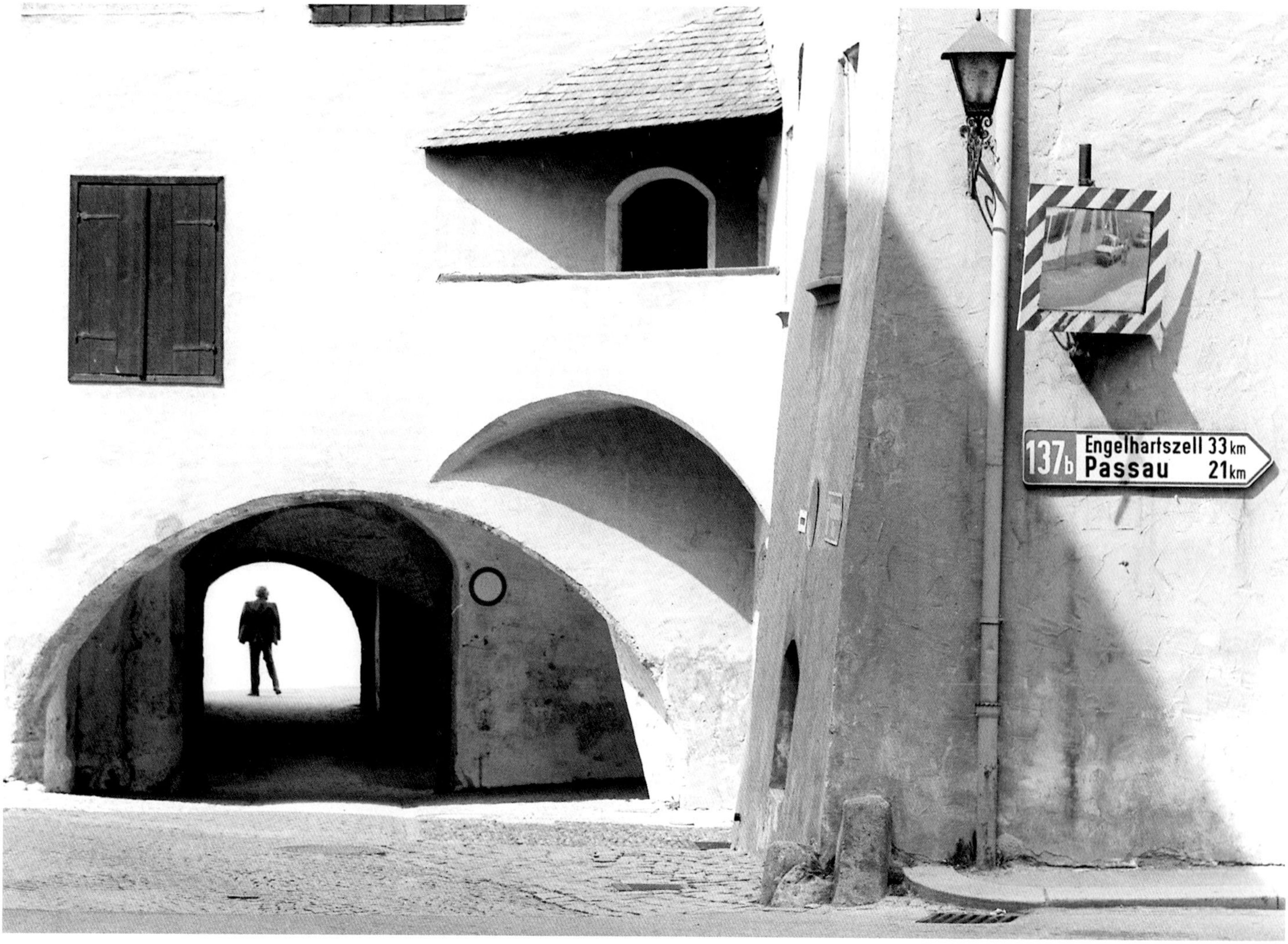

1 Weitere Bildelemente: Hell-Dunkel-Kontrast, Halbkreis, Rechteck

Der Punkt und störende Punkte

Das Erkennen und Reagieren auf einen Bildinhalt steht bei jeder Bildbetrachtung im Vordergrund. Die Qualität der Komposition kann diesen Prozeß positiv unterstützen, ja sogar zum Genuß machen. In der Regel wird eine Bildwirkung durch das Zusammenspiel mehrerer Gestaltungselemente und/oder Farbkontraste bestimmt. Doch einige der Elemente und Kontraste sind vorherrschend und aufdringlich. Eines dieser vorherrschenden Gestaltungselemente ist der Punkt.

Der Punkt, das Urelement der Gestaltung

Das Urelement der Gestaltung ist der Punkt. »Der Punkt ist das Resultat des ersten Zusammentreffens eines Werkzeuges mit der materiellen Fläche, mit der Grundfläche« (Wassely Kandinsky). In der Fotografie übernimmt das Licht die Rolle des Werkzeuges. Eine kleine Lichtquelle in der Dunkelheit oder die Lichtreflexion eines kleinen hellen Gegenstandes auf sonst dunkler Fläche ergibt eine Markierung auf lichtempfindlichem Material, die der Berührung eines Bleistiftes oder eines Pinsels auf Papier oder Leinwand vergleichbar ist. Darüber hinaus ist die Entstehung des fotografischen Bildes nicht vergleichbar mit Arbeitsprozessen in anderen künstlerischen Disziplinen. Während dort meistens die Bilder »aufgebaut« werden und langsam die Fläche einnehmen,

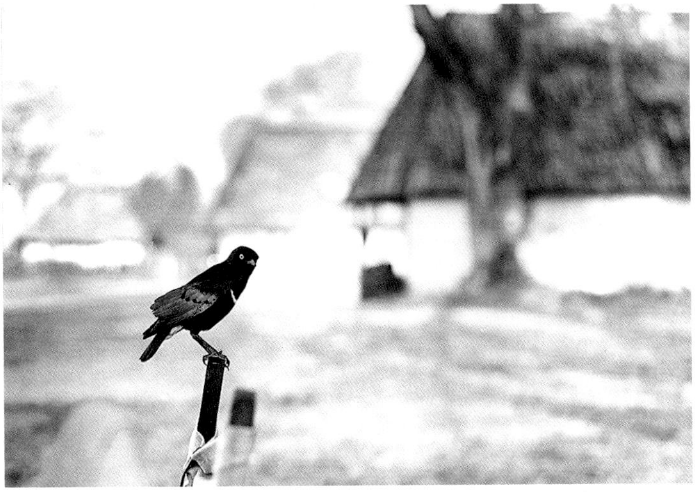

2 Weitere Bildelemente: Quantitäts-Kontrast, Schärfe-Unschärfe

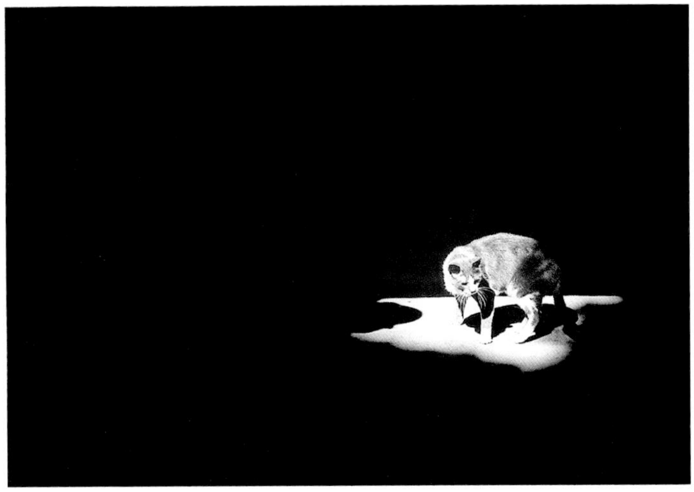

3 Weitere Bildelemente: Hell-Dunkel-Kontrast, Quantitäts-Kontrast

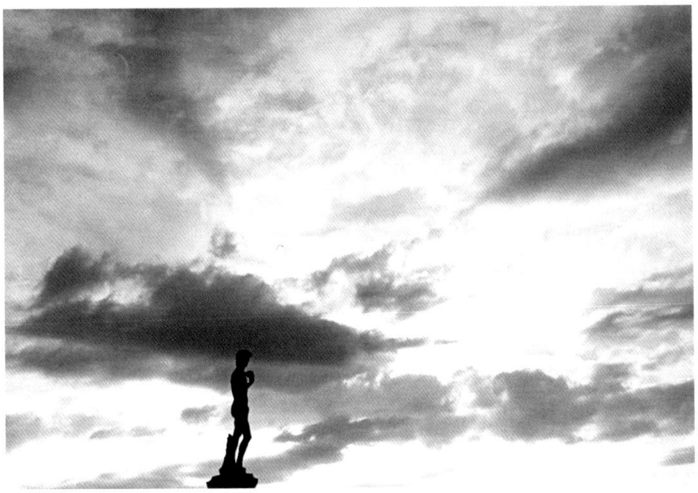

4 Weitere Bildelemente: Hell-Dunkel-Kontrast, Struktur

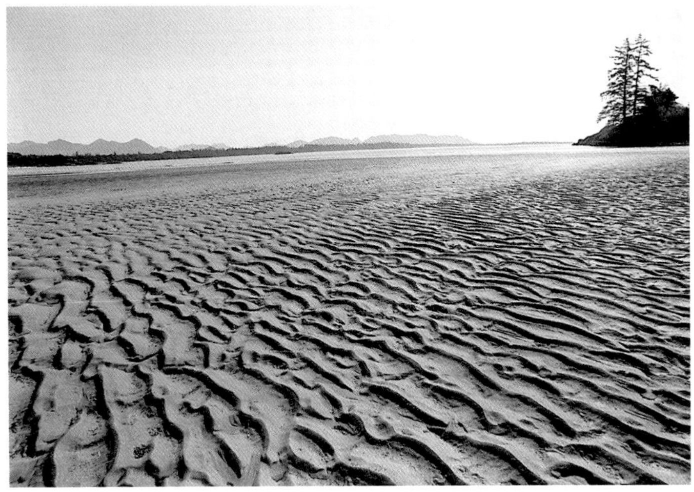

5 Weitere Bildelemente: Waagerechte, Strukturfläche

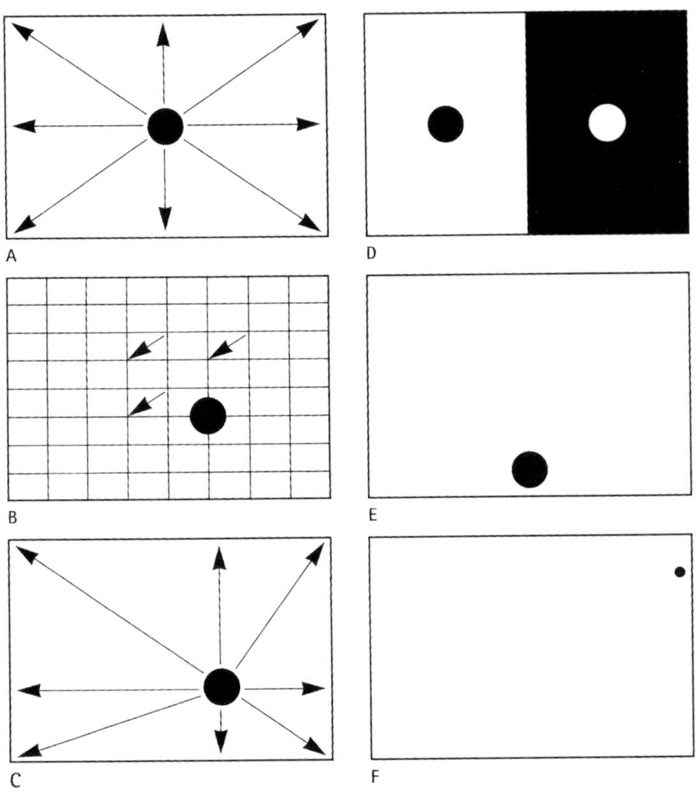

Je nach seiner Lage auf der Fläche hat ein Punkt andere Spannungsverhältnisse zu den Bildrändern. Auch Punktgröße und Punktumfeld beeinflussen die Wirkung des flächenbeherrschenden Punktes.

entstehen die klassischen fotografischen Bilder mit dem Akt der Belichtung sofort auf der gesamten Fläche. Dieser Akt des genauen Dokumentierens gab dem fotografischen Bild lang anerkannte »Beweiskraft«. Durch die modernen Techniken der Weiterverarbeitung von Fotografien im Fotocomposing oder der Computerbearbeitung hat die Fotografie diese Beweiskraft verloren. Gewonnen wurde dafür die absolute Freiheit des Umganges mit den Mitteln der Gestaltung. Fast spielerisch kann jetzt zum Beispiel ein Punkt in seiner Größe und Form verändert, seine Lage innerhalb der Komposition korrigiert oder ein Punkt entfernt oder hinzugefügt werden.

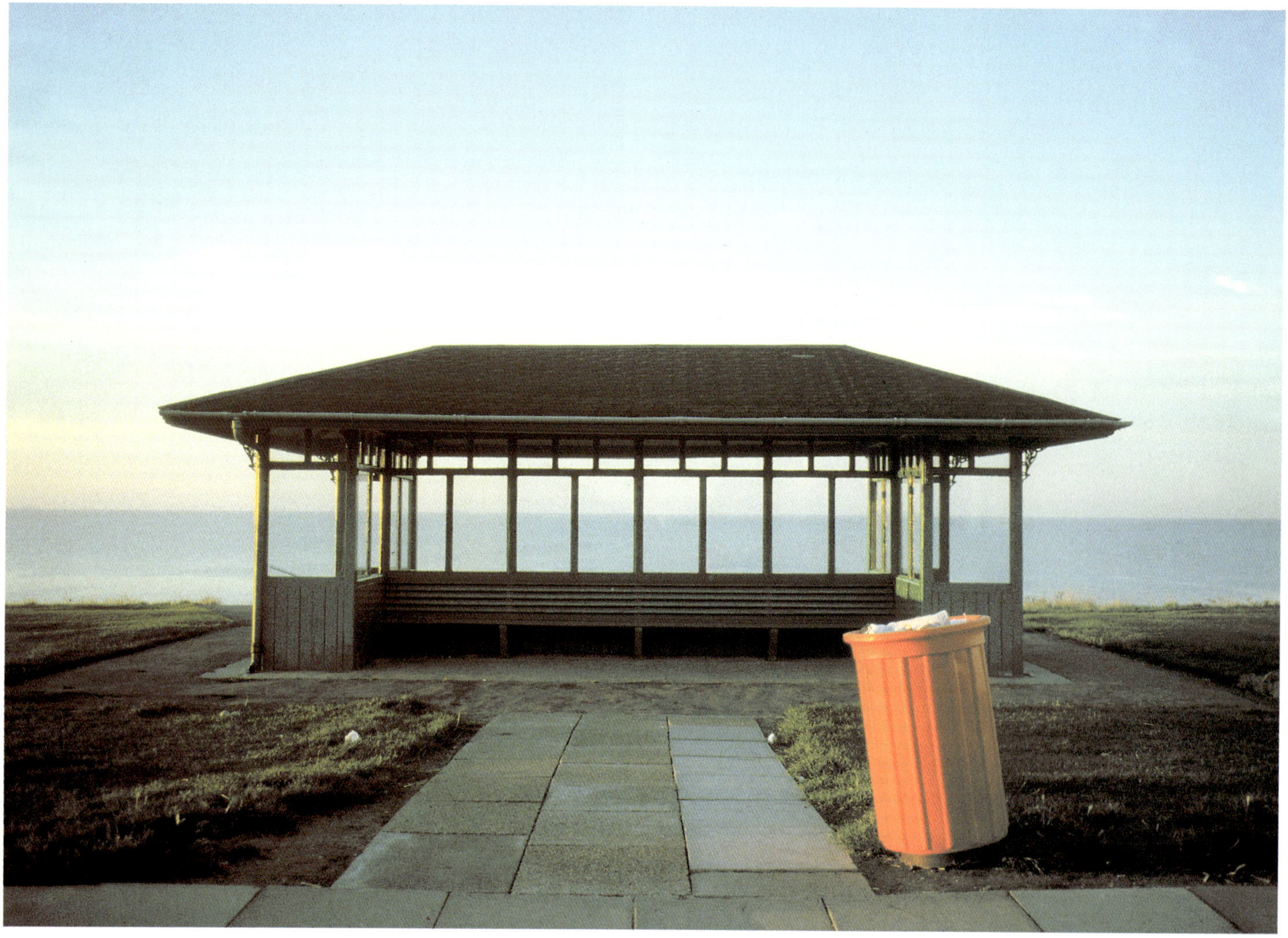

6 Weitere Bildelemente: Waagerechte, Quantitäts-Kontrast, Kalt-Warm-Kontrast

Die Lage des Punktes in der Fläche

In der Regel kann man als Gestalter die Lage eines Punktes in der Fläche selbst festlegen und damit seine unmittelbare Wirkung sowie seine Wirkung innerhalb einer Komposition bestimmen. Der Platz der absoluten Betonung für einen einzelnen Punkt ist die Mitte einer Fläche, der Schnittpunkt der steigenden und der fallenden Diagonale. Auf einer quadratischen Fläche ergeben sich für einen völlig mittig sitzenden Punkt nur zwei Spannungsdistanzen. Eine kürzere Strecke zu den vier Kanten (links und rechts, oben und unten) und eine längere Strecke zu den vier Ecken. Obwohl metrisch exakt plaziert, scheint ein Punkt dabei optisch tiefer zu sitzen. Soll optisch der Eindruck der Mittelplazierung erreicht werden, muß der Punkt geringfügig nach oben verschoben werden. Das gleiche

Nicht die äußere Form, sondern das Größenverhältnis zur Bildfläche definieren einen Punkt als Punkt. Durch Linienenden, Linienkreuzungen und durch die Spitzen von Winkeln entstehen imaginäre Punkte.

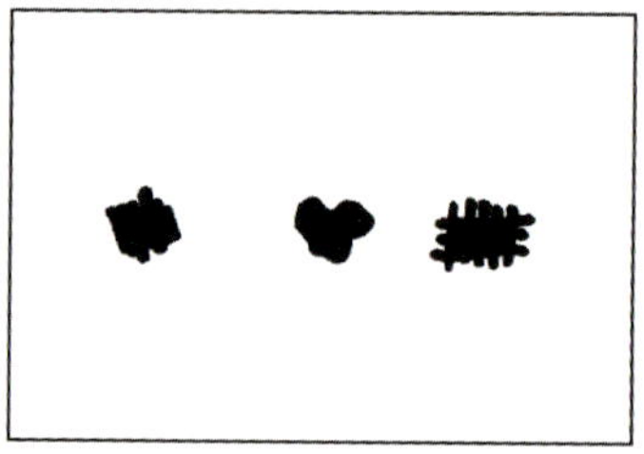

G

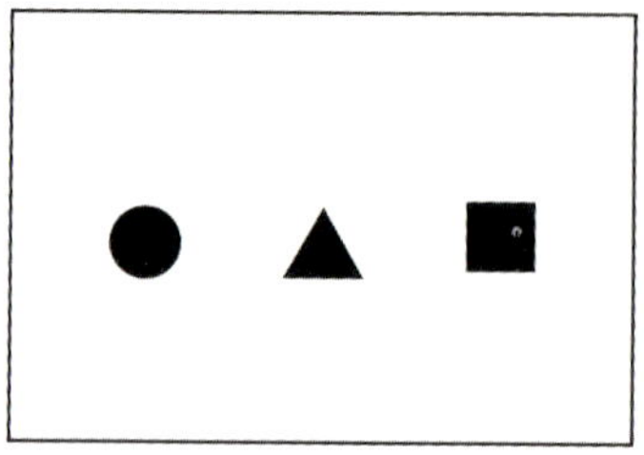

H

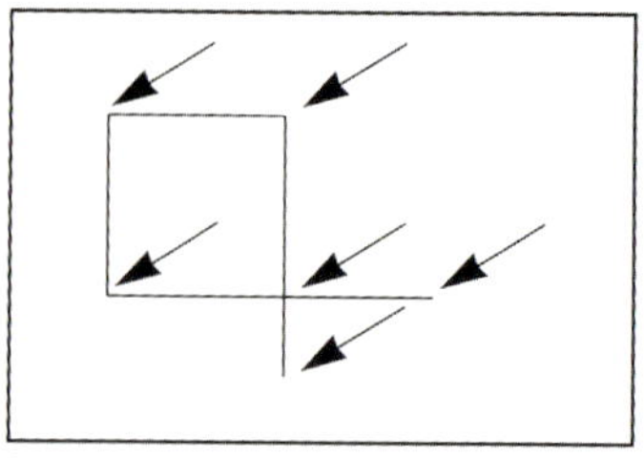

J

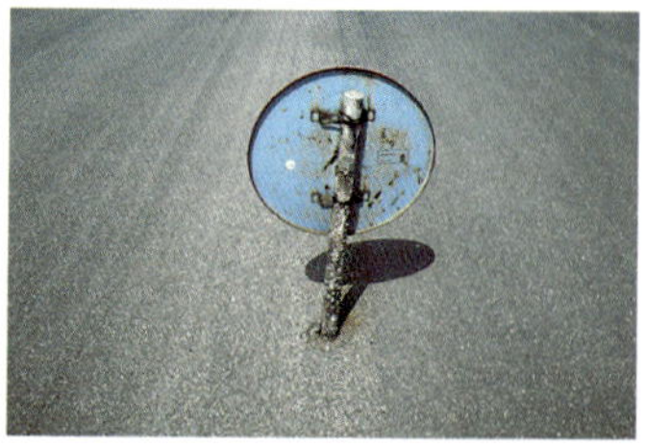

7 monochrom

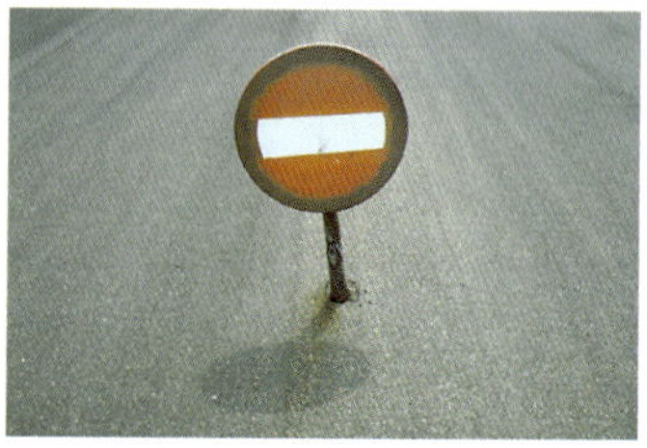

8 farbbetont

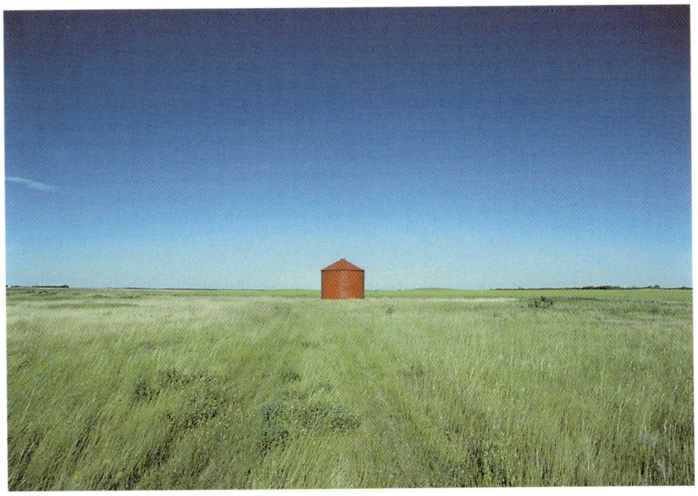

9 Weitere Bildelemente: Waagerechte, Strukturfläche

10 Weitere Bildelemente: Formen-Kontrast

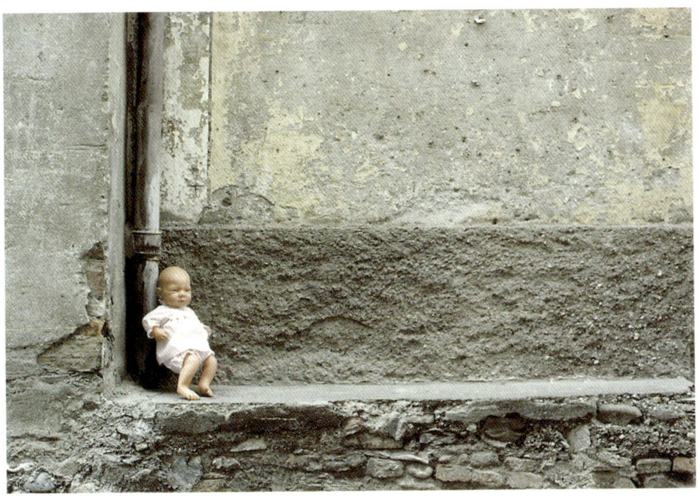

11 Weitere Bildelemente: Waagerechte, Senkrechte

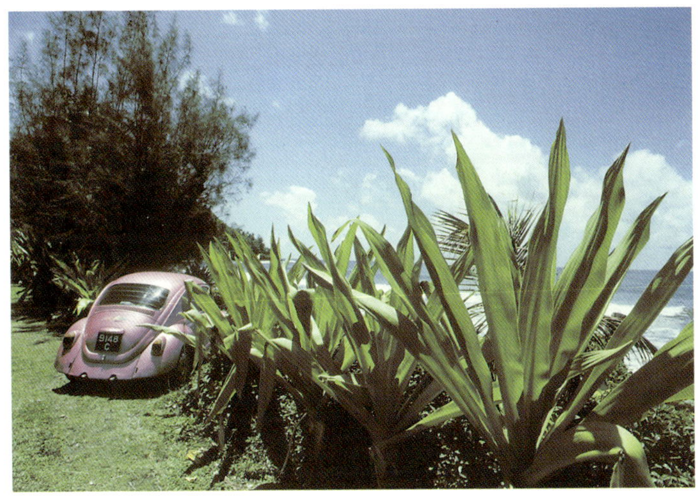

12 Weitere Bildelemente: Quantitäts-Kontrast, Kalt-Warm-Kontrast, schräge Linie

gilt bedingt auch für einen Punkt im Zentrum eines Rechteckes, obwohl sich hier schon drei Spannungsdistanzen ergeben. Die kürzeste Distanz zu den beiden nahen Bildkanten (beim Querformat ist das oben und unten, beim Hochformat links und rechts), die mittlere Distanz zu den beiden anderen Bildkanten und die weiteste Distanz zu den vier Ecken (Grafik A). Sobald nun ein Punkt deutlich aus dieser zentralen Lage verschoben wird, vermehrt sich die Zahl der Spannungsdistanzen vom Punkt zu den vier Bildkanten und den vier Ecken. Ein Punkt verliert dabei seine absolute Betonung zu Gunsten der Abstandsspannungen zu den Bildkanten und des Spiels des optischen Gleichgewichts der den Punkt umgebenden Flächen. Die Gesetzmäßigkeiten der harmonischen Quantitäten und Teilungen des »Goldenen Schnittes« (siehe S.57-59) ergeben für jede Fläche ideale Stellen zum Positionieren von Gestaltungelementen. Punkte und Kleinobjekte sind an diesen Stellen in den senkrechten und waagerechten Abständen zum Rand in einer harmonischen Spannung (Grafik B + C). Einen flächenbeherrschenden Punkt in zentraler Lage zeigt die Abb. 9. Der mittig liegende Horizont unterstreicht zusätzlich die Lage des Punktes. Weitere, weniger extreme Kompositionen mit einer Betonung der Bildmitte zeigen die Abb. 7, 8, 16, 17, 18 und 20. Die flächenbeherrschenden Objekte sind dabei meist schon selber kleine Flächen. Das Bildpaar 7/8 soll vor allem zeigen, wie durch eine Veränderung von Farbe und Hell-Dunkel ein Punkt, eine Kleinfläche zusätzlich betont wird. Bildbeispiele, bei denen die jeweiligen »Punkte« in etwa auf einer der vier Schnittlinien des Goldenen Schnittes liegen, zeigen die Abb. 2, 3, 6, 10, 11, 12 und 13.

Punktgröße und Punktformen

Sichtbare Objekte auf einer Fläche werden als Punkte empfunden, wenn sie im Verhältnis zu der sie umgebenden Fläche relativ klein sind. Der Übergang von dieser Punktwirkung zur Wirkung als »Miniaturfläche« ist fließend. Ist ein etwas größerer Punkt im rationalen Erkennungsprozeß auch noch als ein zu definierendes Objekt zu erkennen, ist man als Betrachter schnell bereit, den abstrahierenden Gestaltungsbegriff »Punkt« durch den Begriff des erkannten Objektes auszutauschen. Von seiner Gewichtung innerhalb einer Komposition wird dieses Objekt jedoch weiterhin ein Punkt bleiben. Die Form, der Umriß eines Punktes kann somit abstrakt, geometrisch oder gegenständlich sein.
Im Volumen muß der Punkt jedoch im Verhältnis zur Grund-

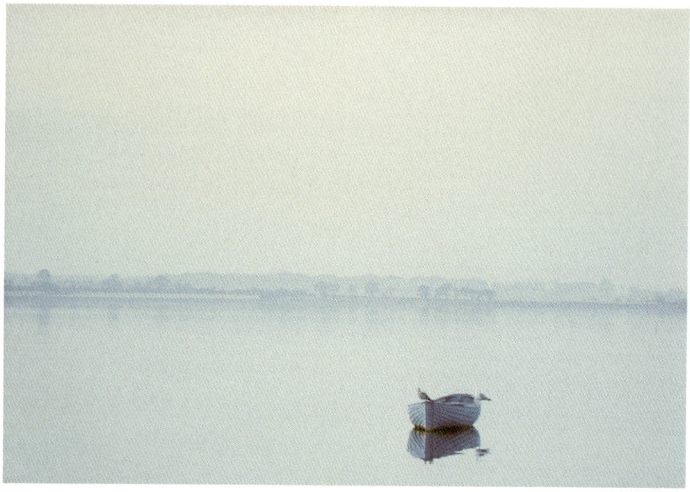

13 Weitere Bildelemente: Quantitäts-Kontrast, Waagerechte

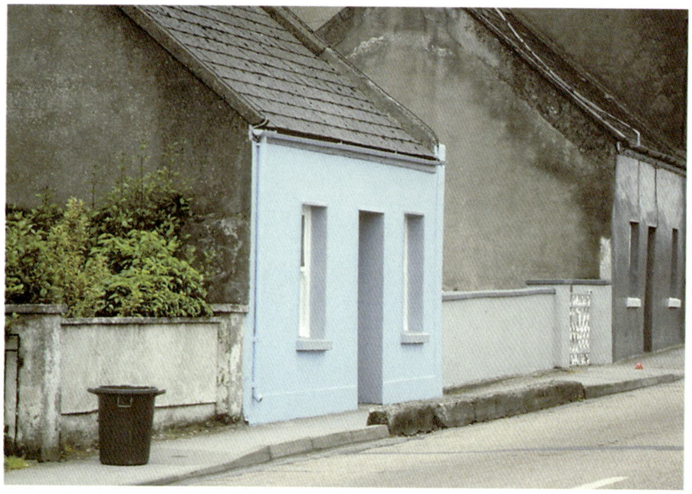

14 Weitere Bildelemente: Senkrechte, schräge Linie, Bunt zu Unbunt

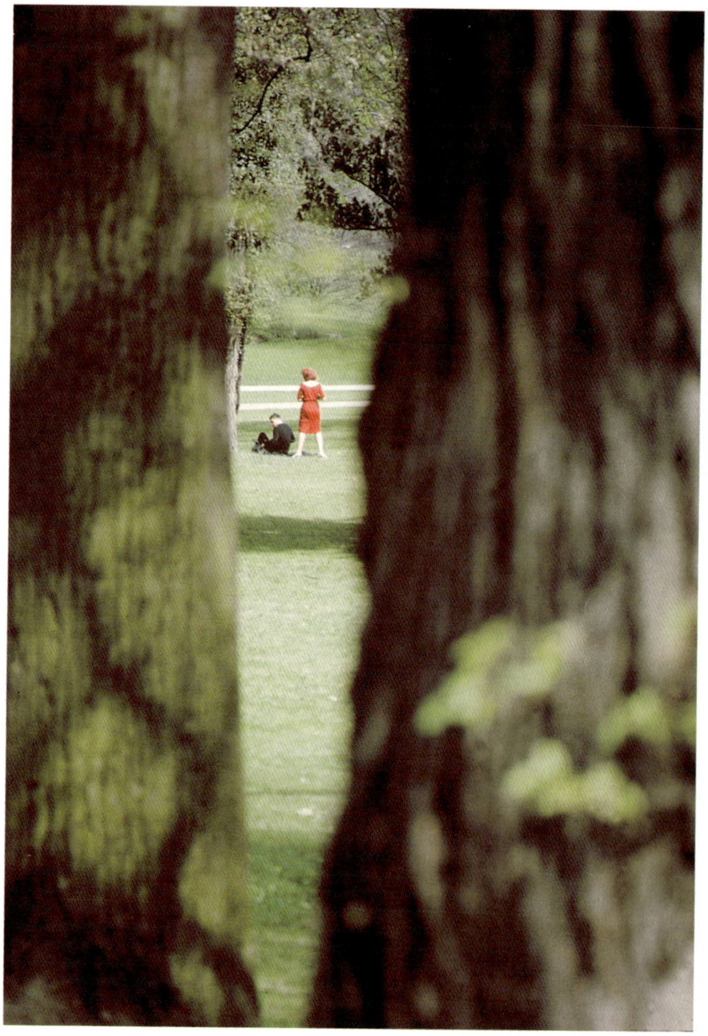

15 Weitere Bildelemente: Quantitäts-Kontrast, Senkrechte

fläche immer gering, immer ein kleines »Etwas« sein, um eindeutig als Punkt zu wirken (Grafik G + H).
Bei einer Bildbetrachtung wird die Primärwirkung von »heller Punkt« (Abb. 3), »dunkler Punkt« (Abb. 2) oder »roter Punkt« (Abb. 9) schnell von dem Interesse verdrängt, die inhaltlichen Bedeutungen der Punkte zu erkennen. In diesen Fällen eben eine Katze, einen Vogel und – nicht so eindeutig – ein Silo (?). Auch wenn die Objekte im Verhältnis zur Bildfläche durch ihre geringe Größe Punktcharakter haben, werden sie meist sofort als Gegenstand oder Symbol erkannt. So die Fahne (Abb. 4), die Bäume (Abb. 5), der Werbeballon (Abb. 10), die Puppe (Abb. 11), der VW (Abb. 12) oder das Boot (Abb. 13).

Der deutliche Punkt, der störende Punkt

Die intensivste gestalterische Wirkung hat der Punkt, der eindeutig als helles Objekt auf Dunkel, als dunkles Objekt auf Hell oder als beherrschende und/oder kontrastierende Farbigkeit zum schwarz-weißen oder farbigen Umfeld steht (Grafik D). Neben einer zentralen oder harmonischen Position auf der Bildfläche kann ein Punkt natürlich jeden beliebigen Platz innerhalb einer Gestaltung einnehmen. Zum Beispiel beim experimentellen Ausloten von Problemen des optischen Gleichgewichts oder als Versuch, Bildinhalte durch spannungvolle Kompositionen zu betonen (Grafik E). Häufig geraten aber auch punkthafte Objekte, die bei der Aufnahme übersehen wurden, zu sogenannten »störenden Punkten«. Punkte, an denen das Auge jedes geschulten

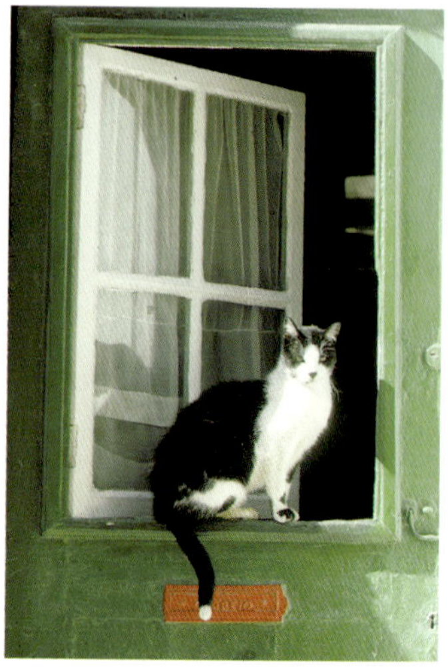

16 Weitere Bildelemente: Senkrechte, Schräge, Hell-Dunkel-Kontrast

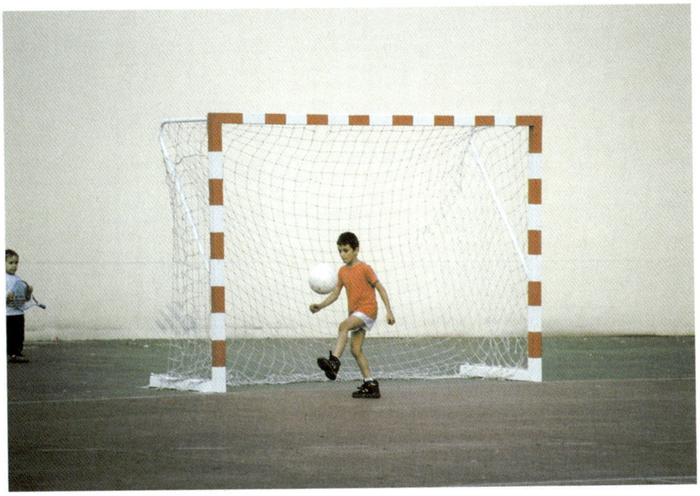

17 Weitere Bildelemente: optische Linie, Quantitäts-Kontrast

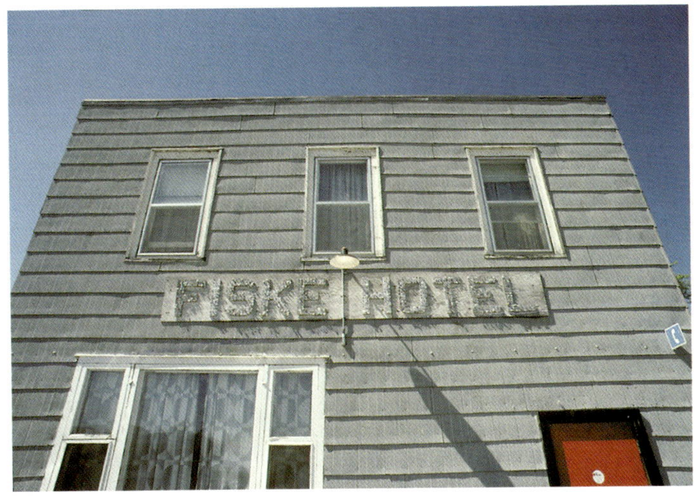

18 Weitere Bildelemente: Waagerechte, schräge Linie, Quantitäts-Kontrast

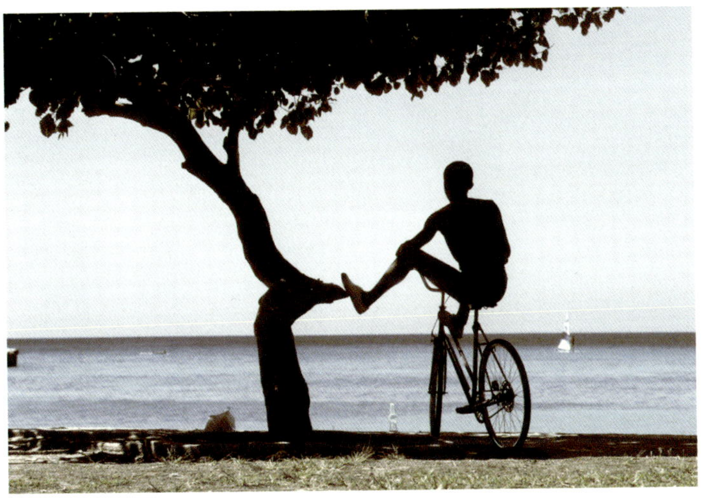

19 Weitere Bildelemente: Waagerechte, Freie Linie, Hell-Dunkel-Kontrast

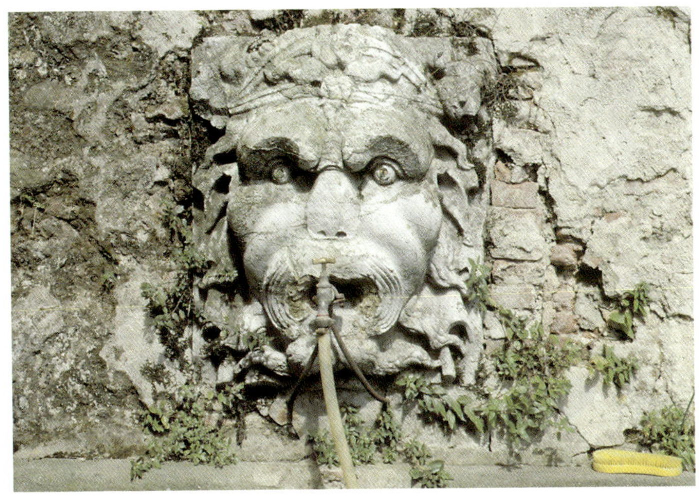

20 Weitere Bildelemente: Quantitäts -Kontrast, freie Formen, Strukturfläche

Bildbetrachters immer hängen bleiben wird (Grafik F). Einen durch sein deutliches Hell oder Dunkel oder durch eine auffallende Farbe sich »laut« bemerkbar machenden Punkt zeigen die Abb. 1, 2, 4, 3, 6, 8, 9, 11, 12, 13, 16, 17 und 19. Selbst wenn die Komposition eines Bildes ein größeres optisches Angebot an Linien und Flächen aufweist, kann sich ein einzelner Punkt bemerkbar machen und das Auge fesseln. So ist zum Beispiel in der Abb. 1 die kleine Figur als dunkler Punkt auf Hell oder der leuchtend rosa VW (Abb. 9) gegen das vielfältige Grün flächenbeherrschend. Der Schritt vom flächenbeherrschenden Punkt, der eine Komposition trägt zu einem Punkt der eine Komposition stört, ist nicht immer eindeutig. Ohne Zweifel störend sind beim Schwarzweißbild unretuschierter Staub und Fussel. Oder herumliegender Abfall, der bei der Aufnahme ei-

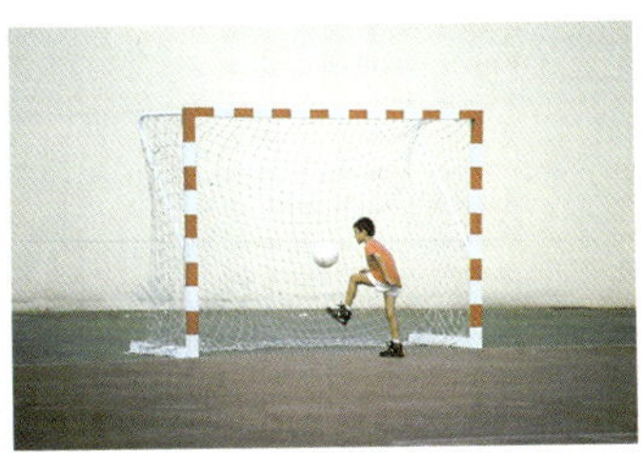

21

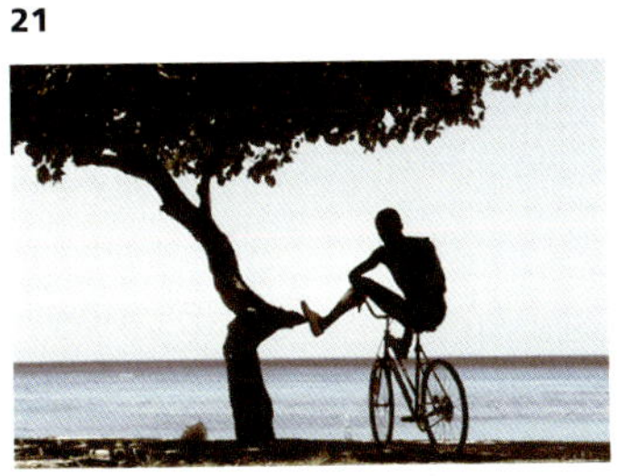

22

nes Schwarzweiß- oder Farbbildes nicht beachtet wurde (Abb. 6, 13, 14). Daß durch Geduld und etwas Glück oft auch ein »zweiter Schuß« ohne den störenden Punkt gelingen kann, zeigen die Bildpaare der Abb. 17/21 und 19/22. Wann ein Punkt im Verhältnis zur Grundfläche als zu klein – und somit als störend – empfunden wird, entzieht sich einer Regel. Hier entscheidet das subjektive Empfinden jedes einzelnen Betrachters. Hierzu die Abb. 9, 10, und 16 vor allem aber die Abb. 15 mit dem sehr kleinen roten Punkt der stehenden Frau im roten Kleid. Ähnlich verhält es sich auch mit dem Akzeptieren experimenteller Plazierung von Punkten in einer Komposition (Abb. 18 und 20).

Imaginäre Punkte

Durch jede Linie, die auf eine andere Linie trifft oder eine andere Linie kreuzt, entstehen unsichtbare, imaginäre Punkte. Schon eine noch leere »normale« Fläche (Quadrat oder Rechteck) weist mit ihren vier Ecken vier imaginäre Punkte auf. Die sich im rechten Winkel treffenden »Linien« sind in diesem Fall die Begrenzungskanten der Fläche. Auf der Bildfläche selbst ergibt jede Ecke einer Form, aber auch der sichtbare Anfang und/oder das sichtbare Ende einer Linie ebenfalls einen imaginären Punkt. Damit können in einer Komposition schnell zahlreiche »unsichtbare« Punkte entstehen. Natürlich haben die imaginären Punkte nicht das gleiche optische Gewicht wie reale Punkte. Dennoch sollten sie als eines der zahlreichen subtilen Gestaltungselemente jedem gestalterisch Tätigen bewußt sein (Grafik J).

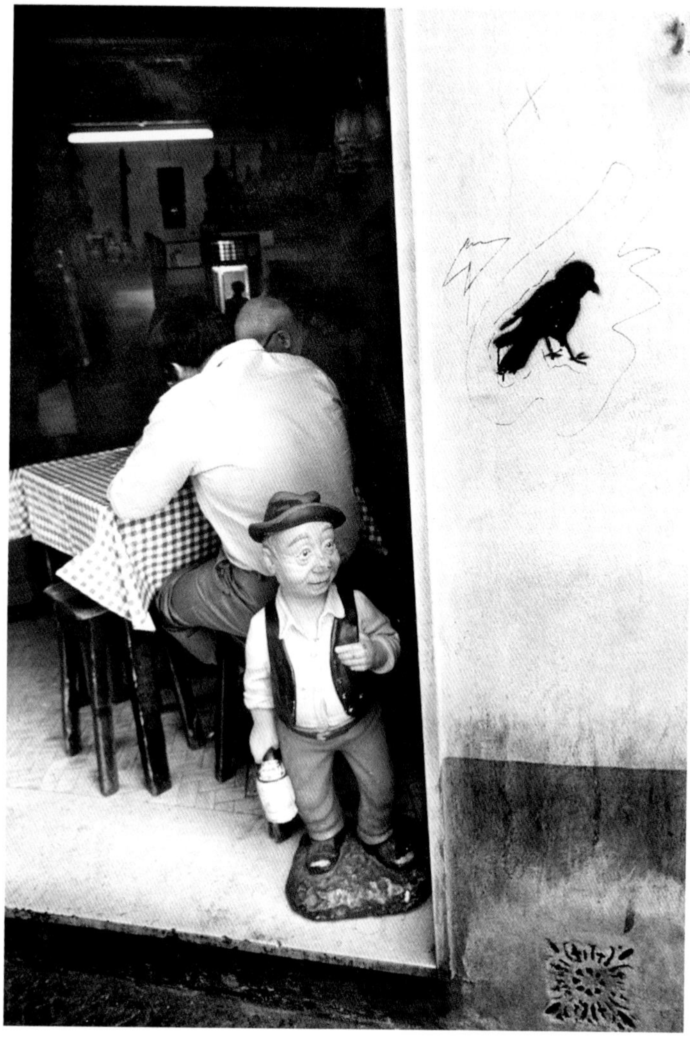

1 Weitere Bildelemente: Hell-Dunkel-Kontrast, Senkrechte

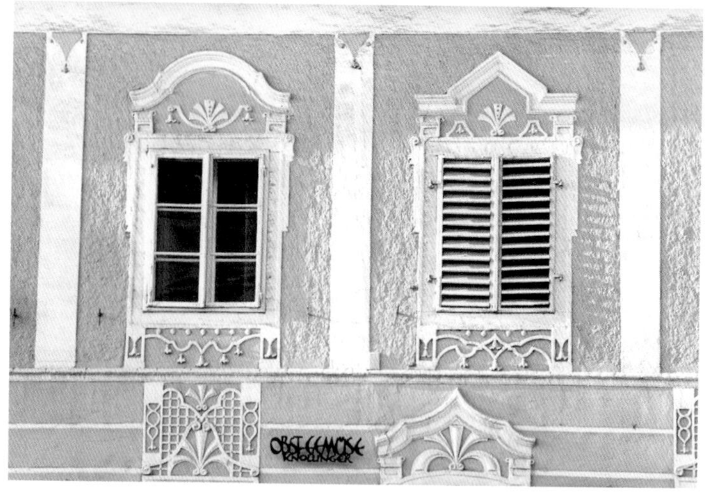

2 Weitere Bildelemente: Senkrechte, Waagerechte

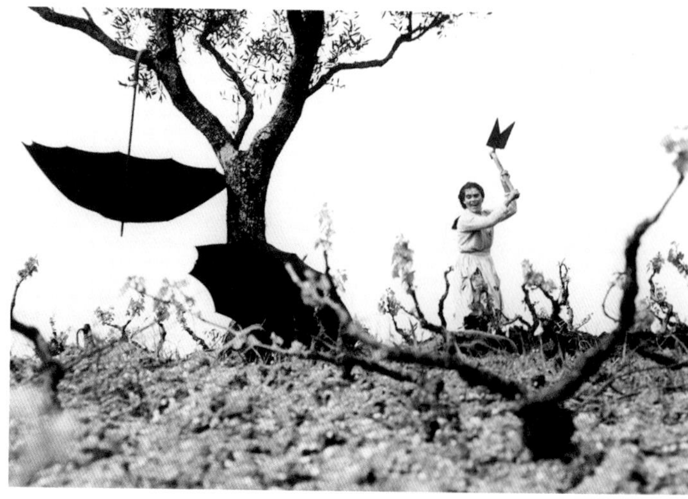

3 Weitere Bildelemente: Hell-Dunkel-Kontrast, freie Linien

Zwei und drei Punkte

Ein einzelner Punkt hat in einem Bild ein absolutes Gewicht. Er beherrscht die Komposition und somit die Bildfläche. Sobald nun ein zweiter Punkt hinzukommt, verwandelt sich diese absolute in eine relative Gewichtung - denn jeder weitere Punkt auf der Fläche ist eine optische Konkurrenz. Gleichzeitig bedeutet ein zweiter, mehr aber noch ein dritter Punkt - so sie in Form und Größe gleich sind - eine Wiederholung und damit den Beginn eines einfachen Rhythmus.

Die gestalterischen Qualitäten

Meist sind es mehrere der künstlerischen Kontraste und Gestaltungselemente, die die formalen und farblichen Qualitäten eines Bildes bestimmen. Es bedarf einer guten Kenntnis der künstlerischen Mittel, um in einer Bildanalyse diese einzelnen Elemente zu erkennen und ihre Wirkung sowohl innerhalb einer Komposition als auch auf den jeweiligen Bildinhalt hin einschätzen zu können. Als Bildschaffender hat man natürlich auch die Möglichkeit, die Gestaltungsmittel sehr sparsam einzusetzen und bei einer Komposition gezielt nur wenige Elemente zu benutzen. Auf wenige Punkte reduzierte Kompositionen sind dabei nicht leichter oder einfacher, sondern stellen eher eine Herausforderung dar. Jede Vielfalt, jedes zusätzliche »Drumherum« lenkt den Betrachter ab. Bei einer sparsamen

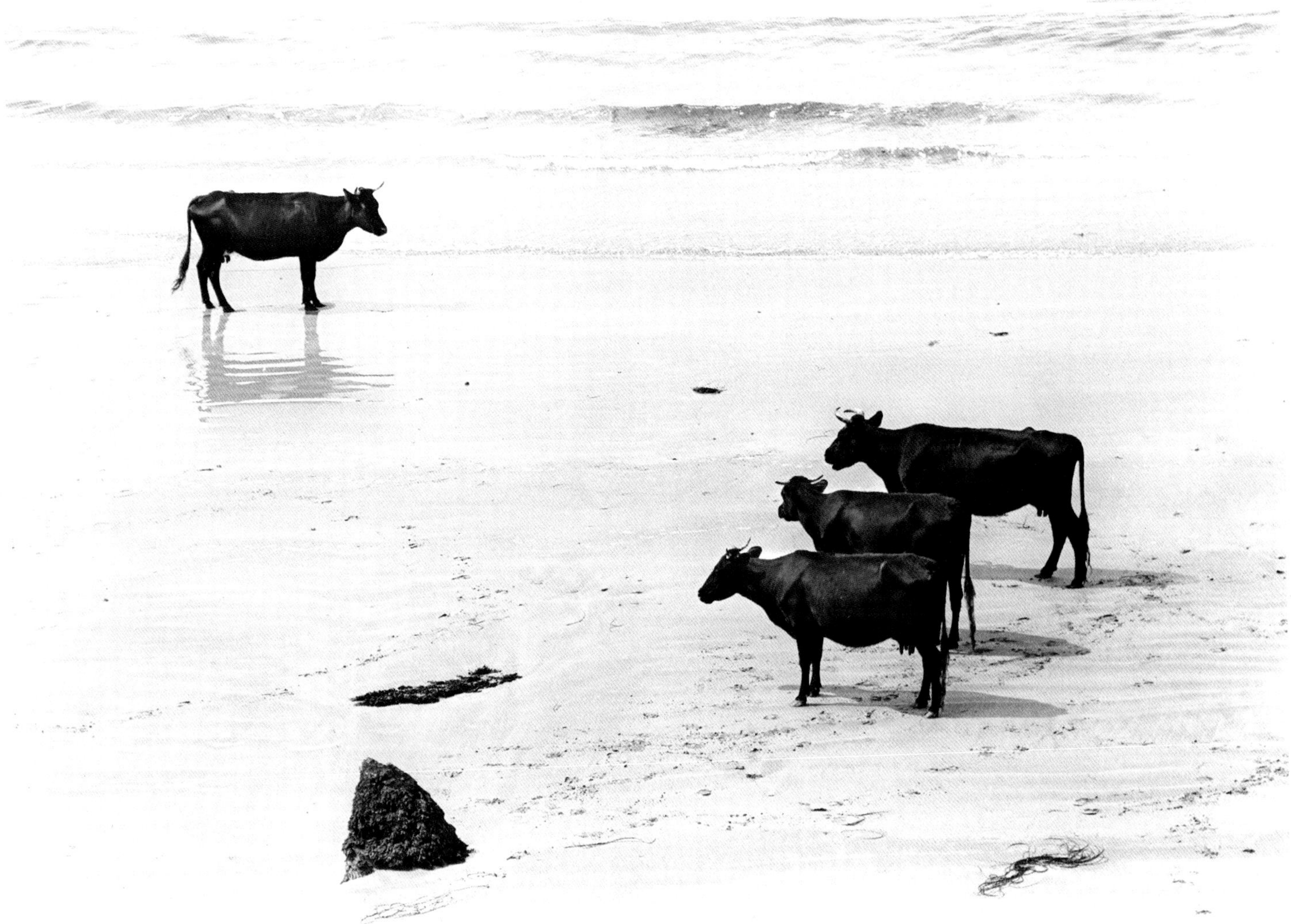

4 Weitere Bildelemente: Hell-Dunkel-Kontrast, Quantitäts-Kontrast

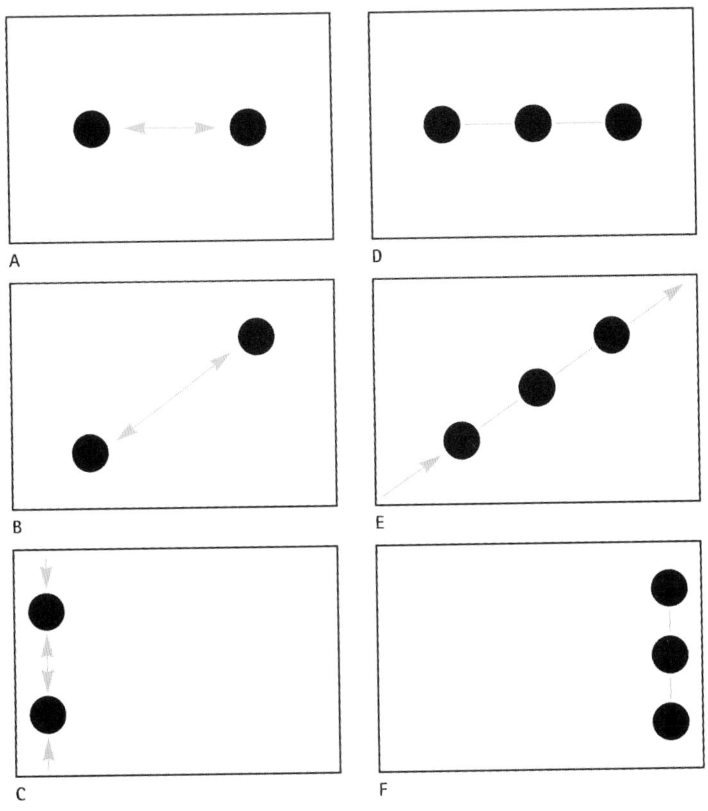

Zwei gleichwertige Punkte auf einer Fläche entwickeln oft ein Konkurrenzverhalten. Drei Punkte in einer Reihe bilden den Beginn einer optischen Linie. Durch unterschiedliche Lage der Punkte auf der Bildfläche entstehen jeweils andere optische Wirkungen.

Komposition kann jedoch die Lage jedes einzelnen Punktes, jede Spannungsdistanz zu anderen Punkten, zum Rand und zu den Ecken genauestens gesehen und eingeschätzt werden. Ein geringes optisches Angebot und die Reduzierung auf eine einzige, schnell zu erfassende Bildaussage ist ein Gestaltungsmittel, das für Einzelbilder schnell seinen Reiz verlieren kann. Andererseits hat es einen hohen Wiedererkennungsgwert und kann gut als grundlegende Konzeption für eine Serie verwendet werden. Also eine Bildreihe, deren konzeptionelle Klammer eine sparsame und in jedem Bild auftretende gleiche Gestaltung ist. Kompositionen mit einem einzelnen Punkt, zwei konkurrierenden Punkten oder drei Punkten, die eine optische Linie oder ein optisches Dreieck bilden, gehören zu den Möglichkeiten, Gestaltungsmittel sparsam einzusetzen.

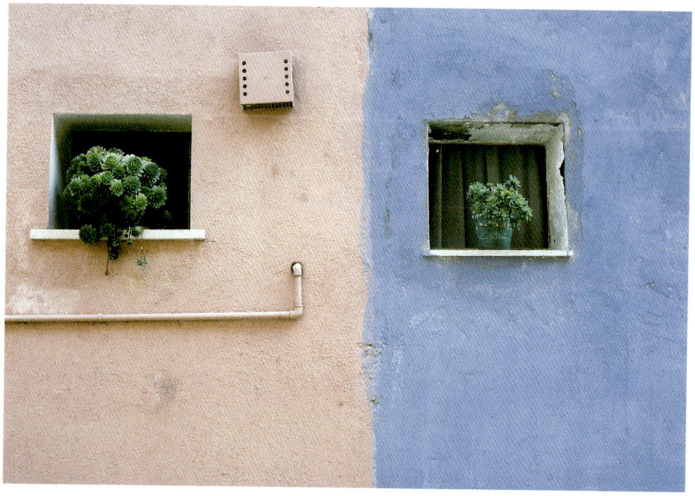

5 Weitere Bildelemente: Senkrechte, Waagerechte

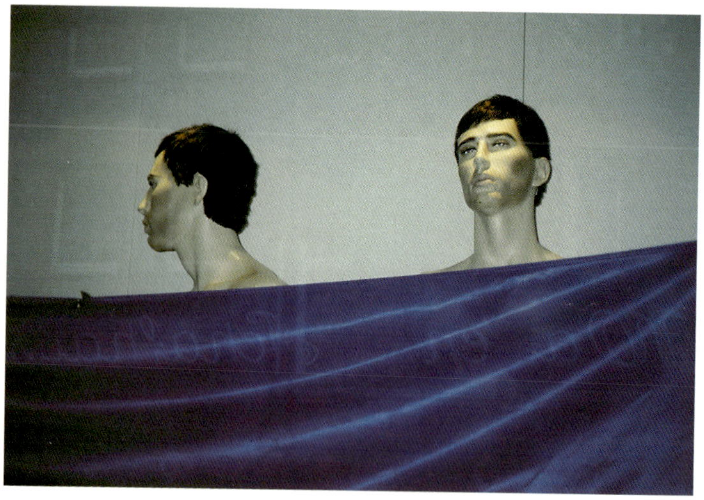

6 Weitere Bildelemente: schräge Linien

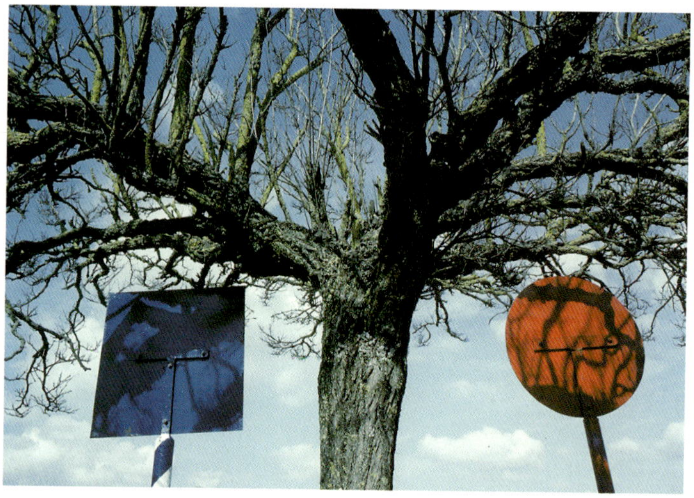

7 Weitere Bildelemente: Formenkontrast, freie Linien, Kalt-Warm-Kontrast

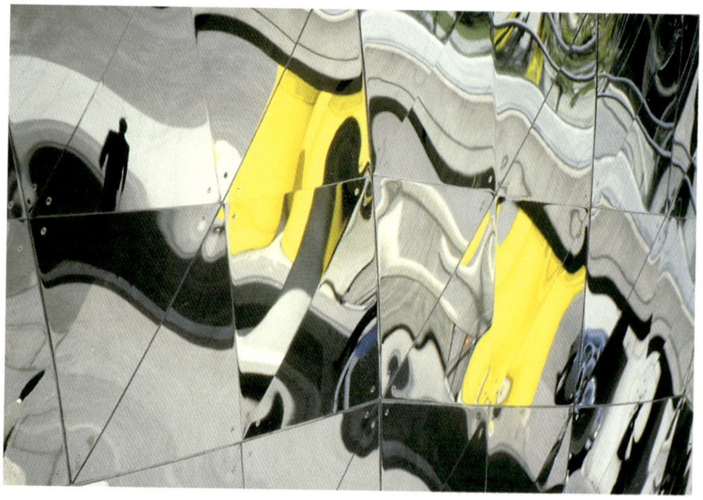

8 Weitere Bildelemente: schräge Linien, bunte zu unbunter Farbe

Zwei Punkte auf der Fläche

Bei einem einzelnen Punkt auf einer sonst leeren Fläche werden sofort die Abstände vom Punkt zu den Kanten und Ecken fixiert, um zu einer Einschätzung des Spannungsverhältnisses zwischen Punkt und Bildfläche zu kommen. Sobald jedoch in Form eines zweiten Punktes eine optische Konkurrenz auf einer Fläche entsteht, treten die Spannungen zwischen diesen beiden Punkten in den Vordergrund. Selbstverständlich wird auch die Lage der Punkte auf der Fläche wahrgenommen, und eventuelle Spannungen zu den Kanten und Ecken werden bemerkt. Meist bleiben diese Spannungen jedoch zweitrangig, denn zwischen den beiden Punkten entsteht eine eindeutige Konkurrenz. Ein optisches Hin- und Herpendeln für den Betrachter – fast mit einem unausgesprochenen »Befehl«, Unterschiede zu suchen und sich für einen der Punkte zu entscheiden. Will man als Gestalter dieses Konkurrenzverhalten betonen, ist eine zentrale waagerechte und nicht zu enge Lage der beiden Punkte auf der Fläche zu wählen (Grafik A). Werden die Punkte deutlich höher oder tiefer gesetzt kommt schnell ein (ablenkender) optischer Bezug von Punkt zu Bildkante hinzu. Werden zwei Punkte in einer gedachten waagerechten oder senkrechten Linie sehr dicht an den Rand plaziert, »kleben« die Punkte optisch an der Bildkante und können auch zu irritierenden, störenden Objekten werden (Grafik C). Zwei Punkte, die auf einer der imaginären Diagonalen positioniert werden, bekommen damit einen deutlichen Bezug zu den jeweiligen Ecken (Grafik B). Bei der steigenden Diagonale sind dies die linke untere und

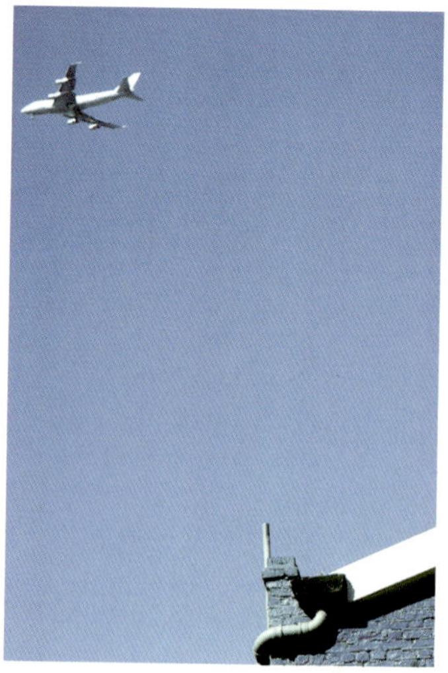

9 Weitere Bildelemente: Kühle Farbigkeit

die rechte obere Ecke, bei der fallenden Diagonale sind dies die obere rechte und untere linke Ecke. Die Abb. 1 und 2, sowie 5-10 zeigen Beispiele, bei denen der kompositorische Schwerpunkt aus zwei mehr oder weniger konkurrierenden Punkten besteht. Fast identische Punkte (Objekte) sind die beiden kleinen Fenster mit Pflanze (Abb. 5) und die beiden Köpfe der Schaufensterpuppen (Abb. 6). Die wenigen zusätzlichen Gestaltungsmittel lenken kaum von den waagerecht nebeneinander plazierten Punkten ab. Anders ist dies, wenn die beiden Punkte unterschiedlich in Struktur, Form und/oder Farbe sind. Ein aufmerksamer Betrachter kann Motiven durch diese oft kleinen Unterschiede einen zusätzlichen Reiz abgewinnen. Bei Abb. 2 haben die gleichgroßen Fenster mehrere Unterschiede. Bei Abb. 7 weisen die beiden Schilder Unterschiede in den Formen als

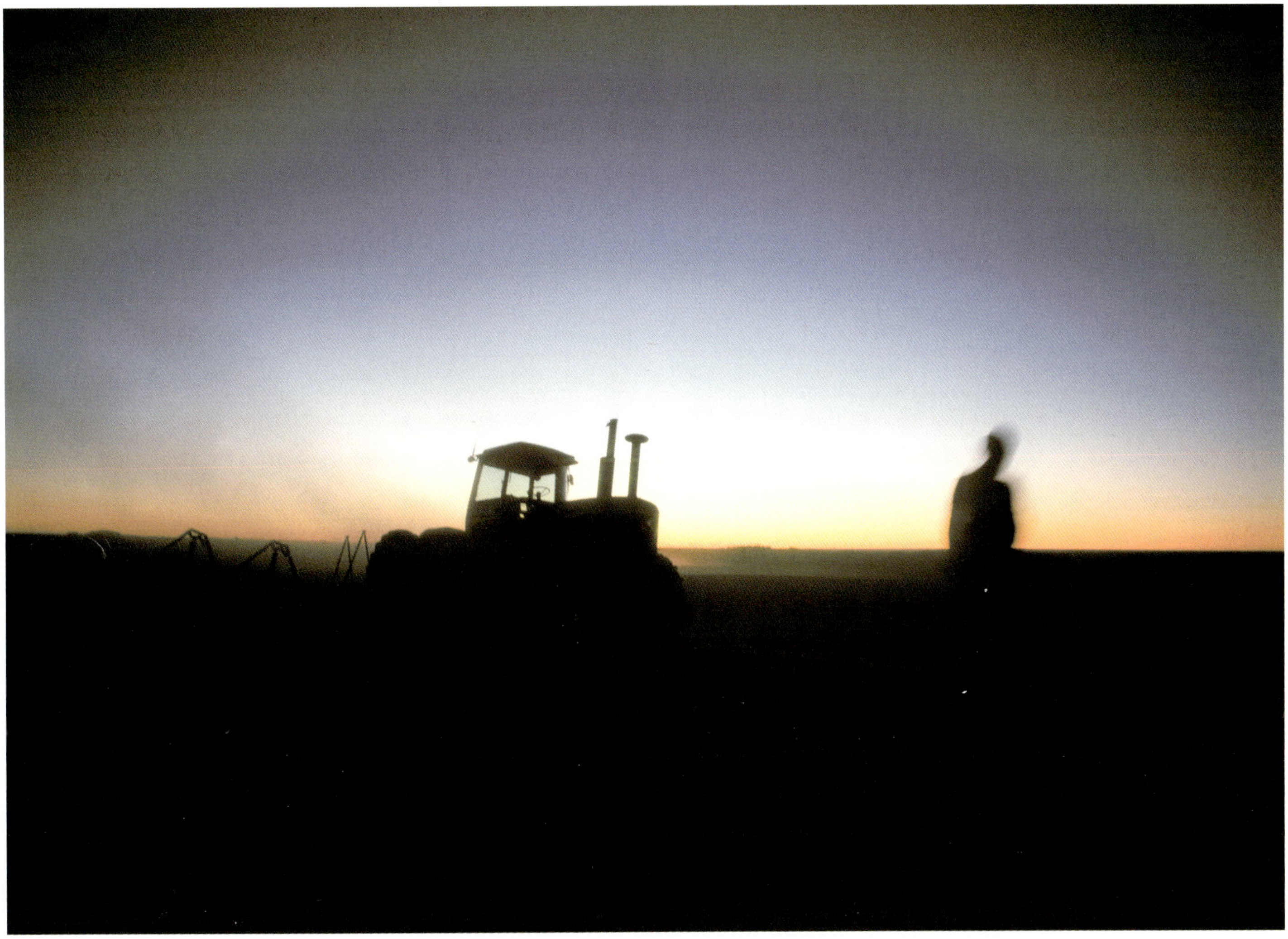

10 Weitere Bildelemente: Waagerechte, Hell-Dunkel-Kontrast, Quantitäts-Kontrast

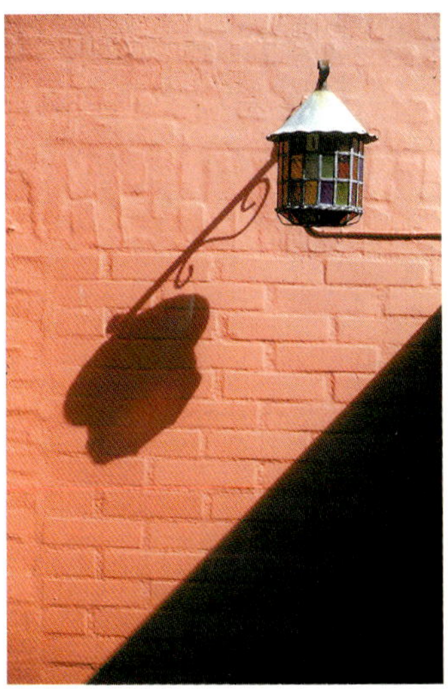

11 Weitere Bildelemente: Schräge, Struktur, warme Farbigkeit

auch in der Farbe auf. Mit den beiden Punkten »Traktor« und »Mann« stehen bei der Abb. 9 zwei verschiedene Objekte als Punkte in optischer Konkurrenz. Eine dynamische Plazierung (diagonal oder schräg) haben die Punkte in den Abb. 1, 8, 9 und 11. Um die optische Vorherrschaft streiten hier Werbefigur und Graffitty-Rabe (Abb. 1), zwei abstrakte gelbe Flächen (Abb. 8) das Flugzeug und das Dach (Abb. 9), eine Lampe und ihr eigener Schatten (Abb. 11).

Die Lage von drei Punkten auf einer Fläche

Schon zwei Punkte können bei einer günstigen Lage auf einer Fläche eine (optische) Aufteilung dieser Fläche andeuten. So zum Beispiel eine obere und eine untere Bildhälfte bei einer Punktplazierung wie Grafik A oder in zwei Dreiecke bei einer Punktplazierung, wie Grafik B zeigt. Eindeutiger wird diese flächenteilende Wirkung bei drei Punkten auf einer (gedachten) Linie. Drei Punkte auf einer imaginären Geraden sind der Beginn einer sogenannten »optischen Linie«. Ein dritter Punkt zwischen zwei Punkten hat seine neutralste Lage natürlich auf der Mitte der Strecke (Grafik D). Leichte Verschiebungen ändern die Bildung der optischen Linie noch nicht. Wird der mittlere Punkt jedoch deutlich zu Punkt eins oder Punkt drei verschoben, verschwindet die Wirkung »optische Linie«, und das Problem des optischen Gleichgewichts entsteht. Eine optische Linie kann je nach Plazierung der Punkte waagerecht, senkrecht, diagonal oder schräg im Raum verlaufen (Grafik D und E). Je nachdem wie dicht der jeweilige erste und/oder dritte Punkt an einer Bildkante oder Bildecke positioniert werden, kann die optische Linie auch eine (optische) Bindung zu den Rändern und/oder Bildecken bekommen. Werden alle Punkte zu dicht an einer der Bildkanten plaziert, gibt es auch hier eine optische Verbindung der einzelnen Punkte mit dem Rand (Grafik F). Drei Punkte können bei einer etwas anderen Plazierung auf der Fläche aber auch die erste optische Form bilden – ein »optisches Dreieck«. Optische Formen sind Formen, die über die Verbindung gedachter gerader Linien zwischen mindestens drei Punkten entstehen. Die Form »Dreieck« kann in eine bestimmte Richtung zeigen, ja sogar eine Bewegung in diese Richtung andeuten. Auch das optische Dreieck hat in abgeschwächter Form diese Eigenschaft. Am deutlichsten ist dieser Richtungshinweis, diese angedeutete Bewegung, wenn eine der drei Seiten des Dreiecks parallel zu einer der Bildkanten verläuft (Grafik G und H). Diese

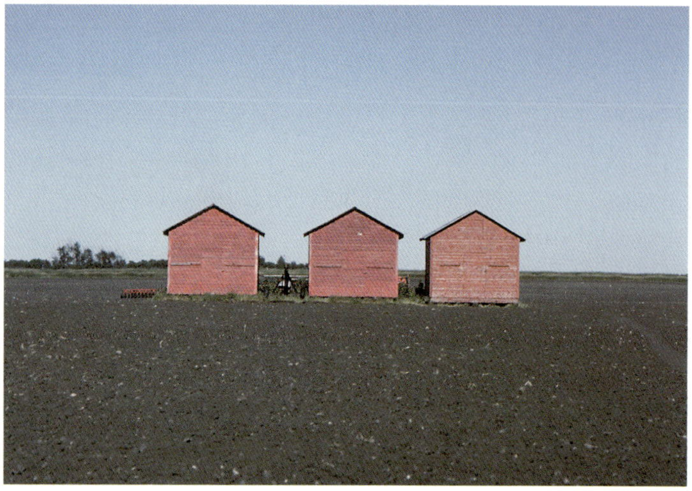

12 Weitere Bildelemente: Waagerechte, Kalt-Warm-Kontrast

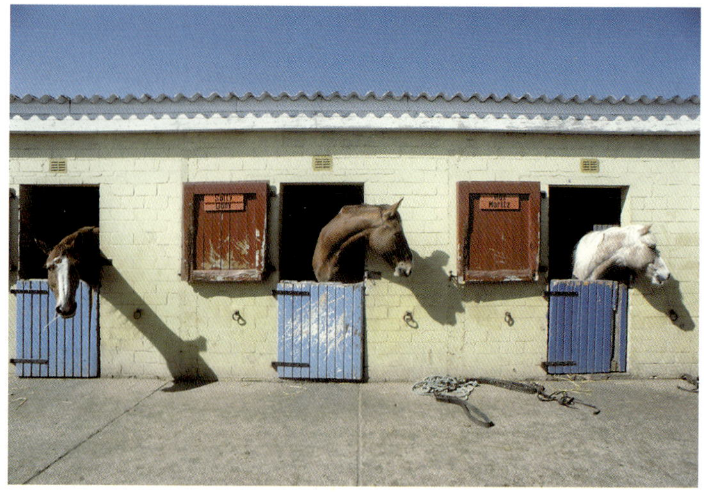

13 Weitere Bildelemente: Waagerechte, Formenkontrast

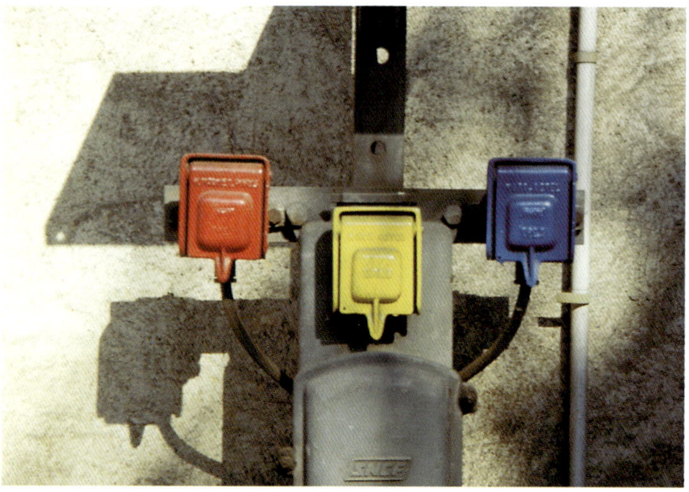

14 Weitere Bildelemente: Senkrechte, Hell-Dunkel-Kontrast

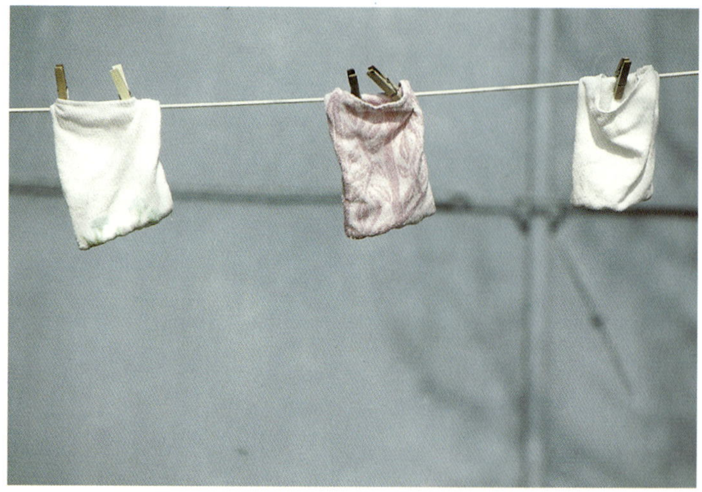

15 Weitere Bildelemente: schräge Linien

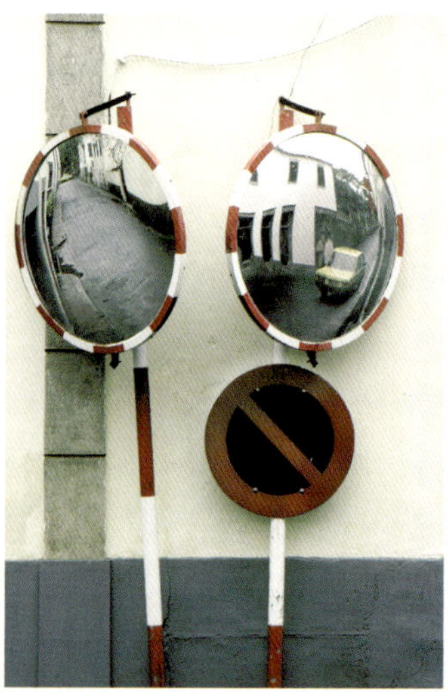

16 Weitere Bildelemente: Senkrechte, Kreise

direkte Zeigetendenz geht verloren, wenn keine der Seiten des Dreiecks parallel zu den Bildkanten verläuft, das optische Dreieck quasi im Raum »schwebt« (Grafik J).
Eine optische Linie durch drei Punkte bildet sich in den Abb. 12-15 und 20. Die drei roten Hütten stehen dicht nebeneinander und bilden eine kurze breite Linie im Zentrum der Bildfläche. Die kurze optische Linie hat keine optische Bindung zum Rand. Dagegen sind bei den Pferden und Pferdeboxen (Abb. 13) und den drei Waschlappen (Abb. 15) der erste und der dritte »Punkt« so dicht an den Rändern plaziert, daß die optische Linie vom linken zum rechten Bildrand durchgeht. Auch die steigende Diagonale in Abb. 20 verläuft optisch von der linken unteren Ecke über die drei Frauen zur rechten oberen Ecke. Bei der Abb. 14 liegt der mittlere Punkt (gelb) etwas tiefer als die

Ob ein optisches Dreieck eine Bewegung in der Fläche andeutet, wird durch einen Paralellbezug zu einer der Bildkanten bestimmt.

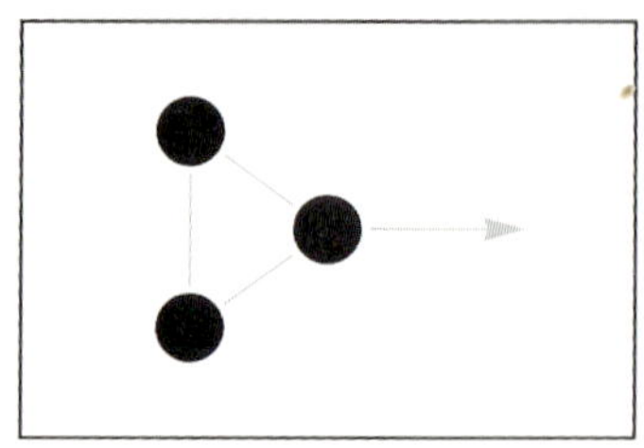

G

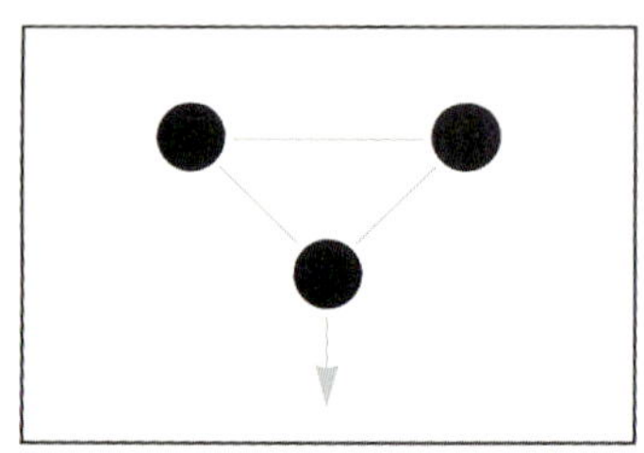

H

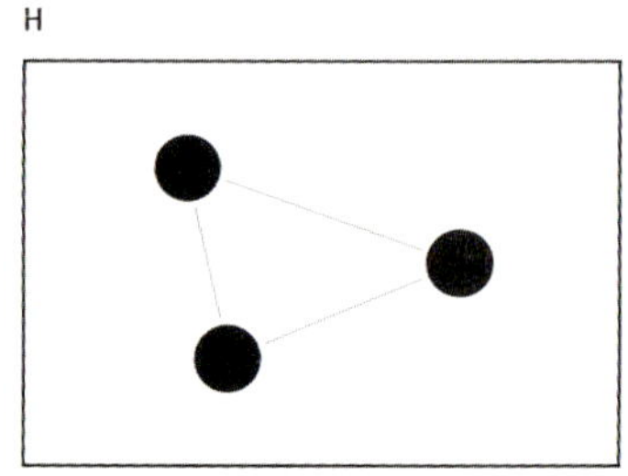

J

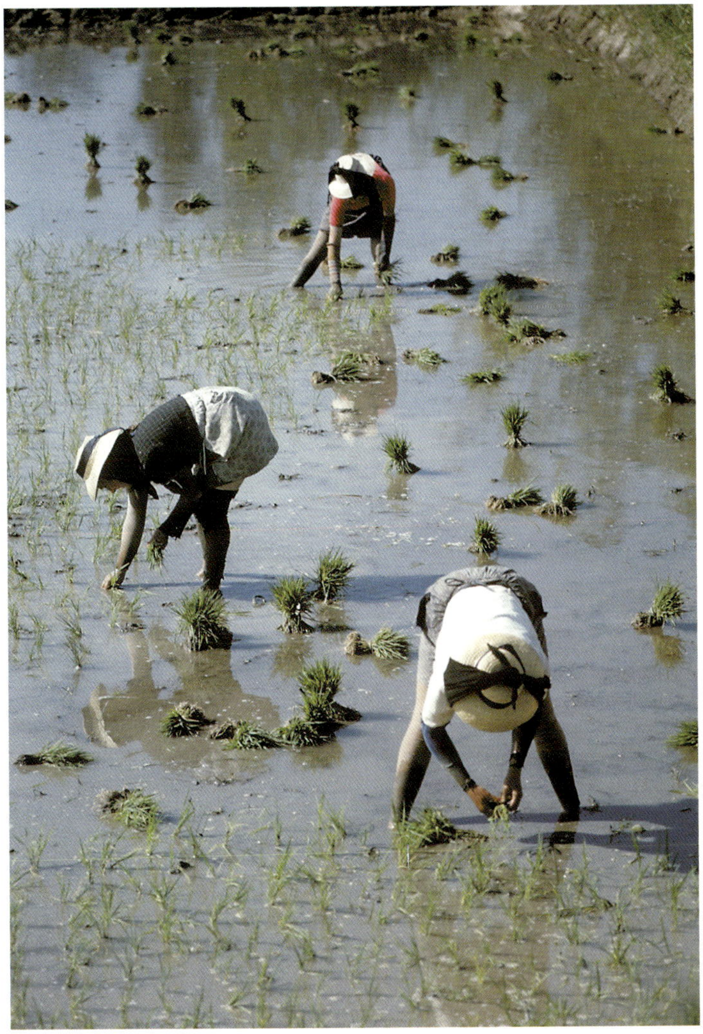

17 Weitere Bildelemente: Strukturfläche

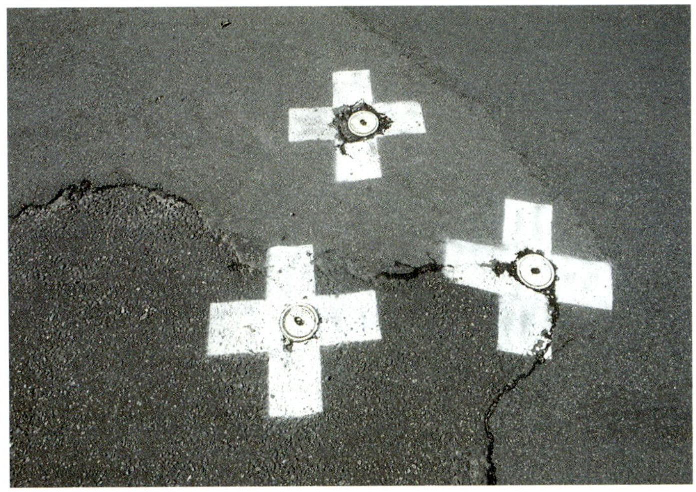

18 Weitere Bildelemente: Hell-Dunkel-Kontrast, freie Linien

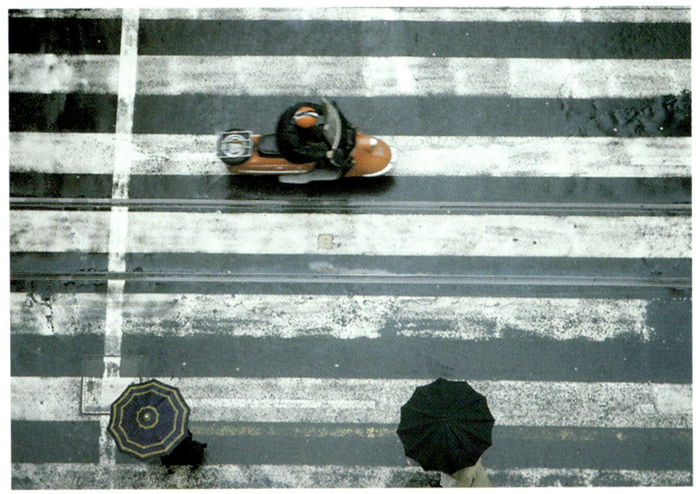

19 Weitere Bildelemente: Waagerechte, Senkrechte

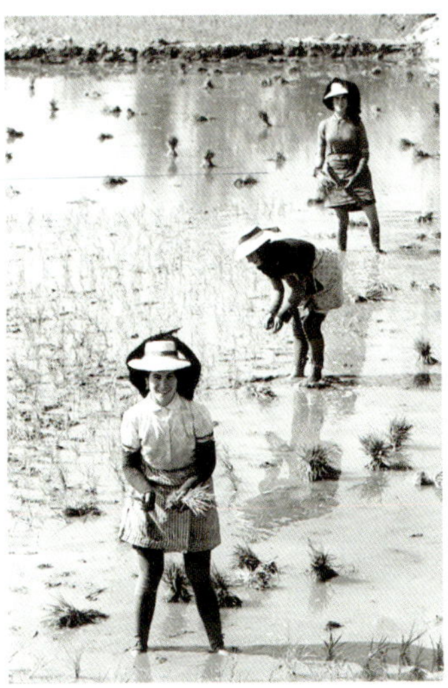

20 Weitere Bildelemente: Strukturfläche

Punkte links und rechts. Dadurch entsteht eine leicht durchgebogene optische Linie oder, wenn man so will, ein angedeutetes optisches Dreieck. Ganz klare und eindeutige optische Dreiecke entstehen in den Abb. 3, 4 und 16-19. Nahezu identische Punkte sind dabei die drei gebückten Frauen (Abb. 17) oder die weißen Kreuze auf der Straße (Abb. 18). Unterschiedliche Objekte wie die zwei Schirme und die hackende Frau oder zwei Schirme und ein Rollerfahrer bilden in Abb. 3 und 19 optische Dreiecke. Durch das klare Hell-Dunkel steht das optische Dreieck bei der Abb. 4 besonders deutlich in der Fläche. Die dunklen Punkte auf hellem Untergrund markieren trotz Unterschiede in Form und Größe (eine Kuh, drei Kühe, ein Stein) eindeutig die Spitzen des optischen Dreiecks.

Punktgröße und Punktformen

Auf einer Fläche konkurrierende Punkte haben bei gleicher Größe und gleicher Form die geringste Spannung zueinander. Interessanter und spannungsreicher wird dieses einfache künstlerische Mittel, wenn die Punkte in ihrer Größe und/oder Form etwas voneinander abweichen. Ein sensibler Betrachter wird dabei schon auf kleine Abweichungen und Unterschiede der Punkte reagieren. Die durch drei Punkte gebildete optische Linie oder das optische Dreieck sind natürlich bei jeweils drei identischen Punkten am deutlichsten. Doch selbst wenn die Punkte in Größe und Form von einander abweichen, bleibt die primäre gestalterische Wirkung von optischer Linie oder optischem Dreieck fast immer erhalten.

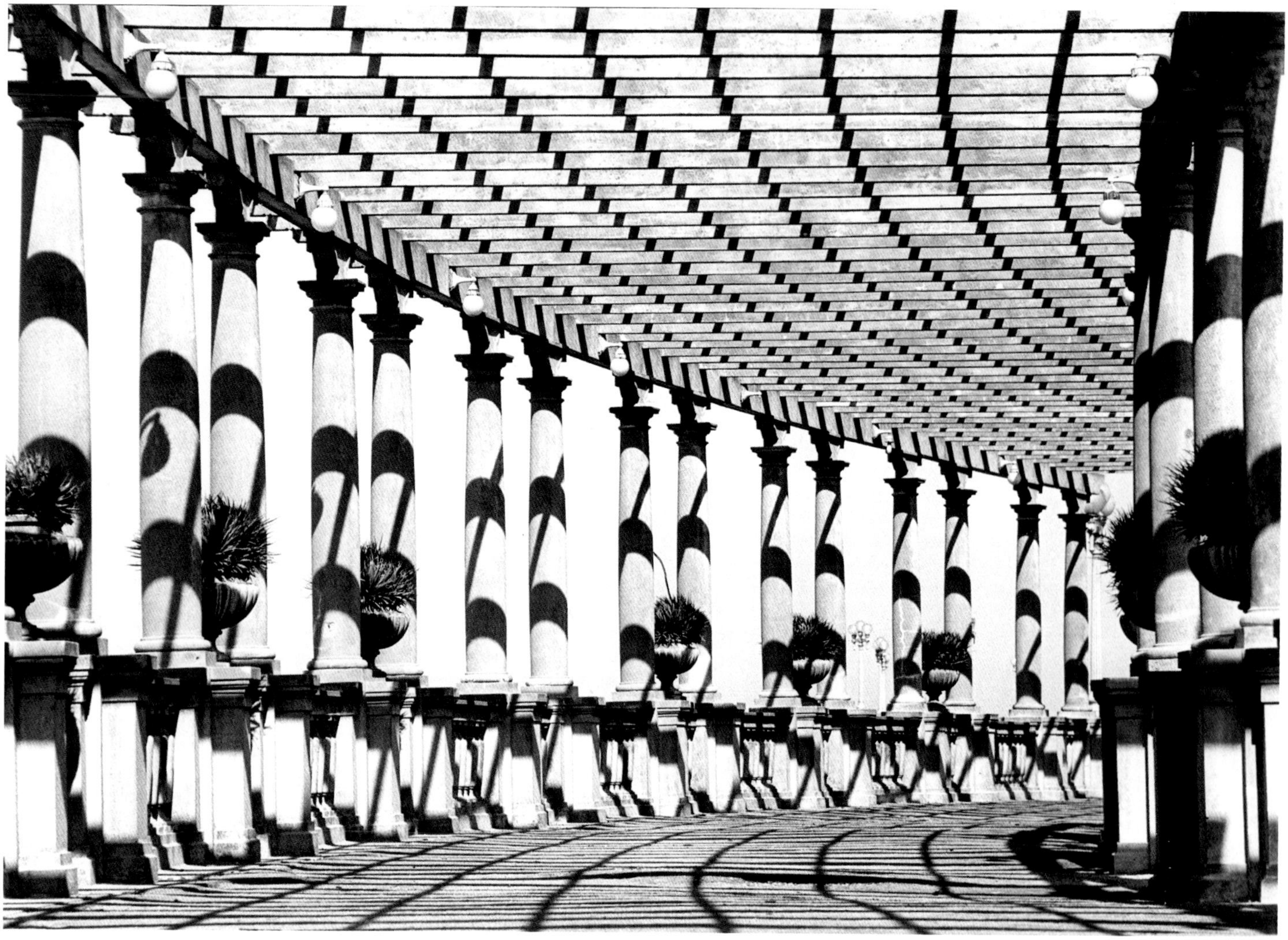

1 Weitere Bildelemente: Senkrechte, Waagerechte

Optische Linien und optische Flächen

Bei drei, vier oder mehr Punkten auf der Fläche kommt das gestalterische Mittel der Wiederholung zum Tragen. Als optische Linie in einer Reihe ist diese Wiederholung der Beginn eines Rhythmus. Eine schlichte rhythmische Wiederholung ist wiederum der Beginn einer einfachen Harmonie in jeder künstlerischen Disziplin. Eine sich ergebende Gestaltungsstruktur wird nach dem Prinzip der Einfachheit gesehen, und das Auge folgt sofort einer Punktreihe oder bildet optische Formen.

Formelement Punkt

Der Punkt ist das einfachste Formelement und hat keine Tendenz zur Ausdehnung. Tritt ein Punkt alleine auf einer Fläche auf, so hat er in der Regel kein Bestreben zu einer (optischen) Bewegung. Eine Ausnahme bilden Punkte, die einer Bildkante oder Bildecke zu nahe kommen. Hierbei kann eine scheinbare Bewegung des Punktes in Form einer optischen Bindung an eine Bildkante/Bildecke entstehen. Schon bei zwei Punkten, einem Punktpaar auf einer Bildfläche, wird durch die optische Konkurrenz das »In-sich-ruhen« des einzelnen Punktes gestört. Durch Addition weiterer Punkte ensteht immer mehr optische Bewegung, wobei sowohl die Distanz der Punkte zueinander als auch Gleichheit oder Ungleichheit der Punkte untereinander eine Auswirkung auf die optische Wirkung hat. Gleiche

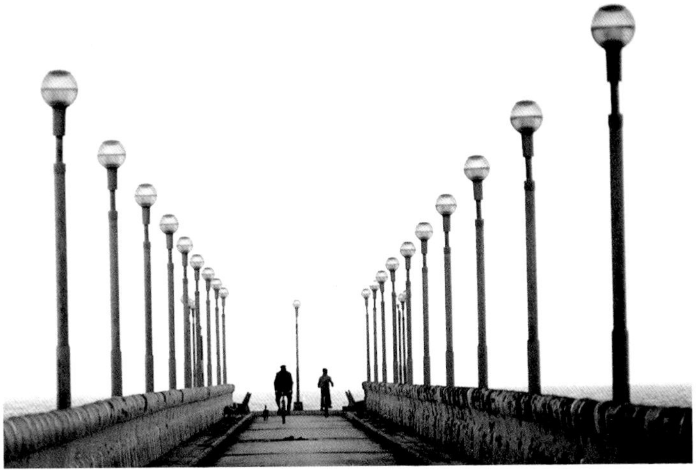

2 Weitere Bildelemente: Hell-Dunkel-Kontrast, Linienrhythmus

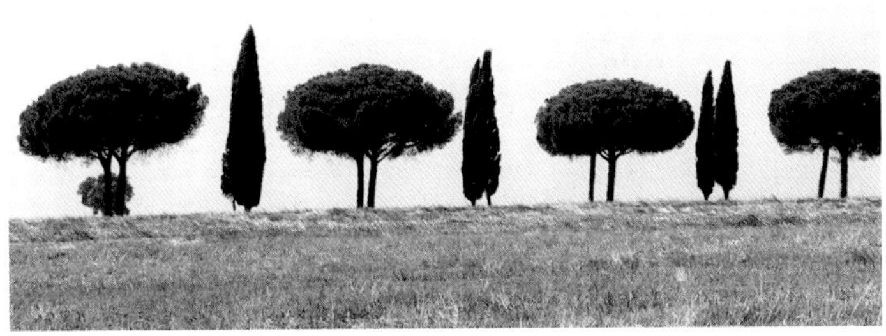

3 Weitere Bildelemente: Hell-Dunkel-Kontrast, Formenkontrast

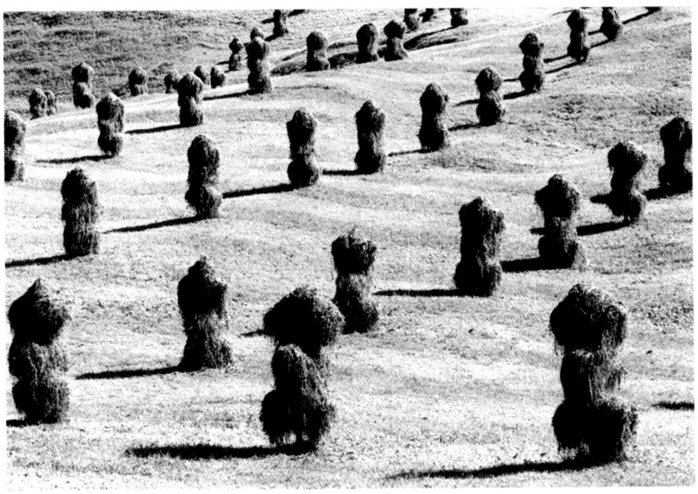

4 Weitere Bildelemente: Hell-Dunkel-Kontrast, Struktur

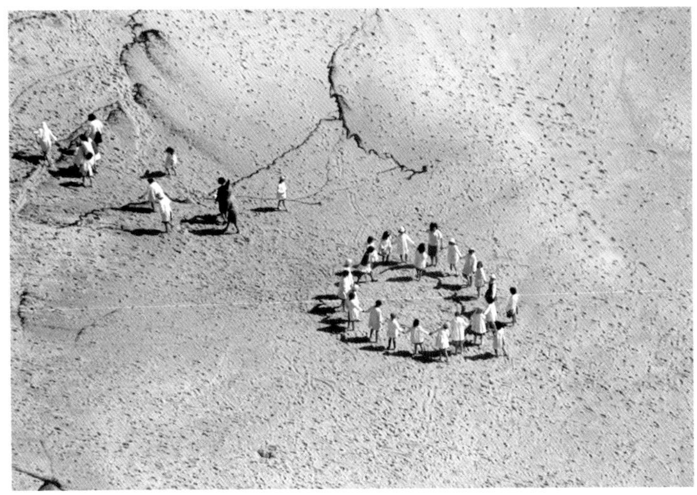

5 Weitere Bildelemente: Zentraler Punkt, Struktur

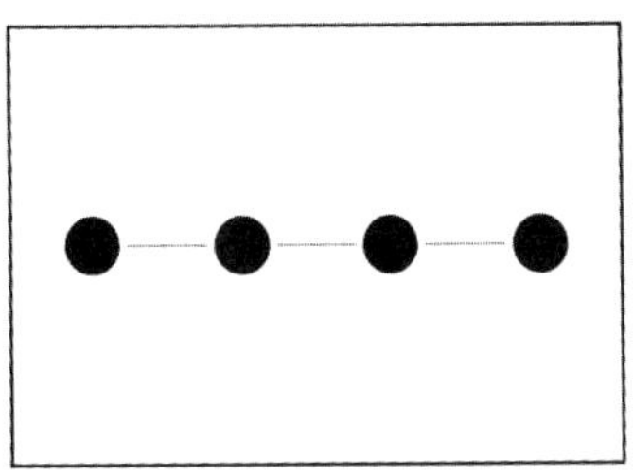

A

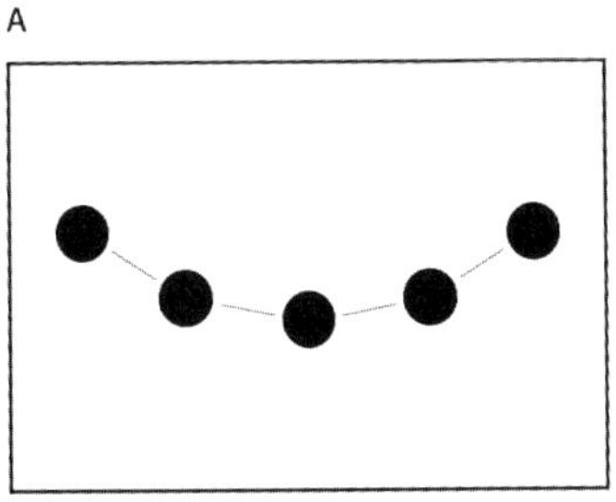

B

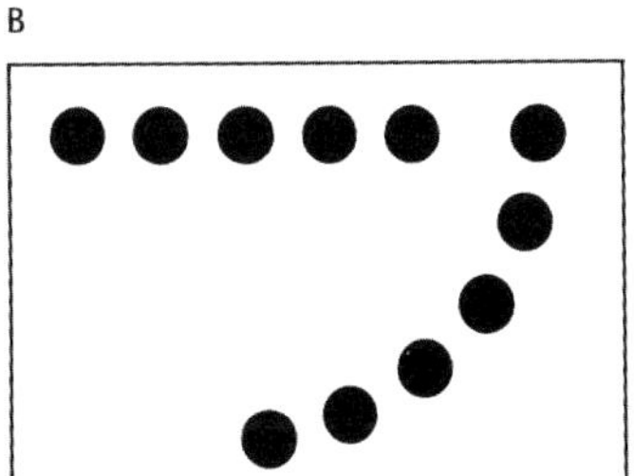

C

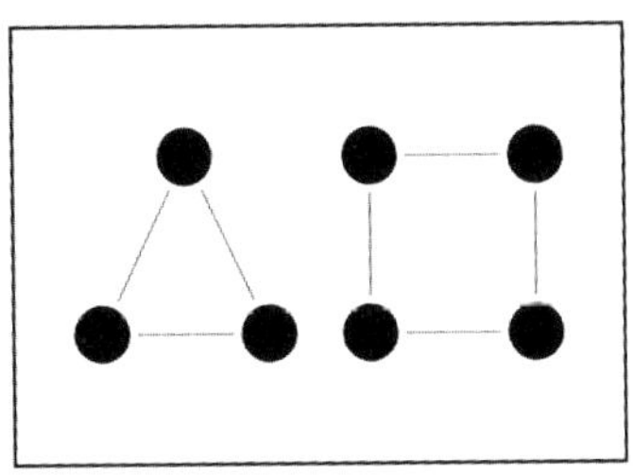

D

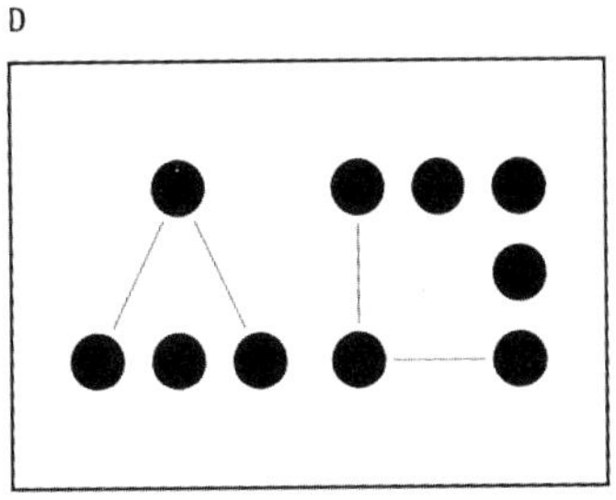

E

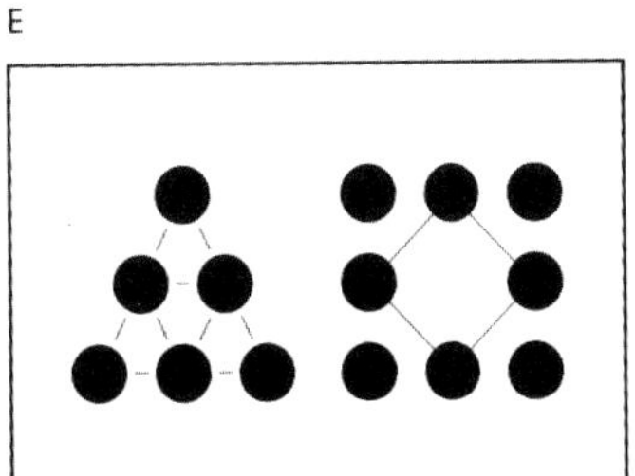

F

Je dichter Punkte in einer geraden oder gebogenen Reihe nebeneinander liegen, desto deutlicher wird die Wirkung der optischen Linie. Markante Formen wie Dreieck und Quadrat können sich optisch ab drei oder vier Punkten bilden.

Abstände von Punkt zu Punkt leiten das Auge fließend über eine Punktreihe. Bei ungleichen Abständen rücken Punktpaare oder Punktreihungen zusammen, und das Auge kann »hängen bleiben« – stolpert sozusagen etwas über den ungleichen Punktrhythmus. Voneinander abweichende Formen und Größen der Punkte können ebenfalls den harmonischen Fluß einer optischen Linie stören.

Optische Linien

Für die Bildung einer optischen Linie sind mindestens drei Punkte notwendig. Die direkteste Verbindung zwischen dem ersten und dem dritten Punkt ist eine gerade Linie. Ein dritter Punkt sollte möglichst direkt auf dieser (gedachten) Linie liegen und zu den beiden anderen Punkten den gleichen Abstand haben. Eine geringe Abweichung

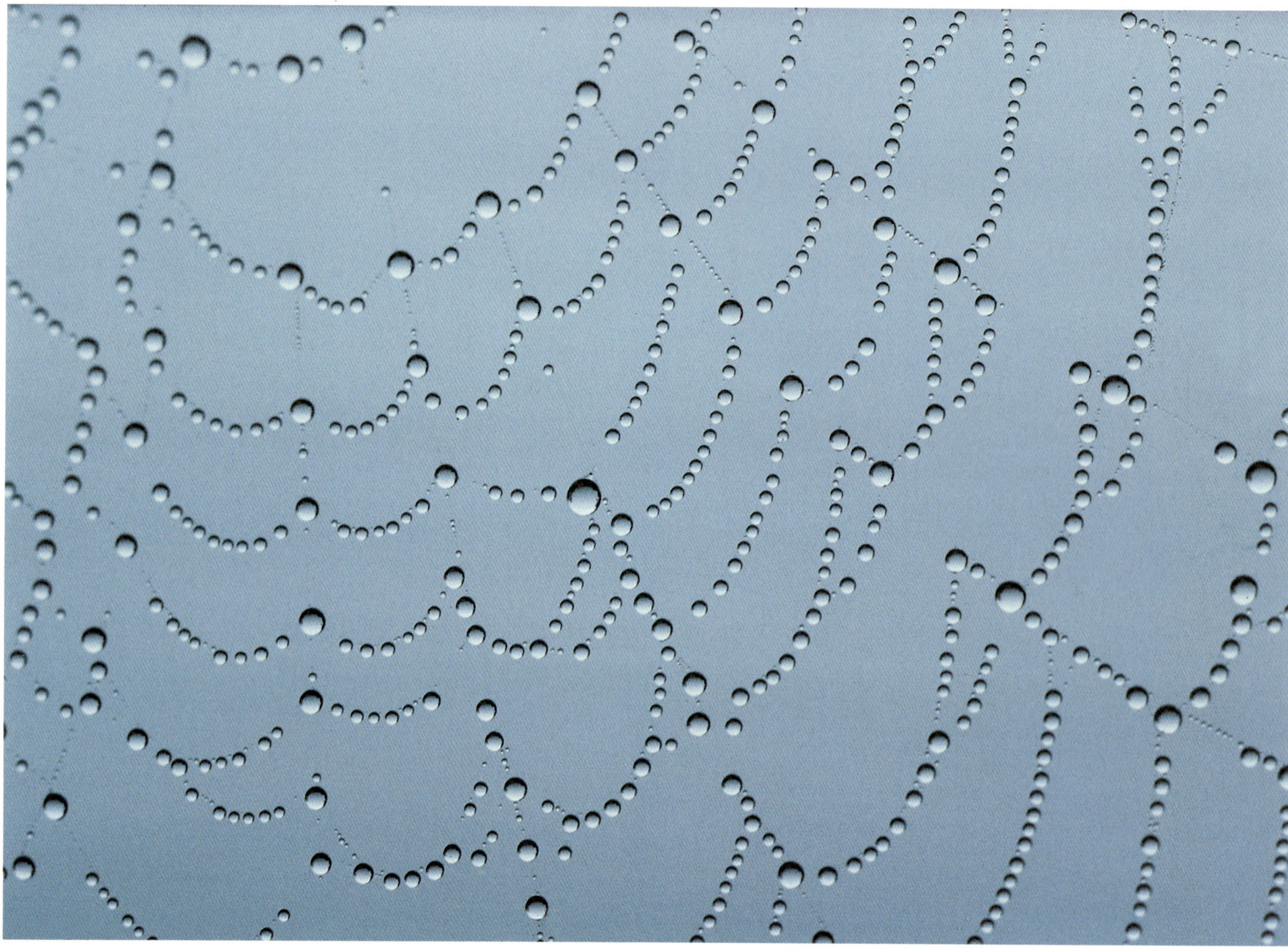

6 Weitere Bildelemente: unbunte Farbe

von dieser Geraden kann das Auge noch als leicht gebogene Linie »sehen«, während eine größere Abweichung (wie schon beschrieben) zur ersten optischen Form, dem optischen Dreieck führt. Größere Mengen von Punkten können je nach ihrer Anordnung oder Lage auf der Bildfläche deutliche gerade und deutliche gebogene Linien als optischen Eindruck ergeben. Solange die Punkte so angeordnet sind, daß eine optische Verbindung immer nur zu dem vorherigen Punkt und dem folgenden Punkt entstehen kann, ergibt sich immer die optische Wirkung von »Linie«. Diese Wirkung von Linie wird natürlich mit einer höheren Anzahl von Punkten und mit einem verringerten Abstand der Punkte zueinander immer intensiver (Grafik A, B, C). Einheitliche Form und/oder Farbe von Motivelementen mit Punktcharakter sowie gleiche Abstände und ein neutraler Untergrund fördern die Wahrnehmung von »optischer Linie« (Abb. 4, 6, 8, 10, 12, 16). Aber auch Anbindungen der Punkte durch Linien wie die Laternenmaste bei der Abb. 2 und die Baumstämme bei der Abb. 3 oder wechselnde Farben wie bei der Reihe der Strandhäuser oder den Blüten auf den Kacheln (Abb. 10 und 13), können die Wirkung von Linie nicht verhindern. Die Linienbildung durch das Aneinanderreihen von Buchstaben ist ein Prozeß, den wir schon gar nicht mehr beachten. Unterschiedliche Formen, Größen und Abstände der Buchstaben bilden Reihen, die nicht als Linien, sondern als eine Inhaltsvermittlung gesehen werden. Nur eine freistehende Buchstabenreihe wird wieder verstärkt als Linie empfunden (Abb. 7). Deutlich gebogene optische Linien entstehen vor allem bei den Abb. 1, 6 und 12. Während die Tautropfen im Spinnennetz und die Blüten auf den Kacheln keine oder wenig optische Konkurrenz haben, entsteht die Bildwirkung

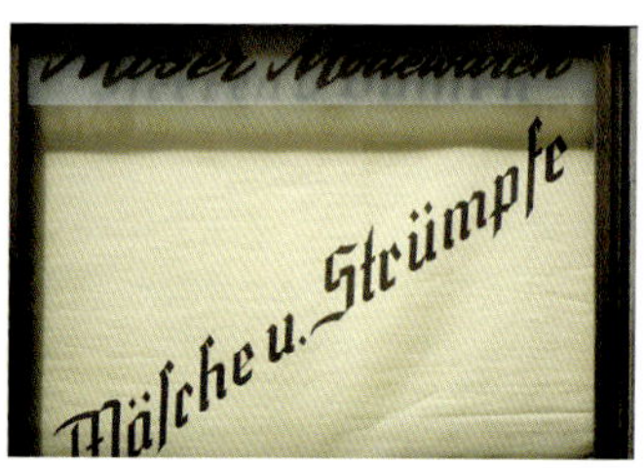

7 weitere Bildelemente: Diagonale

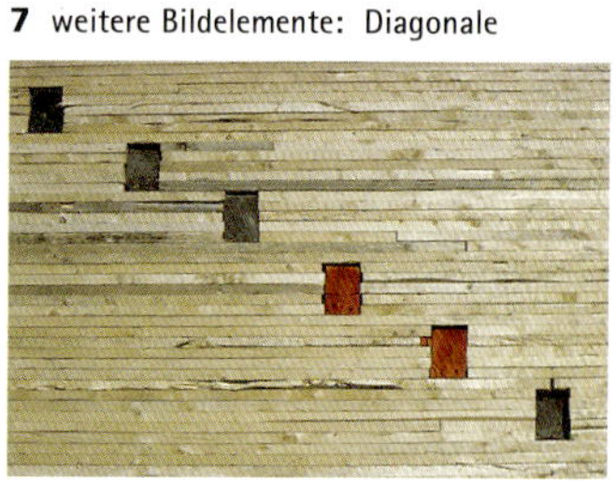

8 weitere Bildelemente: Diagonale, Struktur

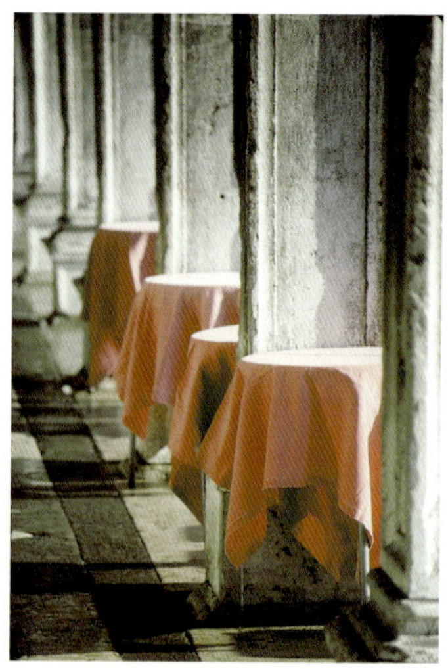

9 Weitere Bildelemente: Senkrechte, warme Farbigkeit

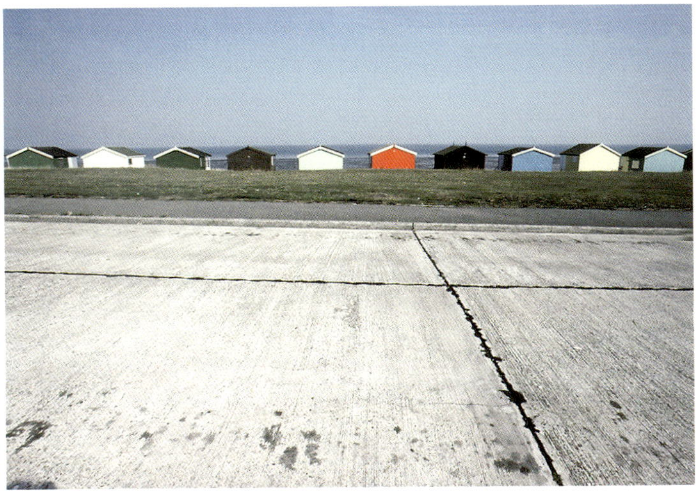

10 Weitere Bildelemente: beherrschender (Farb-)Punkt, Waagerechte

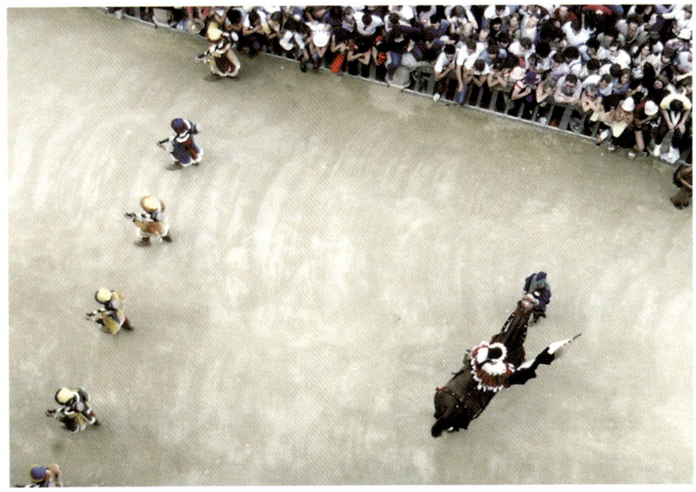

11 Weitere Bildelemente: Kalt-Warm-Kontrast

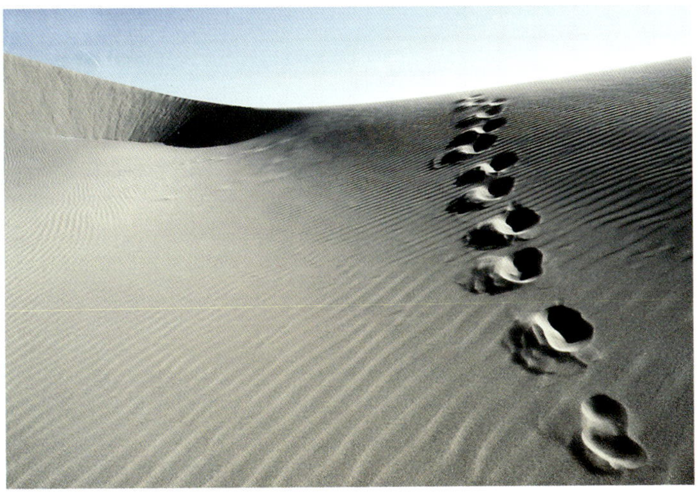

12 Weitere Bildelemente: beherrschender Punkt, Struktur

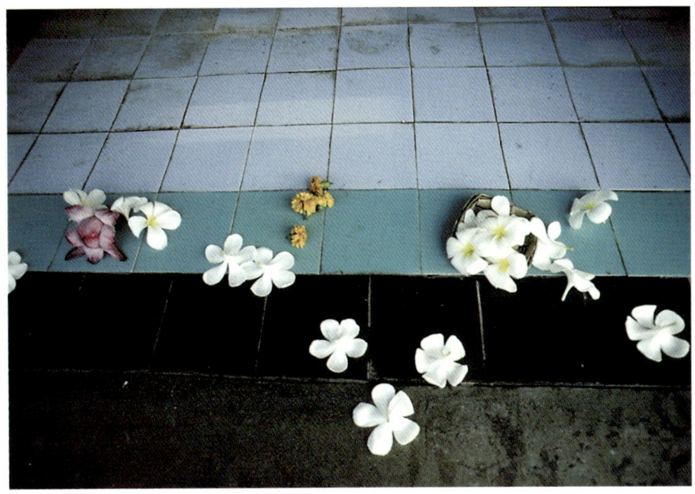

13 Weitere Bildelemente: Hell-Dunkel-Kontrast, Quantitäts-Kontrast

des Säulenganges (Abb. 1) neben den Licht- und Schattenpunkten noch durch zahlreiche Linien.

Das Prinzip der Einfachheit

Das Auge verbindet Punkte nach dem Prinzip der Einfachheit. Das heißt, von Punkt zu Punkt sucht das Auge immer die kürzeste Verbindung – und die kürzeste Verbindung zwischen zwei Punkten ist eine Gerade. Deshalb »sieht« das Auge optische Linien oder bildet bei mehreren Punkten die nicht auf einer Geraden liegen die einfachste mögliche optische Form. Auch Punkte, die in Randnähe liegen, werden immer auf dem kürzesten Weg optisch angebunden. Drei Punkte nebeneinander werden durch zwei einfache Gerade zu einer optischen Linie, drei frei verteilte Punkte durch drei direkte Linien von Punkt zu Punkt zum optischen Dreieck. Durch Addition weiterer Punkte können sich bei günstiger Lage auf der Fläche weitere optische Formen entwickeln. Bei vier Punkten entsteht ein Quadrat oder Rechteck (Grafik D), bei fünf oder sechs Punkten in richtiger Lage das Fünfeck und das Sechseck. Bei einer noch größeren Anzahl von Punkten bilden sich freie Formen oder bei einer idealen Lage der Punkte auf der Bildfläche auch Formen mit der Wirkung von einem Kreis oder einem Oval (Grafik J). Zwei, drei oder mehr Punkte können natürlich in sehr unterschiedlichen Formen feste Positionen haben. Ohne die Führung durch eine direkte Linie ist das Auge jedoch nicht bereit, Punkte anders als durch eine direkte Gerade zu verbinden (Grafik K, L und M).

Lage und Wirkung auf der Fläche

Die eindeutigsten optischen Formen entstehen, wenn zu ihrer Bildung die jeweiligen Punkt-Minimalmengen verwendet werden und alle Punkte die gleiche Größe zueinander und die gleichen Abstände voneinander haben. Werden zu diesen Minimalmengen auf einer oder mehrerer der (gedachten) Geraden weitere Punkte positioniert und somit auf diesen Linien kürzere Punktabstände geschaffen, kann damit das Formerkennen erschwert werden. Einer optischen Linie, die durch dichter beieinanderliegende Punkte gebildet wird, kommt ein größeres optisches Gewicht zu, und es ist für das Auge nicht so leicht, unter Einbezug der weiter entfernt liegenden Punkte die optische Form zu schließen (Grafik E). Daß durch jedes auch gleichmäßige Hinzufügen weiterer

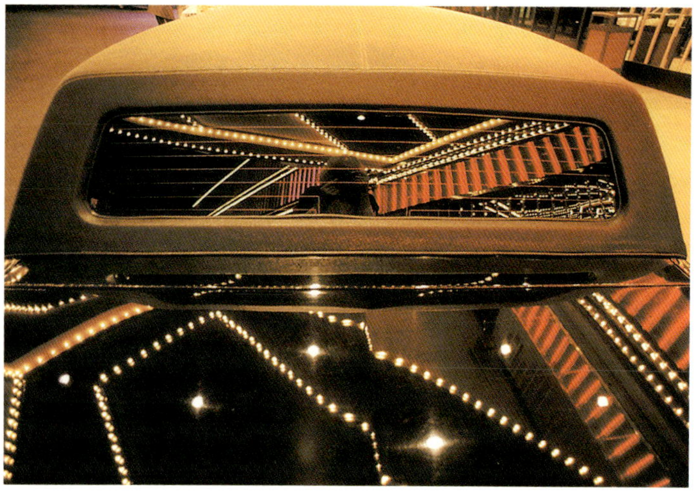

14 Weitere Bildelemente: Hell-Dunkel-Kontrast

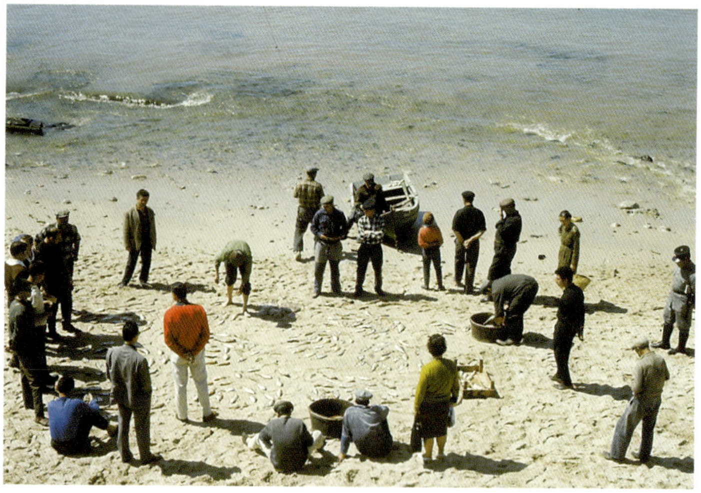

15 Weitere Bildelemente: beherrschender (Farb-)Punkt, Struktur

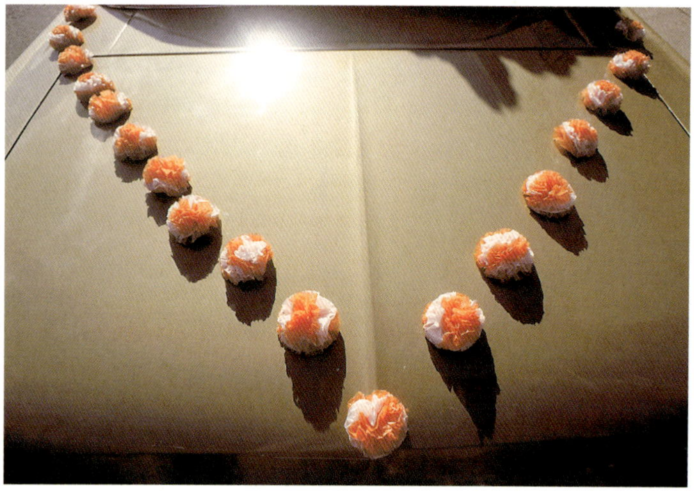

16 Weitere Bildelemente: Hell-Dunkel-Kontrast

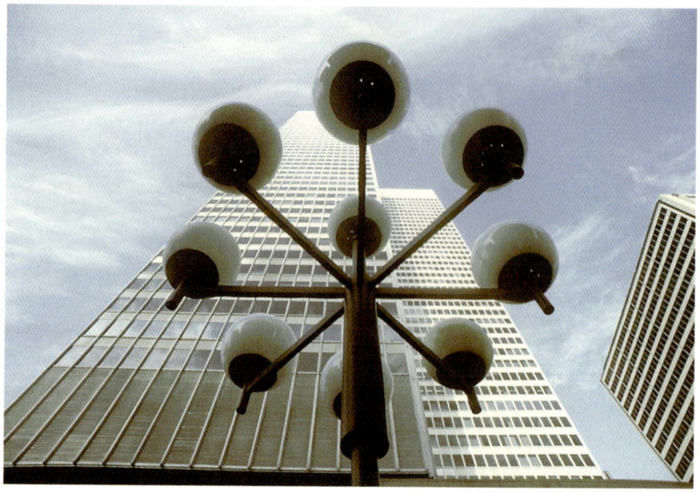

17 Weitere Bildelemente: Hell-Dunkel-Kontrast

Punkte das Prinzip der einfachen Formen und Formwirkungen gestört wird, zeigt die Grafik F. Bei dem Dreieck entstehen neben dem großen optischen Dreieck noch weitere kleinere Dreiecke an den drei Spitzen der großen Form. Bei dem Quadrat ist das Auge durchaus bereit, zusätzlich auch ein auf der Spitze stehendes Quadrat »zu sehen«. Die kleinen Grafikbeispiele, bei denen zusätzlich auch schon die »gedachten Linien« eingezeichnet sind, können diese optischen Wirkungen nur andeuten. Eigene intensive Erfahrungen sind nur mit einer Übungstafel (einem weißen Bogen in der Größe von Din-A4 oder -A3) und einer handvoll Punkte (kleine Münzen, Knöpfe oder ähnliches) zu machen.

Auch optische Linien haben die Kraft der Flächenteilung und Flächenbildung. Obwohl theoretisch Verbindungslinien zwischen Punkten nicht gerade verlaufen müssen, wird das Auge immer den einfachen, geraden Weg zwischen den Punkten wählen.

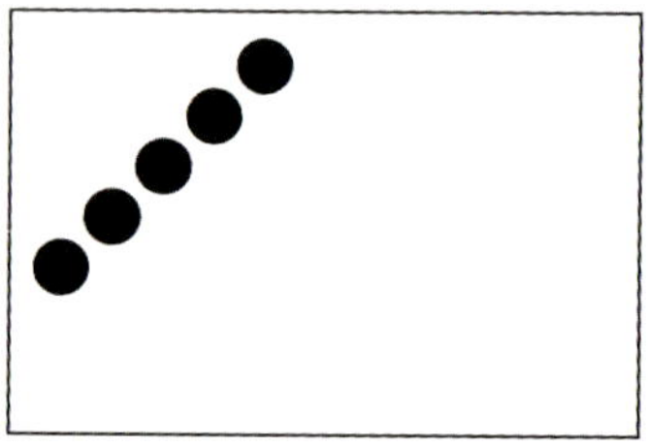

G

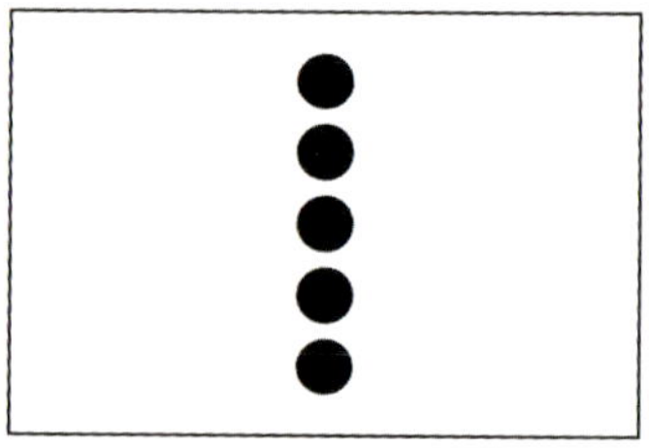

H

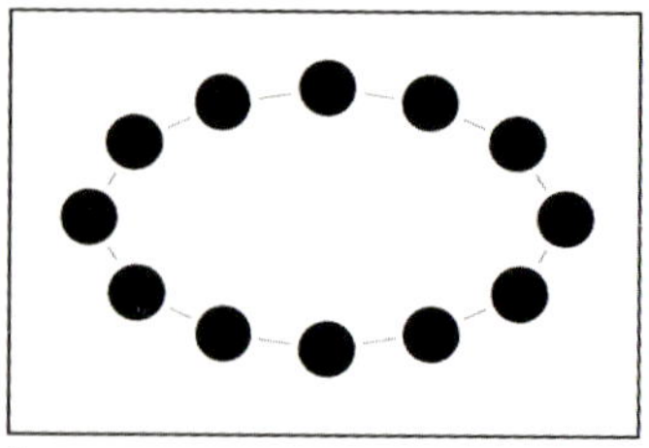

J

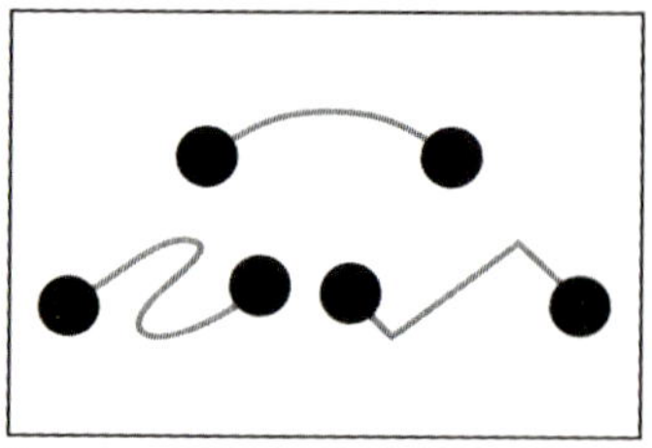

K

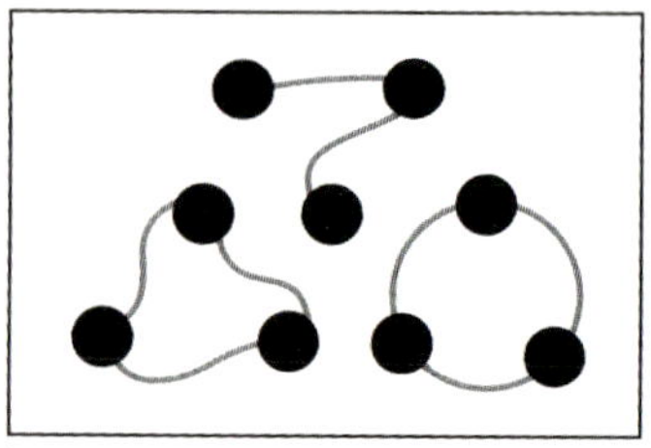

L

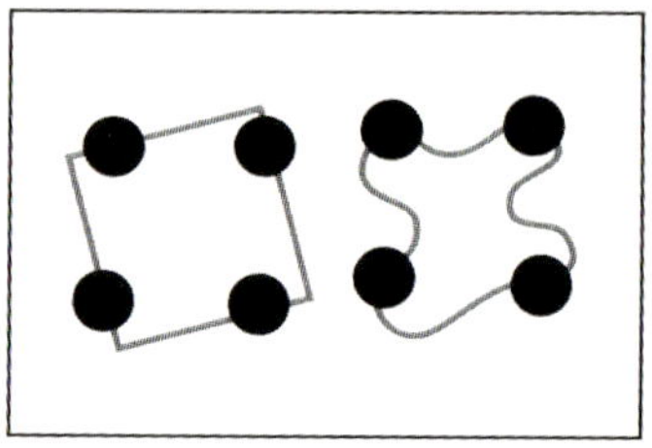

M

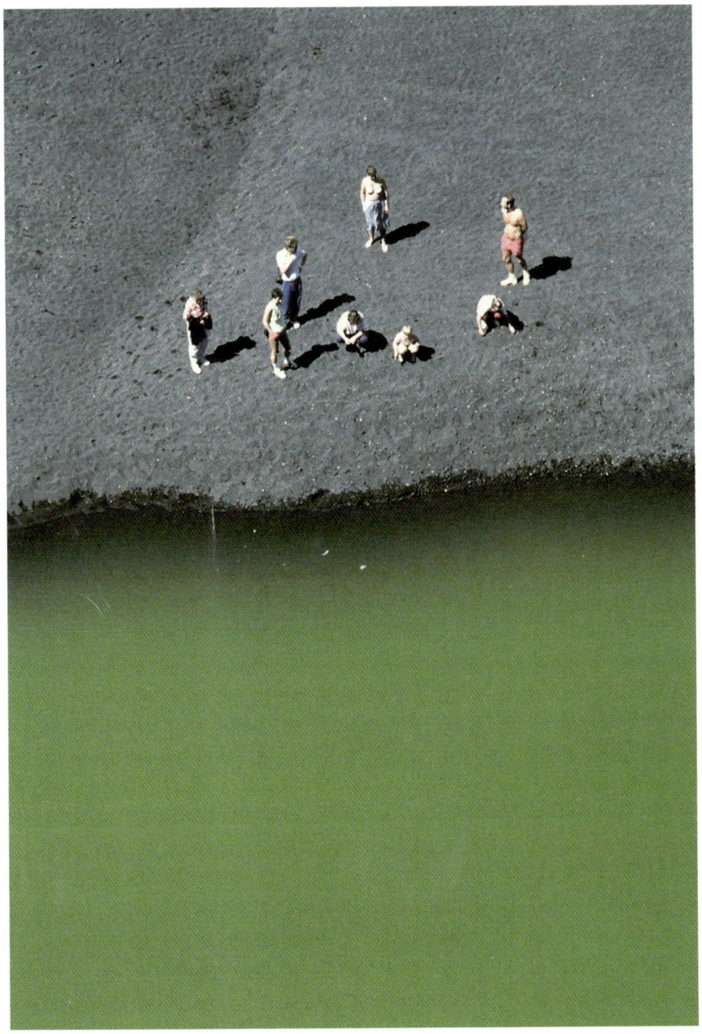

18 Weitere Bildelemente: Quantitäts -Kontrast

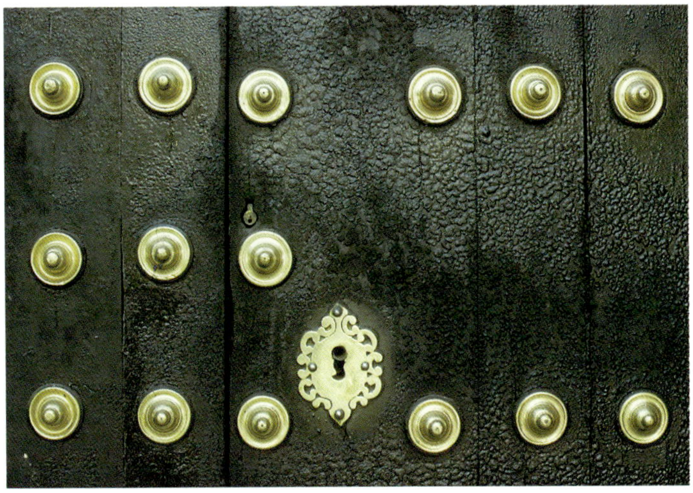

19 Weitere Bildelemente: beherrschender Punkt, Struktur

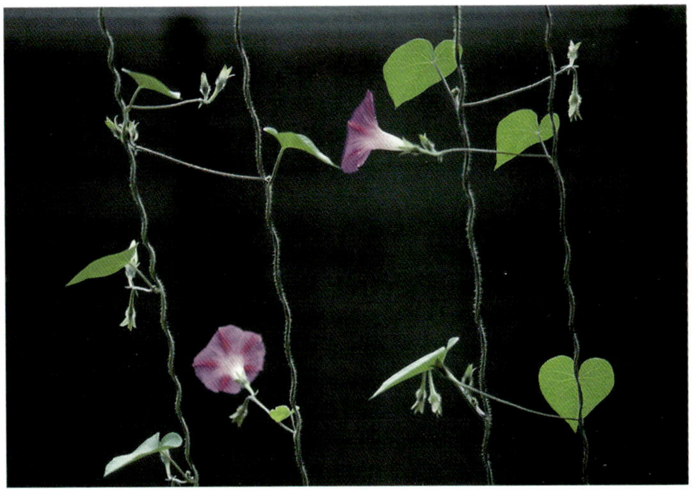

20 Weitere Bildelemente: zwei Punkte, Hell-Dunkel-Kontrast, Senkrechte

Flächenteilung und Flächenbildung

Optische Linien haben wie reale Linien die Kraft der Flächenteilung und der Flächenbildung. Es ist gewissermaßen eine Doppelkraft, denn der Akt der Flächenteilung schließt automatisch den Akt der Flächenbildung mit ein. Wird zum Beispiel eine Fläche durch eine Linie halbiert, entstehen zwei neue Flächen. Jede dieser Flächen ist logischerweise nur halb so groß wie die ursprüngliche ungeteilte Fläche, beide zusammen haben aber wieder den Flächeninhalt der Gesamtfläche. Optische Linien die gerade (senkrecht, waagerecht, diagonal oder schräg) von einer Bildkante zu einer zweiten verlaufen, können Flächenabschnitte oder Flächenteilungen bei der Grundfläche bewirken (Grafik G und H). Eine (optische) Linie, die auf einer Bildfläche beginnt und in ihrem Verlauf keine oder höchstens eine der Bildkanten berührend zu ihren Ausgangspunkt zurückkommt, bildet eine Fläche in der Fläche (Grafik J). Während von einer Bildfläche durch schräge Linien schnell Teile oder Ecken optisch abgeschnitten werden (Abb. 2, 11, 12, 16), wird durch eine waagerechte Linie im Querformat eine Flächenteilung meist nur angedeutet (Abb. 3, 10, 19). Eine deutliche Teilung der Grundfläche durch optische Linien in zwei große Dreiecke zeigen die Abb. 7, 8 und 9. Beispiele, in denen eine größere Menge von Punkten relativ deutliche Formen (Kreis, Oval, Dreieck, Rechteck) als Fläche in der Fläche bilden, zeigen die Abb. 5, 15, 16, 17, 18 und 19. Zahlreiche freie Formen entstehen in der Abb. 13 durch die geraden optischen Linien (teilweise unter Einbezug der Bildkanten). Auch in der Abb. 16 werden die optischen Dreiecke unter Einbezug der Bildkanten gebildet. Deutlich andere Farbigkeit von Punkten hat ablenkende bis vorherrschende Wirkung. Bei dem Bild der Fischer am Strand (Abb. 15) wird neben der Ovalform über die drei Farbpunkte der Hemden/Pullover (Blau, Rot, Rostrot) eine steigende optische Diagonale gebildet. Bei der Abb. 20 gelingt es kaum, die beiden miteinander konkurrierenden Punkte der Blüten zusammen mit den grünen Blättern als eine freie optische Form zu sehen.

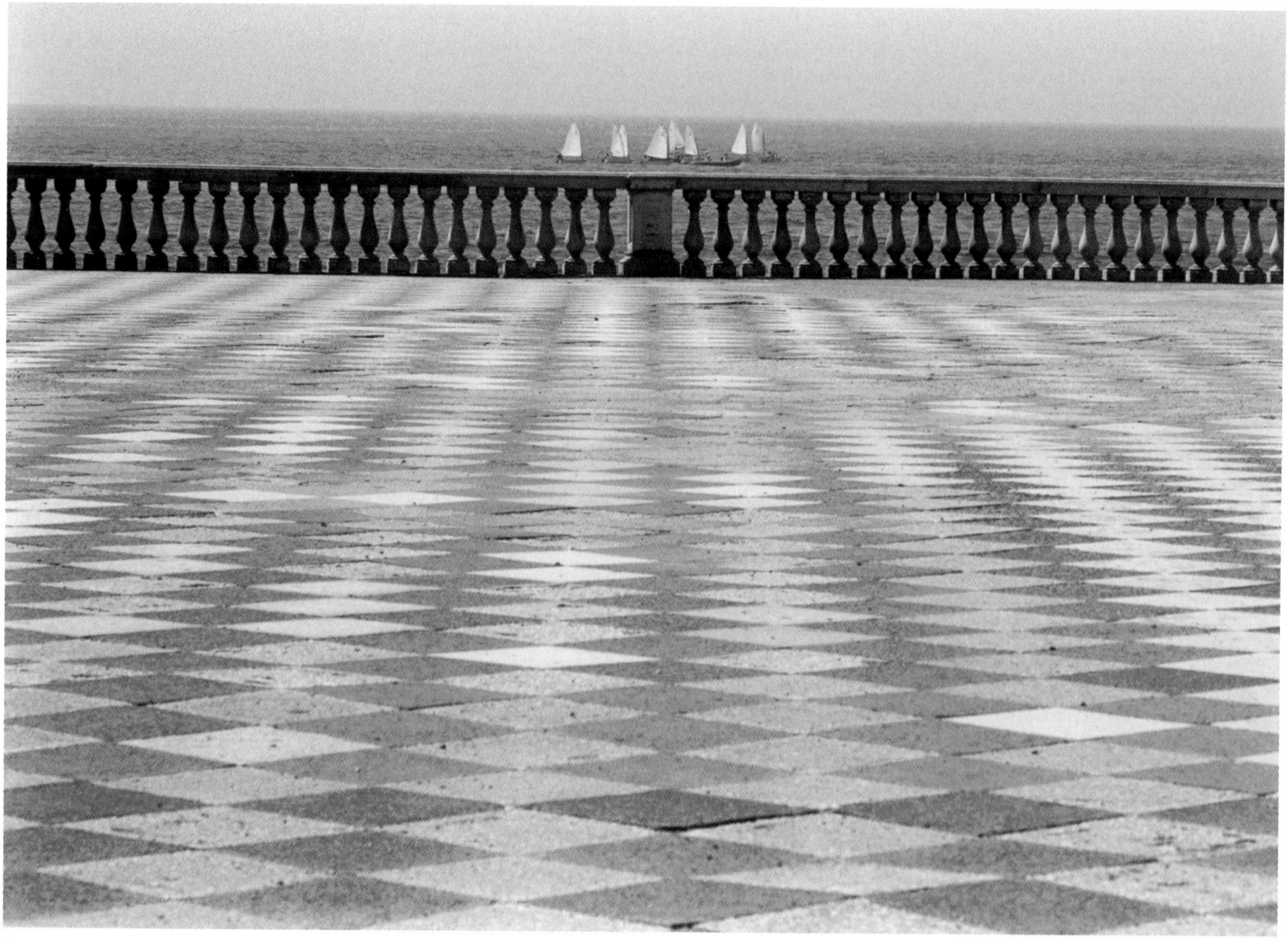

1 Weitere Bildelemente: Hell-Dunkel-Kontrast, Waagerechte

Punkthäufung, Struktur und Raster

Der Lernprozeß unserer (jeweils persönlichen) Wahrnehmung beginnt damit, daß spezielle und hervorragende Struktur- und Formmerkmale erfaßt werden. So führen zum Beispiel einmal gespeicherte Struktur/Formmerkmale von geometrischen Formen - wie etwa Dreieck, Kreis, Quadrat - immer zum (Wieder)-Erkennen der Formen. Dies ist auch dann der Fall, wenn diese in ihrer Größe, dem Hell-Dunkel, der Farbe, ihrer Lage im Raum und so fort von dem primär Erlernten abweichen.

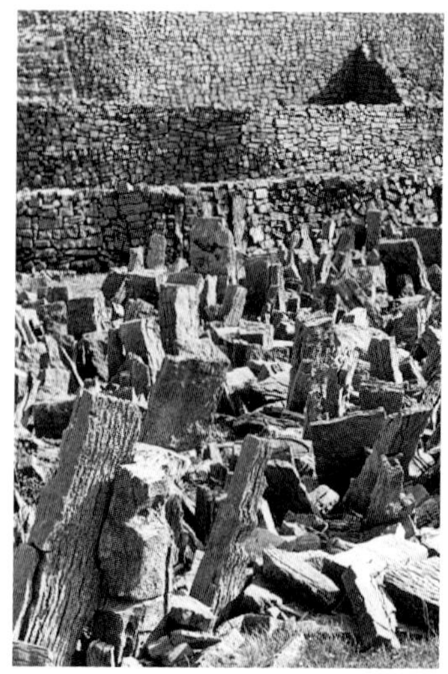

2 Weitere Bildelemente: Hell-Dunkel-Kontrast, schräge Linien

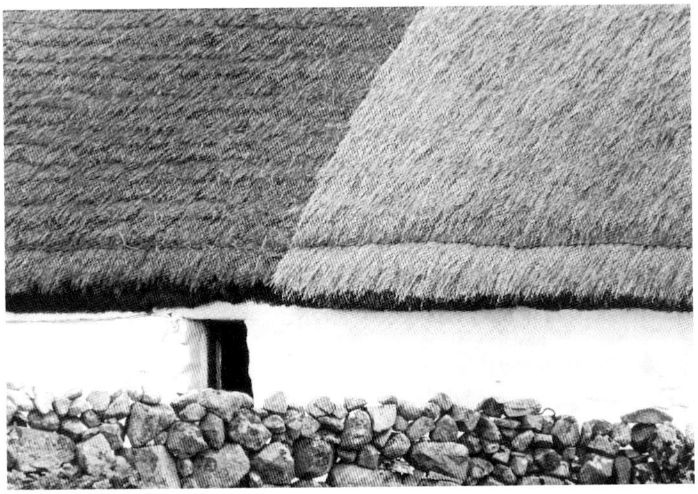

3 Weitere Bildelemente: Beherrschender Punkt, Waagerechte, Schräge

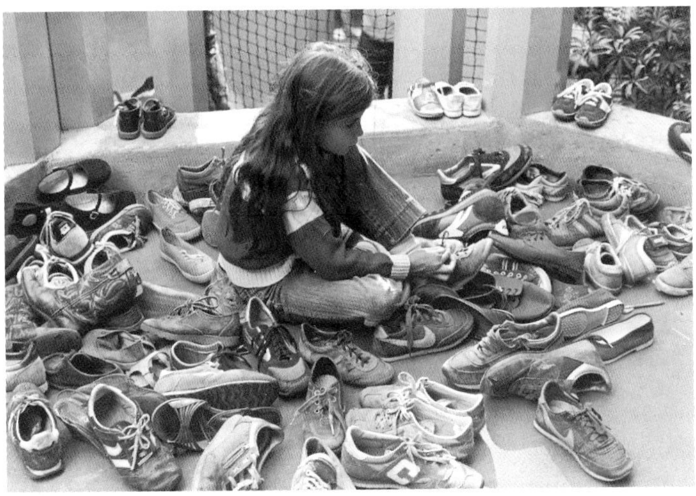

4 Weitere Bildelemente: Beherrschender Punkt, schräge Linien

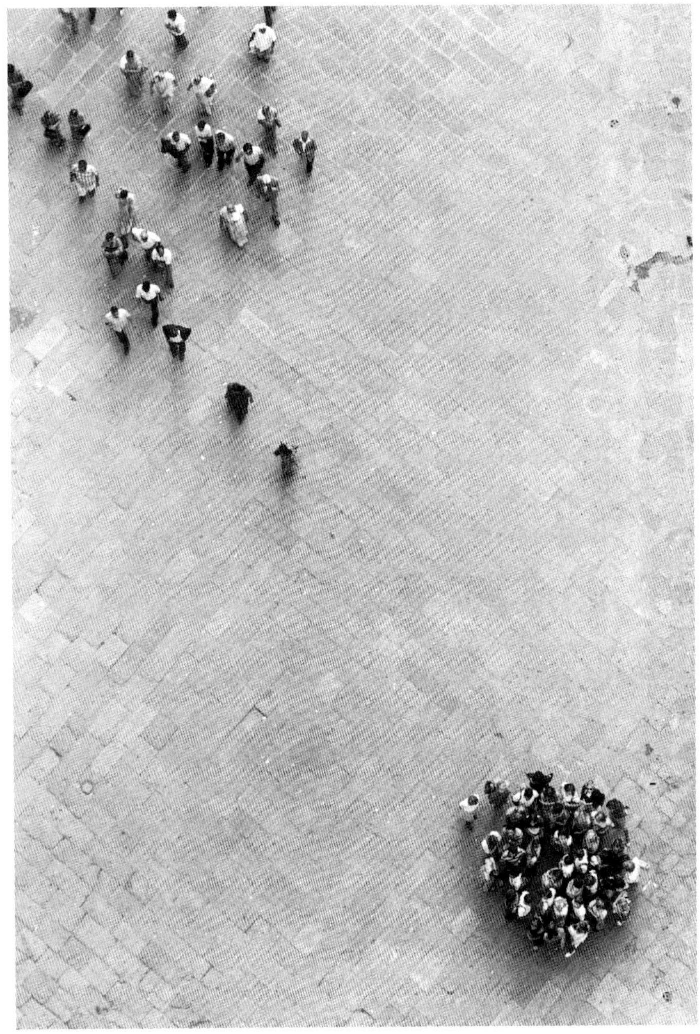

5 Weitere Bildelemente: Quantitäts-Kontrast

Ähnlichkeit und Unterschied

In der Wahrnehmung sind wir vordergründig geneigt, Verbindungen und Einteilungen zwischen ähnlichen Dingen herzustellen. Gleichzeitig ist Ähnlichkeit eine Voraussetzung für das Erkennen von Unterschieden. Die Grafik A zeigt Formen, die alle eindeutig als Quadrate wahrgenommen werden und somit in ihrer grundsätzlichen Form gleich sind. Auch das Hell-Dunkel ist für alle Quadrate identisch: jedes der Quadrate ist vollflächig dunkel und sitzt auf einem hellen Untergrund. Unterschiede gibt es in der Größe und in der Raumorientierung der Quadrate. Der Größenunterschied ergibt eine Einteilung in zwei Gruppen: drei große Quadrate und neun kleine Quadrate, die sich deutlich voneinander abheben. Mit einer Ausnahme sind alle Quadrate senkrecht-waagerecht ausgerichtet. Die völlig andere Raumorientierung des einen kleinen Quadrates fällt dabei sofort ins Auge. Die Grafik B zeigt Unterschiede und Gruppenbildung nach anderen Wahrnehmungsmerkmalen. Zwischen Kreisen und Ovalen besteht eine ähnliche Verwandschaft wie zwischen Quadraten und Rechtecken. Während Kreise und Ovale keine Ecken haben und beide nur aus gebogenen Linien bestehen, besteht die Verwandschaft von Quadrat und Rechteck aus je vier Ecken im rechten Winkel. In beiden Fällen ist aber der Unterschied bei den Formen groß genug, um sie in einem gemischten Auftreten in jeweils zwei Gruppen trennen zu können. In der Grafik B gibt es neben der Gruppierung in Kreise und Ovale vor allem den Helligkeitsunterschied zwischen schwarzer, grauer und heller (durch Linien abgegrenzter) Fläche. In der Grafik C besteht die

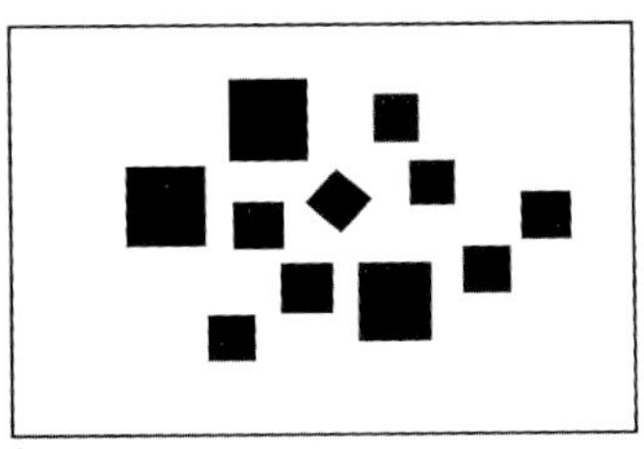

A

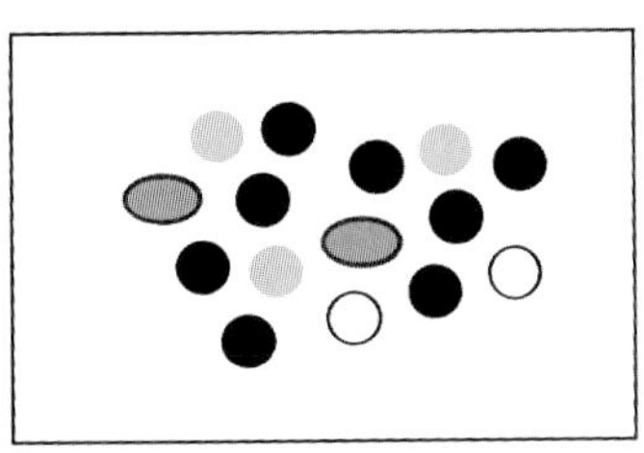

B

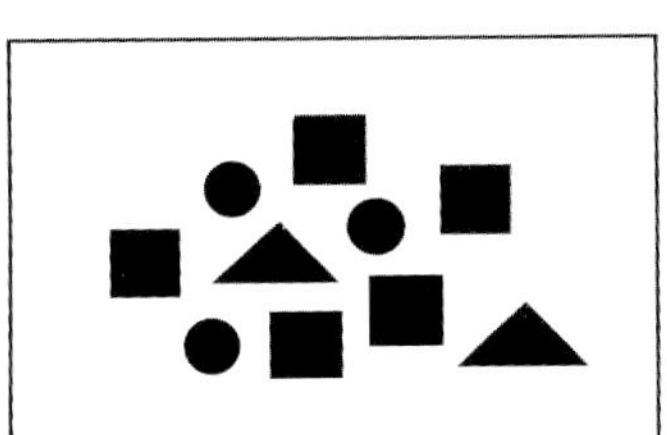

C

Die vergleichende Wahrnehmung sucht ebenso nach Ähnlichkeiten wie nach Unterschieden zwischen Formen, Hell-Dunkelwerten und Oberflächen.

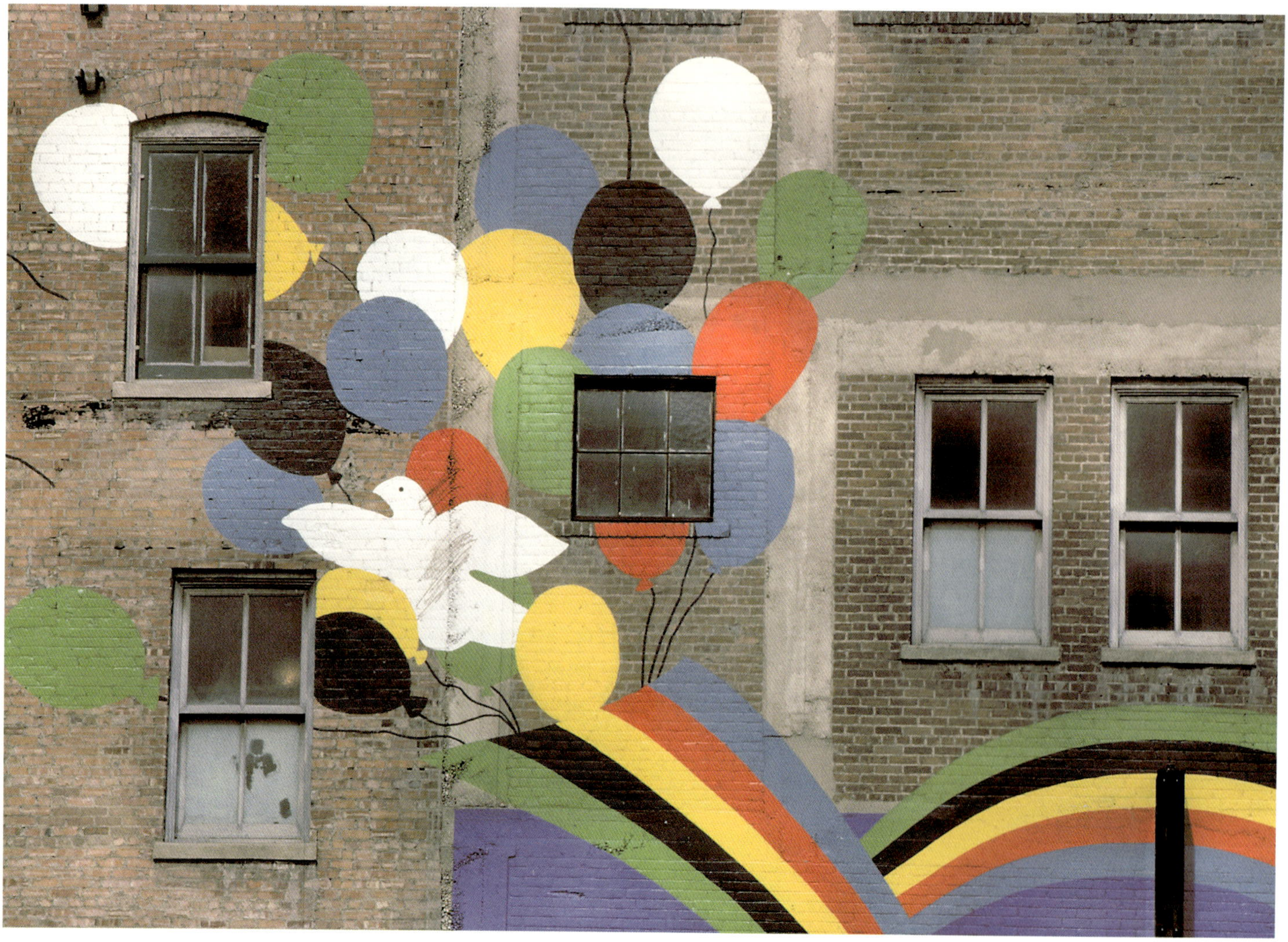

6 Weitere Bildelemente: Hell-Dunkel-Kontrast, Formenkontrast, Farbton-Kontrast

Differenzierung in einer Gruppierung nach Formenunterschieden. Hier also in zwei Dreiecke, drei Kreise und fünf Quadrate. Die verbindende Gleichheit der unterschiedlichen Formen ist die Vollflächigkeit im selben Tonwert (schwarz).

Gruppierung und Verdichtung

Durch eine Mehrzahl oder Vielzahl von Punkten (Kleinstformen, die im Verhältnis zur Grundfläche Punktcharakter haben) ergeben sich größere Punkte oder sogar Punkthäufungen mit der Wirkung einer Strukturfläche. Bei einer lockeren Punktansammlung steht jeder der Punkte noch frei auf einem Umfeld, und es entstehen optische Beziehungen zu den Punkten der unmittelbaren Nachbarschaft. Es bilden sich kurze optische Linien und/oder kleine optische Flächen. Kommen die Punkte jedoch so nahe zusammen, daß sie sich optisch oder real berühren entsteht über diese Punkthäufung ein größerer Punkt – oftmals mit dem Charakter einer kleinen strukturierten Fläche. In der Abb. 5 (Touristen in Florenz) ist der Entwicklungsprozeß von einer lockeren Gruppierung zu einer Strukturverdichtung beispielhaft zu sehen. Während sich im oberen Bildteil die als Punkte wirkenden Menschen noch unregelmäßig auf der Fläche verteilen, ist unten eine Verdichtung der Einzelelemente zu einem größeren Punkt, zu einer kleinen Strukturfläche zu sehen. Die lockere Streuung von Punkten mit dem Übergang zu ungeordneter Verdichtung von Punkten zu einer Punkthäufung zeigt die Grafik D. Weitere Bildbeispiele von Punkthäufungen sind in den Abbildungen 1, 4, 6 und 14 zu sehen. Desweiteren gibt es natürlich auch die strenge Gruppierung und Ordnung von Punktelementen. Die Grafik J zeigt den Prozeß von Punktreihung in senkrechter und waagerechter Ausrichtung zu einer gleichmäßigen und geordneten Verdichtung. Das Stilelement der strengen Ordnung, des symetrischen Aufbaus erzeugt Ruhe und Gleichförmigkeit. Die Asymetrie einer lockeren Anordnung von Punkten ist dagegen lebendig und spannungsreich. Sowohl die lockere, als auch die strenge Verdichtung wird – vor allem wenn sie größerere Teile oder sogar die ganze Bildfläche ausfüllen – zur Struktur (Grafik E und Abb. 9). Eine relativ strenge Punktverdichtung zeigen die Abb. 11 und 16. Dabei wird die Strenge bei dem grünen Blatt durch das Hell-Dunkel der Linien und bei den Radkappen durch den Farbstreifen des Untergrundes und kleine Unterschiede in den Radkappen gemildert. Lockere Punktverdich-

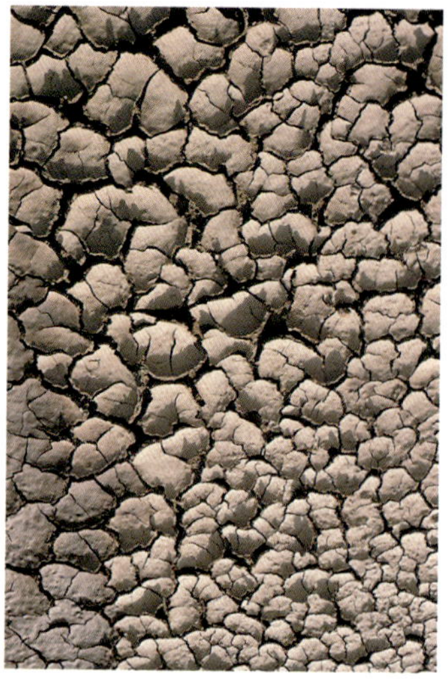

7 Weitere Bildelemente: monochrome Farbe

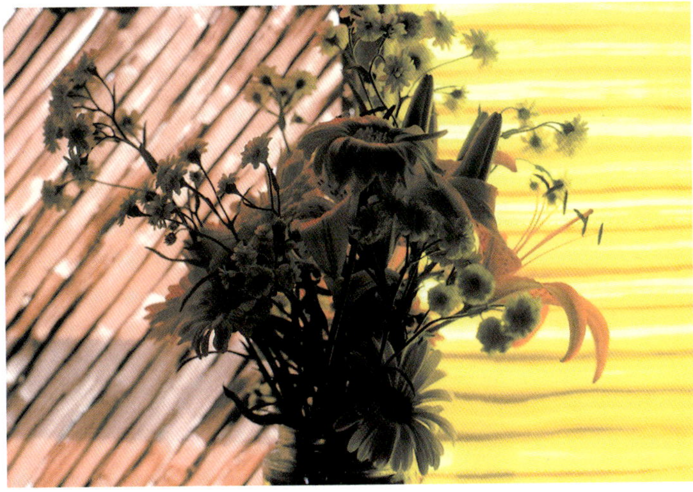

8 Weitere Bildelemente: Hell-Dunkel-Kontrast, warme Farbigkeit

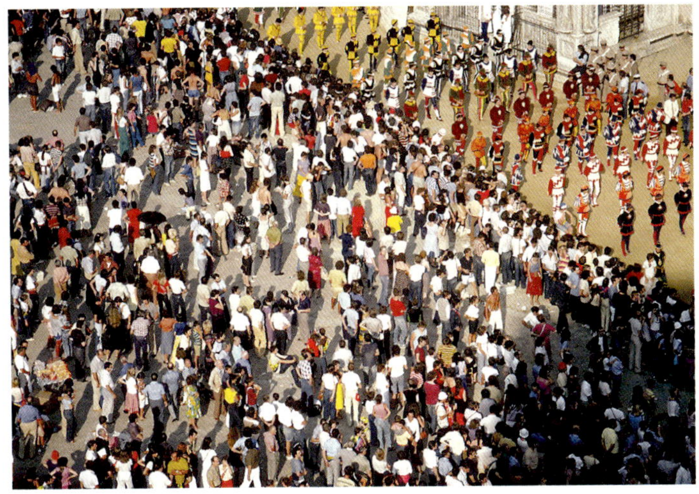

9 Weitere Bildelemente: Hell-Dunkel-Kontrast, optische Linie, Schräge

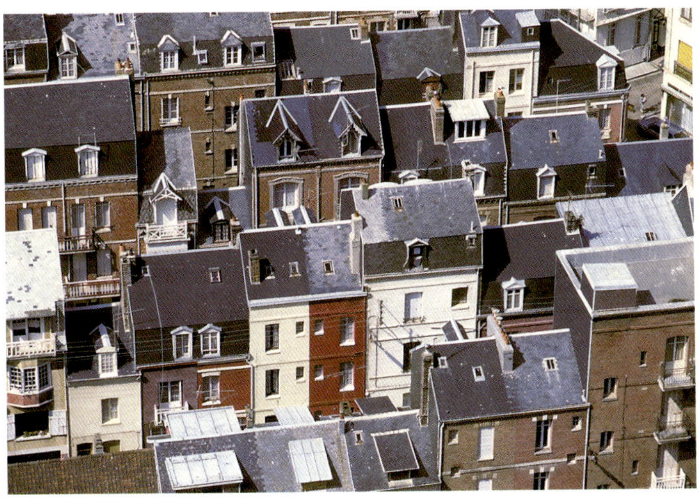

10 Weitere Bildelemente: Hell-Dunkel-Kontrast, opt. Linie, Unbunt-Bunt-Kontrast

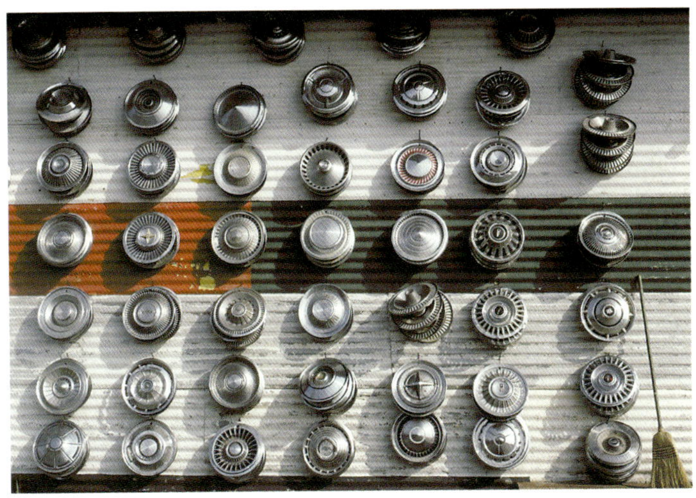

11 Weitere Bildelemente: Hell-Dunkel-Kontrast, Unbunt-Bunt-Kontrast

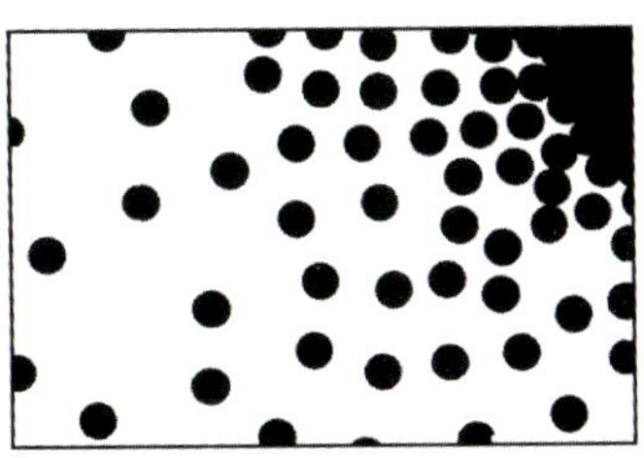

D

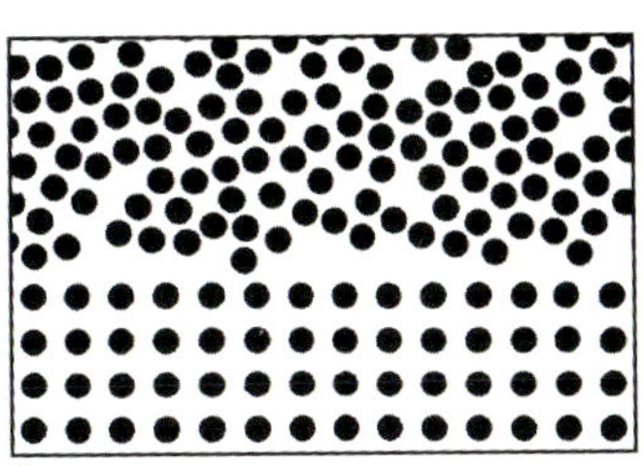

E

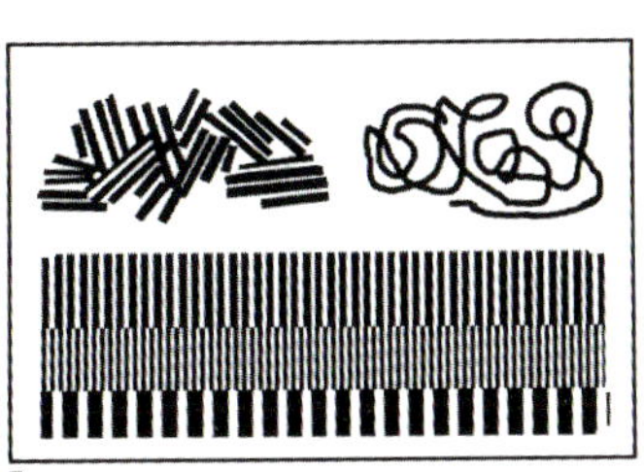

F

Schon der Kontrast von geordneten zu ungeordneten Punkt- und Linienstrukturen ist ein künstlerisches Gestaltungsmittel.

tungen im Kontrast zu partiellen Bereichen mit strenger Ordnung zeigen die Abb. 2, 9 und 14. Ebenso wie durch Punkte können auch durch Linien lockere und strenge Verdichtungen gebildet werden (Grafik F). Strenge, zur Struktur werdende Linien in gleichmäßigen Abständen zeigen vor allem die Abbildungen 12 und 15. Weniger strenge durch Linien gebildete Strukturen sind in den Abbildungen 3, 7 und 8 zu sehen.

Reihung und Rhythmus

Eine Reihung und der sich daraus ergebende Rhythmus kann ruhig und unbewegt, aber auch dynamisch und mit einer optischen Bewegung gestaltet sein. Der einfachste strukturale Rhythmus ist das »eins-plus-eins-plus-eins-Schema«, eine ganz einfache Wiederholung eines Elementes in gleichbleibender Größe und immer gleichen Abständen zu einander (Grafik G). Solch ein gleichmäßiger Rhythmus für Punkte ist in der Abb. 11 (Radkappen) und für Linien in der Abb. 1 bei der Brüstung und in der Konstruktion des Glasdaches (Abb. 12) zu sehen. Schon durch eine Veränderung in ein »zwei-plus-zwei-plus-zwei« kann die Spannung einer Reihe leicht erhöht werden. Diese einfachen, spannungslosen Gliederungen erscheinen schon dynamischer, wenn nur einige Abstände verschoben werden und etwa ein »eins plus zwei- plus-eins-plus-zwei-Schema« entsteht (Grafik H). Deutlich mehr Spannung, Dynamik und eventuell auch (optische) Bewegung erhalten Reihungen mit kontrastierenden Formelementen und/oder veränderten Größen, Farben oder Helldunkelwerten der einzelnen Formen. Ein Rhythmus entsteht durch die gesetzmäßige Wieder-

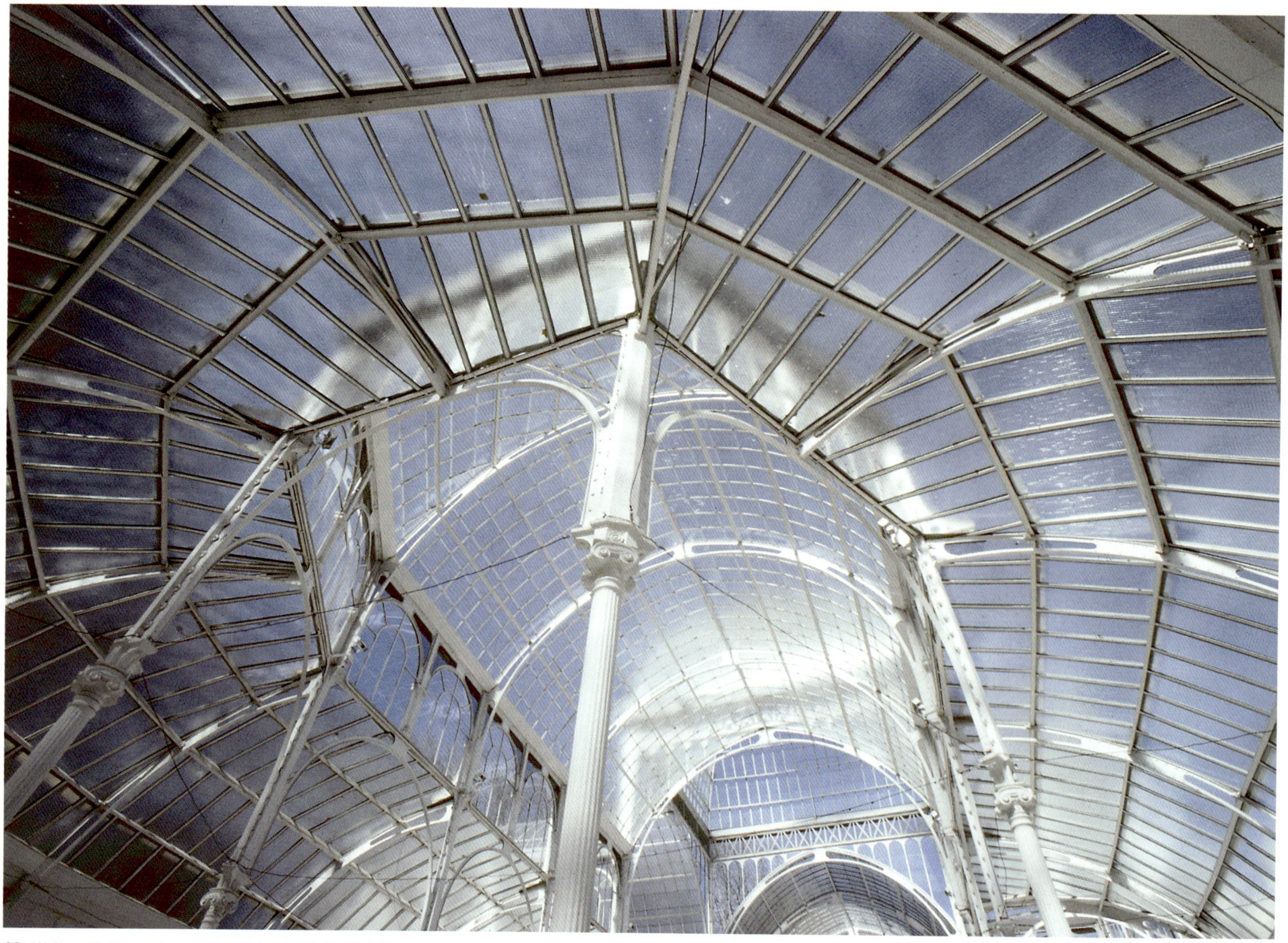

12 Weitere Bildelemente: schräge Linien, kühle Farbigkeit

holung von Gleichem und Ähnlichem oder von Gegensätzlichem als Bewegungsablauf (Grafik J).

Raster und Struktur

Ein Raster ist meist ein sehr feines und immer strenges Ordnungsprinzip auf einer Fläche. Als Sonderform der Struktur ist es weniger ein Gestaltungselement – es sei denn, es wird als künstlerisches Mittel zu einer gleichmäßigen Kennzeichnung einer Fläche genutzt. Die Raster dienen als ein Element zur spezifischen Aufteilung und Auflösung einer Fläche und sind meist normgebundene Systeme. Solange trotz der Vielfalt das einzelne Element noch als kleine Form vom Betrachter erkannt werden kann, bleibt die Wirkung von Struktur erhalten. Die Grenzen zwischen Struktur und Raster sind fließend, können subjektiv empfunden werden und sind sicher auch vom jeweiligen Betrachtungsabstand abhängig. Sehr kleine, sehr viele und vor allem sehr gleichmäßig angeordnete Elemente ergeben den Eindruck »Raster«. Die Wirkung von Strukturen entsteht vorrangig aus einer Anhäufung von Kleinmaterialien, durch eine Vielzahl kleiner Objekte. Aus großem Abstand oder von einem hohen Standpunkt aus gesehen, können auch größere, multiple auftretende Objekte die Wirkung von Struktur bekommen (Abb. 9 und 10). Durch Licht- und Schattenspiele, Überlagerungen von Gittern und Zäunen oder durchsichtigen strukturierten Materialien wie Gläser und Stoffe und so fort können Motive von einer Struktur oder einem Raster überzogen werden. Die Abb. 1, 13, 14, 16, 17 und 18 zeigen kleinteilige Elemente, die Teile des Bildes bedecken, die gesamte Bildfläche ausfüllen oder die Motive gänzlich überla-

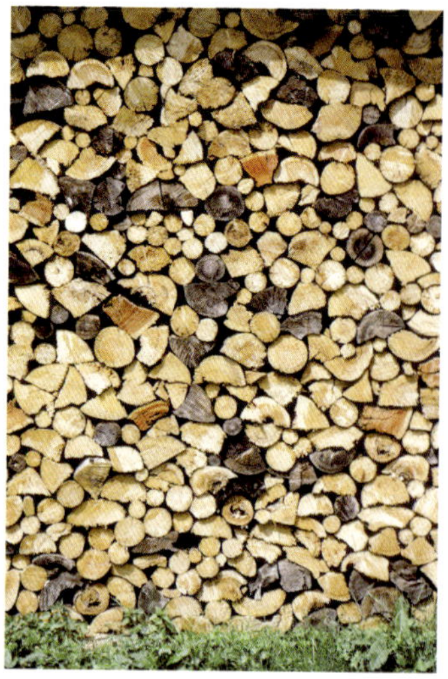

13 Weitere Bildelemente: Warme Farbigkeit

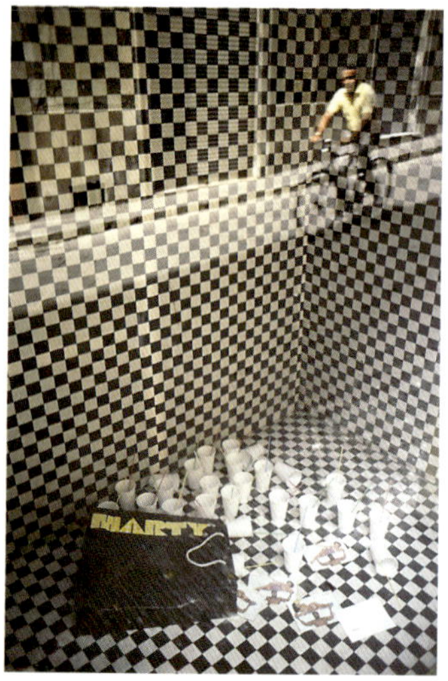

14 Weitere Bildelemente: beherrschende Punkte, Schräge

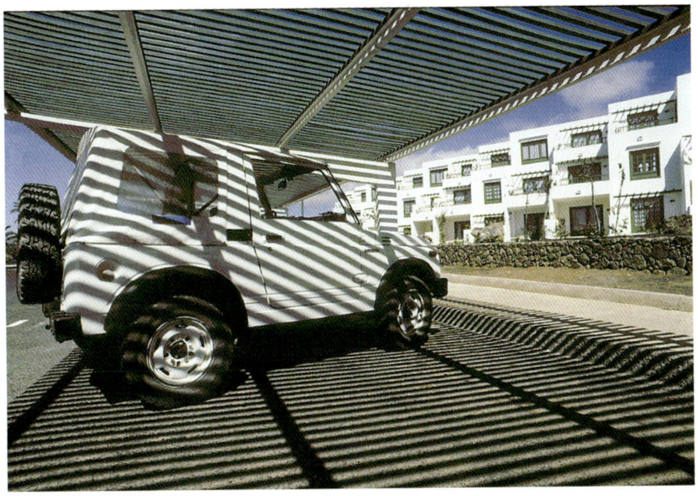

15 Weitere Bildelemente: Hell-Dunkel-Kontrast, optische Linien, Schräge

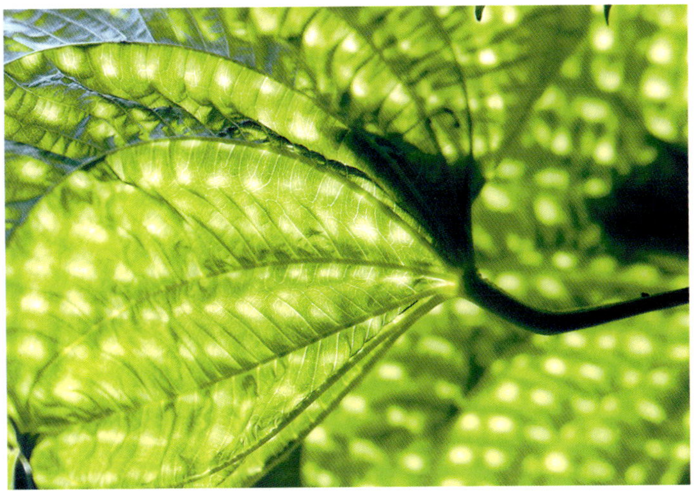

16 Weitere Bildelemente: Hell-Dunkel-Kontrast, freie Linien, Qualitäts-Kontrast

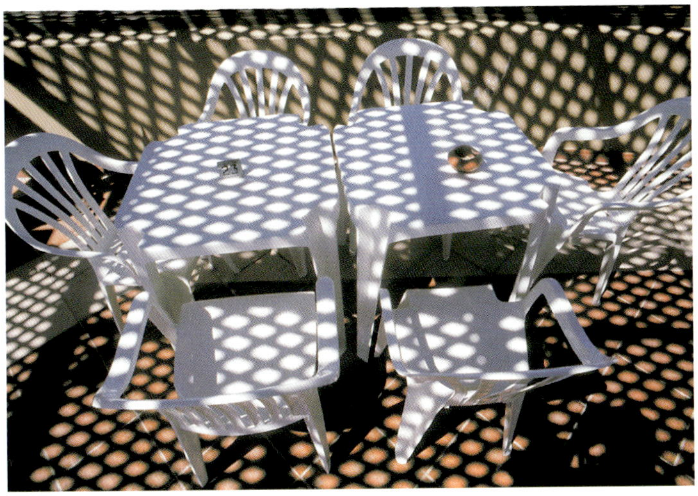

17 Weitere Bildelemente: Hell-Dunkel-Kontrast, Schräge

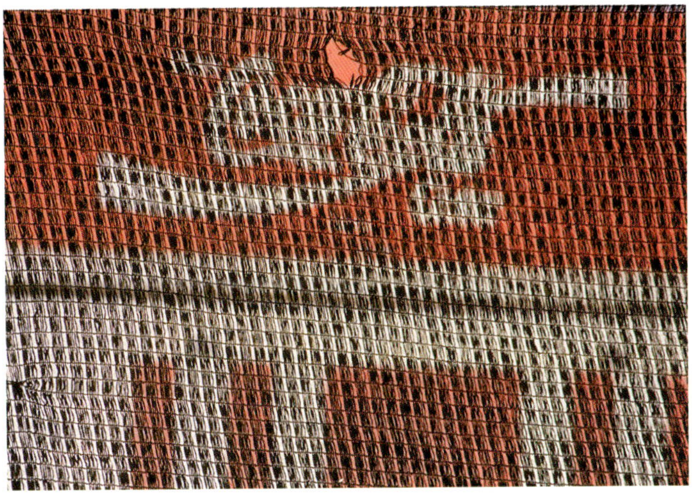

18 Weitere Bildelemente: beherrschender Punkt, Waagerechte, Senkrechte

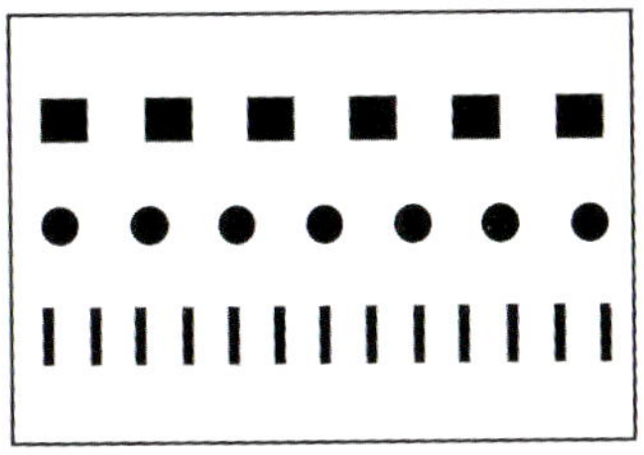

G

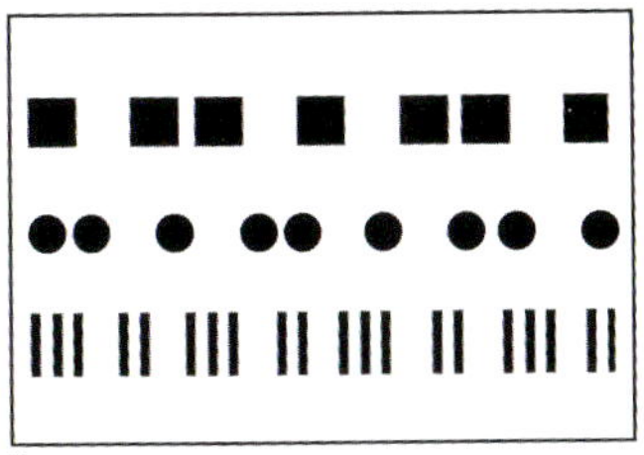

H

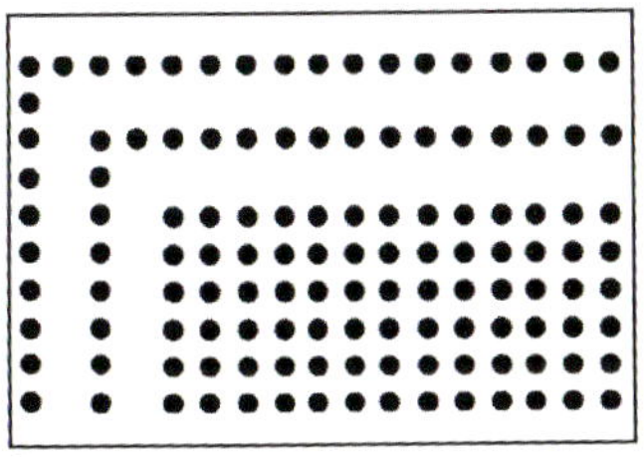

J

Die gleichmäßige Wiederholung von Elementen ergibt eine Reihung. Sich wiederholende Gegensätze bilden einen Rhythmus.

gern. Das Pflaster des Platzes, das mit schwarz-weißen Quadraten ausgestaltete Schaufenster, die Lichtpunkte auf dem Blatt und die Schattenüberlagerung von Tisch und Stühlen wirken noch als Struktur, da immer noch der einzelne Punkt, das einzelne Quadrat, die einzelne Raute deutlich sichtbar ist. Anders bei der Abb. 18, wo die Maschen des Netzes das Motiv so kleinteilig überlagern, daß die Wirkung eines Rasters entsteht.

Strukturbereiche und Strukturthemen

Motive, bei denen häufig Strukturen zu finden sind, lassen sich grob in die Bereiche Natur und Kultur einteilen. Strukturen im Naturbereich werden von Pflanzen, Sand, Steinen, Wasser usw. gebildet. Auch Tiere und Menschen können, wenn sie in Massen auftreten und aus dem geeigneten Abstand gesehen beziehungsweise aufgenommen werden, eine Struktur oder Strukturfläche bilden (Abb. 9). Jeder Bereich beinhaltet wiederum zahlreiche Strukturthemen. Unter den Naturbereich »Pflanzen« fallen zum Beispiel Samen, Früchte, Blätter, Rinde, Blüten, Gräser – um nur einige der Themen aufzuzählen, die ein Strukturbild ergeben könnten. Auch der Bereich »Kultur« hat diverse Großbereiche, die sich ihrerseits wieder in Themenfelder aufgliedern. So gliedert sich der Bereich »Architektur« in die Themen Häuser, Dächer, Mauern, Fassaden ... Macht man viele oder sehr viele Aufnahmen zu einem Thema, kommt es schnell zu weiteren thematischen Unterteilungen. Dachstrukturen können zum Beispiel aus Stroh, Holz, Ziegel, Schiefer oder anderen Materialien sein.

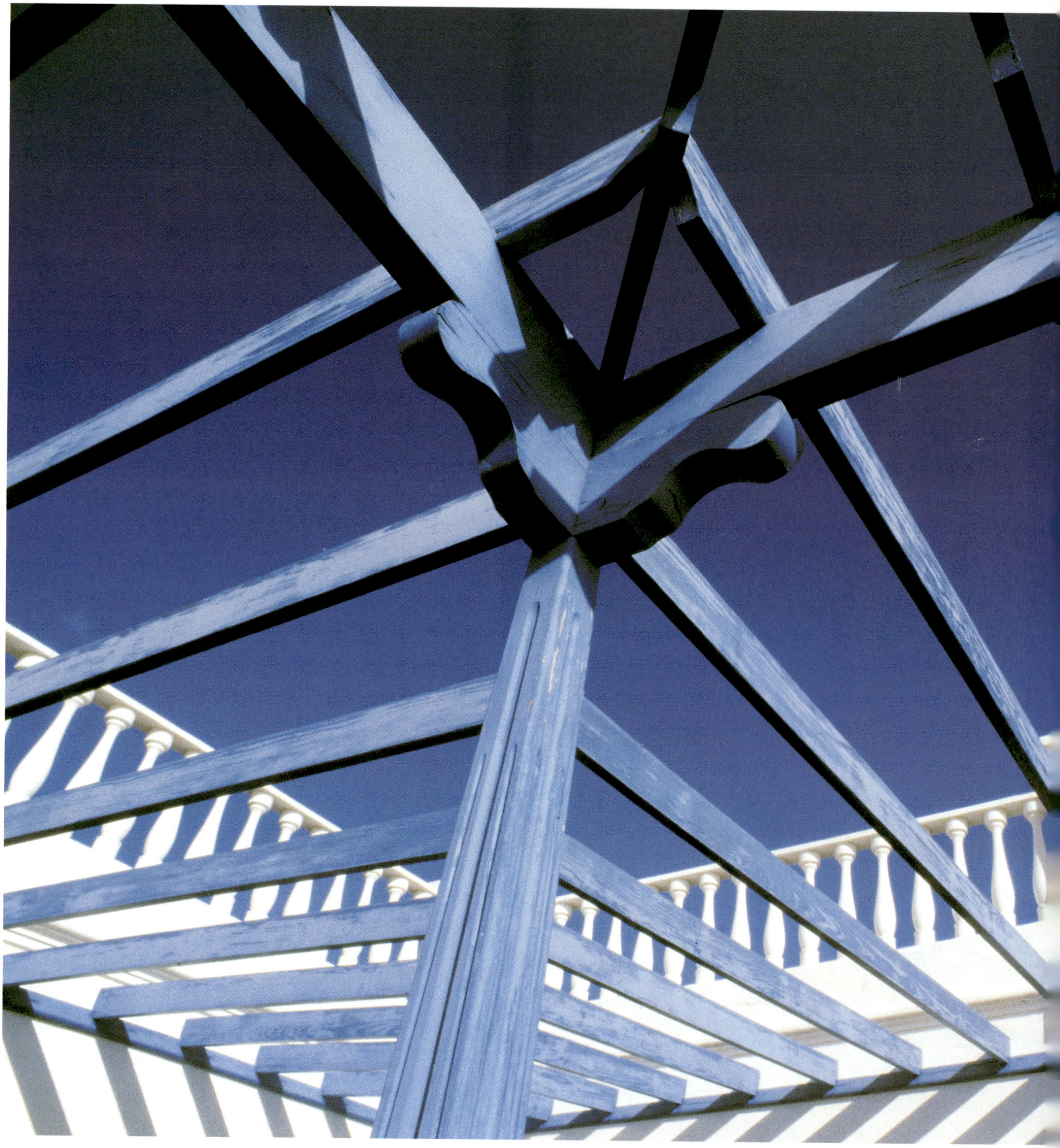

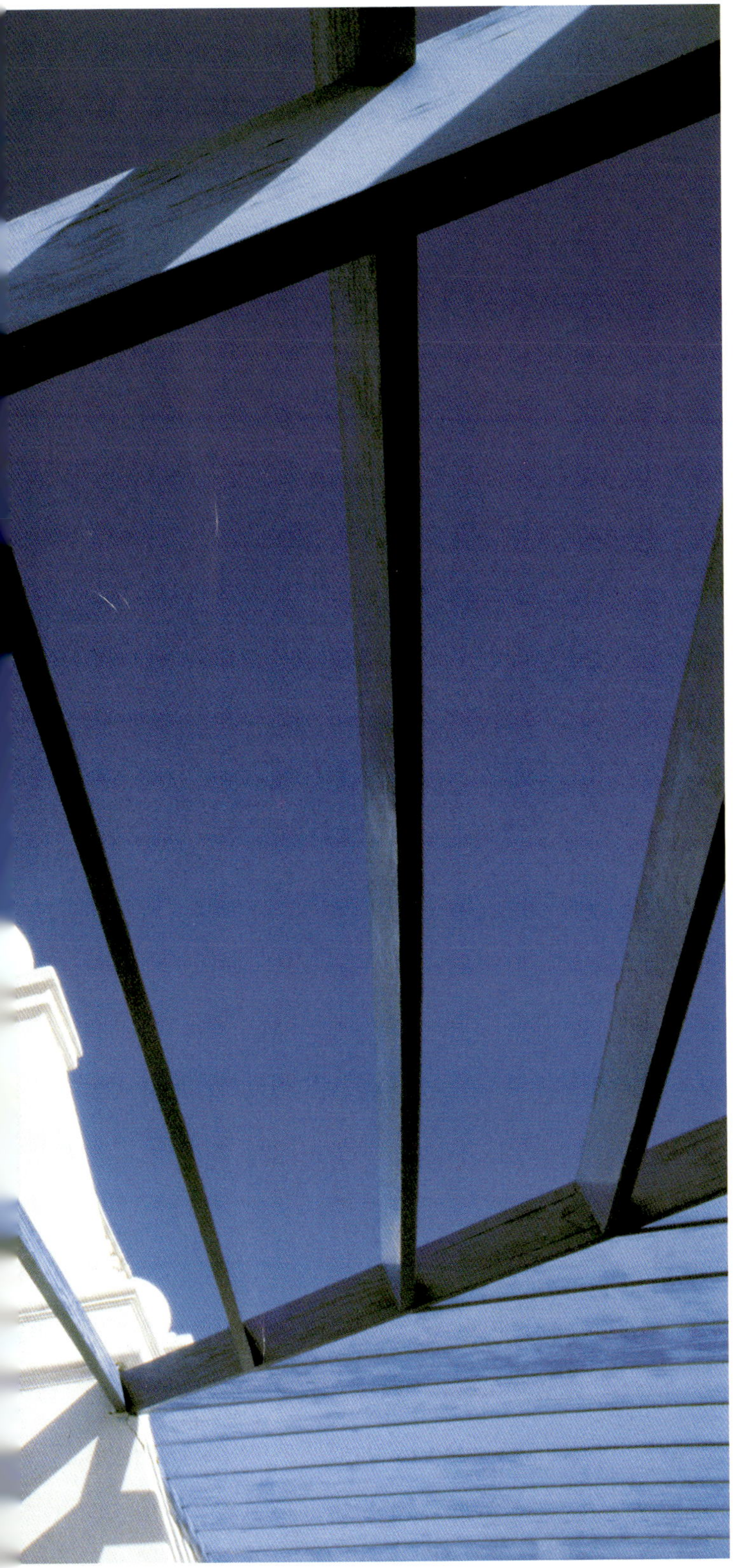

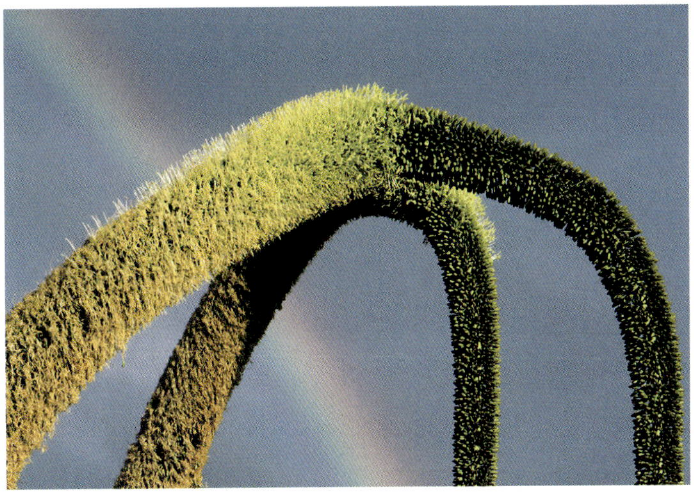

Die Linie

Die Linie ist ein aktives Gestaltungsmittel. Folgt man mit dem Auge in einer Komposition dem Verlauf einer Linie, ist dabei deutlich eine Bewegung innerhalb der Bildfläche und oft sogar über die Kanten der Bildfläche hinaus zu spüren. Besonders interessant ist die Doppelkraft der Linie: dieselbe Linie, die eine Fläche teilt, bildet im Moment der Teilung auch die Begrenzung der neu entstehenden (kleineren) Flächen.

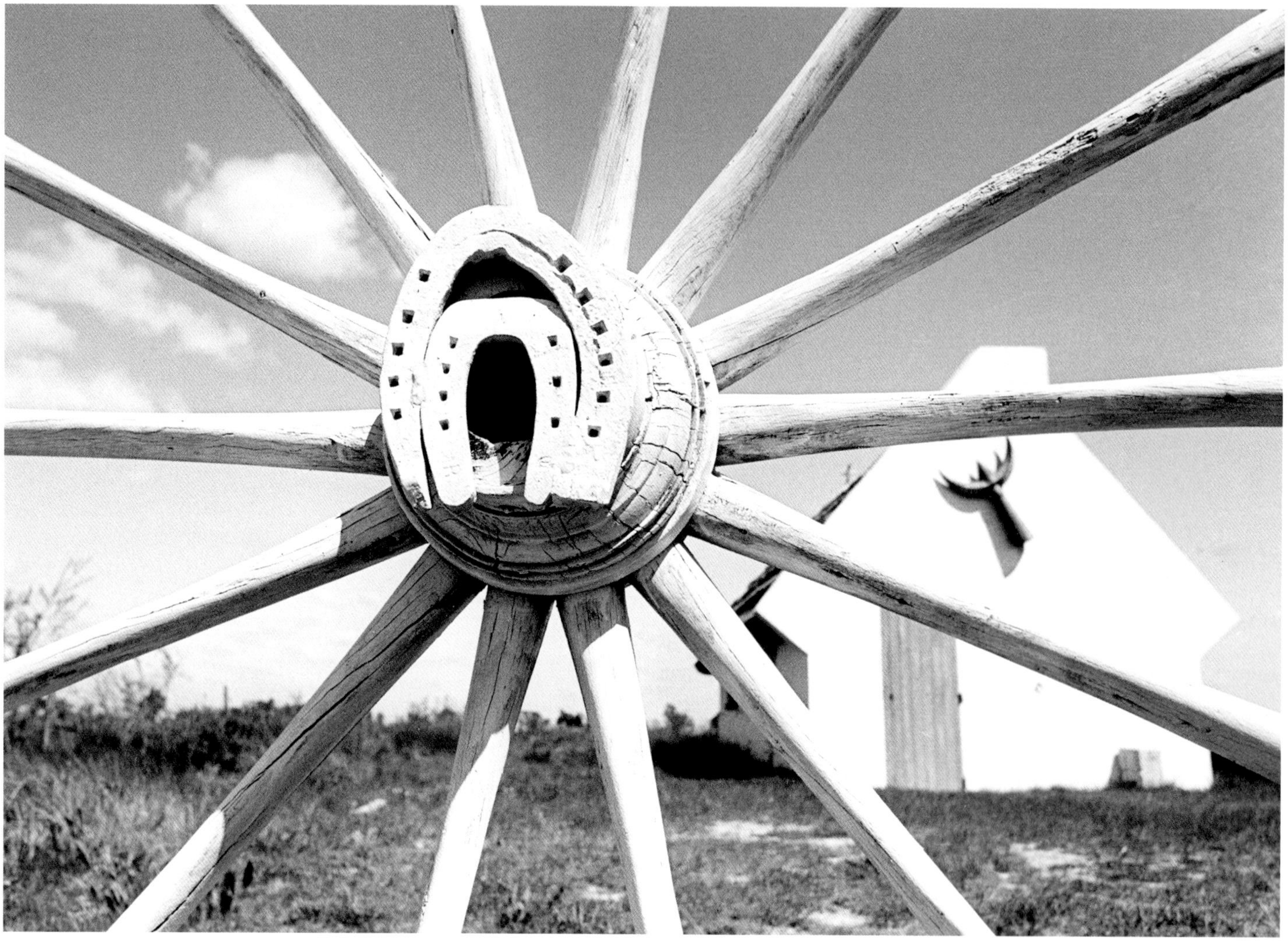

1 Weitere Bildelemente: Hell-Dunkel-Kontrast, Zwei Punkte, Waagerechte

Entstehung und Kräfte der Linie

Der Punkt ist in sich ruhend, hat keine Bewegungsrichtung. Eine scheinbare Bewegung kann durch optische Bezüge zu weiteren Punkten, anderen Gestaltungselementen oder zum Bildrand entstehen. Diese geschlossene Ruhe des Punktes wird aufgehoben, wenn der Punkt bewegt wird und eine Linie erzeugt. Mit der Dynamik der Bewegung ist die Linie damit der größte Gegensatz zum statischen Punkt.

Die Entstehung der Linie

Das Urelement der Gestaltung, der Punkt, wird von einer gerichteten Kraft erzeugt. In der Fotografie ist dies entweder ein Lichtstrahl und/oder ein Lichtbündel oder die Reflexion des Lichtes von einer kleinen hellen Fläche. Diese gerichtete Kraft hinterläßt Spuren (Punkte) auf dem Filmmaterial. Wird nun während einer Langzeitbelichtung der Lichtpunkt oder aber – bei einer feststehenden Lichtquelle – die Kamera während einer längeren Belichtungszeit bewegt, entsteht durch vielfache Addition des Punktes eine Linie (Grafik A). Langzeitbelichtungen von fahrenden Autos, Zügen und so fort in der Dämmerung oder bei Dunkelheit sind bekannte Motivbereiche, die das Phänomen der Entstehung von Linien unter Einsatz des Mediums Fotografie zeigen (Abb. 8). Da mit

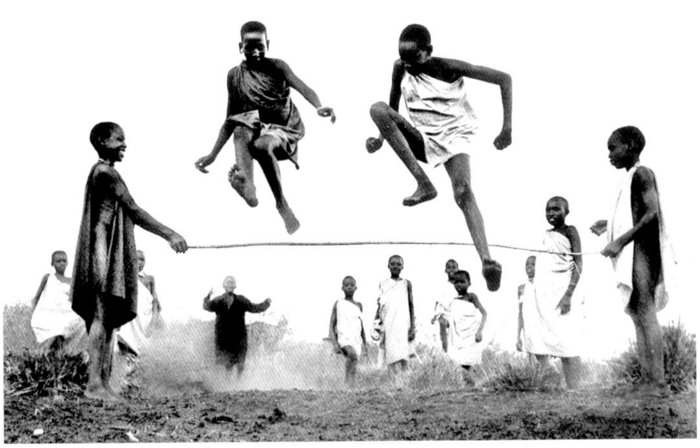

2 Weitere Bildelemente: Hell-Dunkel-Kontrast, optische Form

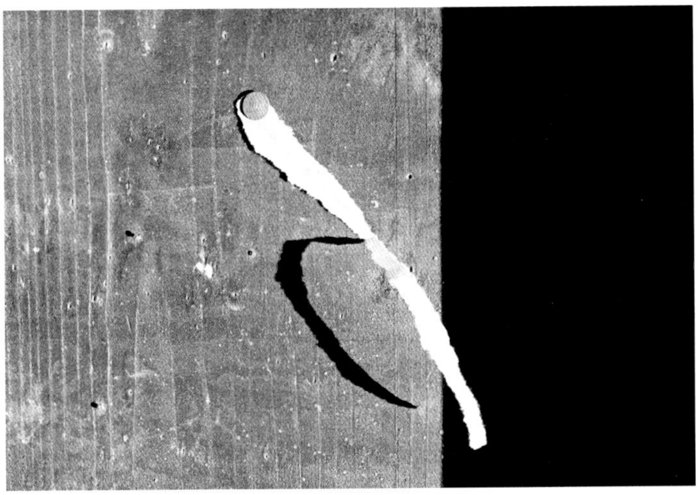

3 Weitere Bildelemente: Hell-Dunkel-Kontrast, Punkt, Struktur

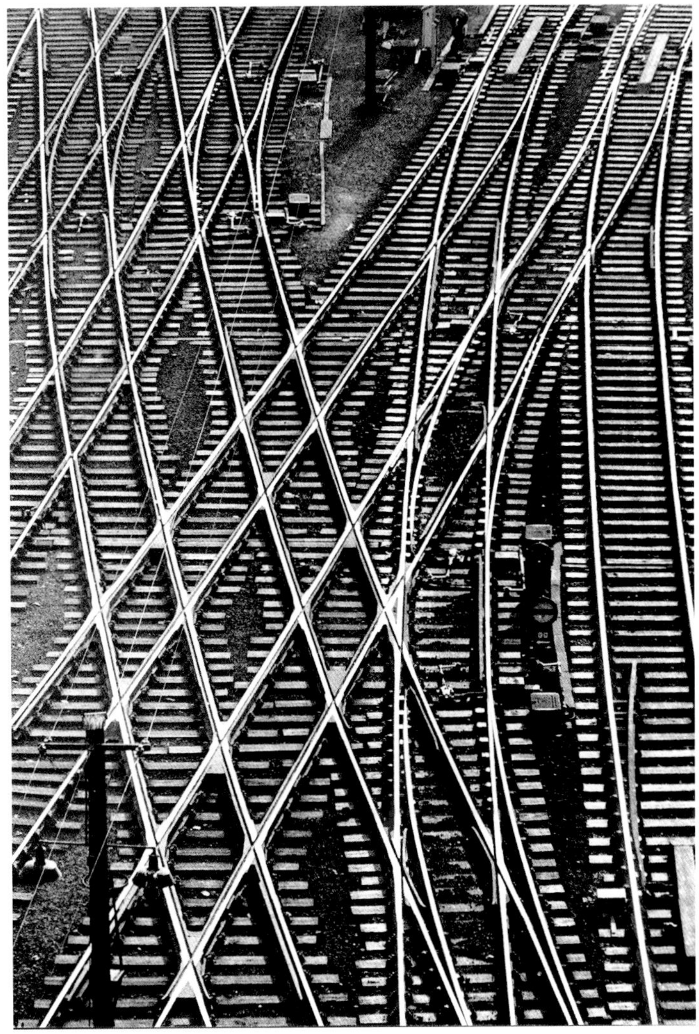

4 Weitere Bildelemente: Hell-Dunkel-Kontrast, Struktur

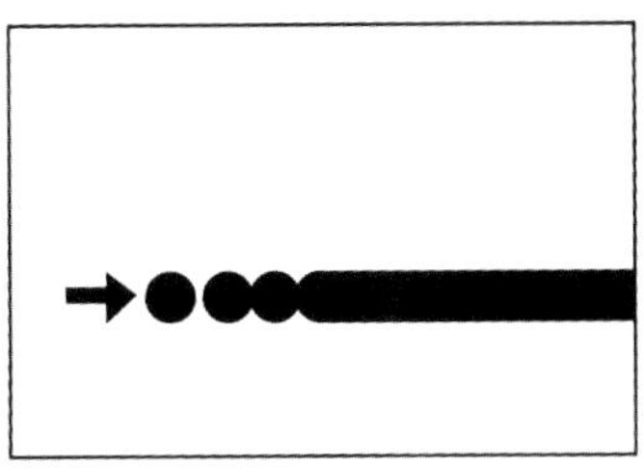

A

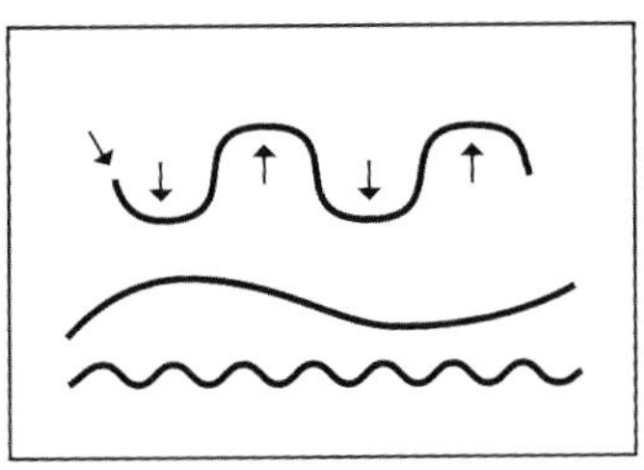

D

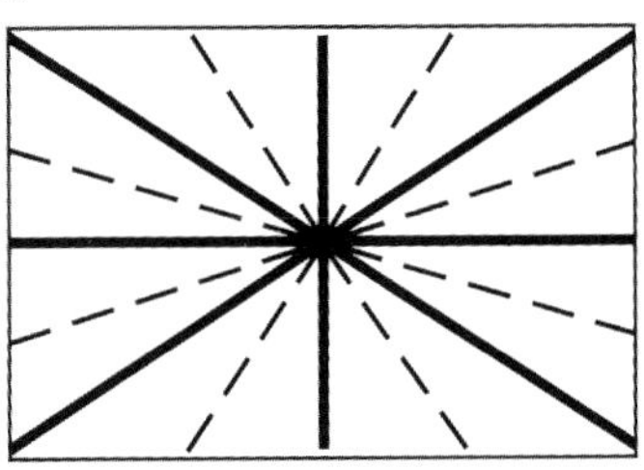

B

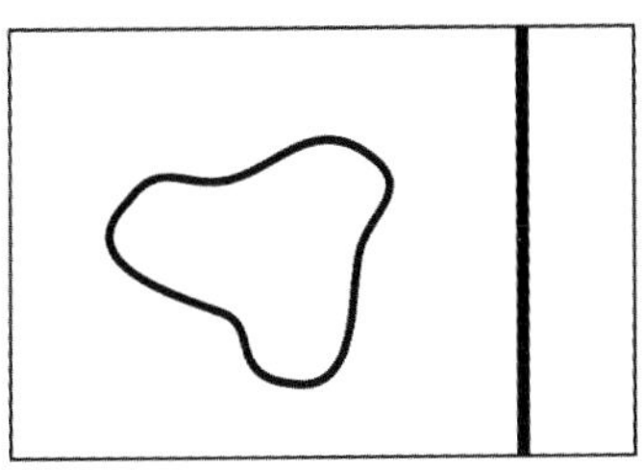

E

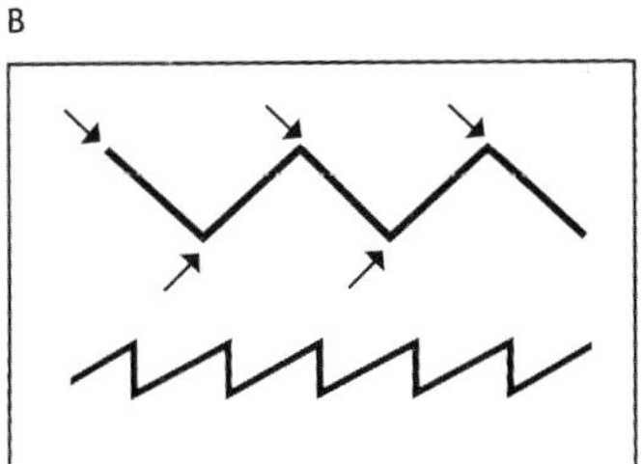

C

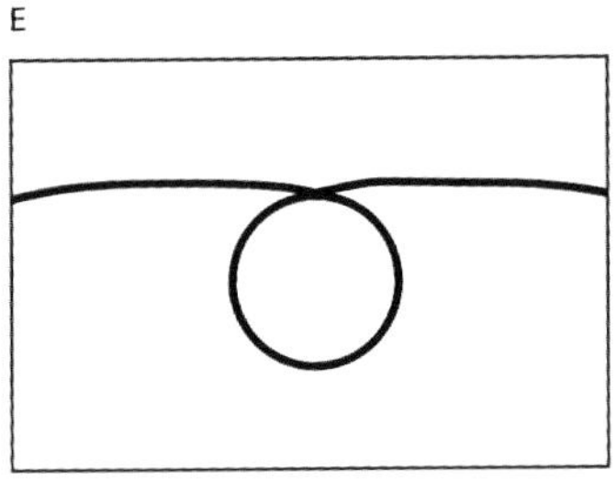

F

Linien sind Spuren sich bewegender Punkte. Die Waagerechte, die Senkrechte und die Diagonale sind die wichtigsten Geraden. Richtungswechsel im Linienverlauf kann einen sanften, aktiven oder sogar agressiven Liniencharakter ergeben. Die Linie hat die Doppelkraft durch Flächenteilung gleichzeitig (kleinere) Flächen zu bilden.

dem Auge natürlich immer nur sich bewegende Punkte gesehen werden, kann das fotografische Ergebnis Überraschungen bringen. Zufriedenstellende Ergebnisse setzen Erfahrungen bei diesem ersten experimentellen Umgang mit dem Medium Fotografie voraus, denn die Belichtungszeiten dürfen weder zu kurz noch zu lang sein. Die Fähigkeit des Filmaterials Licht zu »addieren« begrenzen sich natürlich nicht nur auf das entstehen von Linien. Ist eine Lichtquelle oder eine Reflexion zum Beispiel schon eine Linie, wird diese bei einer linearen Bewegung der Kamera nebeneinander addiert, und es entsteht logischerweise eine Fläche. Die blauen Flächen in den Abb. 9 sind durch eine gleichmäßige Verschiebung der Kamera nach links entstanden. Die Entstehungsprozesse von Linien können bei der Anwendung anderer Bildträger und anderer techni-

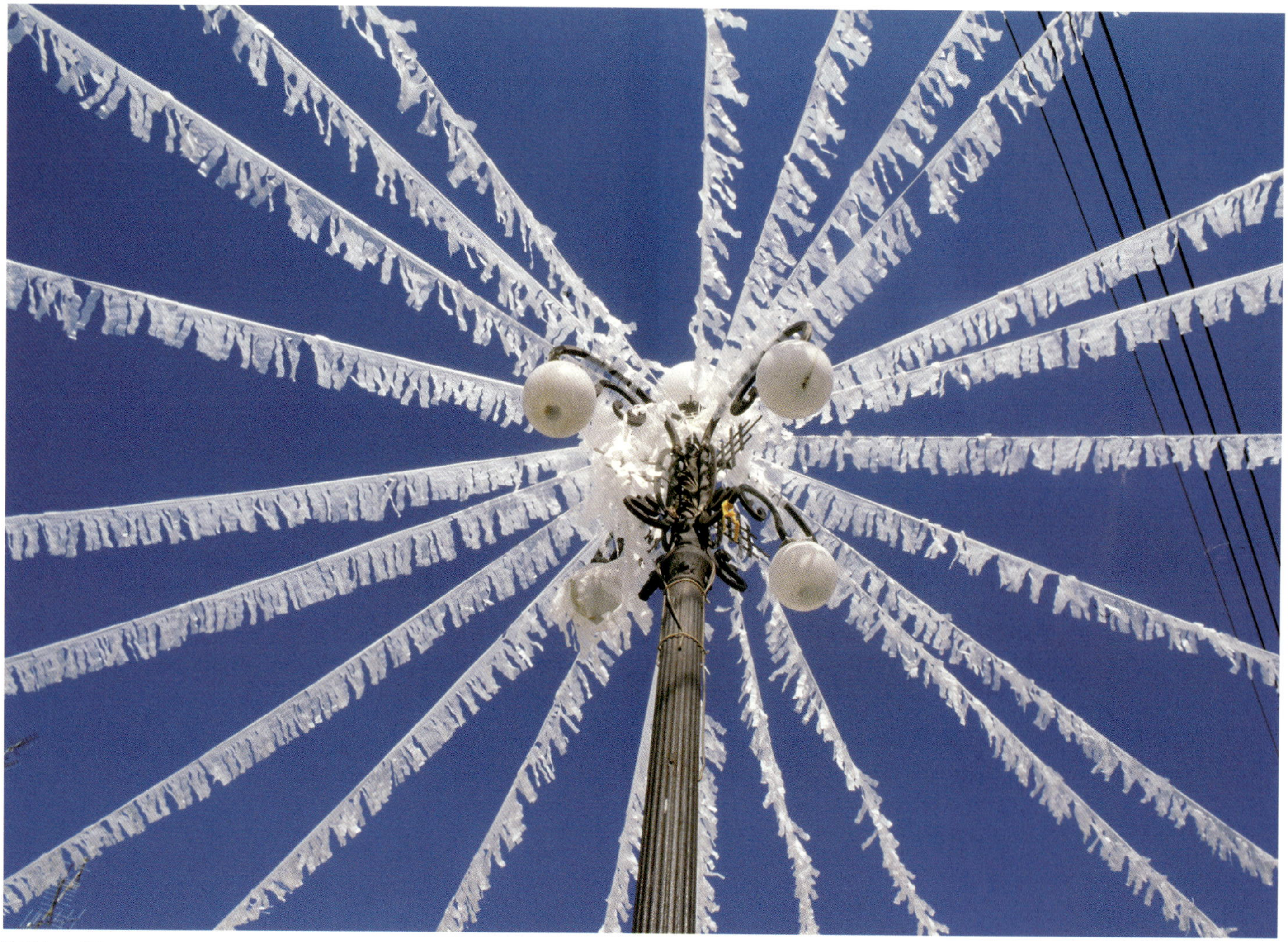

5 Weitere Bildelemente: Optische Form, Senkrechte

scher Mittel direkt gesehen, kontrolliert und sogar korrigiert werden. Zum Beispiel, wenn der Bildträger Papier mit Bleistift, Kohle oder Feder oder der Bildträger Leinwand mit Pinsel, Spachtel und so fort bearbeitet wird. Dieser sichtbare Entstehungsprozess ist dem Medium Fotografie nicht gegeben, und eine Korrektur im formalen Bereich war lange Zeit nur durch die Wiederholung des Aufnahmevorganges zu erreichen. Heute kann man entscheiden, ob eine Wiederholung der Aufnahme sinnvoll ist oder ob eine Korrektur mit dem neuen technischen Werkzeug, der elektronischen Bildbearbeitung am Computer, eventuell schneller und mit weniger Aufwand zum Ziel führt. Sind die Gestaltungselement Punkt, Linie und Fläche in der Vorlage, im Motiv bereits deutlich sichtbar, kann natürlich auch bei dem Einsatz des Mediums Fotografie auf die formale

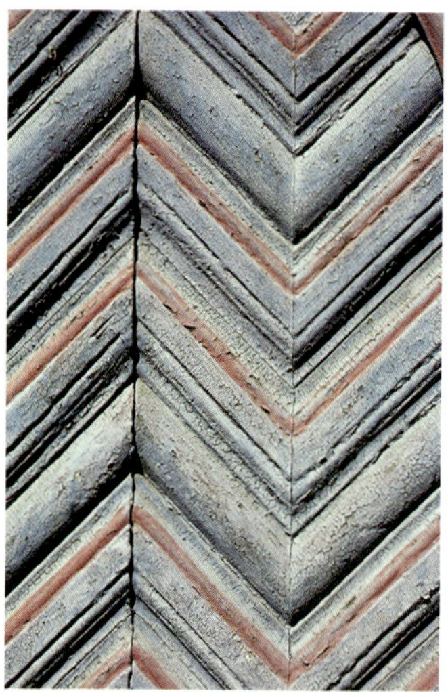

6 Weitere Bildelemente: Senkrechte, Kalt-Warm-Kontrast

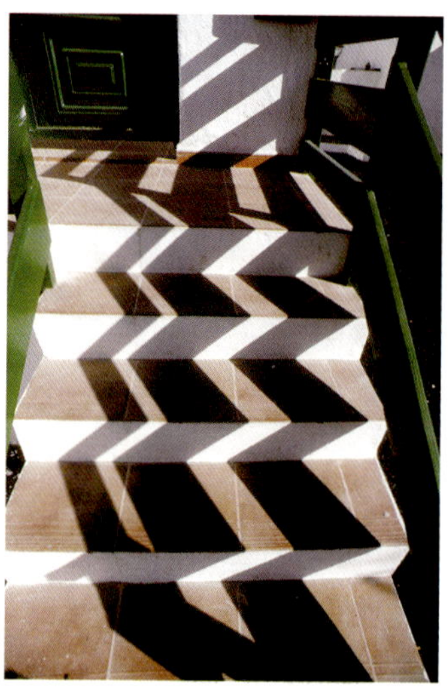

7 Weitere Bildelemente: Waagrechte, Hell-Dunkel-Kontrast

Gestaltung Einfluß genommen werden. Die Mittel hierzu sind die Wahl der Brennweite, die Wahl des Aufnahmestandpunktes und eventuell auch die Wahl der Belichtungszeit.

Die gerade Linie

Durch eine Kraft, die einen Punkt gleichmäßig in eine Richtung bewegt, entsteht die Primärlinie, die Gerade mit einer gleichmäßigen Stärke. Bleibt die eingeschlagene Richtung der auf den Punkt einwirkenden Kraft unverändert bestehen, verläuft die Linie ins Unendliche. Die Gerade ist damit die knappste Form der unendlichen Bewegung. Durch die Vorgabe einer Bildfläche kann die Bewegung einer Linie aber nur bis zur Bildkante sichtbar sein und existiert außerhalb der Bildfläche nur noch imaginär (Grafik A). Bei den Geraden wird zwischen drei

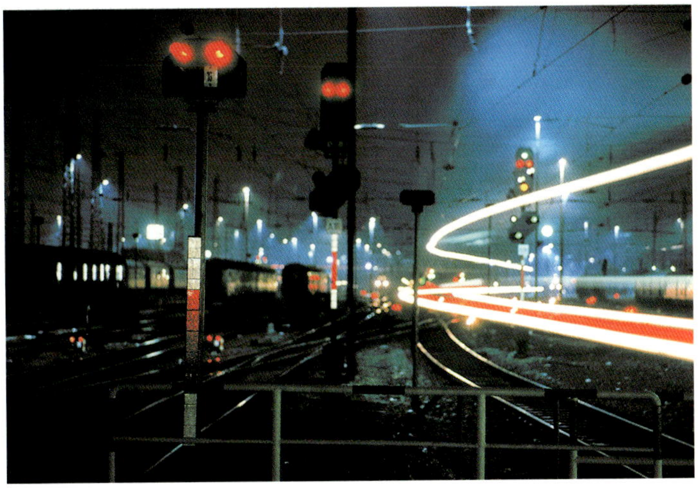

8 Weitere Bildelemente: Optische Linien, Hell-Dunkel-Kontrast

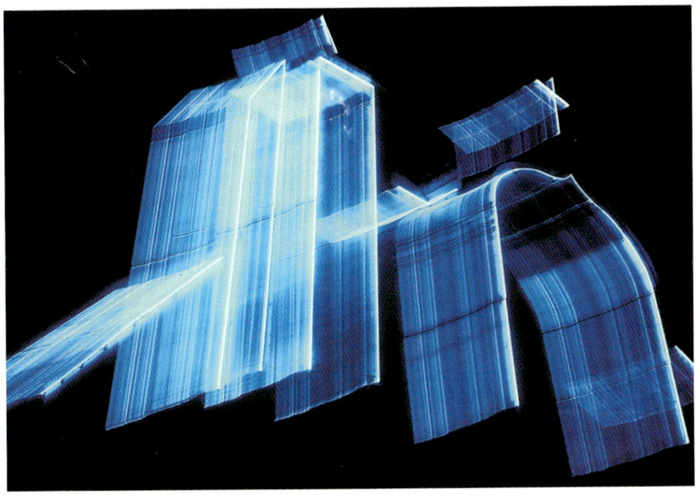

9 Weitere Bildelemente: Hell-Dunkel-Kontrast, Farbqualität

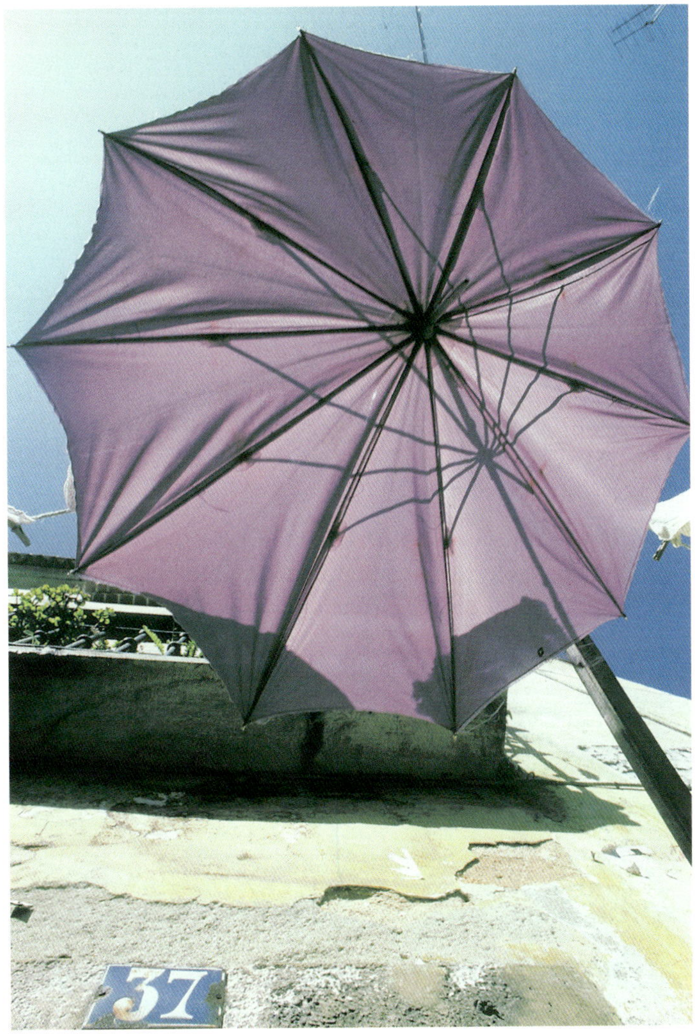

10 Weitere Bildelemente: Hell-Dunkel-Kontrast, Kalt-Warm-Kontrast

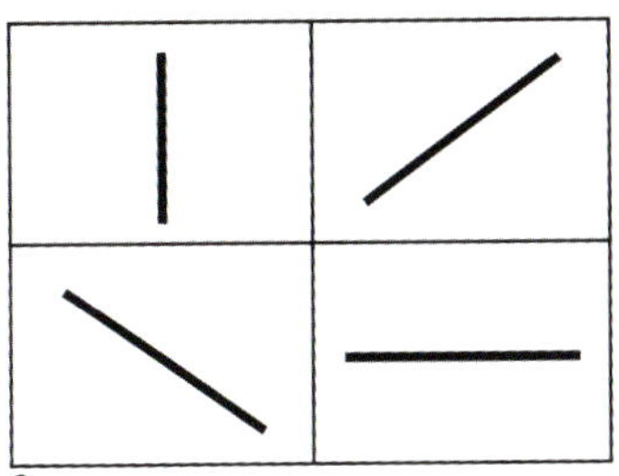

G

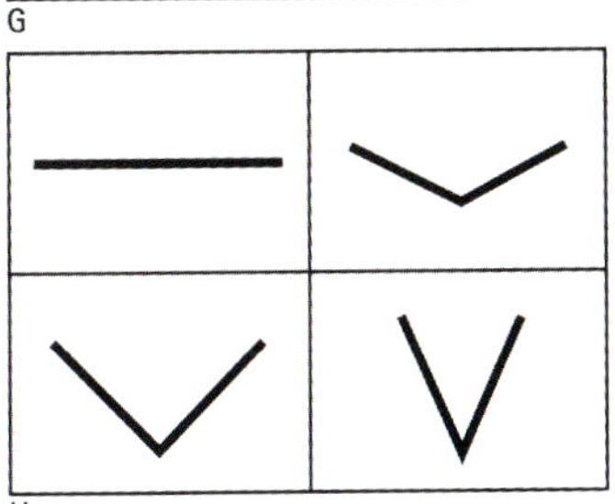

H

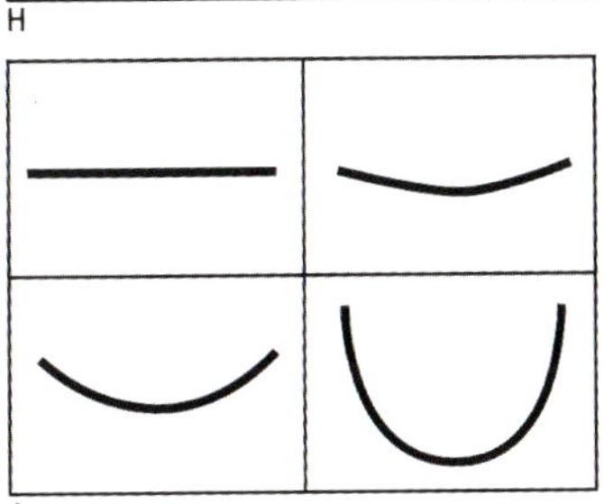

J

Nur die Diagonale kann steigen oder fallen und damit ihren Charakter ändern. Durch wechselseitig auf einen Punkt einwirkende Kräfte entstehen Winkel. Bewirken mehrere Kräfte gleichzeitig die Bewegung eines Punktes, werden Gerade zu gebogenen Linien verformt.

typischen Grundarten unterschieden: der Horizontalen, der Vertikalen und der Diagonalen. Schräge gerade Linien (immer auf die Grundfläche bezogen) sind Abweichungen von diesen Grundarten der Geraden. Eine Darstellung der typischen Grundarten und einiger Abweichungen der geraden Linie zeigt die Grafik B. Die Anordnung der Speichen und Girlanden um einen Mittelpunkt und die Konstruktion des Schirmes zeigen ebenfalls die Vielfalt der einfachen Geraden (Abb. 1, 5 und 10). Auch im Naturbereich ist bei Blüten und Blättern oft eine solche Anordnung von Geraden, die gleichmäßig von einem Zentrum nach allen oder vielen Seiten »ausstrahlen«, zu finden. Wirken zwei Kräfte abwechselnd mit gleicher Stärke auf einen Punkt ein, verändert die Gerade ihre Bewegungsrichtung, und es entsteht eine aktive, aus rechten Winkeln gebildete »Zickzacklinie« (Grafik C). Anwendungen dieser Winkel findet man unter anderem in Ornamenten und vor allem in der Schrift (Abb. 6, 7,11 und 16). Da mehrere gleichzeitig auftretende Bewegungskräfte natürlich auch sehr unterschiedlich mit- und gegeneinander wirken sowie aus vielen verschiedenen Richtungen auf einen Punkt einwirken können, kann das Ergebnis »Linie«, bzw. ein Linienverlauf zum Beispiel auch eine Wellenlinie sein (Grafik D und Abb. 17). Teilstücke und einzelne Varianten aus den Grafiken B, C und D zeigen die Grafiken G, H und J. Grafik G zeigt isoliert die drei Grundtypen der Geraden: die Waagerechte, die Senkrechte und die Diagonale. Die Diagonale kann dabei gegenläufig auftreten, nämlich als steigende und als fallende Diagonale. Grafik H zeigt die Wirkung von Kräften die nacheinander in gleicher Stärke und

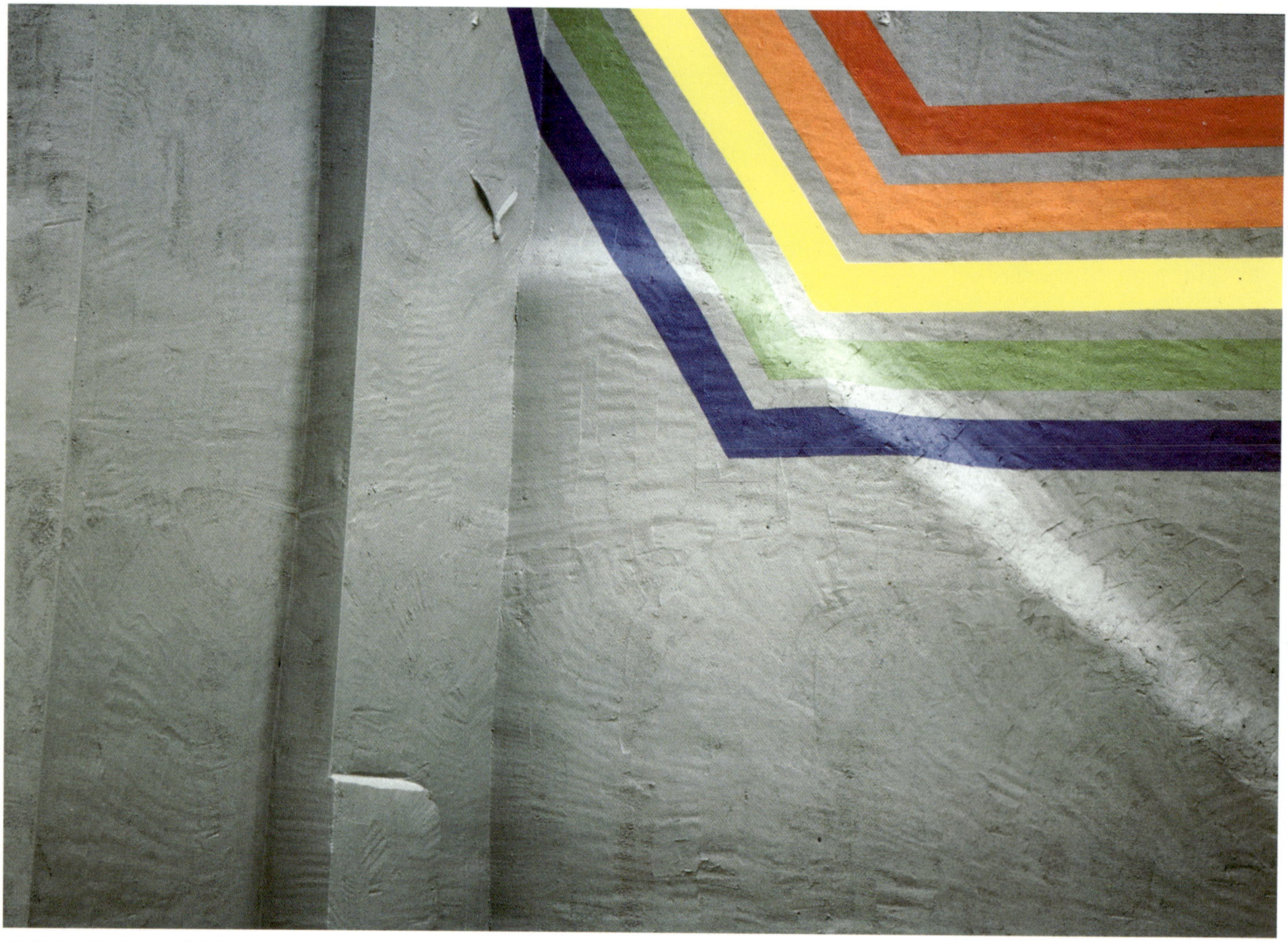

11 Weitere Bildelemente: Hell-Dunkel-Kontrast, Kalt-Warm-Kontrast

Zeitlänge, aber aus unterschiedlichen Richtungen wirken und damit Winkel verschiedener Grade erzeugen. Die Grafik J zeigt Kräfte, die gleichzeitig, aber mit auf- und abschwellender Kraft auf einen Punkt einwirken und damit gleichmäßige Bögen ergeben. Die nach oben offenen Winkel und Bögen wirken »auffangend«, könnten einen Inhalt haben. Auf den Kopf gestellt wirken Winkel und Bögen schützend, könnten etwas abdecken oder verstecken.

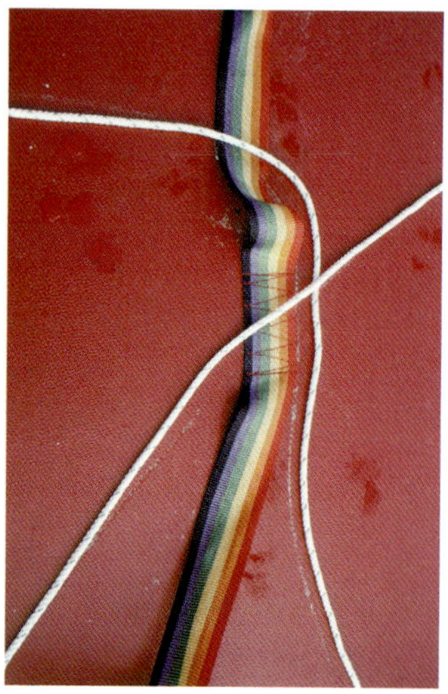

12 Weitere Bildelemente: warme Farbigkeit

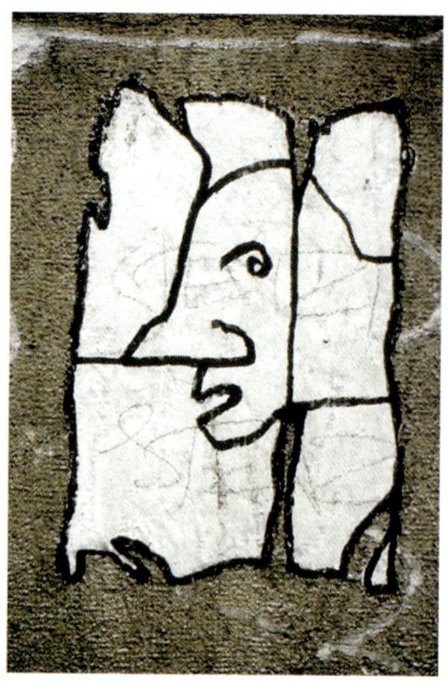

13 Weitere Bildelemente: Hell-Dunkel-Kontrast

Die Grundkräfte der Linie

Neben der Kraft der Bewegung hat die (entstandene) Linie zwei weitere Primärkräfte, die fast im Widerspruch zu einander stehen, aber dennoch gleichzeitig auftreten. Es sind dies die Kraft der Flächenteilung und die Kraft der Flächenbildung. In dem Moment, in dem sich der Prozeß der Linienbildung auf einer Fläche vollzieht, wird diese Fläche auch von der Linie geteilt. Mit dieser Teilung entstehen aber gleichzeitig neue, logischer Weise kleinere Flächen (Abb. 12). Im Falle der Teilung durch die Primärgerade Waagerechte oder Senkrechte entstehen aus einer rechtwinkligen Fläche (Quadrat oder Rechteck) zwei kleinere rechteckige Flächen oder ein Quadrat und ein Rechteck. Bei einer Flächenteilung mit einer Diagonalen werden zwei Dreiecke gebildet. Jede Linie, die sich in einem freien, einfarbigen Raum bewegt und weder sich selbst noch eine andere Linie kreuzt, zerteilt also eine (Primär-)Fläche in zwei (Sekundär-)Flächen. Hierbei kann die Linie gerade oder auf Umwegen von Bildkante zu Bildkante reichen, sich aber auch auf der Fläche entwickeln und dort zu ihrem Ausgangspunkt zurück-

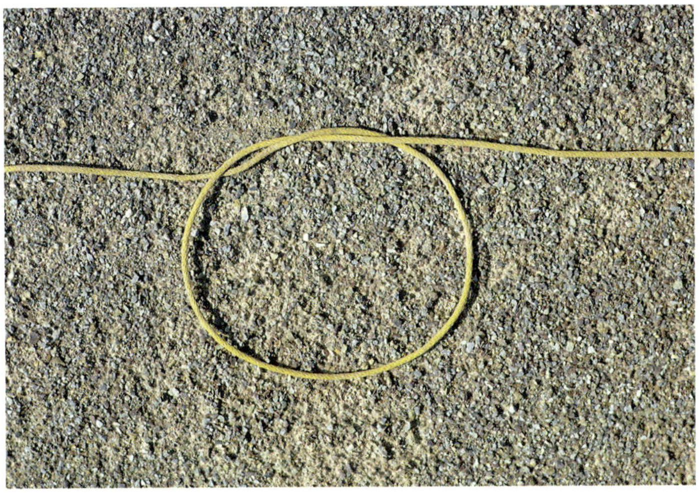

14 Weitere Bildelemente: Struktur

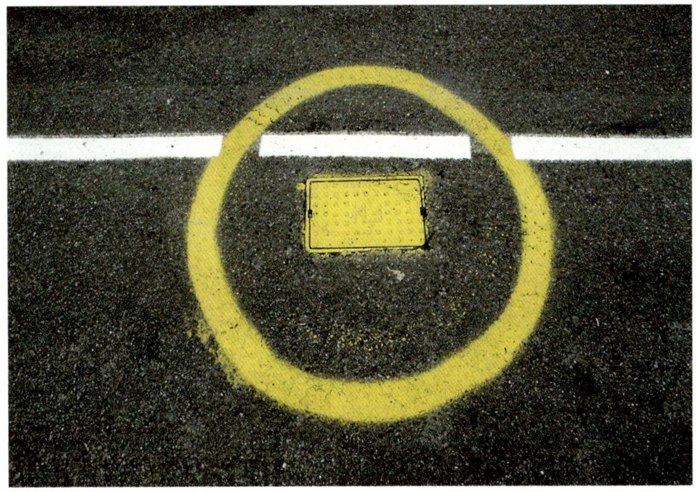

15 Weitere Bildelemente: Hell-Dunkel-Kontrast, Struktur

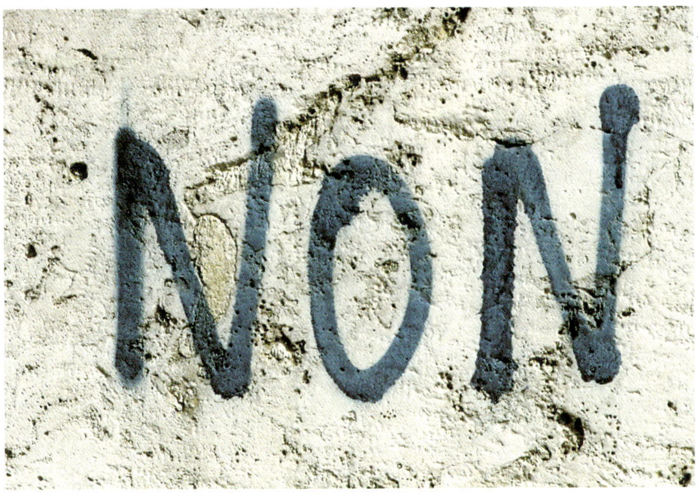

16 Weitere Bildelemente: Hell-Dunkel-Kontrast, Struktur

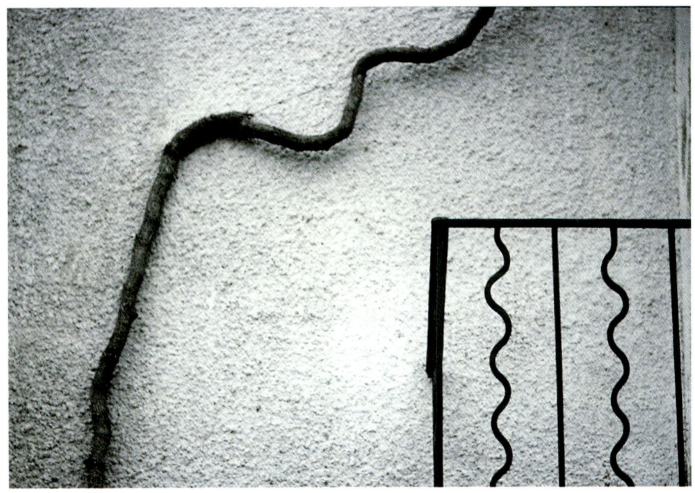

17 Weitere Bildelemente: Hell-Dunkel-Kontrast, Linienkontrast

kehren (Grafik E und Abb. 15 und 16, jeweils mittig). Kreuzt sich eine Linie in ihrem Verlauf von Bildkante zu Bildkante einmal selbst, wird eine Grundfläche in drei Teile verschiedener Form und Größe geteilt (Grafik F und Abb. 14). Auch ein sich einmal kreuzender Linienverlauf im freien Raum, zum Beispiel die Bildung der Ziffer 8, ergibt drei Flächen: zwei kleine innerhalb und eine große außerhalb der Acht. Flächen, die ausschließlich durch einen (einschließenden) Verlauf von Linien entstehen, werden linienaktive Flächen genannt. Charakteristisch für die linienaktive Fläche ist, daß Farbe und/oder Struktur und/oder das Helldunkel innerhalb und außerhalb der durch die Linie gebildeten Fläche identisch sind (Abb. 4, 14, 15 und 16). Eine zusätzliche Betonung der Fläche kann durch Ausfüllen der Formen erfolgen (Abb. 13).

Optische Flächen

Eine gerade Linie kann nur eine einfache, direkte Flächenteilung bewirken. Erst eine Linie, deren Richtung sich in ihren Verlauf auf einer Fläche mehrmals ändert, kann zusätzlich mehr oder weniger eindeutige optische Flächen bilden (Abb. 2, 3, 7, 16, 17). Bei der »Zickzacklinie« in der Grafik C fällt es nicht schwer, sowohl auf der Spitze stehende, als auch »giebelförmige« Dreiecke »zu sehen«. Die jeweils dritte Begrenzungslinie der Dreiecke wird also optisch ergänzt. Schon weniger eindeutig werden zum Beispiel die optischen Halbkreise bei der Wellenlinie in der Grafik D empfunden. Die Qualität der gestalterischen Bildwirkung wird auch von den optischen Flächen, den Freiräumen zwischen Linien und/oder Flächen bestimmt. Diese Wirkung darf weder übersehen noch während der Arbeit vergessen werden. Gerade bei Live-Aufnahmen ist es ratsam, mehrere Aufnahmen zu machen, um ein optimales Zusammenspiel zwischen Linien, Formen und Freiräumen (optischen Formen) zu erreichen (Abb. 2).

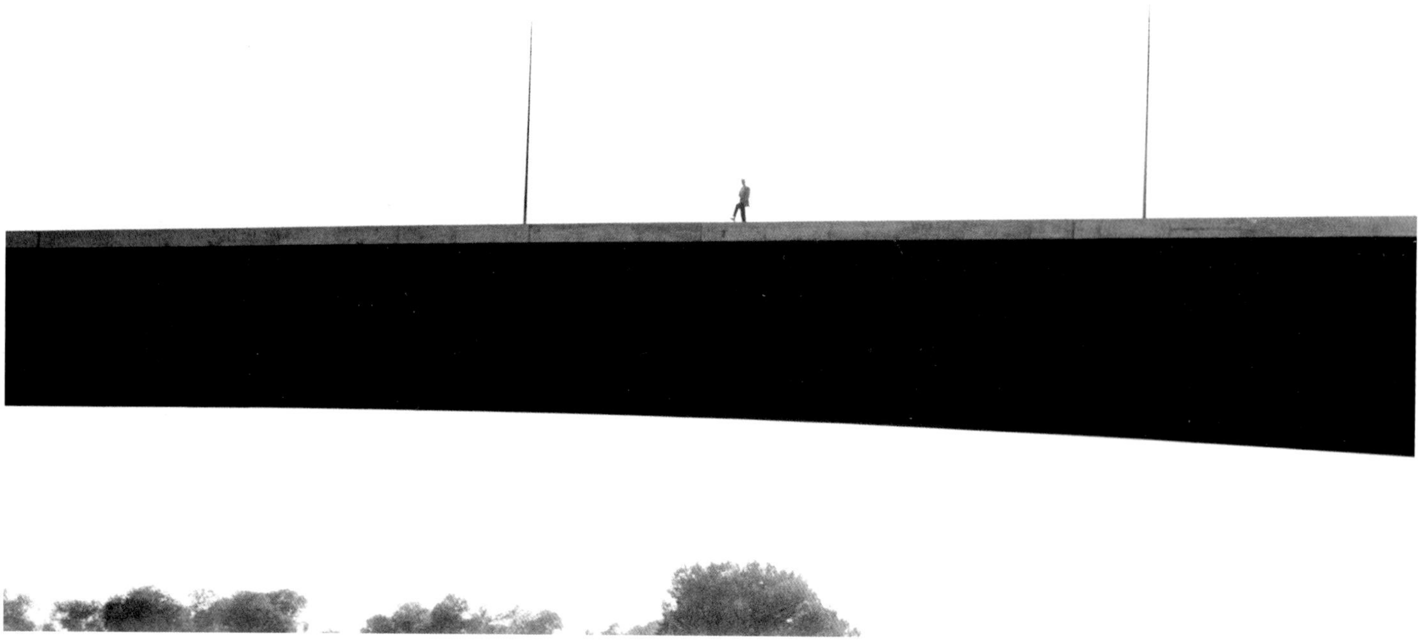

1 Weitere Bildelemente: Punkt,Senkrechte,Hell-Dunkel-Kontrast,Quantitäts-Kontrast

Die waagerechte Linie im Quer- und im Hochformat

Die waagerechte Linie ist eines der Sinnbilder für Ausgeglichenheit. Sie ist ein Symbol für absolutes Gleichgewicht. Über unsere optischen Erfahrungen mit weiten, offenen Landschaften und Strand-Meer- Situationen wird die Waagerechte primär mit Landschaft und Horizont in Verbindung gebracht. Gleichzeitig bedeutet die Waagerechte als Horizont auch – unereichbare – Ferne und – gefühlsmäßig – Kälte.

Formatwahl und Flächenteilung

Unser Gesichtsfeld ist durch die nebeneinander liegenden Augen querformatig angelegt. Schon durch ein leichtes Drehen des Kopfes nach links oder rechts erweitert sich das Gesichtsfeld in der Waagerechten mühelos um das Doppelte (und wird dadurch zum Panorama). Diese Vertrautheit der Seherfahrung wird in der Regel auf die Nutzung des Bildformates übertragen. Bei der Umsetzung von Motiven in ein (zweidimensionales) Bild wird überwiegend das Querformat bevorzugt. Traditionell ist das Querformat das Format für Landschaftsbilder. Schon die Bildfläche an sich hat mit der unteren und oberen Bildkante (gegenüber der linken und rechten Bildkante) im Querformat eine Betonung der Waagerechten. Diese Betonung der waagerechten Bildbegrenzungen

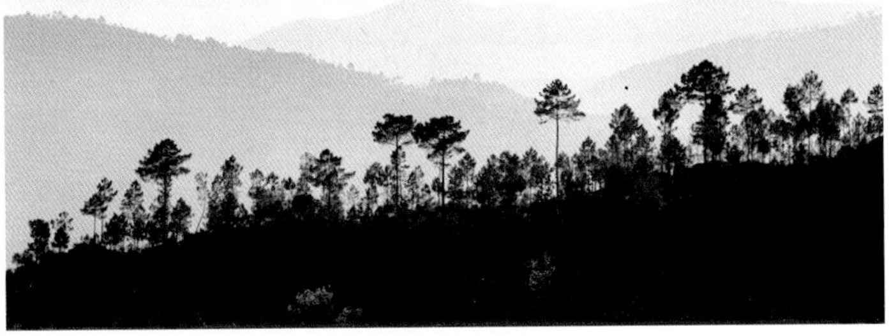

2 Weitere Bildelemente: Hell-Dunkel-Kontrast, optische Linie

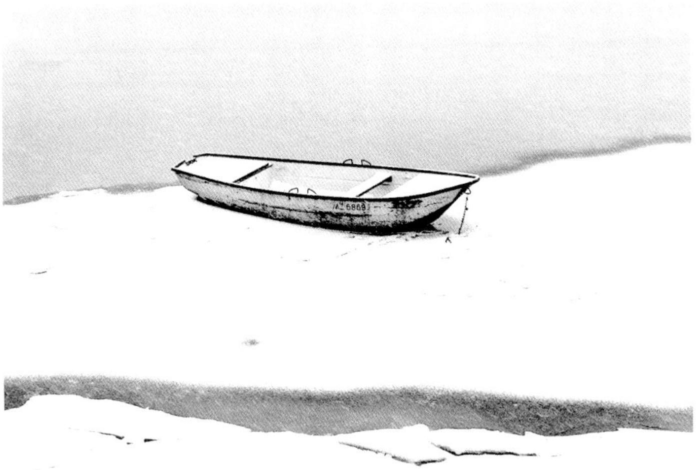

3 Weitere Bildelemente: beherrschender Punkt

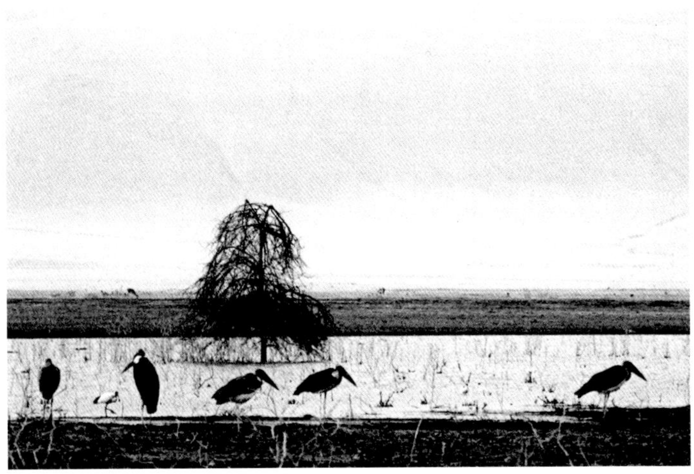

4 Weitere Bildelemente: optische Linie, Quantitäts-Kontrast

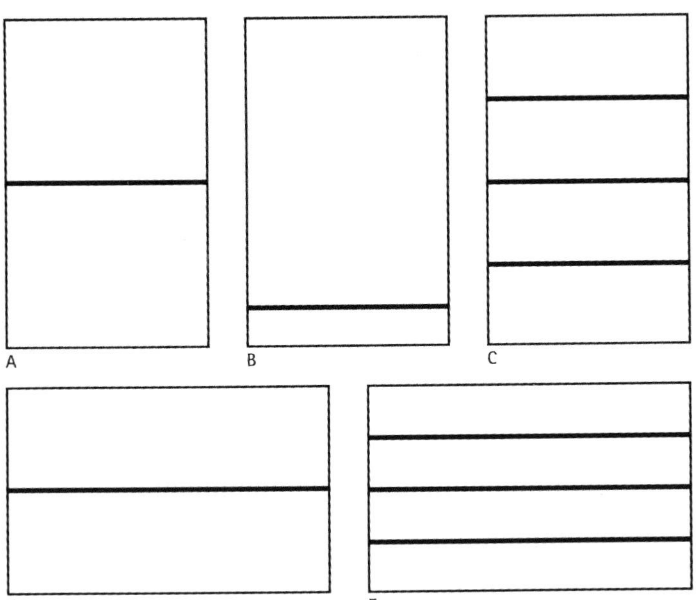

Die waagerechte Linie vermittelt vorrangig den Eindruck »Horizont«. Für die Lage (Höhe) des Horizontes steht die gesamte Bildfläche zur Verfügung. Im Hochformat wird die Kraft der Flächenteilung durch die waagerechte Linie deutlicher sichtbar. Ohne einen im Bild sichtbaren Horizont können die obere oder die untere Bildkante zum »künstlichen Horizont« werden.

des Querformates unterstreicht die Wirkung von Horizont oder anderen waagerechten Linien innerhalb eines Motives. Der Bewegungsraum einer waagerechten Linie reicht (sichtbar) von der linken zur rechten Bildkante eines Formates. Logischerweise ist dabei die Linie im Querformat länger als in einem Hochformat. Für den Betrachter hat die waagerechte Linie im Querformat einen ausreichenden Bewegungsfreiraum, während sie im Hochformat vor allem durch die rechte Bildkante in ihrer sichtbaren Bewegung gebremst wird. Die Kraft der Flächenteilung, die grundsätzlich Linien aller Arten eigen ist, wird bei kurzen geraden Strecken natürlich am deutlichsten. So hat die waagerechte Linie im Hochformat verstärkt flächenteilenden Charakter. Bei einer Mittelteilung des Hochformats entstehen zwei gedrungene Rechtecke mit einer deutlichen Betonung von

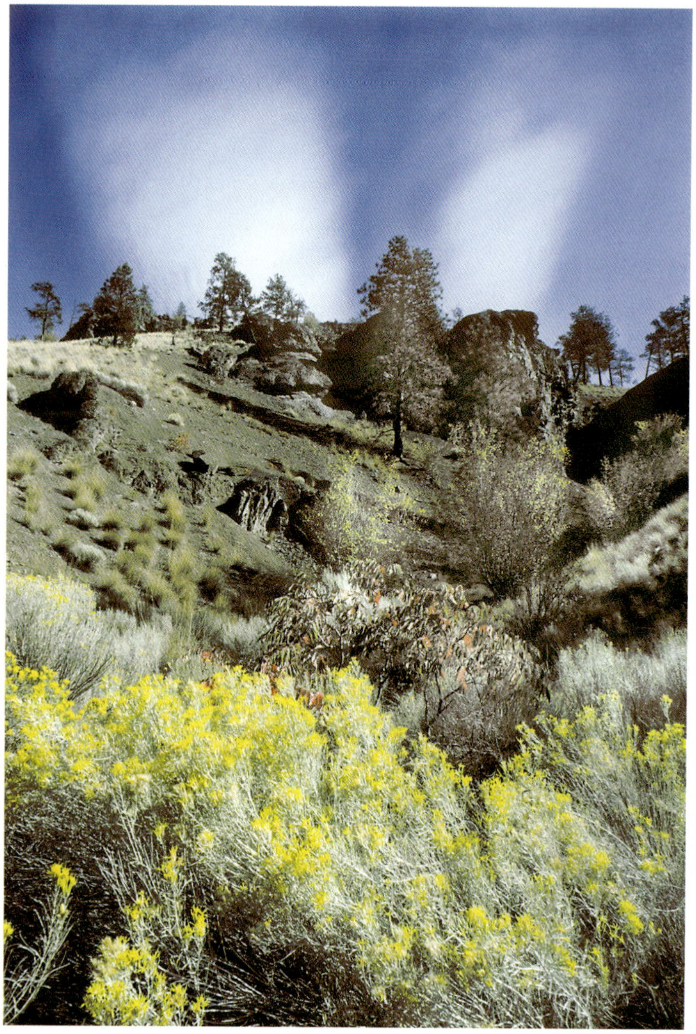

5 Weitere Bildelemente: Hell-Dunkel-Kontrast, Konturenkontrast

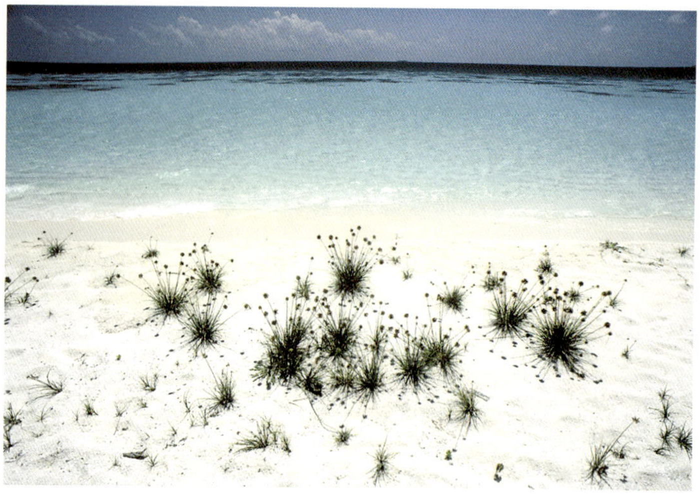

6 Weitere Bildelemente: Punkthäufung, Kalt-Warm-Kontrast

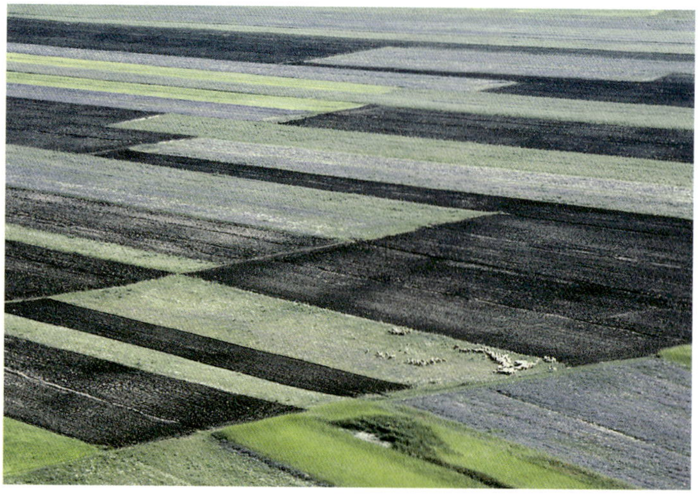

7 Weitere Bildelemente: Hell-Dunkel-Kontrast, Simultan-Kontrast

oben und unten (Grafik A, Abb. 10). Das Kleinbildformat hat seine Außenformate mit den Proportionen von 2:3 (24x36 mm) nach den harmonischen Maßverhältnissen des Goldenen Schnittes. Als Hochformat genutzt wirkt es jedoch auf die Höhe bezogen optisch etwas zu schmal, beziehungsweise auf die Breite bezogen optisch etwas zu hoch. Mit jeder waagerechten Teilung wird diese (negative) optische Wirkung aufgehoben. Vor allem bei einem relativ niedrig plaziertem Horizont mit viel Himmel (Grafik B und Abb. 4, 9) oder einem Horizont nahe der oberen Bildkante (Abb. 11). Zahlreiche waagerechte Linien teilen ein Hochformat in schmale liegende Rechtecke oder Streifen (Grafik C, Abb. 18, 19). An zwei Punkten der Längsseite eines Hochformates kann eine Waagerechte ein Quadrat abteilen (Grafiken F und G), wobei einmal »das Unten« (der Vordergrund, die Landschaft, Abb. 5) und zum anderen »das Oben« (der Himmel) betont wird. Im Querformat teilt eine mittig gesetzte waagerechte Linie das Format in zwei schmale Rechtecke im Seitenverhältnis von 1:3 (Grafik D und Abb. 12, 13, 15). Kommen noch weitere oder viele waagerechte Linien hinzu, so teilen sie die Fläche in sehr schmale Rechtecke, bzw. Streifen (Grafik E und Abb. 16).

Realer und künstlicher Horizont

Der »absolute Horizont« ist die (in der Ferne liegende) perfekte Waagerechte einer Wasserfläche oder einer totalen Ebene. Der Linienverlauf einer Bergkette, einer hügeligen Landschaft, selbst eines in der Ferne liegenden Waldes wird nie perfekt waagerecht sein, sondern kann nur den Eindruck »Horizont« vermitteln. Außerdem gibt es häufig Motive mit gestaffeltem, mehrschichtigem Horizont (Abb. 2). Die Wirkung von Horizont entsteht nicht nur durch Landschaftsmotive. Der (gefühlsmäßige) Eindruck von Horizont wird leicht auf waagerechte Linien und Elemente übertragen, so daß auch ein sogenannter »künstlicher Horizont« entstehen kann. In den zwei folgenden Fällen wird sogar die Bildkante zum künstlichen Horizont. Bei Landschaftsaufnahmen im Querformat ohne Einbezug einer Horizontlinie, bekommt die obere (waagerechte) Bildkante Horizontcharakter (Abb. 3, 7, 14). Bei Aufnahmen des Himmel ohne ein sichtbares Landschaftsdetail, ist es die untere Bildkante, der Horizontersatz zukommt. Beim Hochformat sind die waagerechten Bildkanten nur kurz, so daß nur sehr selten die Wirkung eines künstlichen Horizontes entsteht (Abb. 17).

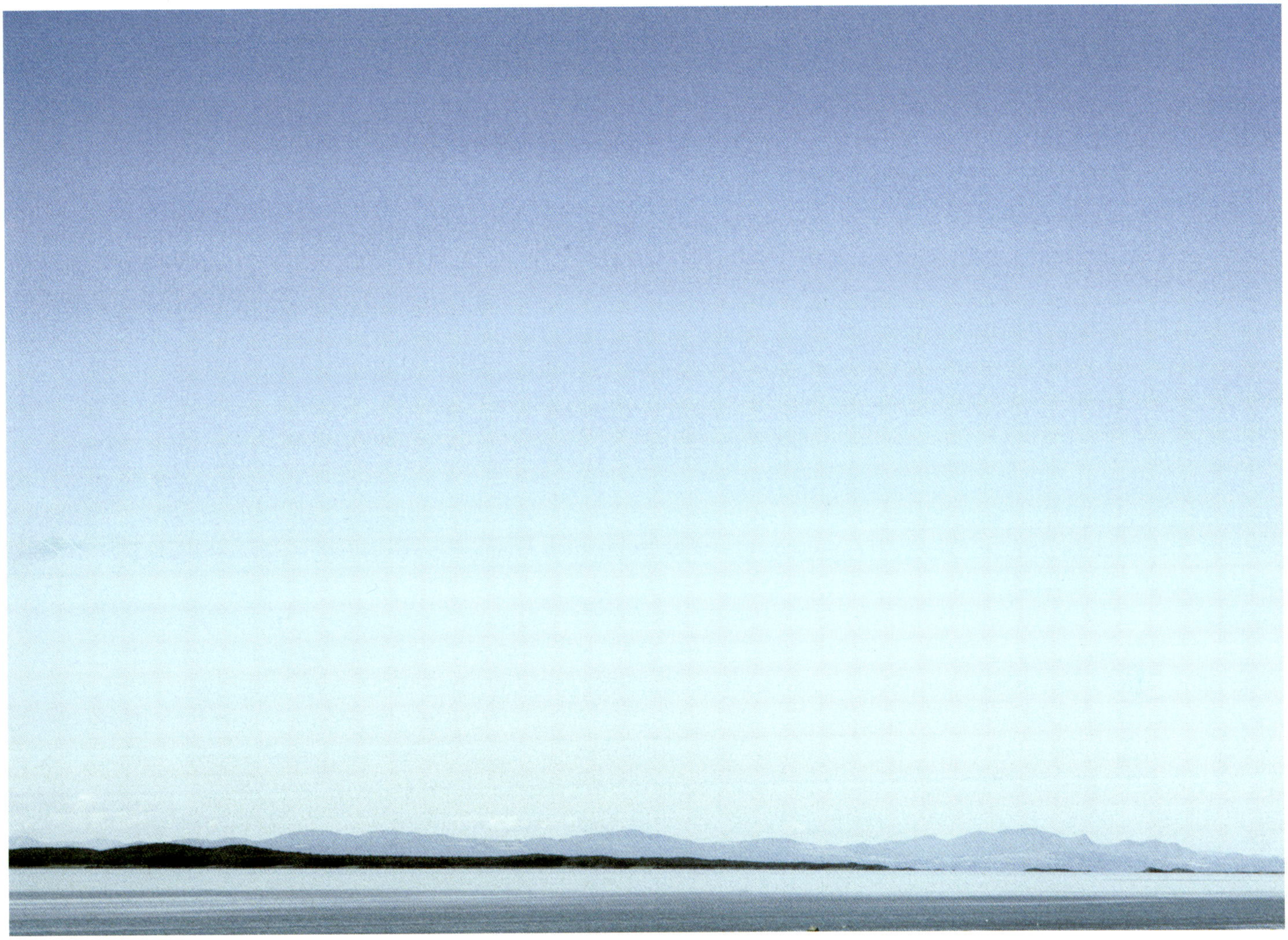

8 Weitere Bildelemente: Monochrome Farbe, Quantitäts-Kontrast

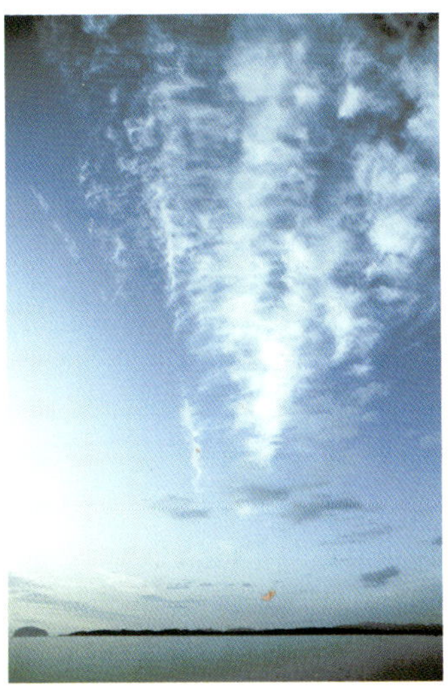

9 Weitere Bildelemente: Hell-Dunkel-Kontrast, Konturenkontrast

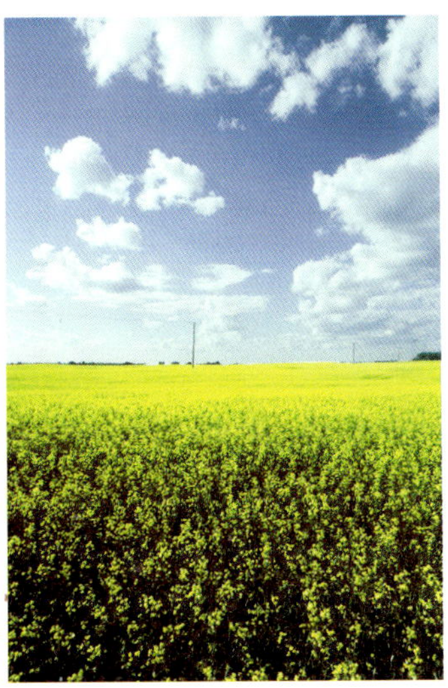

10 Weitere Bildelemente: Komplementär-Kontrast, Kalt-Warm-Kontrast

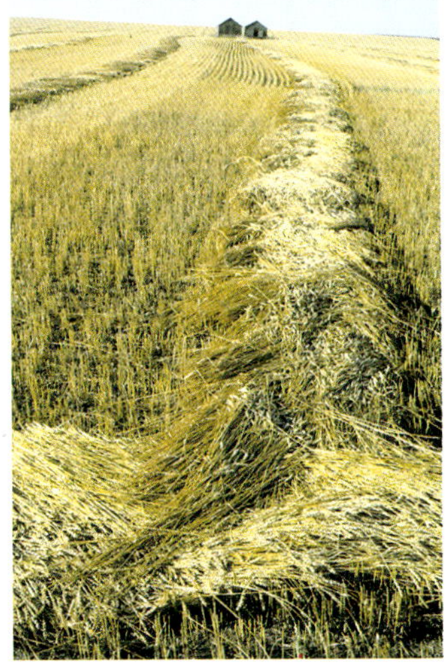

11 Weitere Bildelemente: beherrschender Punkt, Struktur

Harmonie und Spannung

Sollen harmonische Strecken- oder Flächenteilungen erreicht werden, ist eine Orientierung an den Proportionen des Goldenen Schnittes hilfreich. Die Höhe einer jeden Fläche beinhaltet zwei Punkte, an denen die Fläche harmonisch durch eine Waagerechte geteilt werden kann. Diese Punkte sitzen auf unterschiedlichen Höhen innerhalb der Bildfläche. Die Wahl für einen der beiden Punkte ist von der gewünschten Höhe des Horizontes, gepaart mit der Entscheidung ob eine Betonung auf dem Vordergrund oder auf dem Himmel liegen soll, abhängig. Finden lassen sich diese Punkte sehr einfach. Durch ein dreimaliges mittiges Knicken eines dünnen Papierstreifens, der in seiner Länge der Höhe der zu teilenden Fläche entspricht, entsteht eine Einteilung in acht Felder (Grafik H, J).

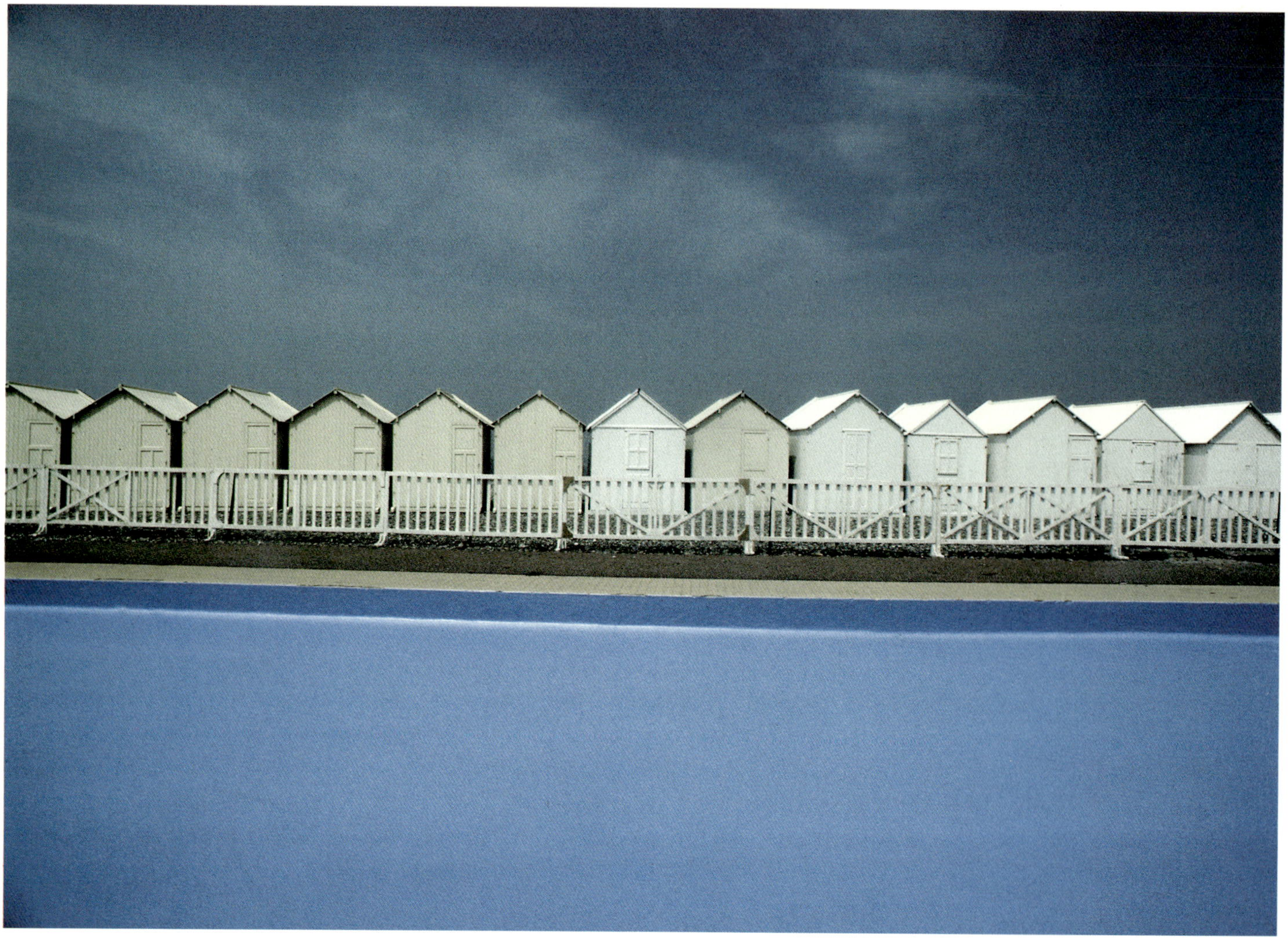

12 Weitere Bildelemente: optische Linie, Farbqualitäts-Kontrast

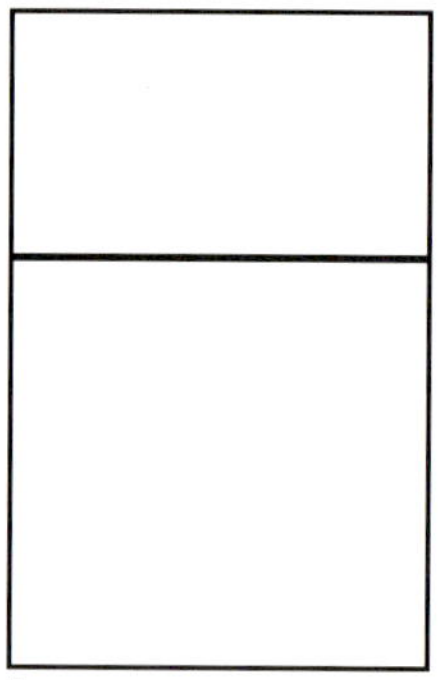

F

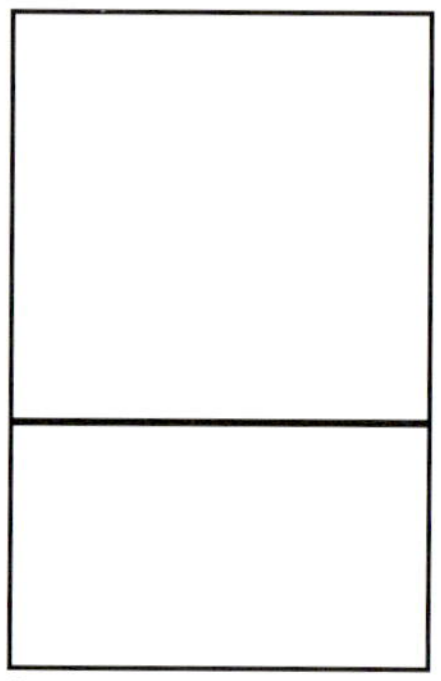

G

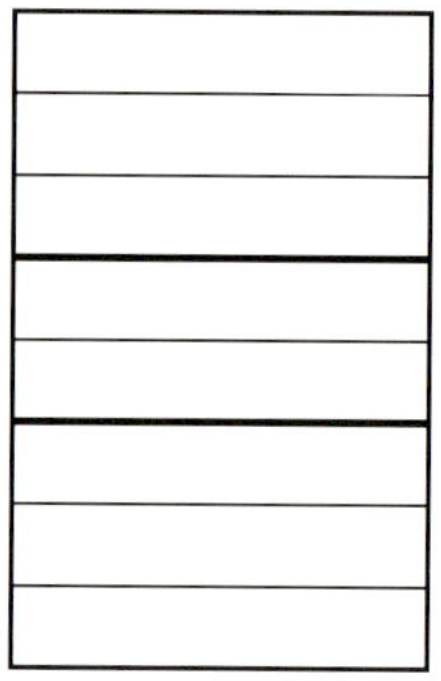

H

J

Mittellage des Horizontes ist vor allem in Hochformaten zu vermeiden. Harmonische Flächenteilungen lassen sich durch den Goldenen Schnitt finden.

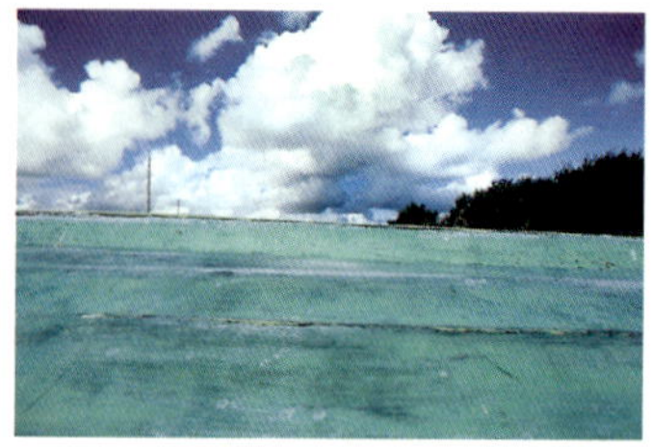

13 Weitere Bildelemente: Hell-Dunkel-Kontrast, kühle Farbigkeit

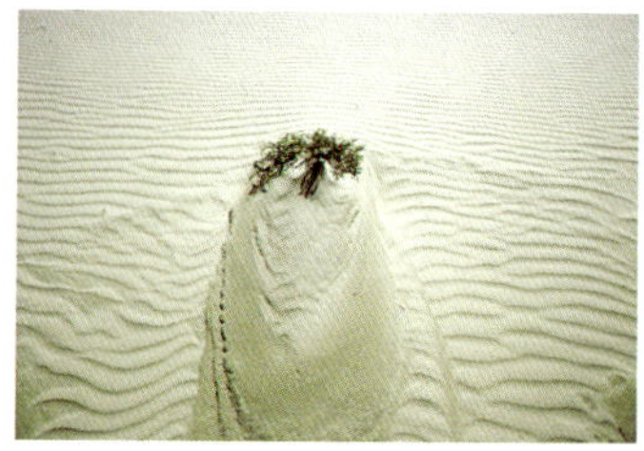

14 Weitere Bildelemente: Punkt, Struktur

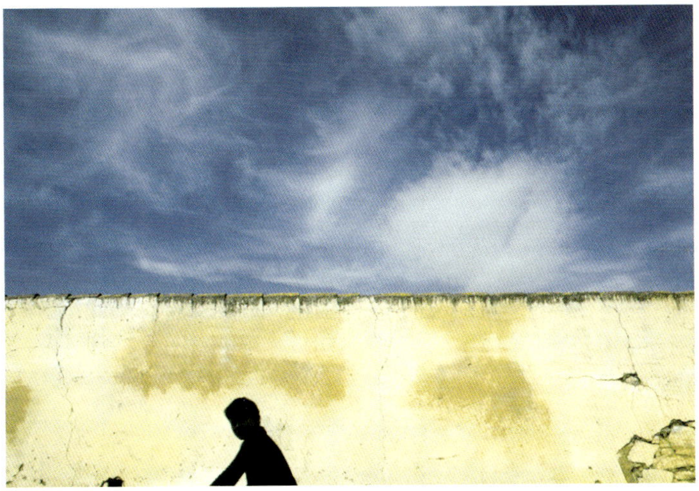

15 Weitere Bildelemente: beherrschender Punkt, Komplementär-Kontrast

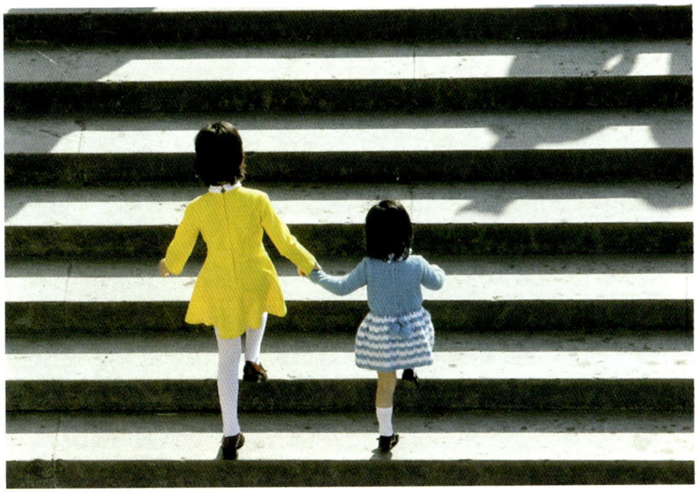

16 Weitere Bildelemente: beherrschende Punkte, Schräge

17 Weitere Bildelemente: Kalt-Warm-Kontrast

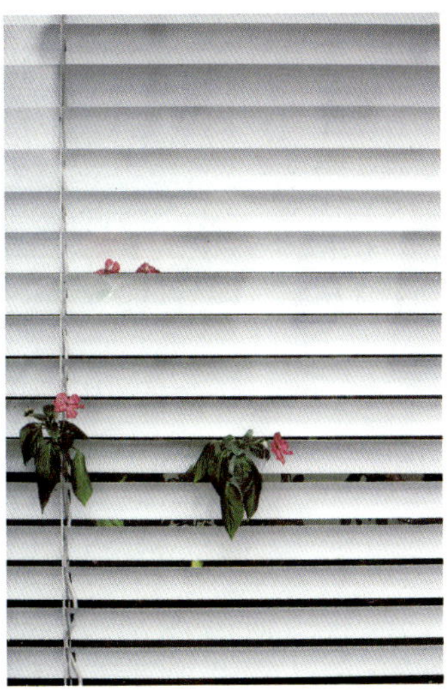

18 Weitere Bildelemente: Punkte, Senkrechte

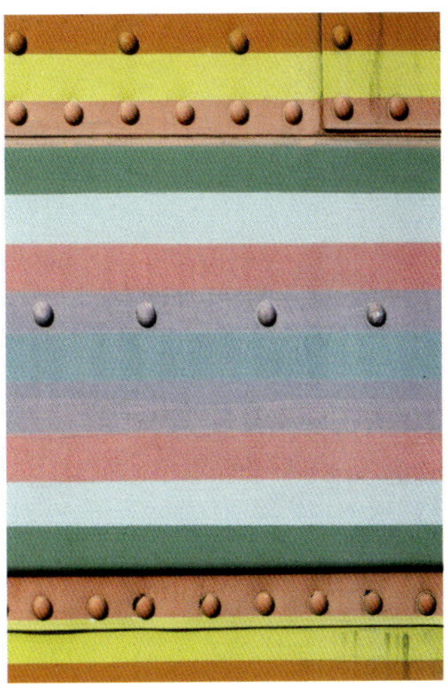

19 Weitere Bildelemente: optische Linie, Schräge, Kalt-Warm-Kontrast

Diese bilden damit die Grundlage für die harmonische Maßeinheit von 3:5. Drei Einheiten von der oberen Bildkante oder drei Einheiten von der unteren Bildkante markieren die harmonische Teilung nach dem Goldenen Schnitt. Beim 2:3 Hochformat sind diese Punkte fast mit der Bildung der Quadrate im Rechteck identisch (Grafik F und G, den Quadraten werden ca 10% ihrer Höhe genommen). Die Teilung in acht Einheiten bedeutet auch die Markierung der – für eine Horizonthöhe möglichst zu vermeidenden – Mitte der Fläche. Die Höhenpunkte für eine Flächenteilung mit harmonischen Spannungen liegen jeweils eine Einheit über oder unter der Mitte (Grafik H und J). Eine direkte Mittelteilung kann bedingt als spannungslose Teilung bezeichnet werden – je nach dem, welche weiteren Kompositionselemente sich über- oder unterhalb des Horizontes oder der waagerechten Linie befinden (Abb. 1, 10, 12, 13, 15). Alle anderen Entscheidungen zur Lage eines Horizontes oder einer waagerechten Linie in der Bildfläche sind spannungsreich bis sehr spannungsreich. Zum Beispiel die Entscheidung einen Horizont sehr dicht an die untere oder die obere Bildkante zu setzen (Abb. 4, 6, 8, 9, 10).

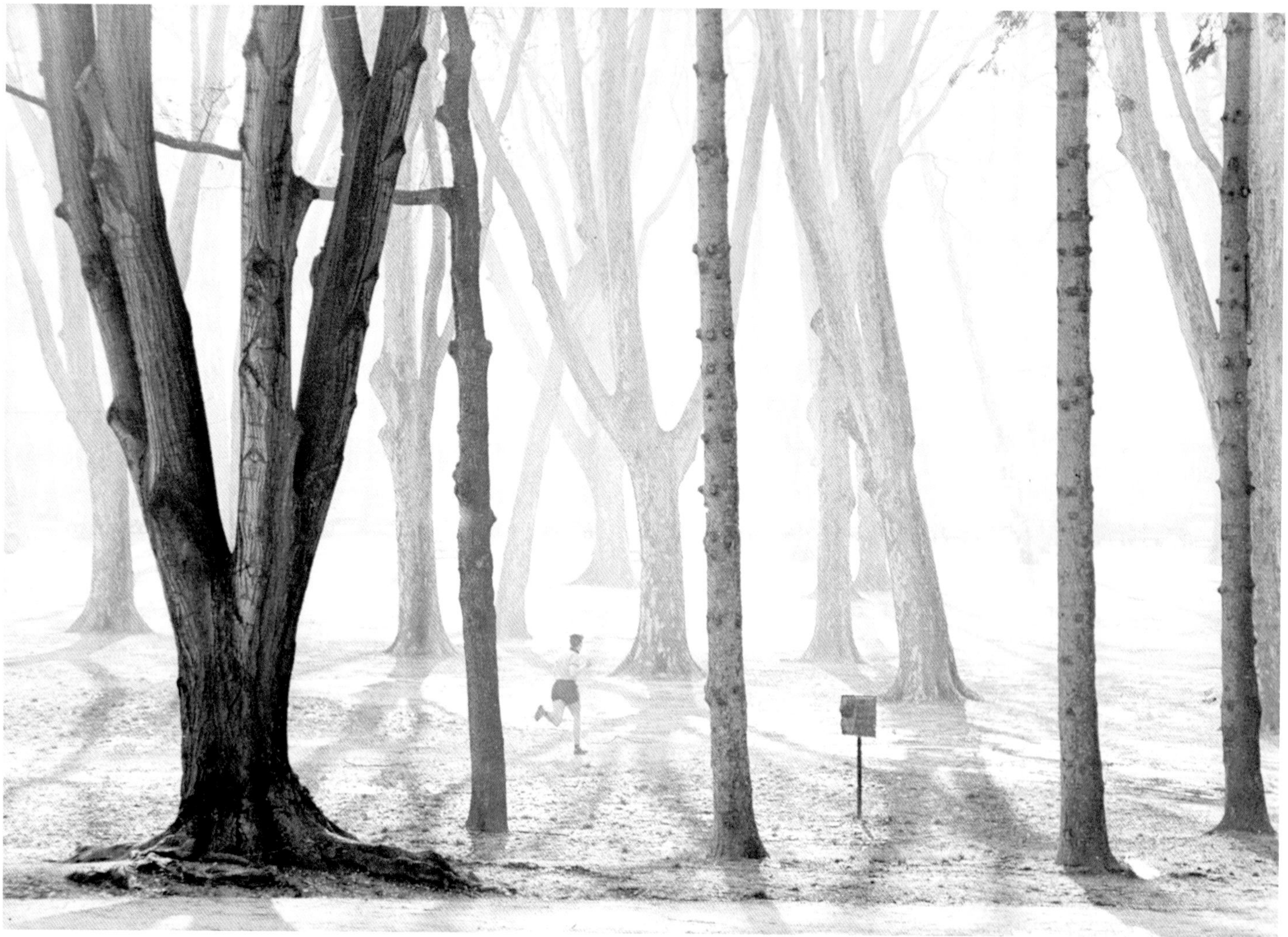

1 Weitere Bildelemente: beherrschende Punkte, schräge Linien

Die senkrechte Linie im Quer- und im Hochformat

Das optische Erlebnis von Höhe und Größe ist sicherlich eine der Primärerfahrungen eines jeden Menschen zu Beginn seines erwachenden Bewußtseins. Dabei spielen andere Menschen eine wesentliche Rolle. Die Wirkung eines vor einem stehenden (erwachsenen) Menschen ist die einer Senkrechten und die der Nähe. Die Senkrechte assoziiert Nähe und Wärme und steht damit im Kontrast zur Wirkung von Ferne und Kühle der Waagerechten.

Die Primärgeraden im Kontrast

Die Primärgeraden, die Waagerechte und die Senkrechte stehen schon als Begrenzungslinien einer rechtwinkligen Fläche im Spannungs-Kontrast zueinander. Bei dem seitengleichen Quadrat ist dieser Kontrast sehr verhalten. Dagegen kann bei Rechtecken auch dem ungeschulten Auge die Spannung zwischen waagerechten und senkrechten Flächenkanten auffallen. Noch deutlicher wird dieser Spannungs-Kontrast zwischen horizontal und vertikal, wenn die Primärgeraden auch innerhalb der Bildfläche als Kompositionselemente angewendet werden. Treten Waagerechte oder Senkrechte in einer Komposition jeweils alleine auf, so bezieht sich dieser Kontrast auf die Spannung zwischen der/den Kompositionslinie/n und den Bildflächenkanten. Der Kontrast wird

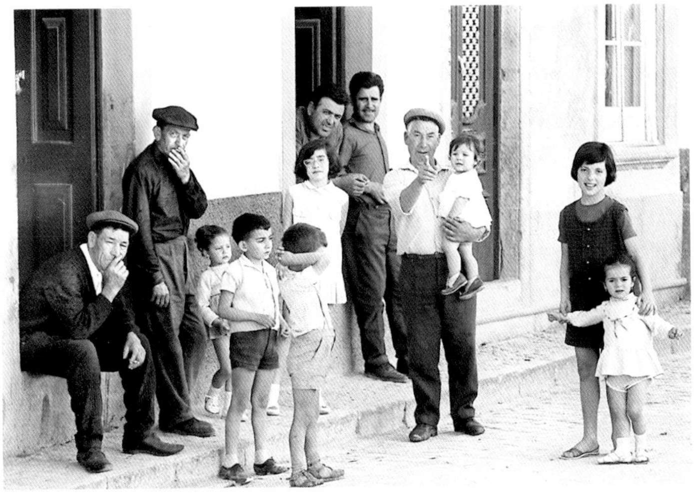

2 Weitere Bildelemente: schräge Linien, Hell-Dunkel-Kontrast

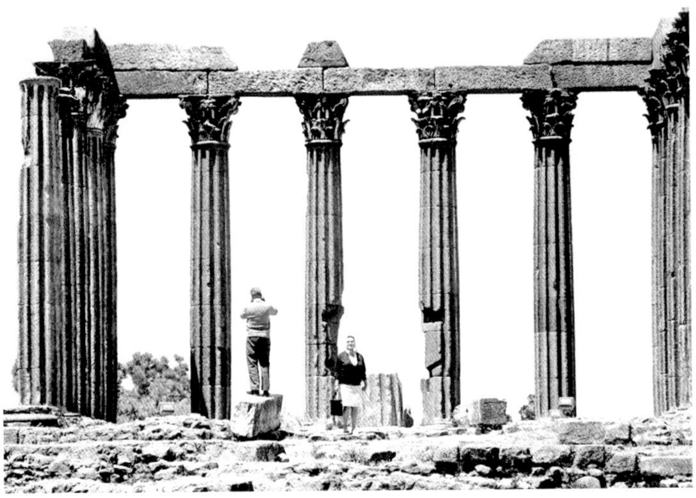

3 Weitere Bildelemente: beherrschende Punkte, waagerechte Linien

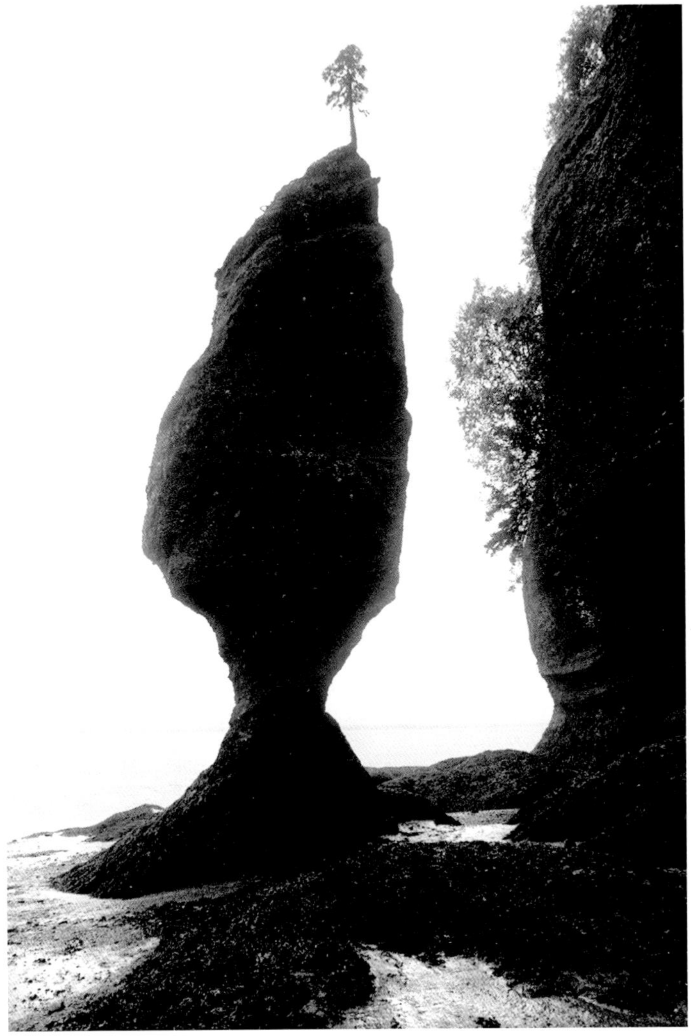

4 Weitere Bildelemente: waagerechte Linie, Hell-Dunkel-Kontrast

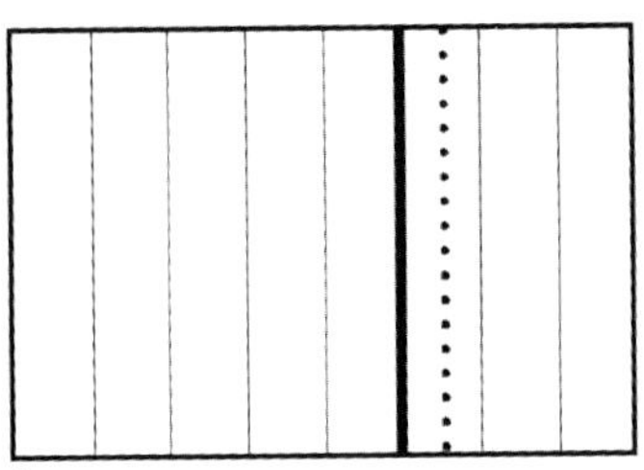

A

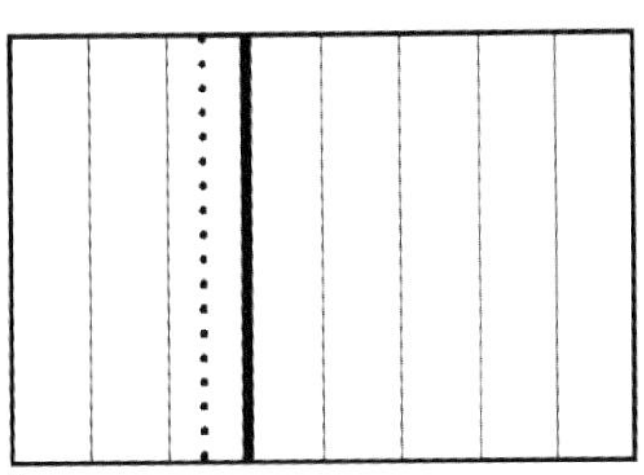

B

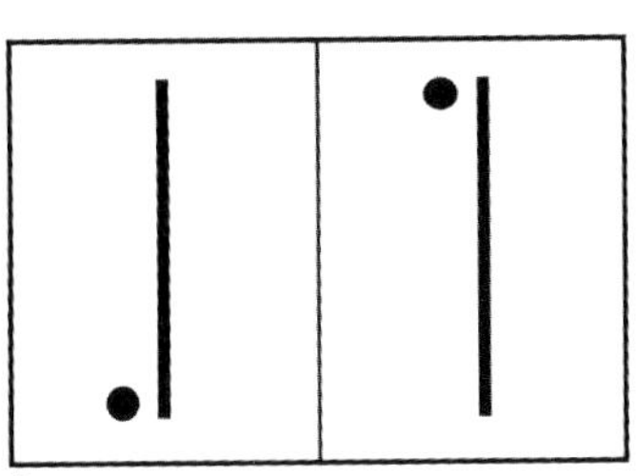

C

Senkrechte Linien wirken vor allem in Querformaten flächenteilend. Auch hier lassen sich harmonische Teilungen durch den goldenen Schnitt finden. Die Standfestigkeit von Senkrechten läßt sich durch Kleinelemente festigen oder stören.

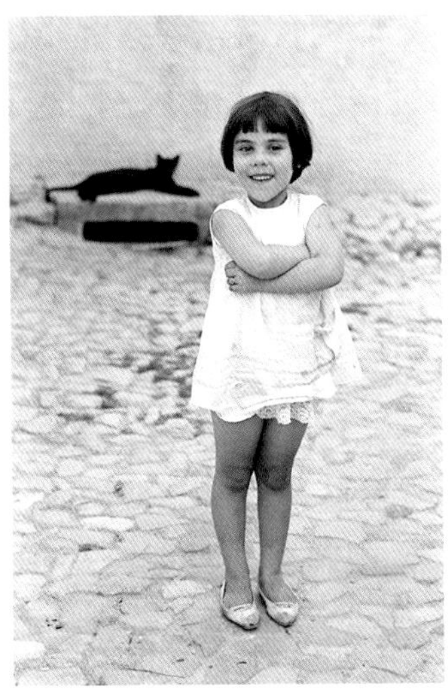

5 Weitere Bildelemente: beherrschender Punkt, Hell-Dunkel-Kontrast, Struktur

dann am deutlichsten, wenn eine oder mehrere waagerechte Linien in einem Hochformat oder eine oder mehrere senkrechte Linien in einem Querformat auftreten. Die jeweils kürzeren Linien (Kanten) der Flächenbegrenzung werden innerhalb der Fläche wiederholt und damit ihr optisches Gewicht verstärkt, ausgeglichen oder sogar überhöht.

Bewegung und Gleichgewicht

Mit der geraden Linie im Raum entsteht Ausdehnung und Bewegung. Diese Bewegung geht bei der Waagerechten vor allem von links nach rechts. Die Bewegungsrichtung der Senkrechten wird zunächst als »von oben nach unten« empfunden. Doch mit dem Auftreffen der Senkrechten auf die untere Bildkante, der »Standfläche« des Bildes,

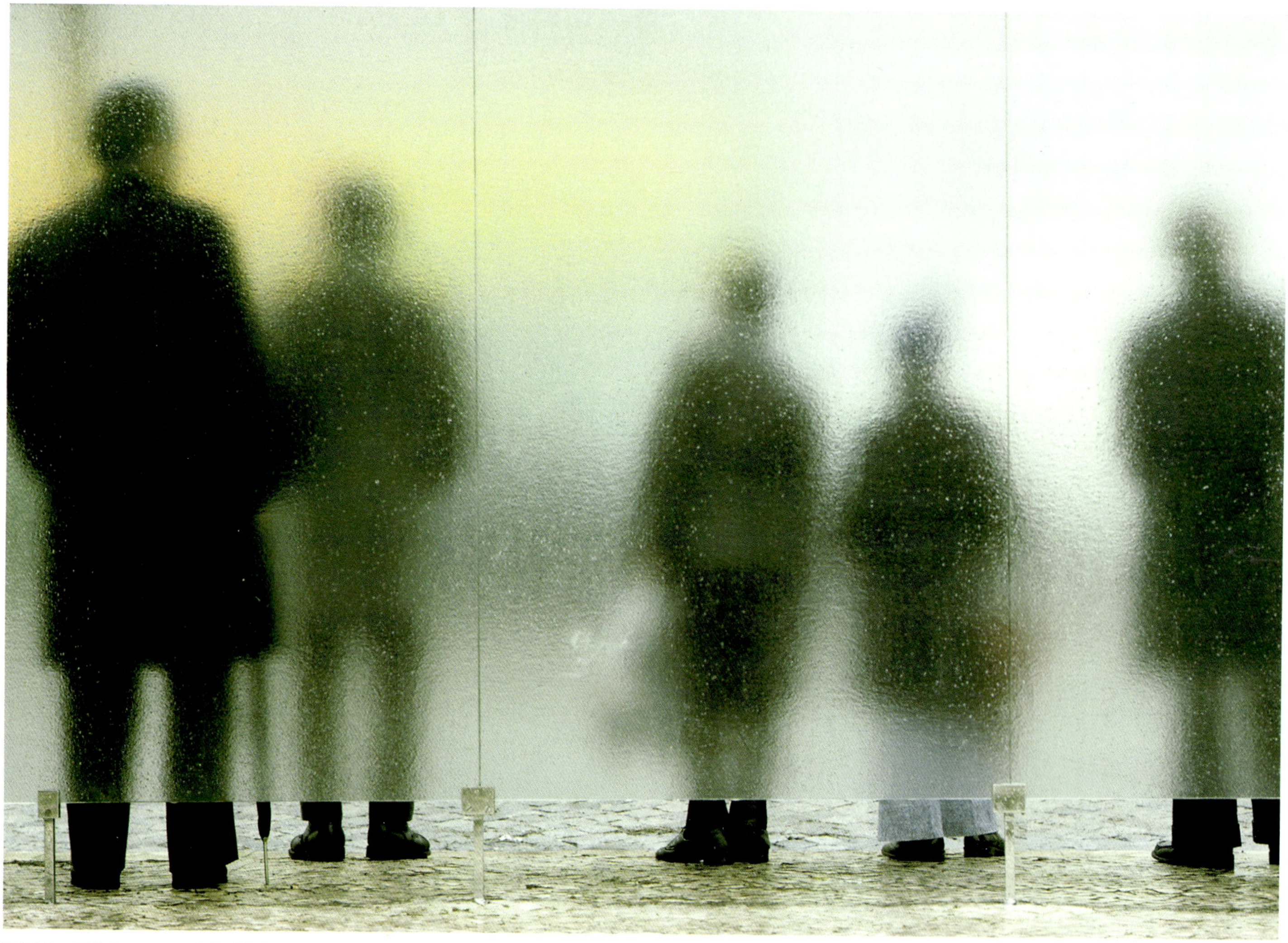

6 Weitere Bildelemente: optische Flächen, Hell-Dunkel-Kontrast

wird dieser Bewegung optischer Widerstand entgegengesetzt. Nach oben ist dieser Widerstand geringer, so daß einer Senkrechten in dieser Richtung eine optische, eine imaginäre Fortsetzung der Bewegung eher möglich ist. Die erste erlernte Differenzierung von Bewegungsrichtungen und ihrem Verhältnis zueinander ist die von links nach rechts (horizontal) und die von oben nach unten (vertikal). Diese Richtungen stehen im rechten Winkel zueinander. Das horizontal-vertikale Gerüst des rechten Winkels, welches schon die Kanten des Bildformates bestimmt, wird auch als Gerüst für Bildkompositionen erwartet. Auch wenn keine direkten waagerechten oder senkrechten Kompositionselemente zu sehen sind, werden im Bild vorhandene Linien und Formen als Abweichungen von diesen Grundrichtungen wahrgenommen. Bildkompositionen beziehen ihre Wirkung und Spannungen vor allem durch die Anwendung von Kontrasten. Im Formalen bestehen zum Beispiel Kontraste zwischen Punkt und Linie, kurzer und langer Linie oder Linie und Fläche. Die Anwendung dieser Kontraste in einer Komposition wirft dabei sofort auch das Problem des Gleichgewichts auf. Das heißt, die Lage von kontrastierenden Gestaltungselementen ist bei jeder Komposition sorgfältig zu beachten, um das Gleichgewicht innerhalb einer Bildfläche zu wahren. So kann zum Beispiel ein Punkt unten an einer Senkrechten deren Standfestigkeit erhöhen. Ist der Punkt jedoch oben, so kann das Gleichgewicht der Senkrechten gestört werden (Grafik C und Abb. 5).

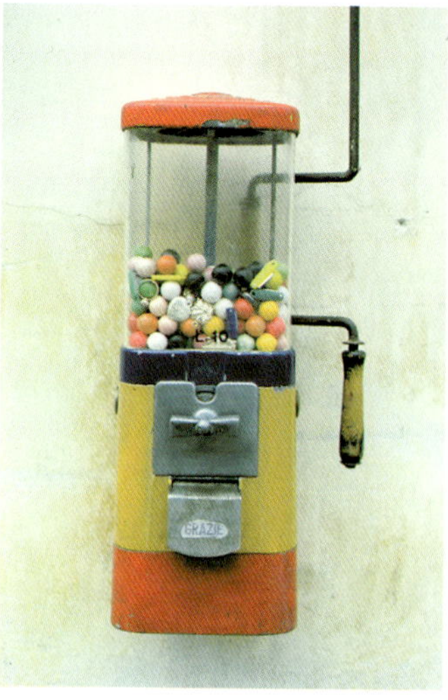

7 Weitere Bildelemente: Struktur Farbton-Kontrast

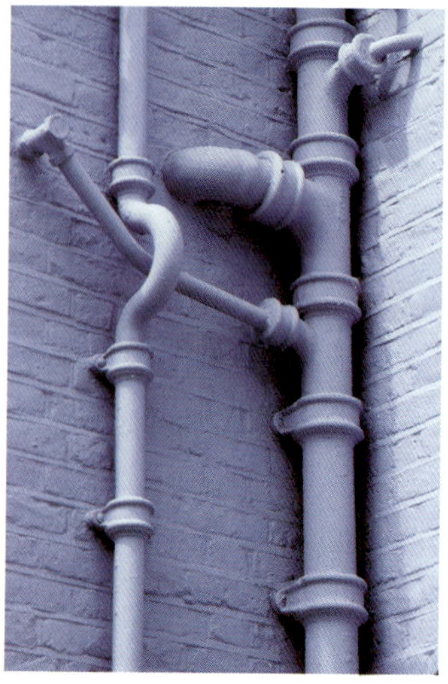

8 Weitere Bildelemente: monochrome Farben

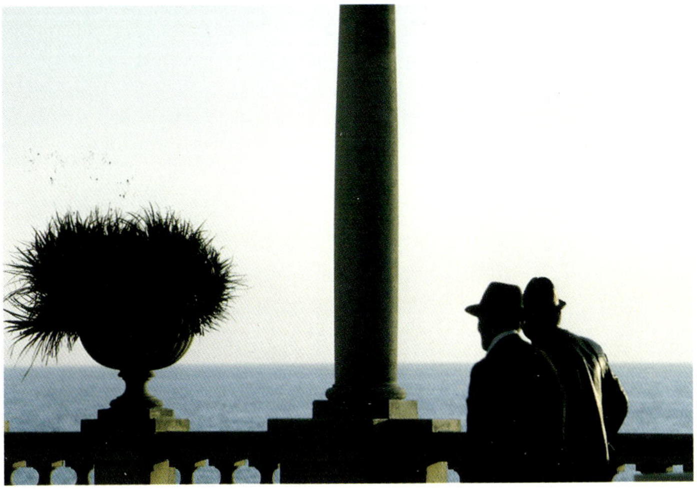

9 Weitere Bildelemente: beherrschende Punkte, Waagerechte, Hell-Dunkel-Kontrast

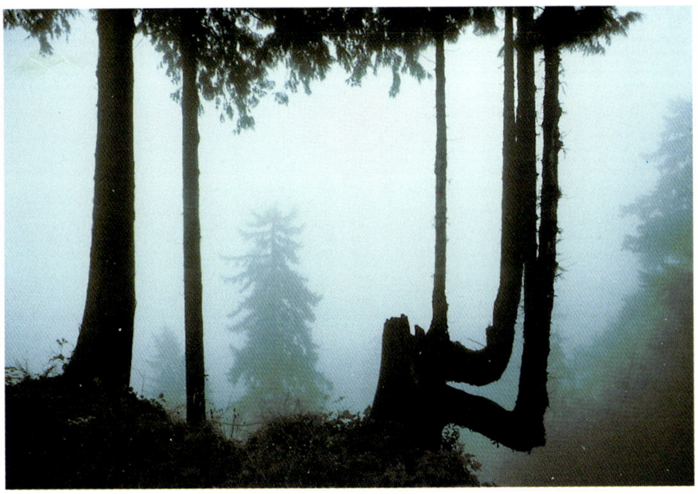

10 Weitere Bildelemente: Hell-Dunkel-Kontrast, monochrome Farbe

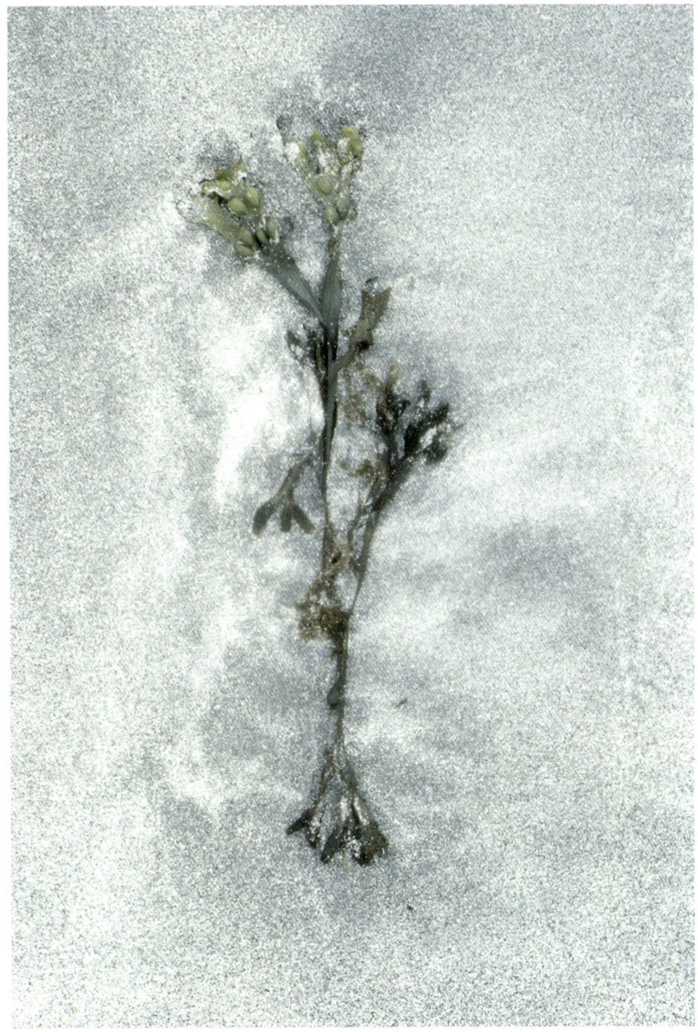

11 Weitere Bildelemente: Struktur, monochrome Farbe

Flächenteilung und Flächenbildung

Die optische Wirkung einer Flächenteilung ist bei der ruhigen, kühlen Flachheit der Waagerechten unaufdringlich und wird, wie beschrieben, nur in Hochformaten deutlicher. Die Höhe, die direkte Nähe – und damit auch die Wärme – der Senkrechten läßt nicht nur die Linie an sich, sondern auch die Kraft der Flächenteilung viel intensiver wirken. Auch hier hat die Teilung auf kurzer Strecke die eindeutigste optische Wirkung. Jede durchgehende oder fast durchgehende Senkrechte in einer querformatigen Fläche ist deutlich flächenteilend. Im Hochformat wird die Bildfläche durch senkrechte Linien in sehr schmale hohe Flächen und/oder hohe Rechtecke geteilt (Abb. 4, 8, 11, 13, 14, 15). Im Gegensatz zur passiven Ruhe von schmalen liegenden Rechtecken (wie sie bei der Teilung eines Querformates durch waagerechte Linien entstehen), sind die schmalen stehenden Rechtecke aktiv – haben aber oft nur eine geringe Standfläche. Die Position und damit die Wirkung der flächenteilenden senkrechten Linie wird im Querformat sehr intensiv empfunden. So ist eine Teilung in der Mitte der Fläche ein nahezu körperlich zu empfindender Akt einer Störung der Sehgewohnheiten. Das ruhige liegende Rechteck, mit den harmonischen Maßverhältnissen von 2:3, wird in zwei gedrungene, sich dem Quadrat nähernde Rechtecke mit Seitenverhältnissen von 3:4 geteilt. Die Kraft und Nähe der Senkrechten und die Symetrie der beiden Flächen kann es dem Betrachter schwer oder gar unmöglich machen, die hinter der Senkrechten liegende Komposition optisch wieder zusammenzufügen und als Einheit zu sehen (Abb. 9). Nicht ganz so hart und direkt, doch in ihrer flächentrennenden Wirkung nicht weniger deutlich, sind senkrechte Linien, welche eine Fläche in die harmonischen Proportionen des Goldenen Schnittes teilen. Wie schon beschrieben, sind die beiden möglichen Punkte der Teilung einer Strecke im Goldenen Schnitt leicht durch dreimaliges Falten eines der Länge der Fläche entsprechenden Papierstreifens zu finden. Das Ergebnis, acht Einheiten, läßt sich – von links beginnend – in das Verhältnis von 3:5 oder 5:3 einteilen. Bei jeweils drei Einheiten, dem dritten Knick, von der linken oder rechten Bildkante wäre also eine Teilung der Bildfläche anzusetzen. Die jeweils größere der beiden entstehenden Flächen ist beinahe ein Quadrat (Grafiken A und B, wobei die gepunktete Linie jeweils das Quadrat im Rechteck anzeigt). Die genaue Konstruktion zur Teilung einer

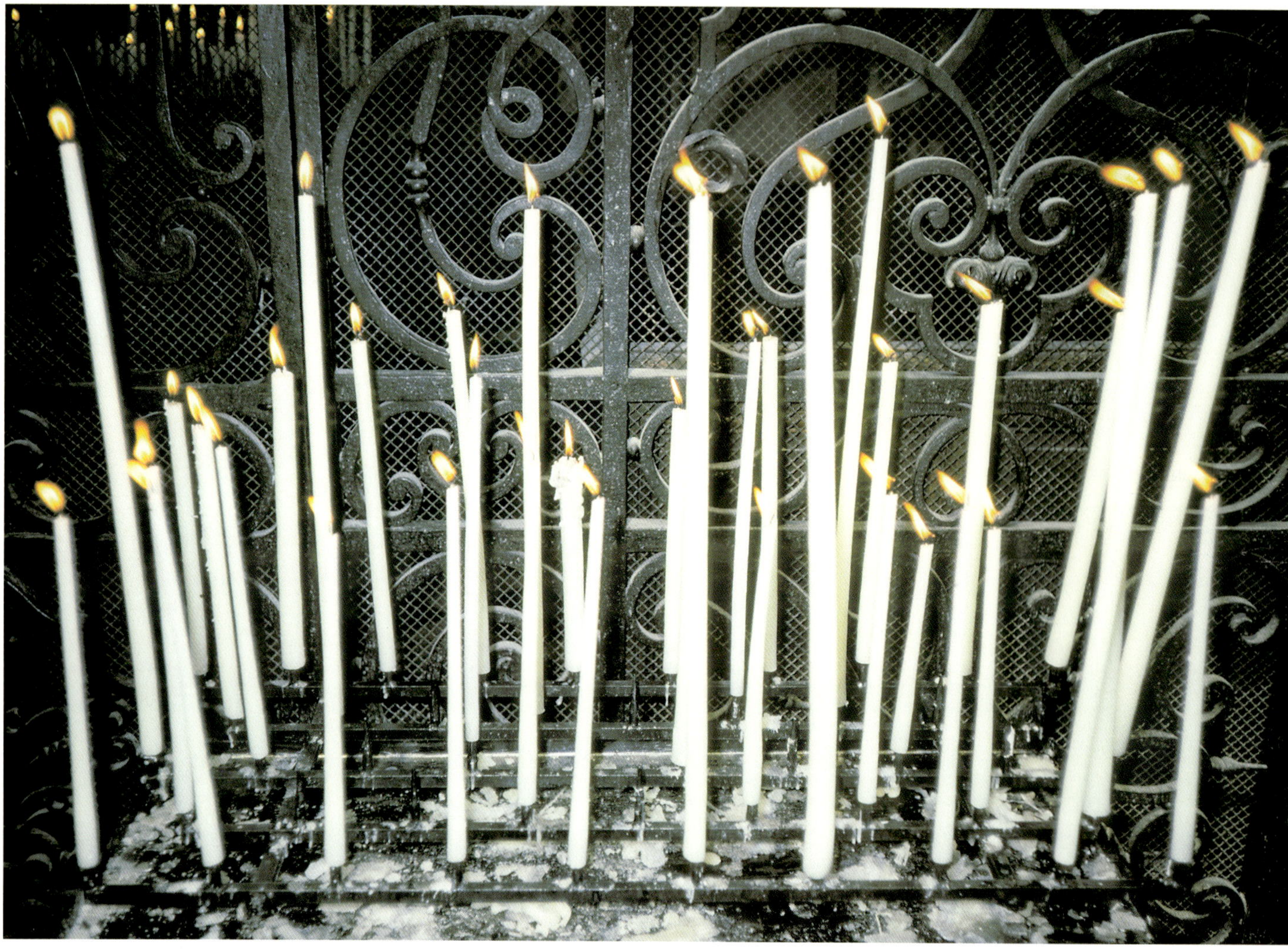

12 Weitere Bildelemente: optische Linie, Hell-Dunkel-Kontrast

Strecke in den Proportionen des Goldenen Schnittes zeigt die Grafik D. Die Hälfte der Strecke A-B ergibt die Strecke A-C (im 90° Winkel über A). Die Punkte B-C werden mit einer Linie verbunden. Den Radius von A-C vom Punkt C auf die Strecke C-B übertragen ergibt den Punkt D. Als letztes Radius B-D auf die Strecke A-B übertragen und Punkt E ist gefunden. Die Linie der Strecke A-B wird bei Punkt E im Maßverhältnis des Goldenen Schnittes geteilt. Die Grafik E verdeutlicht die Zahlenreihe des Goldenen Schnittes durch die Formel » a zu b wie b zu c«. Das heißt, das Verhältnis eines kleineren Teils einer Linie zum größeren Teil einer Linie ist dasselbe wie das Verhältnis des größeren Teils der Linie zur gesamten Linie. Die Verhältniszahlenreihe heißt demzufolge 2:3, 3:5, 5:8, 8:13, 13:21 und so fort. Die Proportion 2:3 ist auch die des meistgenutzten Aufnahme-

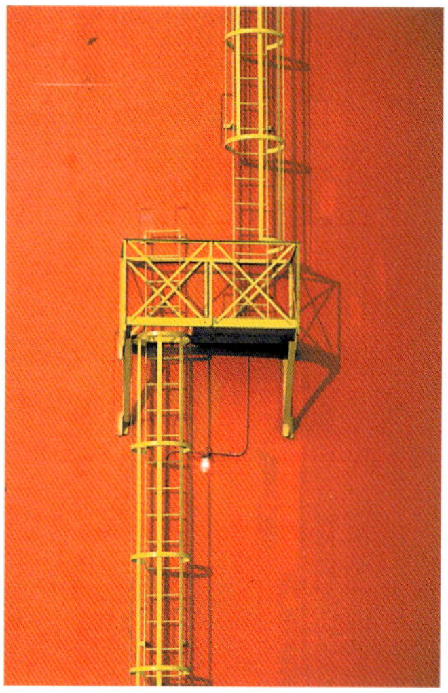

13 Weitere Bildelemente: warme Farbigkeit

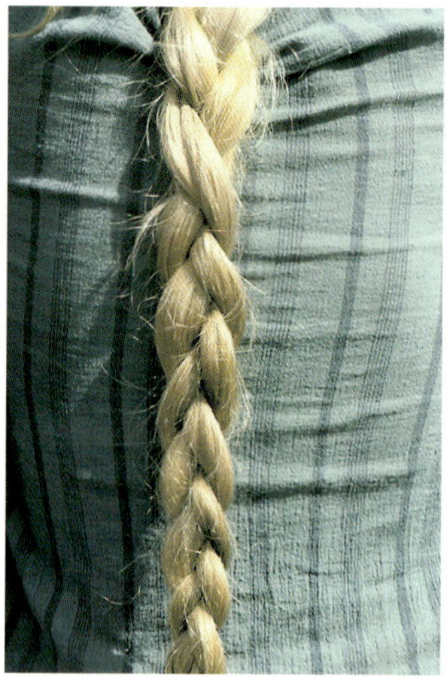

14 Weitere Bildelemente: kühle Farbigkeit

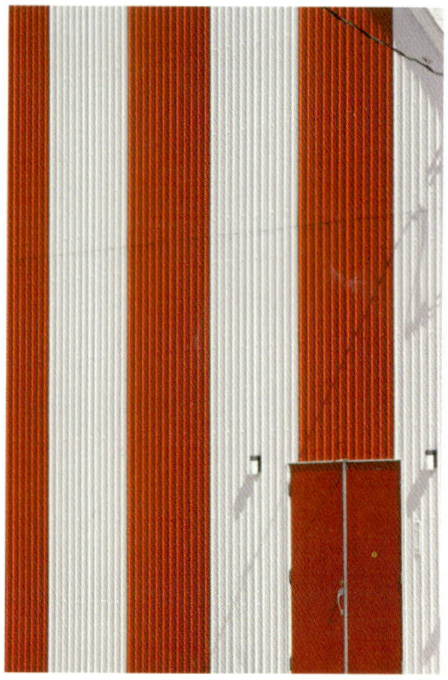

15 Weitere Bildelemente: Hell-Dunkel-Kontrast, Punkt, Struktur

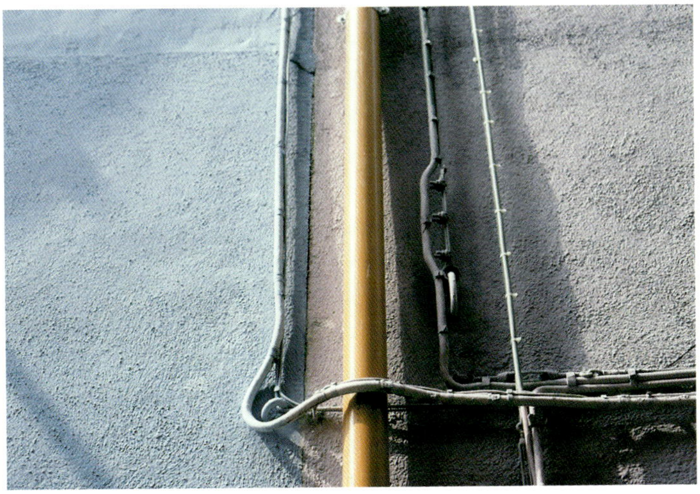

16 Weitere Bildelemente: Waagerechte, Kalt-Warm-Kontrast

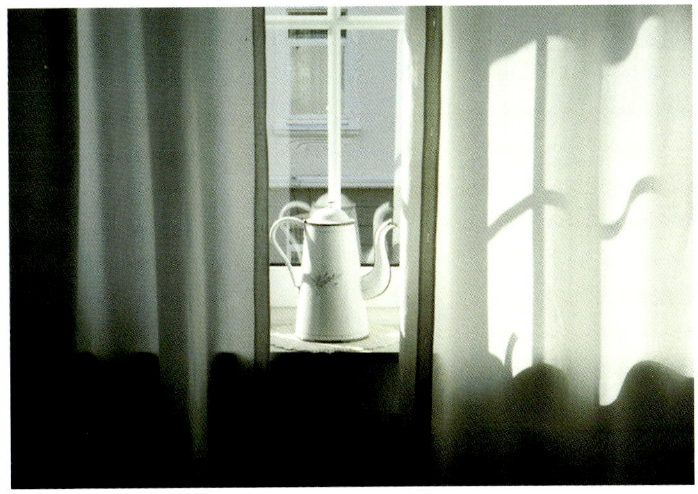

17 Weitere Bildelemente: beherrschender Punkt, Hell-Dunkel-Kontrast

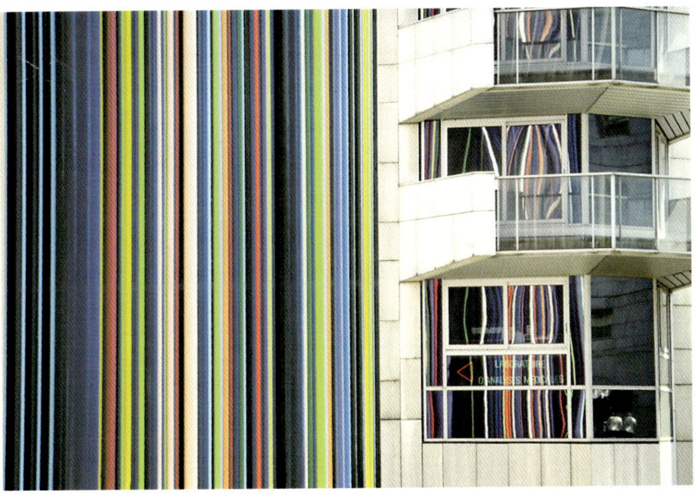

18 Weitere Bildelemente: Quantitäts-Kontrast, Vielfarbigkeit

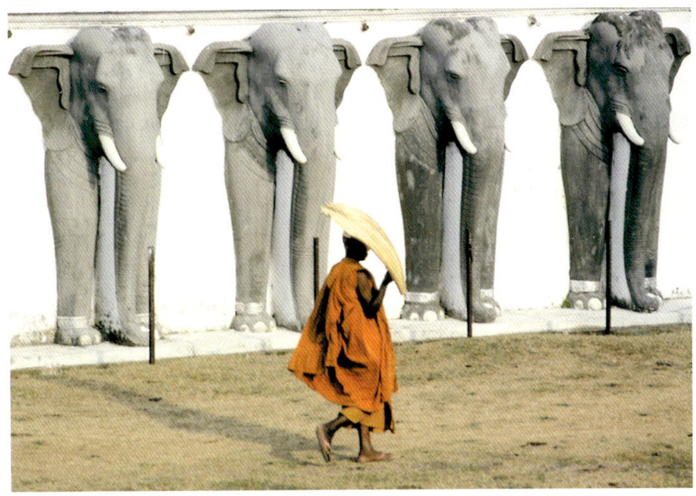

19 Weitere Bildelemente: beherrschender Punkt, optische Linie, schräge Linie

formates, des Kleinbilds. Daraus resultieren auch die gängigen Bildformate wie 10x15 cm, 20x30 cm oder 40x60cm. Grafik F zeigt das Vergrößern oder Verkleinern dieser Idealformate in jede beliebige Größe. Jedes einmal gefundene ideale Format läßt sich über eine diagonal von Ecke zu Ecke (oder über die Ecke hinaus) gezogene Linie vergrößern oder auch verkleinern.

Anwendung der Senkrechten

Die Senkrechte kann sparsam als einzelnes und/oder besonders betontes Kompositionselement genutzt werden (Abb. 4, 9, 11, 13, 14). Ihre Lage in der Bildfläche ist dabei immer eindeutig und muß deshalb sehr sorgfältig bestimmt werden. Werden Motive von mehreren senkrechten Linien beherrscht, bedarf es oft der Suche nach einem optimalen Standpunkt, um eine harmonische oder spannungsreiche Flächenaufteilung zu finden. Unterschiedliche Längen und Stärken, vor allem aber unterschiedliche Abstände der senkrechten Linien zueinander müssen beachtet werden (Abb. 1, 2, 6, 8, 10, 12, 16, 17). Durch Senkrechte in gleichmäßigen Abständen wird dagegen ein einfacher Rhythmus erzeugt (Abb. 3, 19). Sind zahlreiche Senkrechte dicht aneinandergereiht, können sie zusätzlich die optische Wirkung einer breiten Waagerechten und/oder einer Linienstruktur bekommen (Abb. 12, 15, 18).

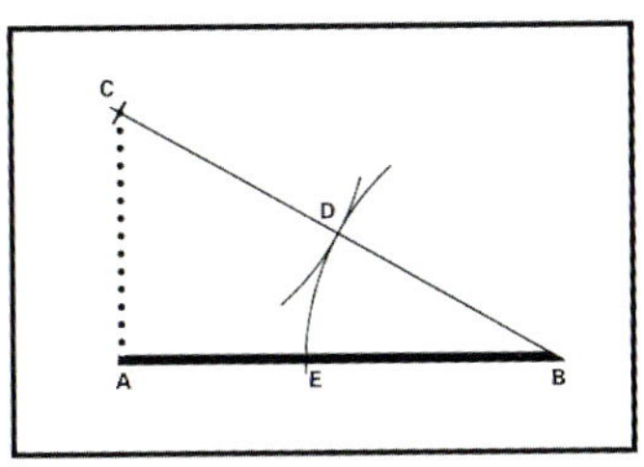

D

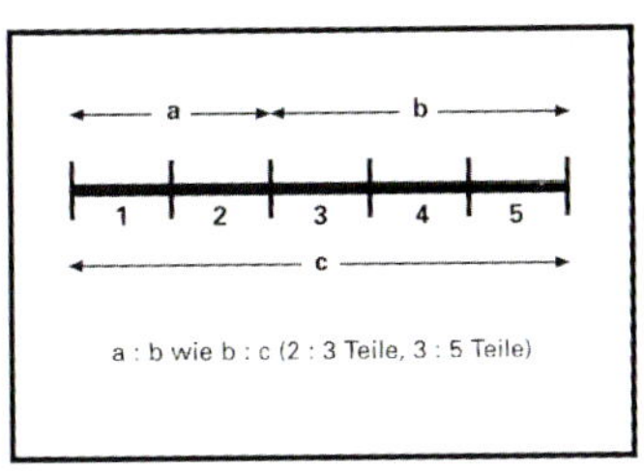

E

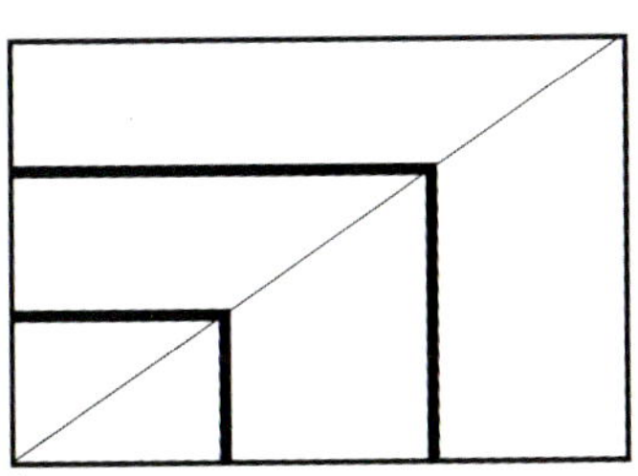

F

Über ein Konstruieren, ausmessen oder ausrechnen lassen sich für jede Strecke, jede Flächen oder für jedes Seitenverhältnis die Proportionen des goldenen Schnittes finden.

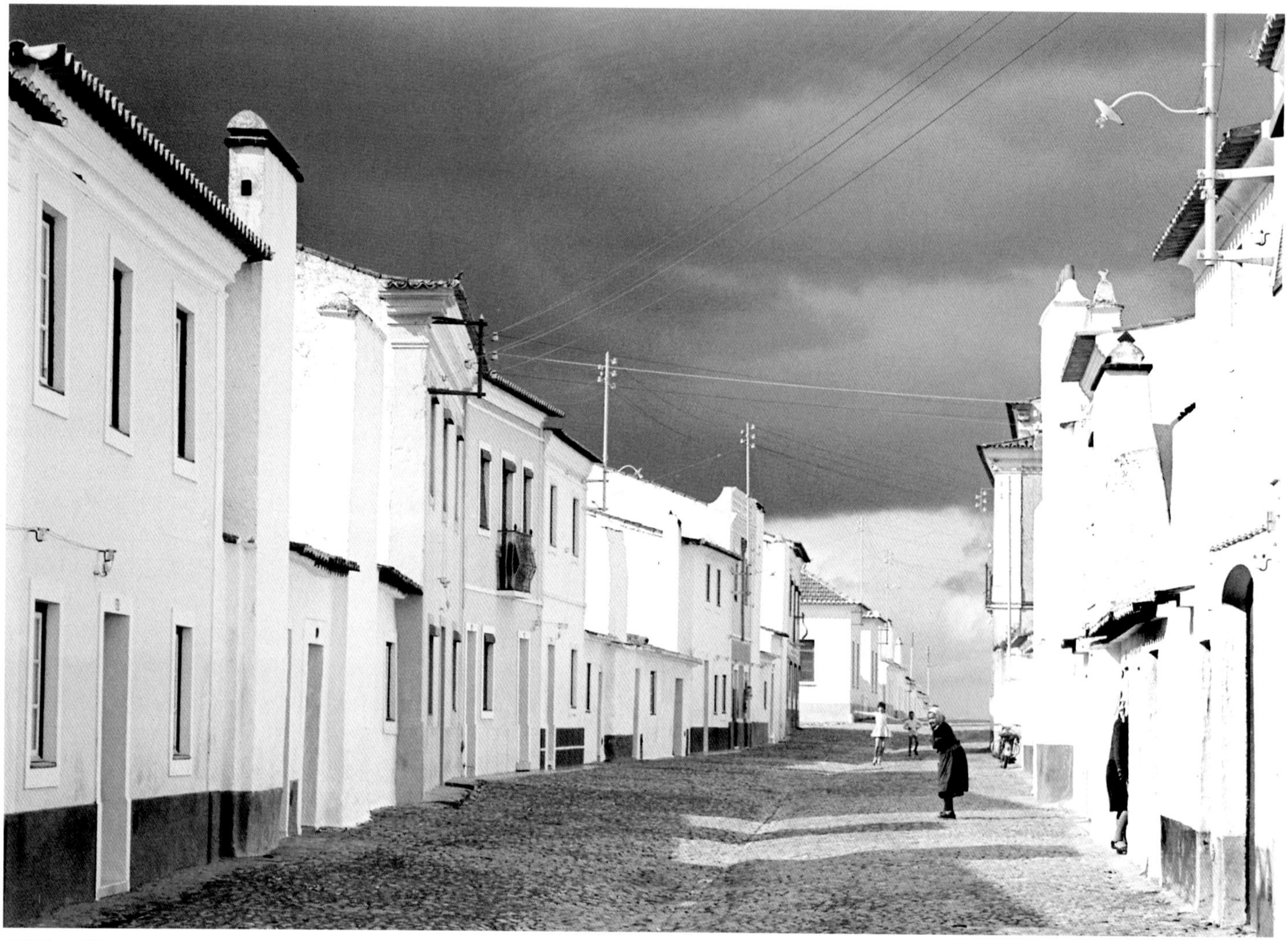

1 Weitere Bildelemente: beherrschender Punkt, Senkrechte, Hell-Dunkel-Kontrast

Die Diagonale und die Schräge im Quer- und im Hochformat

Die Waagerechte, die Senkrechte und die Diagonale sind die prägnantesten Arten der Geraden. Als Mittel der Bildgestaltung treten vor allem die Waagerechte und die Senkrechte sehr häufig auf. Aber auch die Diagonale ist als steigende oder fallende Diagonale oder in der Kombination von Diagonale und Gegendiagonale ein elementares Gestaltungsmittel. Das Verwenden der freien Geraden (Schrägen) als Gestaltungselement stellt hohe Ansprüche an das Raumgefühl.

Die Diagonalen in den Formaten

Nur wenn die Bildfläche ein Quadrat ist, stehen die Diagonalen zu den beiden anderen Geraden – der Waagerechten und der Senkrechten – in der absolut gleichen Neigung, im gleichen Winkel von 45°. Zwischen den Polen der kalten, waagerechten Linie und der warmen, senkrechten Linie liegt die Temperatur der diagonalen Linie also im kalt-warm Bereich. Hat, wie in den meisten Fällen, die Bildfläche ein rechteckiges Format, haben die Diagonalen zu den anderen Geraden jeweils einen unterschiedlichen Winkelgrad. Bei den Formaten mit harmonischen 2:3 -Seitenverhältnissen ergeben sich im Querformat Winkel von 55° zur Senkrechten und 35° zur Waagerechten. Bei direkten Diagonalen werden die Unterschiede der Winkel vom Auge aber nicht als gravierend

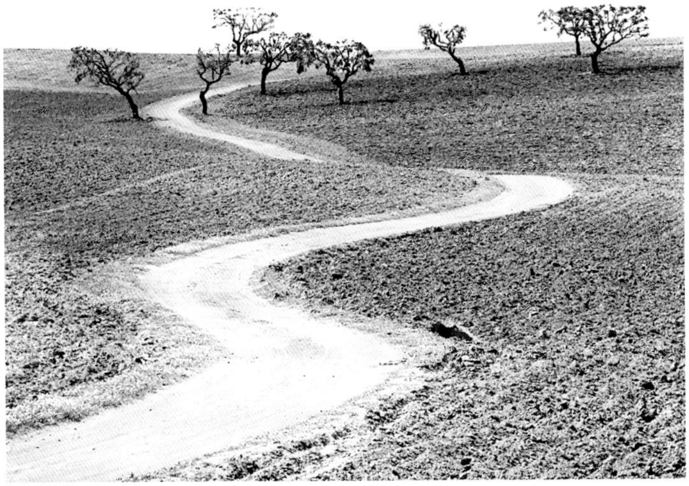

2 Weitere Bildelemente: optische Linie, Waagerechte, Struktur

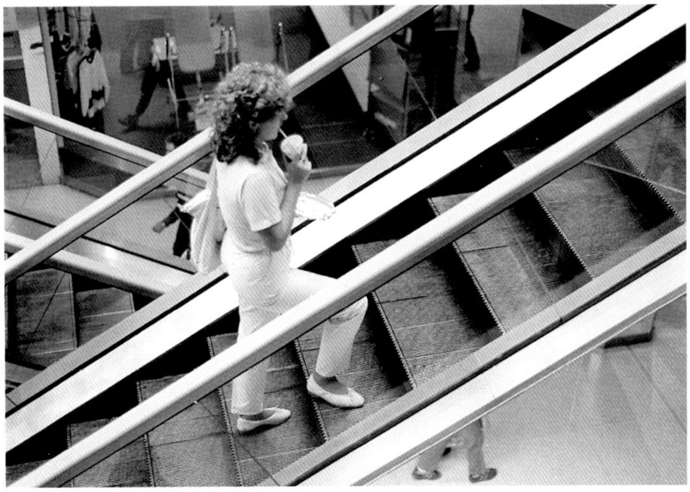

3 Weitere Bildelemente: beherrschender Punkt, Senkrechte, Hell-Dunkel-Kontrast

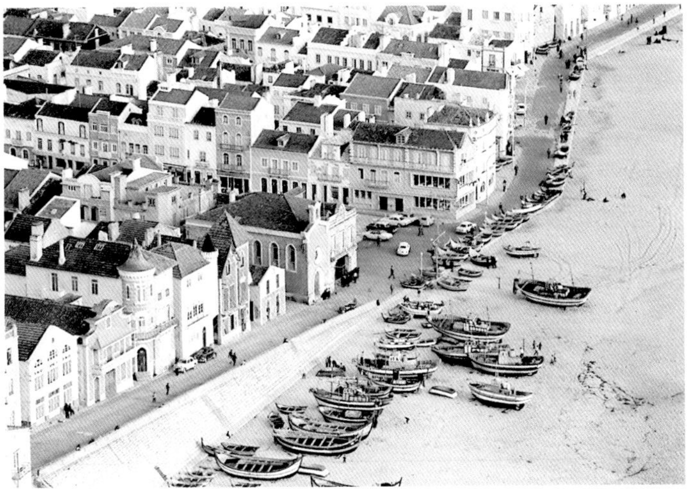

4 Weitere Bildelemente: optische Linie, Hell-Dunkel-Kontrast, Struktur

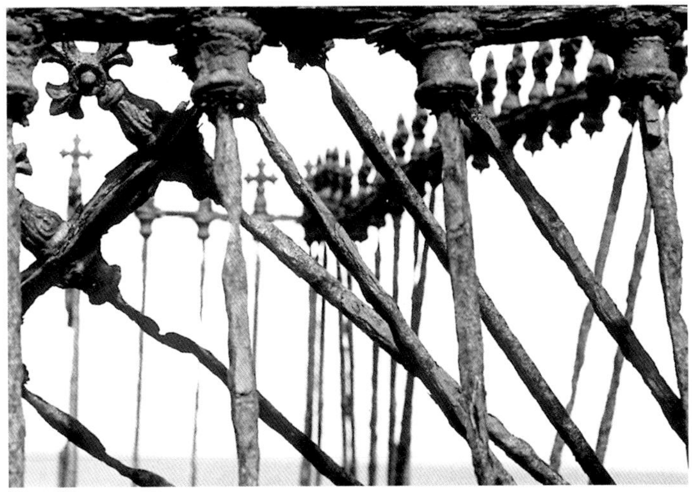

5 Weitere Bildelemente: Hell-Dunkel-Kontrast

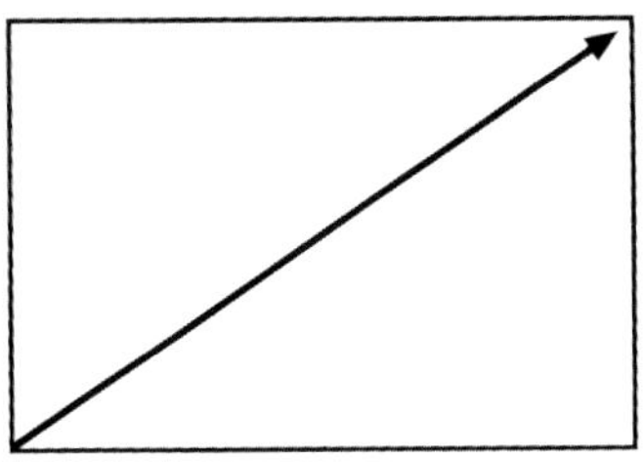

A

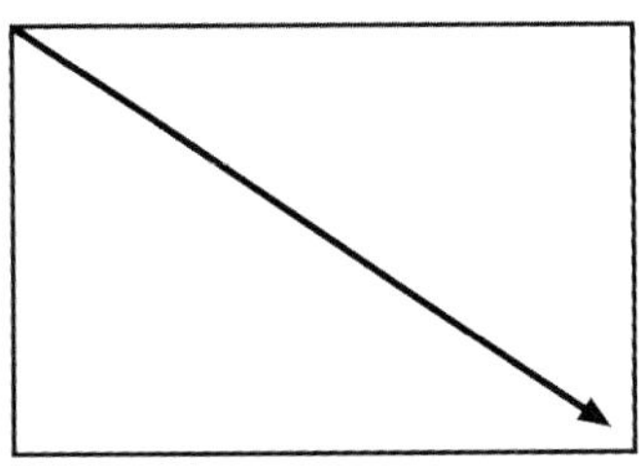

B

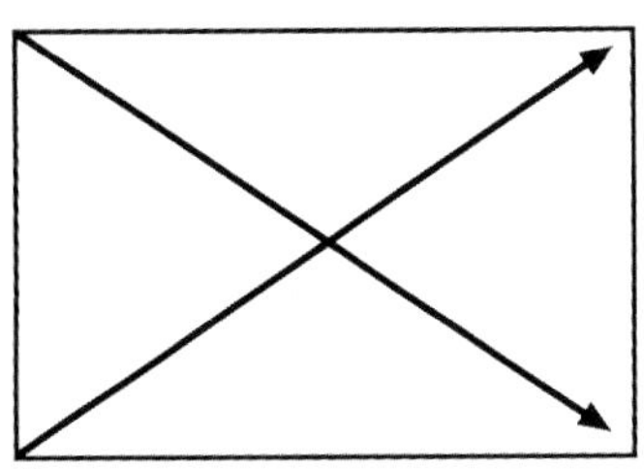

C

Die steigende Diagonale wird als harmonisch empfunden. Die fallende Diagonale zwingt das Auge in die rechte untere Ecke. Eine Diagonale teilt eine Fläche in zwei Dreiecke. Diagonale und Gegendiagonale teilen eine Fläche in vier Dreiecke.

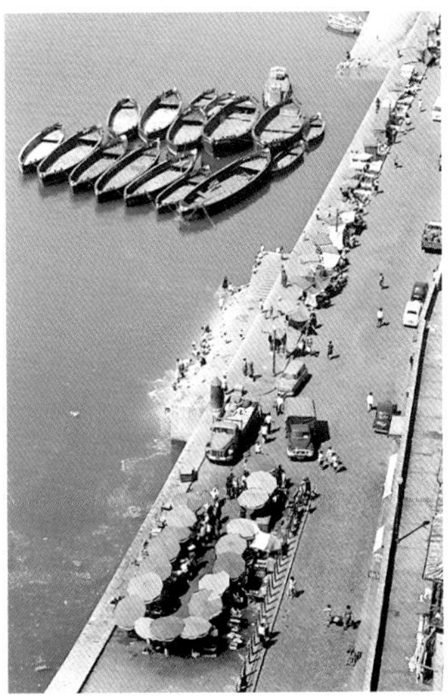

6 Weitere Bildelemente: optische Linie, Punkthäufung

empfunden. Sowohl optisch als auch in der Temperatur der Linie markieren die Diagonalen auch im Rechteck einen Mittelbereich. Bei der Veränderung des Formates vom Querformat zum Hochformat oder vom Hoch- zum Querformat bleibt die Wirkung einer Diagonalen nicht erhalten. Eine Linie, die im Querformat von Ecke zu Ecke steigend oder fallend verläuft, bekommt bei unveränderter Winkellage im Hochformat den Charakter einer Schrägen. (Grafik D). Auch die Diagonale im Hochformat verändert ihre Wirkung im Querformat zu einer Schrägen (Grafik E).

Flächenteilung und Bewegung der Diagonalen

Wie alle Linien, die von Bildkante zu Bildkante verlaufen, haben auch die Diagonalen und die freien Geraden (schräge Linien)

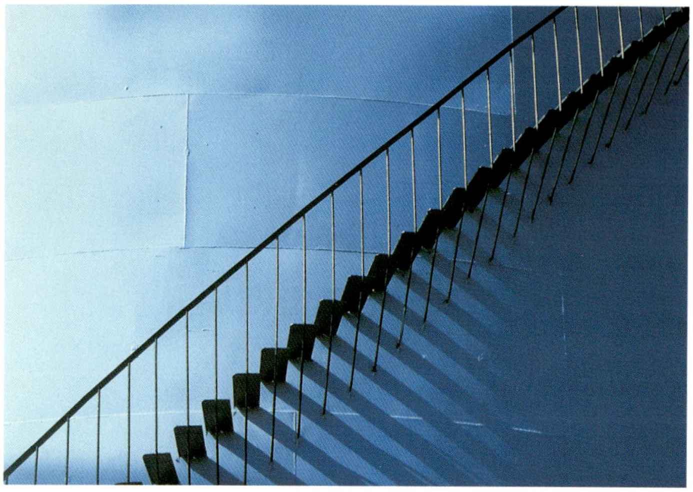

7 Weitere Bildelemente: Senkrechte, Hell-Dunkel-Kontrast, kühle Farbigkeit

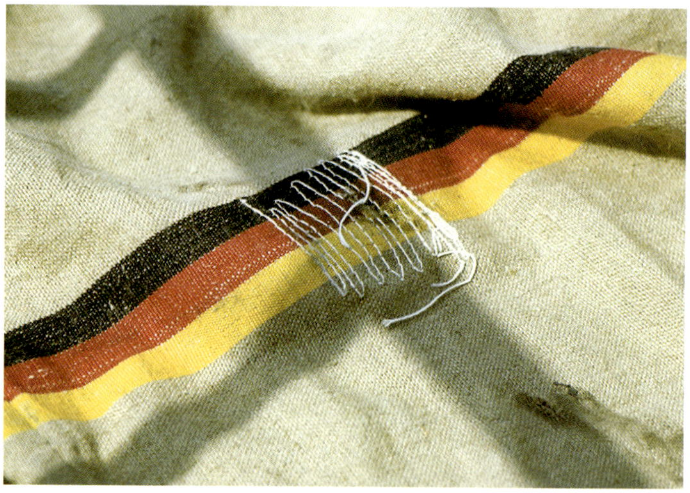

8 Weitere Bildelemente: beherrschender Punkt, Struktur, warme Farbigkeit

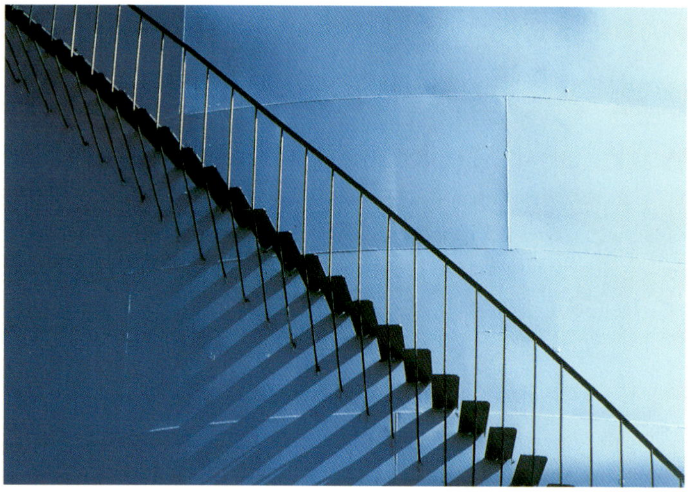

9 Weitere Bildelemente: Senkrechte, Hell-Dunkel-Kontrast, kühle Farbigkeit

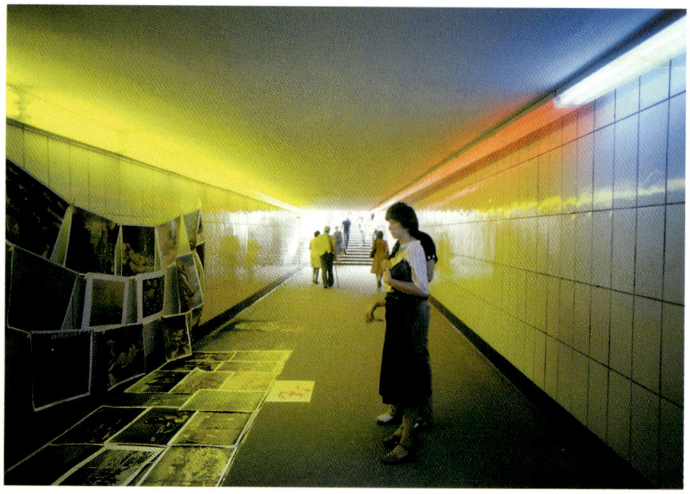

10 Weitere Bildelemente: optische Linien, Kalt-Warm-Kontrast

eine flächenteilende Eigenschaft. Die steigende und die fallende Diagonale teilen die Fläche jeweils in zwei Dreiecke. Hierbei entstehen zwei Bewegungen. Zum einen die Bewegung der Linien selbst. Bei der steigenden Diagonale ist diese Bewegung von links unten nach rechts oben – mit wenig Tendenz in der rechten oberen Ecke die Fläche zu verlassen (Grafik A und Abb. 3, 4, 7). Im Hochformat ist diese Diagonale sehr steil und bietet dem Betrachter daher einen erhöhten optischen Widerstand (Abb. 6 und 15). Bei der fallenden Diagonale ist diese Bewegung von links oben nach rechts unten – mit der Tendenz in der rechten unteren Ecke den Blick aus dem Bild zu leiten (Grafik B und Abb. 9, 11). Dieser »Rutschbahneffekt« der fallenden Diagonale ist im Hochformat noch größer. Die anderen Bewegungen entstehen durch die Dreiecke. Die (optische) Bewegung der Dreiecke weist dabei in die Ecken einer imaginären Gegendiagonale. Bei der Steigenden Diagonale ist diese Bewegung also nach links oben und rechts unten und bei der fallenden Diagonale nach links unten und nach rechts oben. Diese optischen Bewegungen der Dreiecke können aber die Hauptbewegungen der diagonalen Linien nur geringfügig beeinflussen. Bei der Diagonalen und Gegendiagonalen heben sich die Bewegungen der Linien in etwa auf (Grafik C). Die optische Bewegung der vier sich ergebenden Dreiecke ergeben eine Mittelbetonung, da sich die vier Spitzen im Zentrum treffen. Dieses Zentrum bildet häufig auch den Fluchtpunkt einer Komposition, die auf einer Zentralperspektive basiert (Abb. 1 und 10).

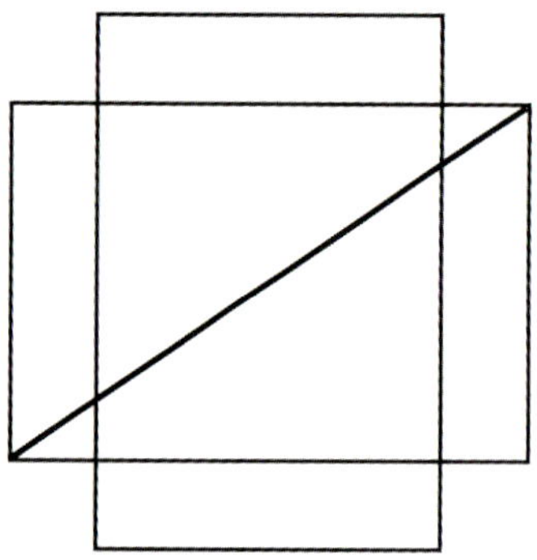

D

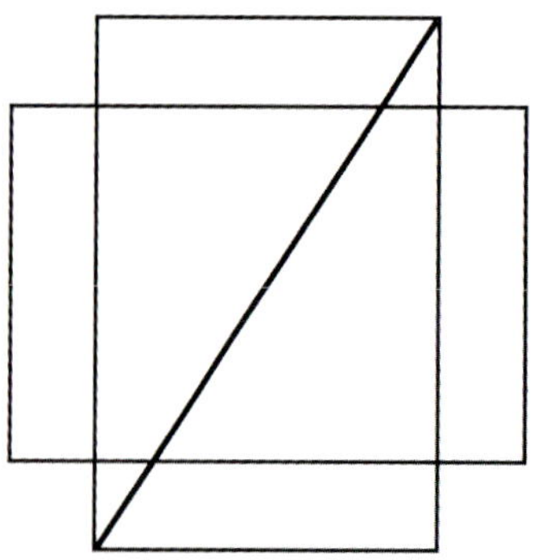

E

Der Winkel einer Diagonalen ist in einem Querformat flacher als in einem Hochformat. Der steilere Winkel im Hochformat leistet dem Auge einen stärkeren Widerstand.

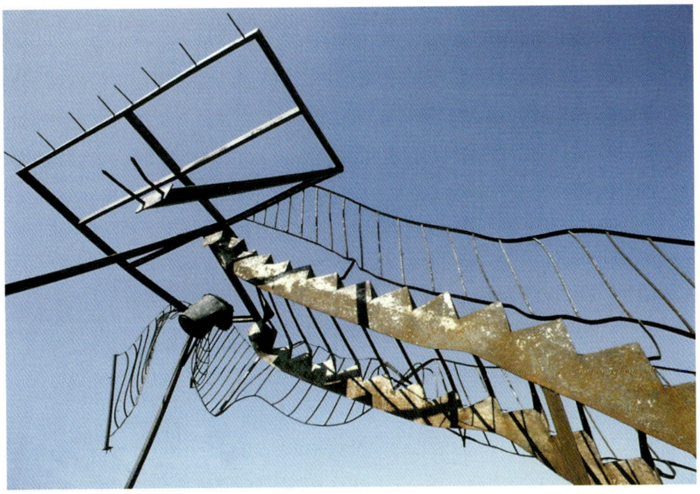

11 Weitere Bildelemente: Hell-Dunkel-Kontrast, Komplementär-Kontrast,

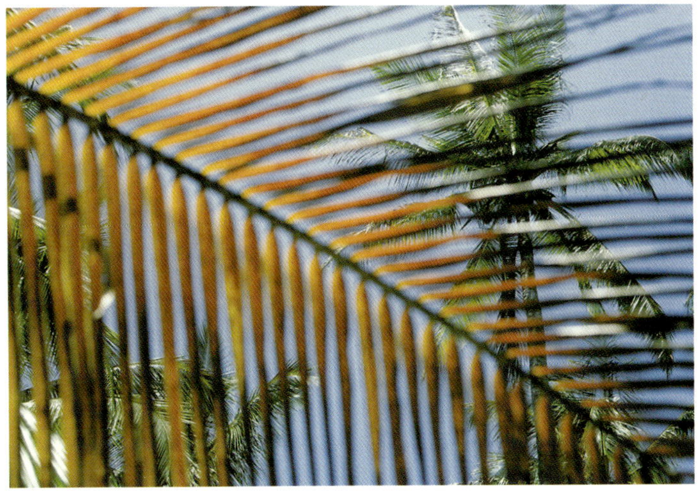

12 Weitere Bildelemente: Linienteilung, Komplementär-Kontrast

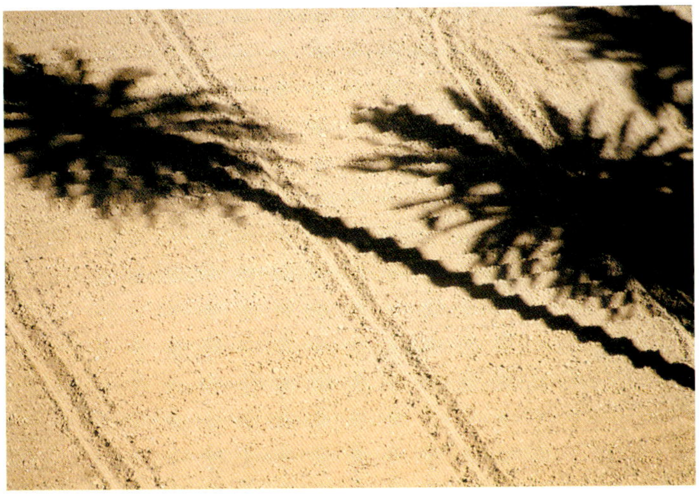

13 Weitere Bildelemente: Hell-Dunkel-Kontrast, Struktur, Einfarbigkeit

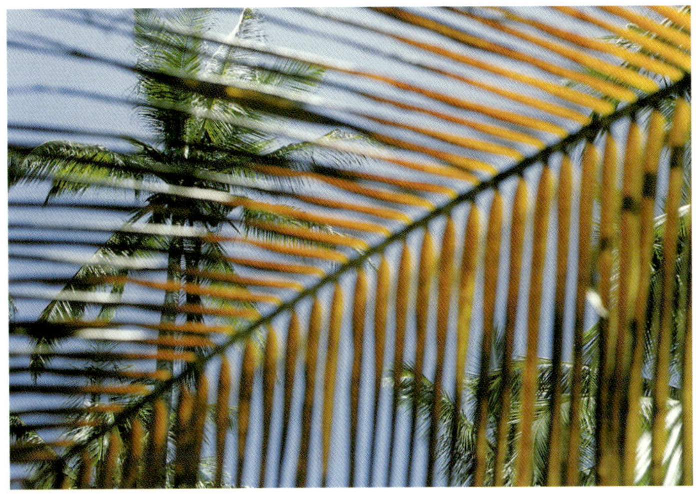

14 Weitere Bildelemente: Linienteilung, Komplementär-Kontrast

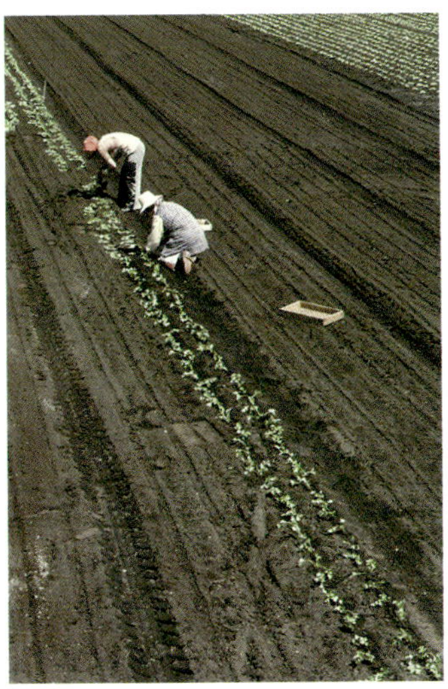

15 Weitere Bildelemente: beherrschende Punkte, Quantitäts-Kontrast, Struktur

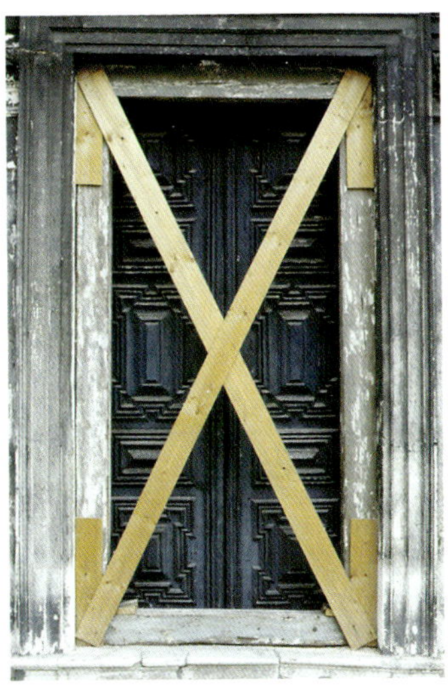

16 Weitere Bildelemente: Hell-Dunkel-Kontrast, Senkrechte

Flächenteilung durch schräge Linien

Vor allem die waagerechten und senkrechten, aber auch die diagonalen Linien, haben einen starken Bezug zur Fläche und zeigen wenig Neigung die Fläche (optisch) zu verlassen.Dagegen sind die freien Geraden, Linien, die schräg durch den Bildraum verlaufen, mit dieser nicht so sehr verschmolzen. Durch schräge Linien werden schnell Teile der Bildfläche optisch abgeschnitten – vor allem wenn die Schrägen sich in den Ecken eines Formates befinden. In ihrem Verhältnis zur Bildfläche lassen sich zwei Gruppen von freien Geraden unterscheiden. Die zentralen freien Geraden mit einem Verlauf über die Bildmitte (Grafik G) und die dezentralen freien Geraden, die die Bildfläche an beliebigen Stellen teilen (Grafik H). Optische Ordnung für schräge Linien kann

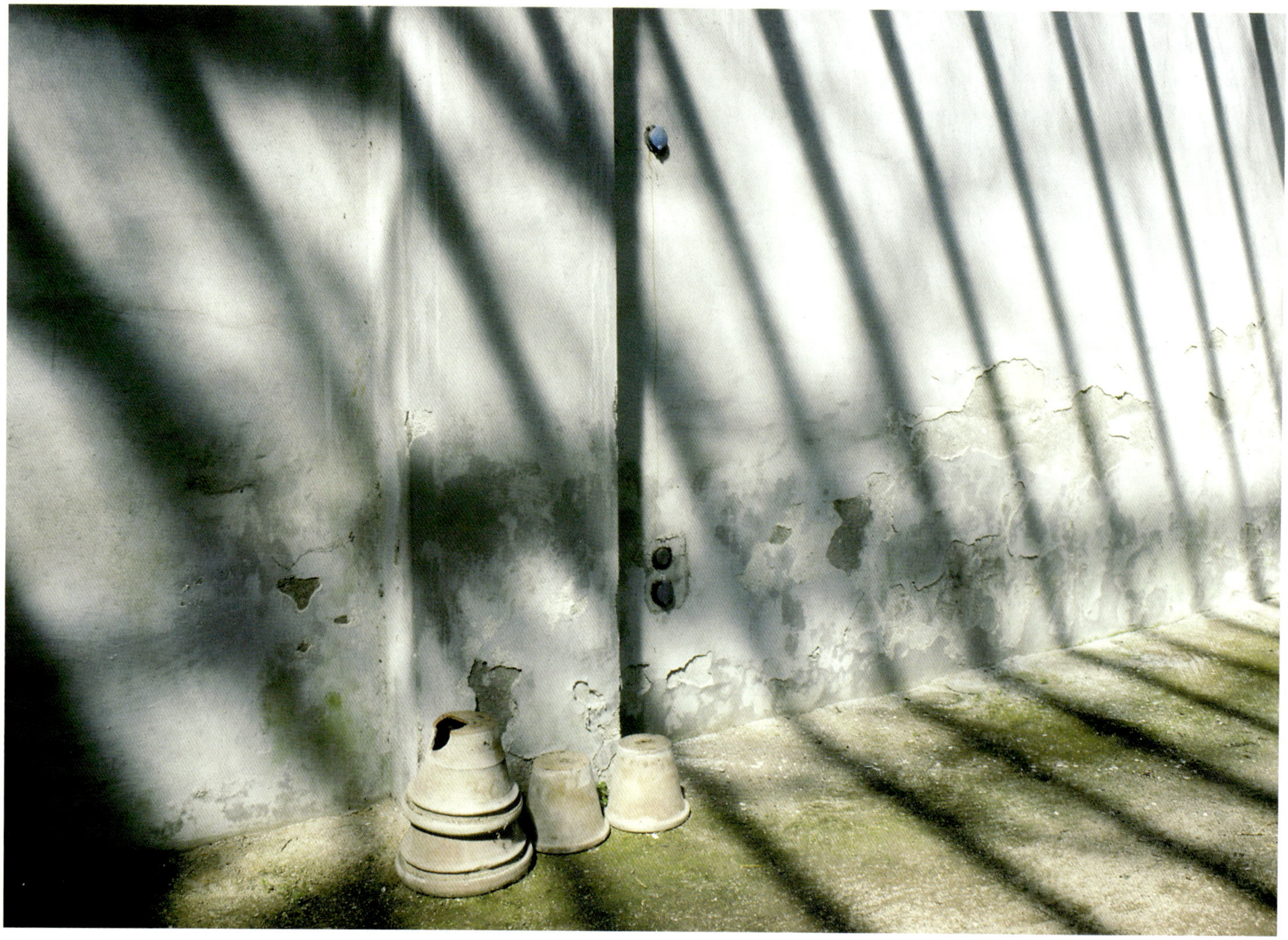

17 Weitere Bildelemente: beherrschender Punkt, Senkrechte, Hell-Dunkel-Kontrast

ein deutlich zu sehender oder zu ahnender Fluchtpunkt innerhalb oder außerhalb der Bildfläche oder eine rhythmische Wiederholung sein (Abb. 17, 20, 23). Kompositionen mit Schrägen ohne Halt durch einen Bezug zum Zentrum verlangen ein hohes Maß an Raumgefühl. Durch eine Anbindung an eine Ecke bekommen auch dezentrale freie Gerade einen guten Flächenbezug und können der Komposition einen Halt geben (Abb. 5, 13, 18, 19, 21, 22).

Das optische Abtasten der Bildfläche

Bei der Betrachtung von Bildern werden unsere Augen von zwei Komponenten geleitet. Das anerzogene Lese- und Schreibverhalten, in unserer Kultur von links nach rechts, wird bedingt auch auf die Bildbetrachtung übertragen. Beginnend an der oberen linken Ecke tasten die Augen eine Bildfläche, eine Komposition von links oben nach rechts unten ab (Grafik F und Abb. 2). Kompositionen mit Bindungen an den Bildrand kommen diesem Abtasten entgegen. Die Wirkung dieses (sehr schnellen) Abtastens ergibt bei dem Betrachter direkt ein Gefühl von guter, gelungener oder schlechter, nicht gelungener Komposition und Hell-Dunkel-Verteilung. Sichtbar wird diese Wirkung am ehesten, wenn Bilder gekontert werden. In der Abb. 7 mit einer steigenden Diagonalen, verläuft das Hell-Dunkel von links nach rechts und wird als harmonisch empfunden. Die steigende Diagonale bedeutet für das Auge einen leichten Widerstand und verhindert, daß das Auge die Bildfläche zu schnell verläßt. Bei gekontertem Bild (Abb. 9) liegt die hellste Fläche an der rechten Seite und wird plötzlich als zu

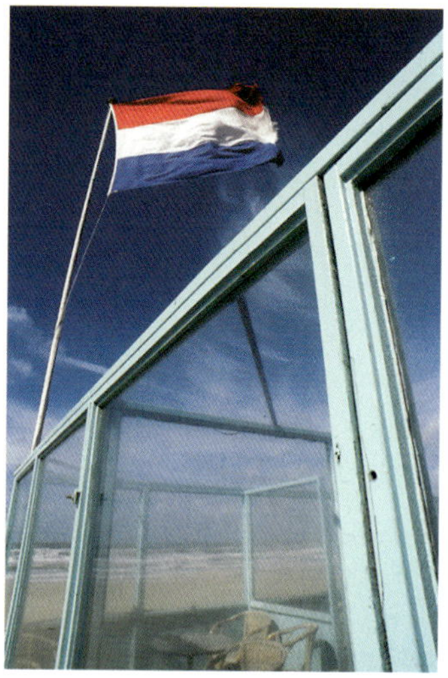

18 Weitere Bildelemente: beherrschender Punkt, kühle Farbigkeit

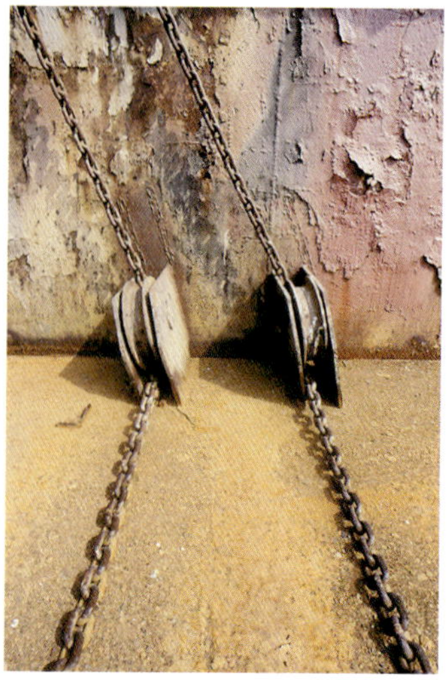

19 Weitere Bildelemente: zwei Punkte, warme Farbigkeit

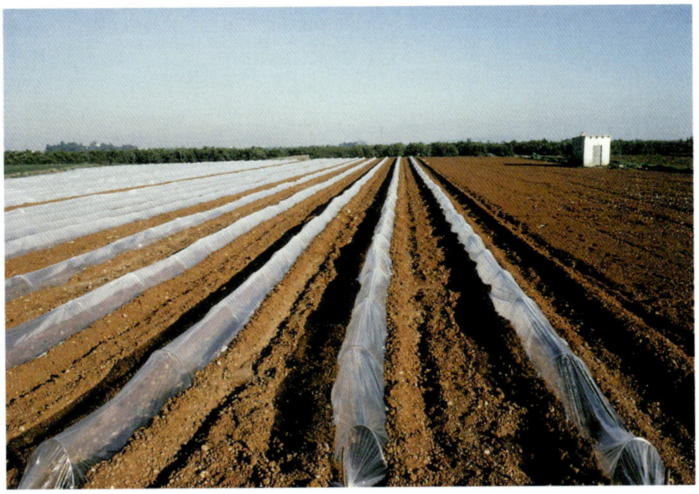

20 Weitere Bildelemente: beherrschender Punkt,Waagerechte,Komplementär-Kontrast

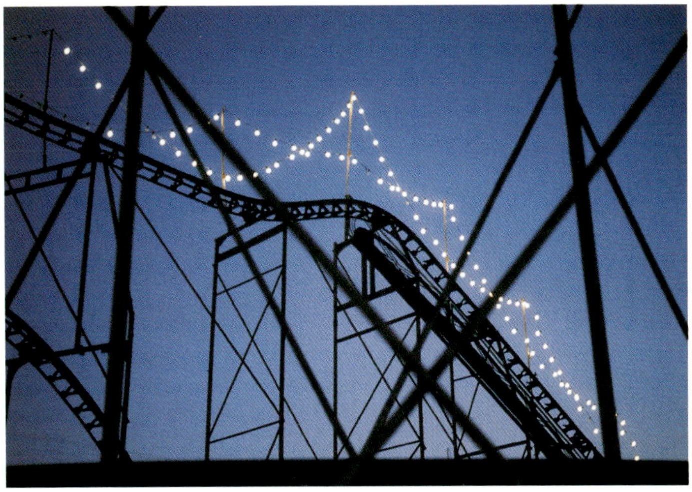

21 Weitere Bildelemente: optische Linie, Hell-Dunkel-Kontrast

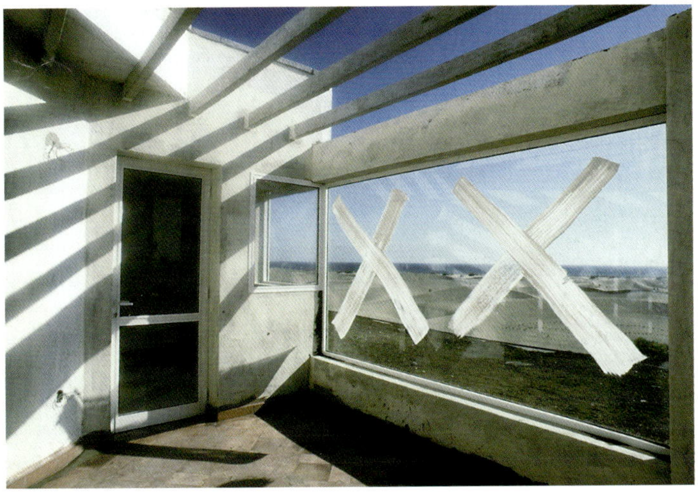

22 Weitere Bildelemente: Waagerechte, Hell-Dunkel-Kontrast

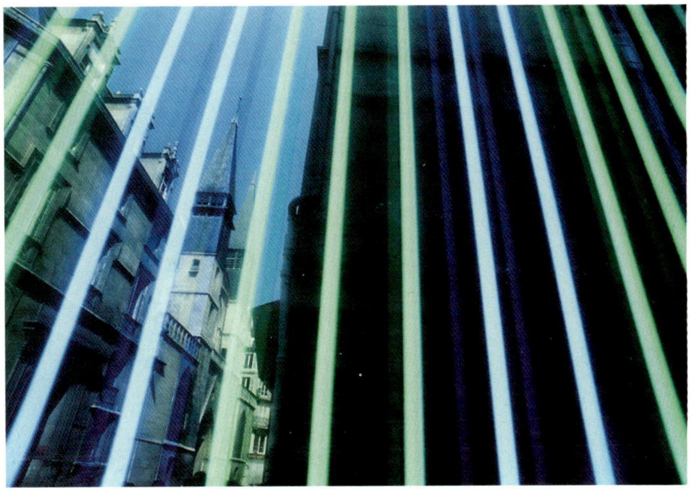

23 Weitere Bildelemente: Hell-Dunkel-Kontrast, kühle Farbigkeit

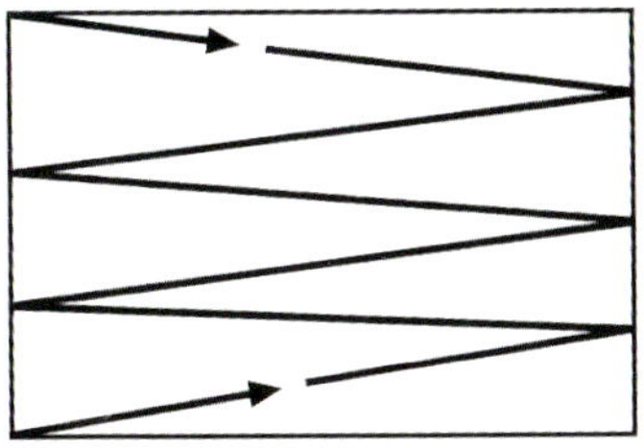

F

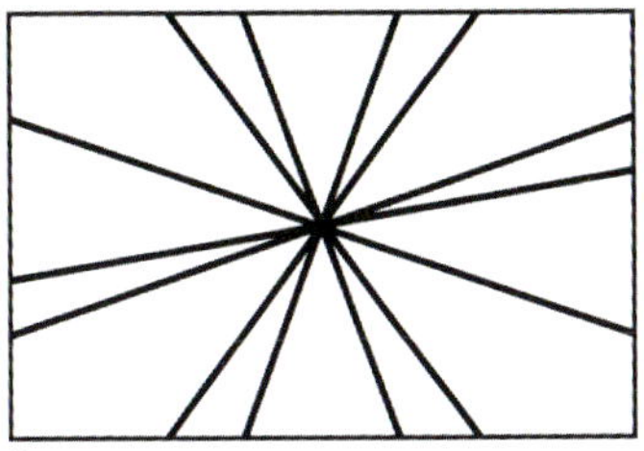

G

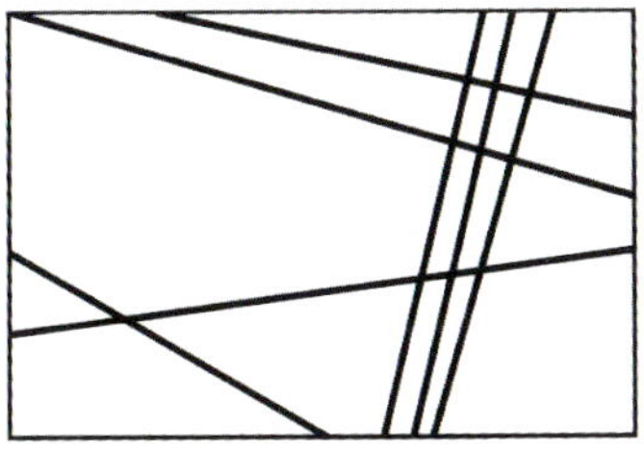

H

Ein optisches Abtasten einer Fläche fängt in der Regel an der linken Bildseite an. Schräge Linien teilen das Bildfeld in aktive Kleinflächen. In Bildecken entstehen dabei häufig problematische Dreiecke.

hell empfunden und die fallende Diagonale wird für das Auge eine »Rutschbahn«, die den Betrachter unten rechts aus dem Bild rutschen läßt. Dagegen wird bei der Abb. 12 die Rutschbahnbewegung der fallenden Diagonale durch die Linienteilung nach unten und schräg nach oben abgeleitet. Kontert man dieses Bild, wird der aufstrebenden Bewegung der steigenden Diagonalen durch die Linienteilung ein starker, fast stacheliger Widerstand entgegengesetzt (Abb. 14). Neben dieser anerzogenen und bewußten Bildbetrachtung wird das Bildfeld mit den Augen in schnellen ruckartigen Augenbewegungen sprunghaft abgetastet. Diese Augenbewegungen werden Sakkaden genannt und laufen unbewußt ab. Erst in wissenschaftlichen Experimenten konnten diese Bewegungen der Augen nachgewiesen werden. Optischen Reizen folgend ist der Weg, den diese Augenbewegungen über das Bildfeld »zeichnen«, auch die Grundlage von Erkennen und Wiedererkennen von Objekten. Die blitzschnellen Augenbewegungen enden bei dem Punkt, der für den Betrachter den höchsten Reizwert darstellt. Dieser »Ruhepunkt« kann bei einem einzigen Bild von Betrachter zu Betrachter natürlich verschieden sein. Eine deutliche Linienführung und Überschneidungen von Linien bieten über die Gestaltung solche optischen Ruhepunkte an. Dazu gehört auch der reale oder angedeutete Punkt der Überschneidung der Diagonale mit der Gegendiagonale. Dieser Punkt kann, muß aber nicht unbedingt zentral im Bildfeld liegen. (Abb. 1, 8, 10, 16).

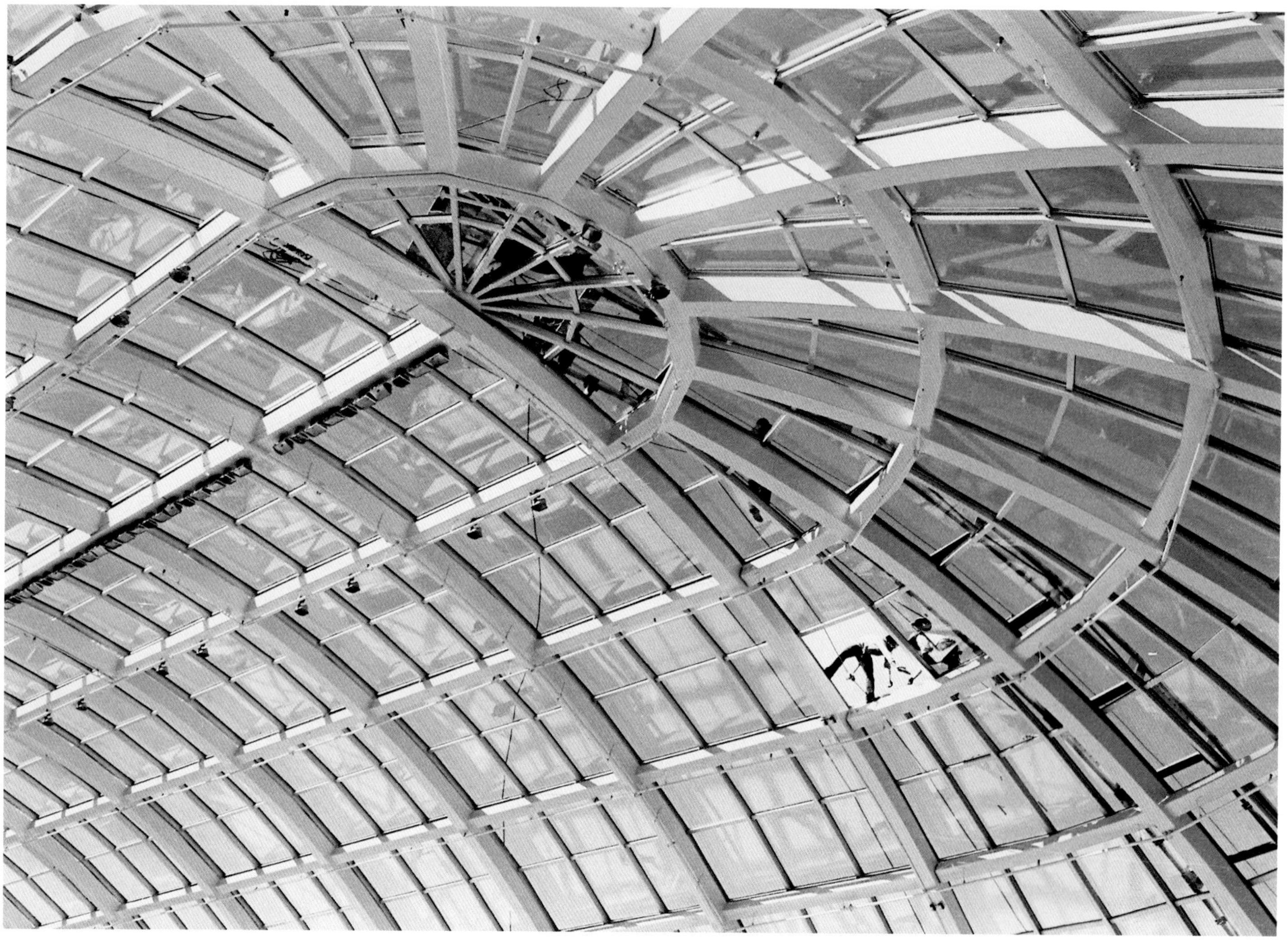

1 Weitere Bildelemente: beherrschender Punkt, schräge Linie, Kreisform

Freie Linien, Linie und Begleitlinie, Linienkontrast, Linienteilung

Das Gestaltungsmittel »Linie« kann in vielen Varianten und unterschiedlichen Zusammenhängen auftreten. Der Ausdruck und die Wirkung von Linie ist dabei sehr vielfältig. Die intensivsten optischen und künstlerischen Spannungen entstehen, wenn natürliche Linien und Linienstrukturen auf künstlich geschaffene Linien und Linienstrukturen treffen.

Die Gerade und die freie Linie

Die absolute, mit dem Lineal gezogene Gerade ist weitgehend eine Erfindung des Menschen. In der Natur ist die perfekte Gerade fast immer nur scheinbar perfekt. Eine Horizontlinie am Meer, in der Wüste oder Savanne etc. wirkt nur deswegen völlig gerade, weil auf die große Entfernung die kleinen Unebenheiten von Wellen, Gras, Sand oder Steinen mit dem bloßen Auge nicht erkannt werden können. Wie schon beschrieben, haben die am häufigsten auftretenden Primärgeraden (die Waagerechte und die Senkrechte) eine eingegrenzte, passive Aussagekraft. Eine Anbindung von waagerechter oder senkrechter Linie an den Bildrand ist meist durch das Motiv vorgegeben und unterstützt die (Doppel-)Kraft der Linie: die Flächenteilung einer Fläche bei gleich-

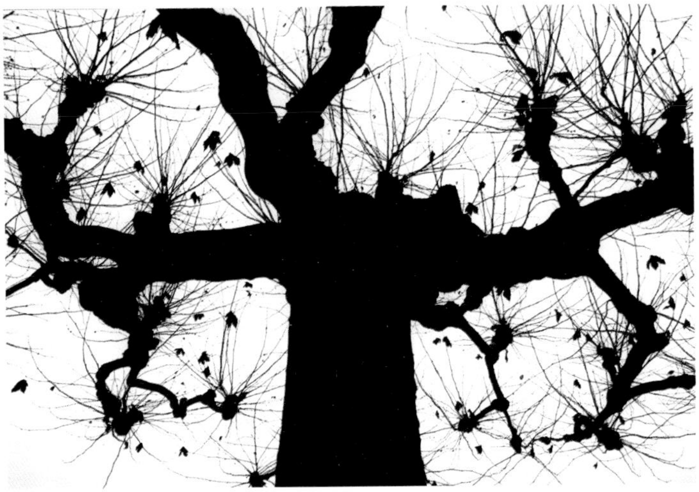

2 Weitere Bildelemente: Hell-Dunkel-Kontrast, optische Flächen

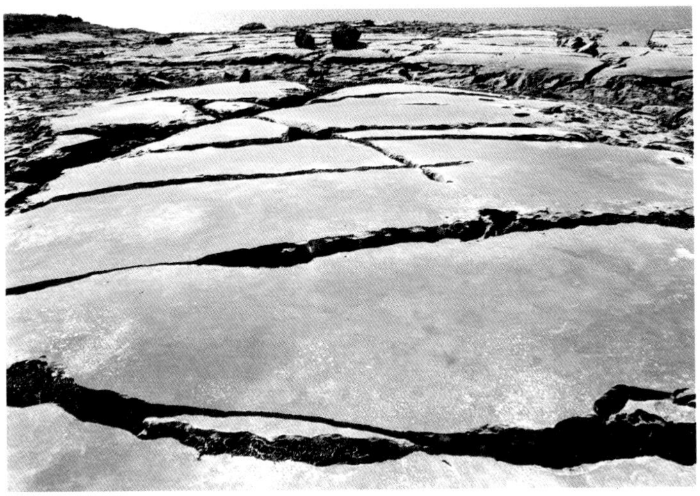

3 Weitere Bildelemente. Beherrschender Punkt, Waagerechte

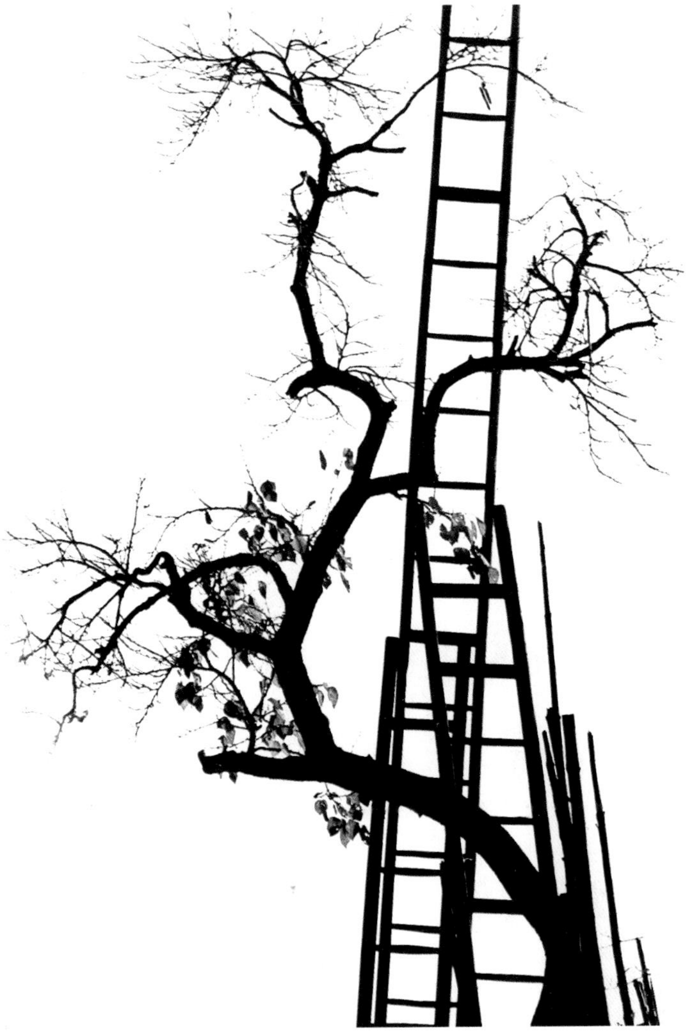

4 Weitere Bildelemente: Hell-Dunkel-Kontrast

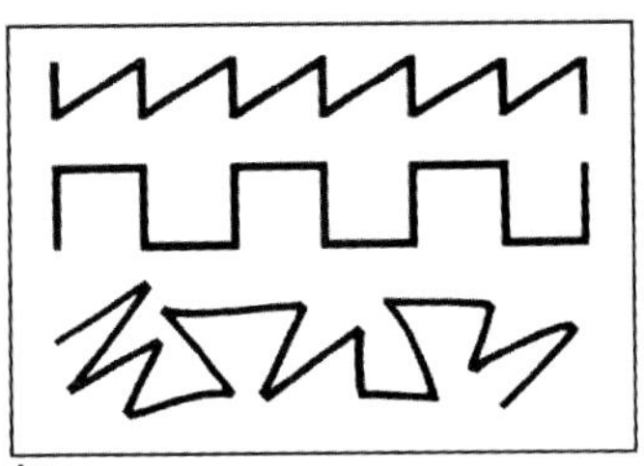

A

Ein Richtungswechsel im Verlauf einer Linie unterbricht und verändert deren Bewegung. Gebogene Linien können sich am Kreis orientieren, aber auch einen völlig freien Verlauf haben. Eine auf- und abschwellende Linie ist Merkmal der sogenannten künstlerischen Linie.

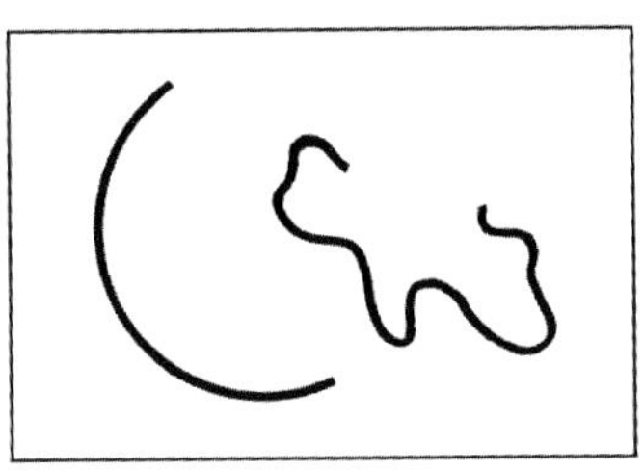

B

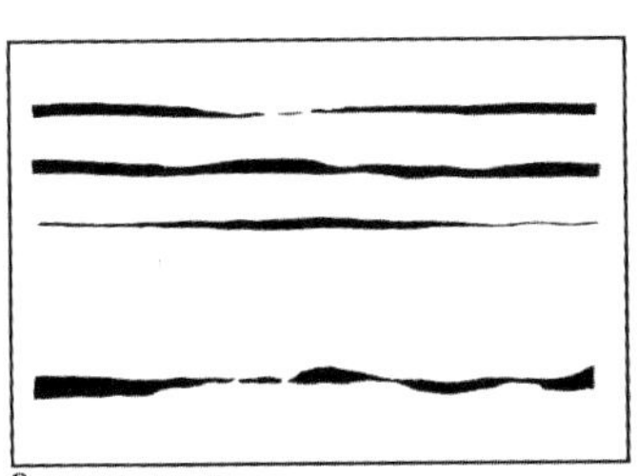

C

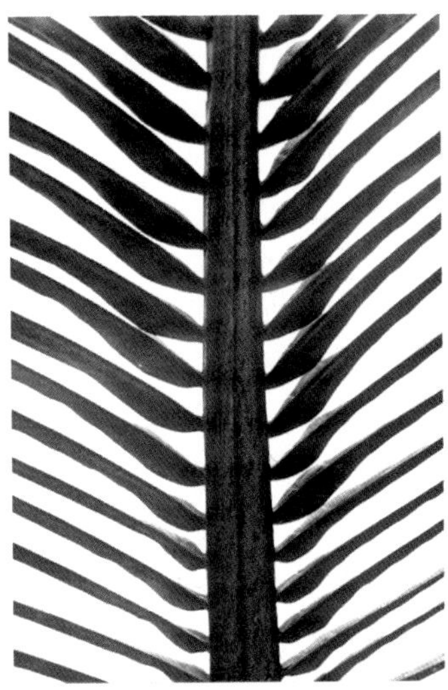

5 Weitere Bildelemente: Hell-Dunkel-Kontrast

zeitiger Bildung neuer, kleinerer Flächen. Diese Doppelkraft der Flächenteilung bei gleichzeitiger Flächenbildung ist grundsätzlich allen Linien eigen. Die optische Wirkung und damit die direkte Wahrnehmung dieser Kräfte durch den Betrachter, ist bei Kompositionen mit unkomplizierter Linienführung sehr deutlich. Die Linien selbst haben nur eine passive Wirkung. Jeder freie Linienverlauf bietet dem Auge jedoch zusätzliche optische Reize, die von den (Aus-)Wirkungen der Grundkräfte der Linie ablenken. Schon wenn gerade Linien diagonal oder schräg im Bildraum verlaufen, entsteht eine erste Wirkung von aktiver Linie. Wechselt eine Gerade in gleichmäßigen oder freien Abständen immer wieder ihre Richtung, entsteht eine aktive oder sogar agressive Linienwirkung (Grafik A). Im deutlichen Kontrast zur Geraden steht die gebogene Linie, die sich ihrer-

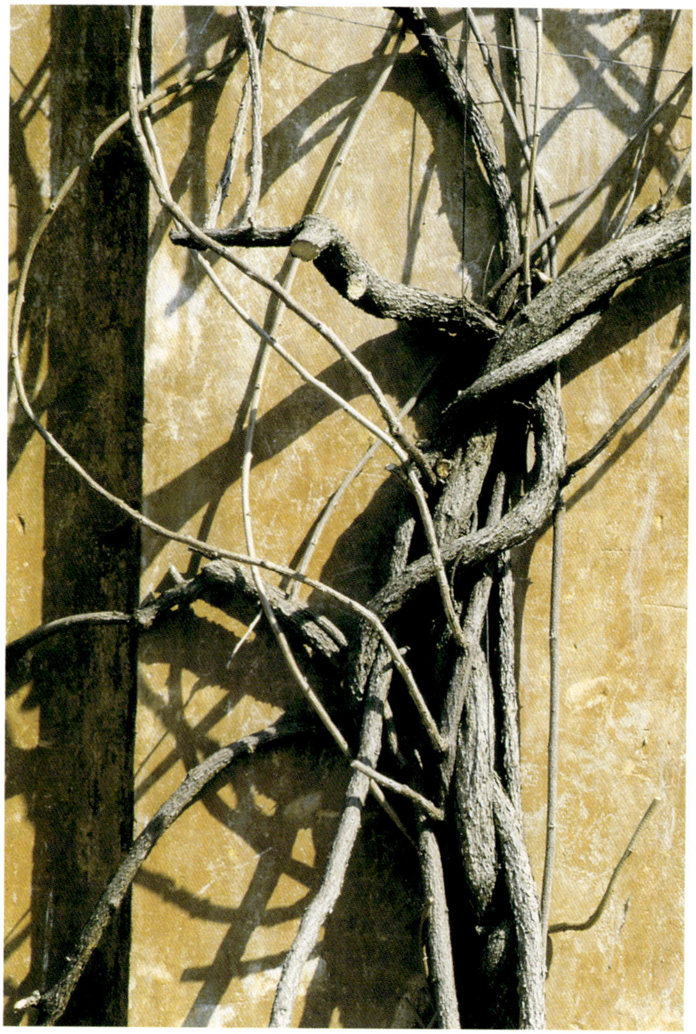

6 Weitere Bildelemente: Hell-Dunkel-Kontrast, monochrome Farbe

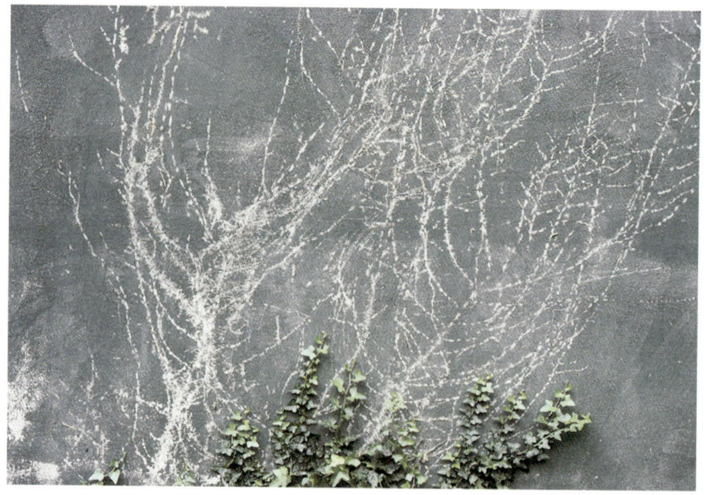

7 Weitere Bildelemente: monochrome Farbe, kühle Farbigkeit

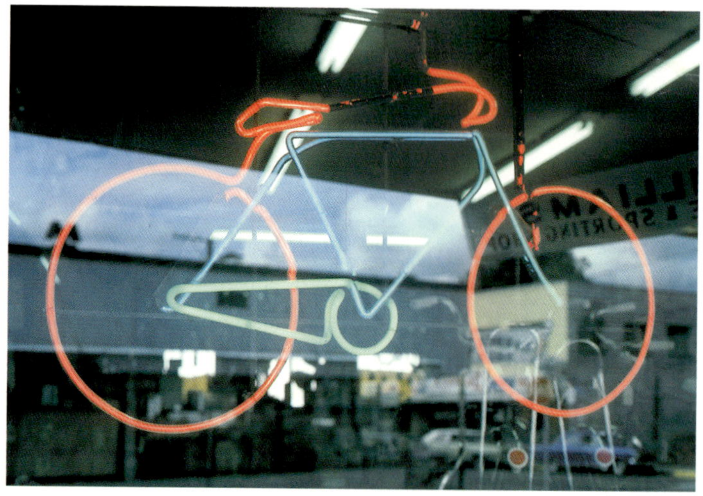

8 Weitere Bildelemente: Hell-Dunkel-Kontrast, Unbunt-Bunt-Kontrast

seits in zwei Bereiche gliedert. In die strenge, geometrische Gebogene, die durch ein Pendel als Kreisabschnitt oder Viertel- bis fast Halbkreis oder durch einen Zirkel bis zum Vollkreis entsteht. Obwohl nahezu perfekte Kreise und Kreisteile auch in der Natur zu finden sind, ist die strenge Gebogene dem kulturellen Bereich zuzuordnen. Die strenge, geometrisch Gebogene beweist in der Vollendung als Kreis einmal mehr die Kraft der Linie eine Fläche zu bilden. Die sanfte Aktivität der Gebogenen wird bei der freien Linie – der gebogenen Linie mit völlig freiem Verlauf – sehr verstärkt. Obwohl der Mensch meint freie Linien »erfinden« zu können, sind die freien Linien aus dem Naturbereich entstanden (Grafik B). Es liegt in der Hand des/der Bildschaffenden die optische Wirkung der verschiedenen Linien bewußt einzusetzen. Auch bei der freien Linie entsteht eine direkte Teilung der Grundfläche nur durch ein mindestens zweimaliges Berühren von Bildkanten (Abb. 2, 12, 17 u.a.). Streng oder frei die Richtung wechselnde Linien können auf einer Bildfläche auch ohne einen Randkontakt verlaufen. Der Linienverlauf läßt als Nebenwirkung der zweiten (flächenbildenden) Kraft eine direkte oder eine optische Fläche auf der Bildfläche entstehen. Wie jede freistehende Form, wird auch eine durch Linie gebildete freistehende (Positiv-) Form von einer Negativform umgeben, deren äußere Begrenzung die Bildkanten sind (Abb. 8).

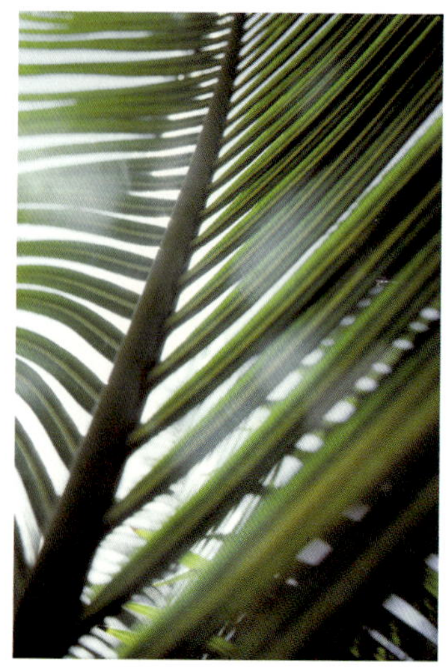

9 Weitere Bildelemente: Hell-Dunkel-Kontrast, kühle Farbigkeit

Linienduktus und Charakter

In unserem kulturellen Bereich sind es Kabel, Schnüre, Draht und Schläuche usw., die einen freien Linienverlauf bilden kön-

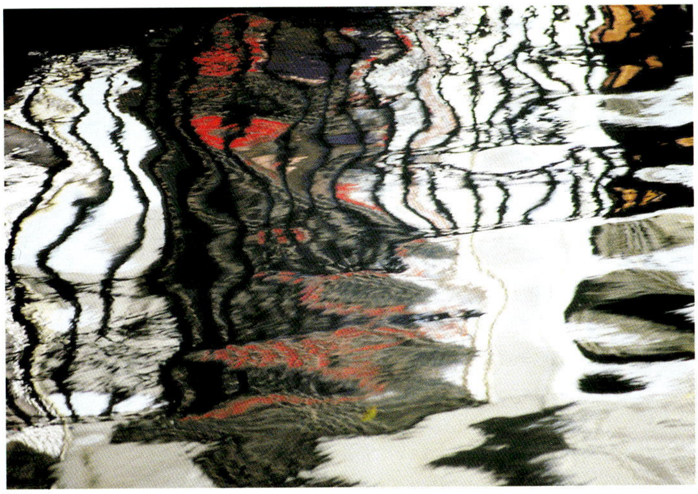

10 Weitere Bildelemente: Hell-Dunkel-Kontrast, Unbunt-Bunt-Kontrast

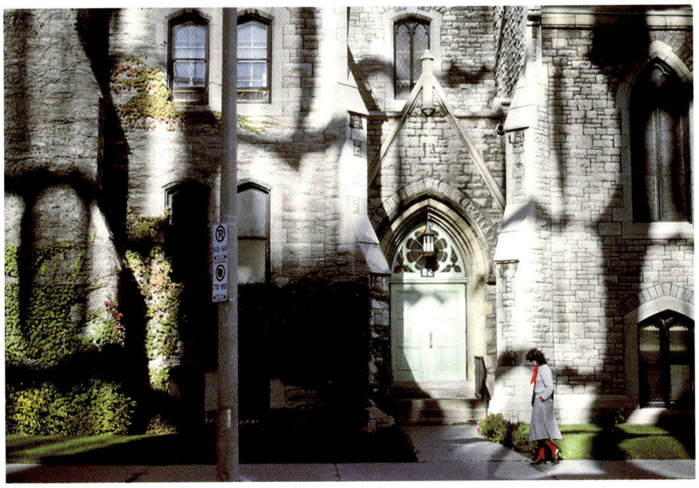

11 Weitere Bildelemente: Hell-Dunkel-Kontrast, monochrome Farbe

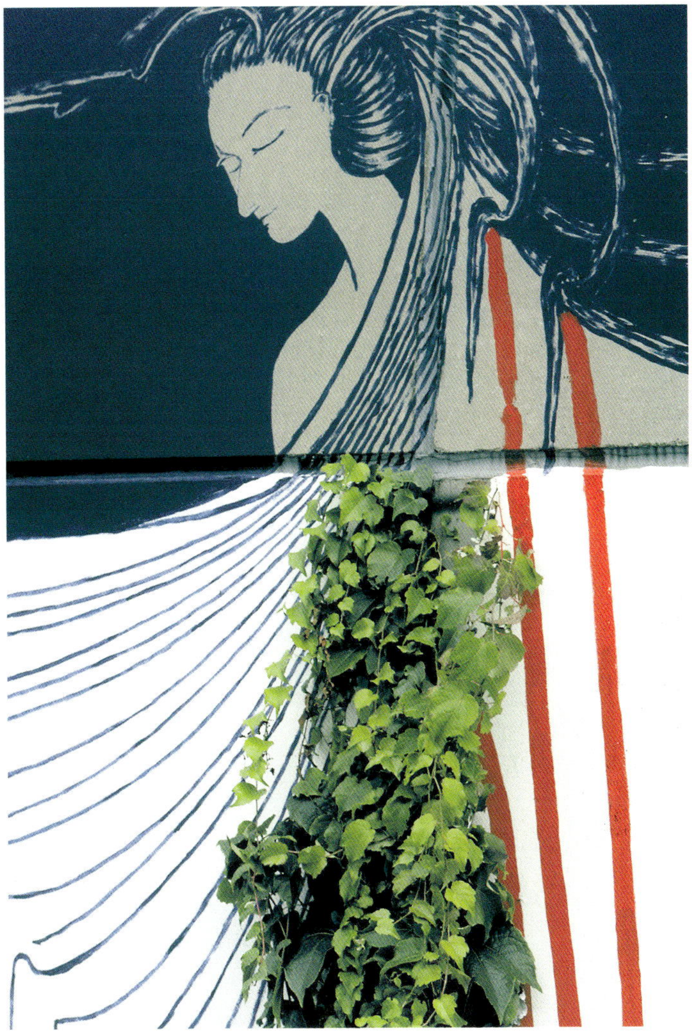

12 Weitere Bildelemente: Hell-Dunkel-Kontrast, Kalt-Warm-Kontrast

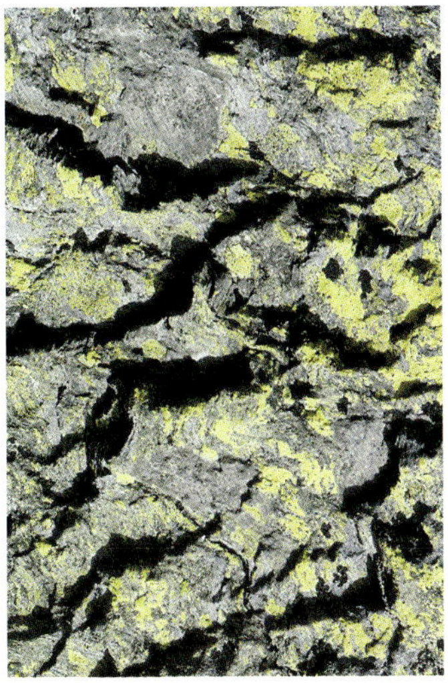

13 Weitere Bildelemente: Hell-Dunkel-Kontrast, kühle Farbigkeit

nen. In der Regel ist die Stärke der Linien dabei gleichbleibend, da es sich bei den linienbildenden Materialien um industrielle Produkte für gezielte Zwecke handelt. In ihrem Duktus sind diese Linien also eher langweilig. Im Naturbereich gibt es zwar Halme und Gräser, die über eine gewisse Länge eine gleichbleibende Stärke mit einem geraden Verlauf haben, doch sind dies eher die Ausnahmen. Als Linien wirkende Naturobjekte haben in der Regel eine unterschiedliche und/oder sich verjüngende »Linienstärke« mit einem lebendigen Linienverlauf. Deutlich sichtbar und jedem bekannt sind diese aktiven Naturlinien im pflanzlichen Bereich. Das lineare Gerüst von Sträuchern und Bäumen ist nur im Winter oder bei abgestorbenen Pflanzen genau sichtbar. Mit einem überhöhten Hell-Dunkelkontrast durch ein Freistellen gegen einen neutralen Hintergrund werden die Linien noch deutlicher betont (Abb. 2, 4, 5). Zusätzlich bildwirksam ist hier, wie auch bei den Abbildungen 3, 11 und 13, der künstlerische Kontrast der kräftigen, dicken Linie zur dünnen Linie und der Linienduktus mit einem Auf- und Abschwellen der Linienstärke – ja teilweise sogar mit einem Aussetzen der Linie. Kurze Unterbrechungen von Linien werden dabei vom Auge ergänzt und die Linie wird optisch geschlossen (Grafik C).

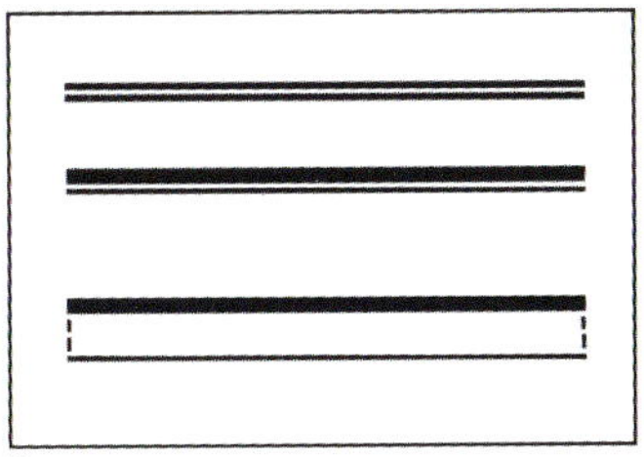

D

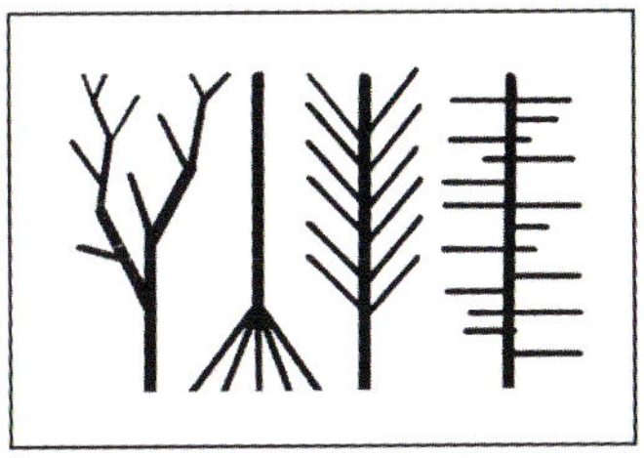

E

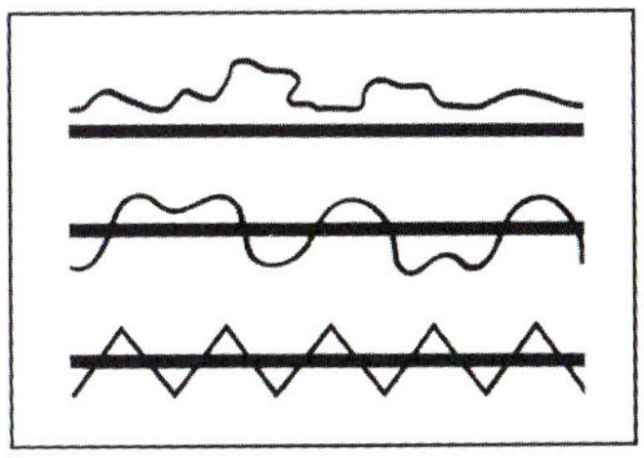

F

Kontraste von Linien mit unterschiedlicher Stärke und/oder unterschiedlichem Verlauf und Charakter sind künstlerische Mittel der Gestaltung.

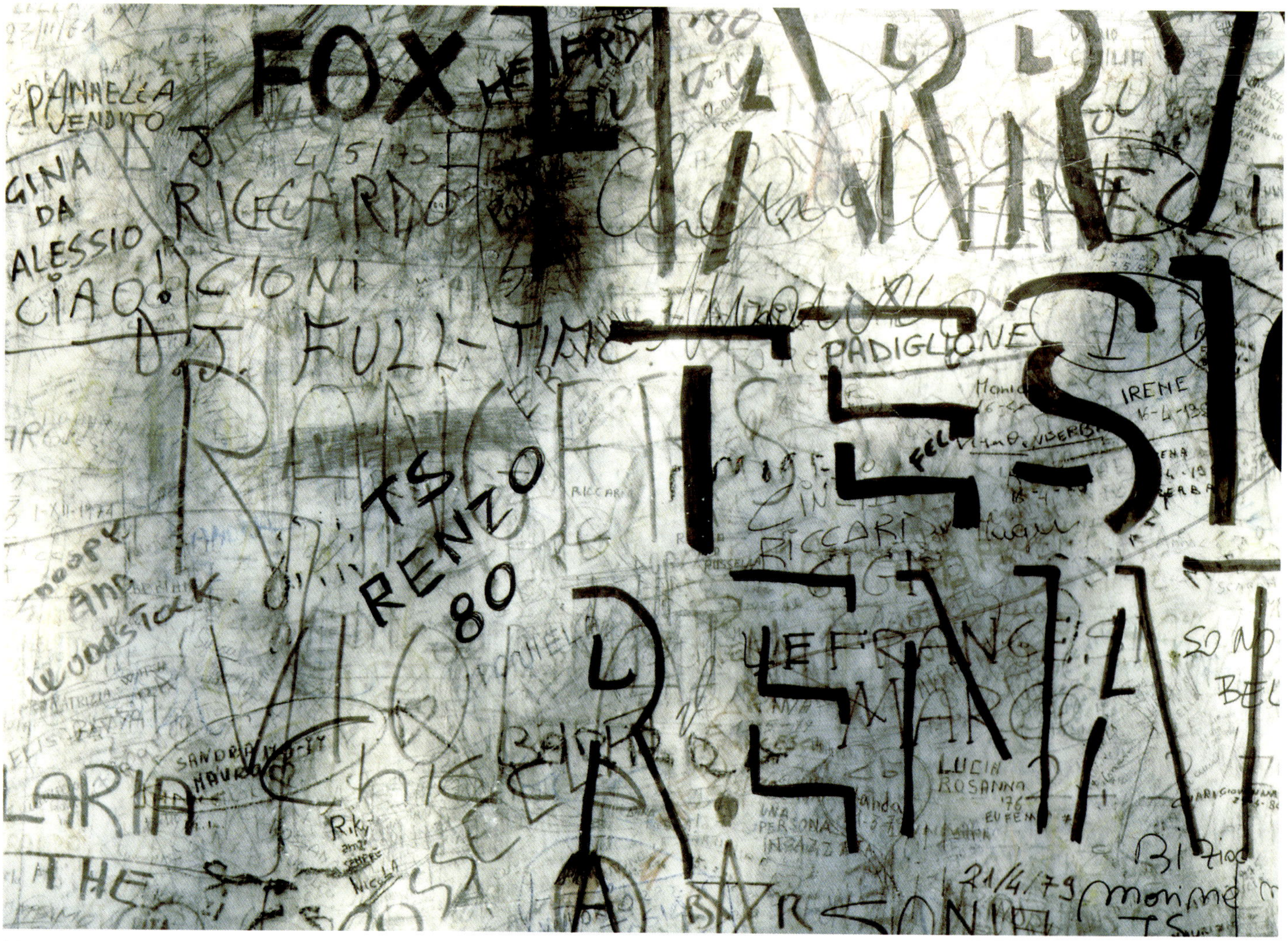

14 Weitere Bildelemente: Hell-Dunkel-Kontrast, monochrome Farbigkeit

Linienkontrast, Linie und Begleitlinie

Die Lage von Linien auf und innerhalb einer Fläche ergibt die Komposition, das Gestaltungsgerüst eines Bildes. Die künstlerische Wirkung kann dabei durch das Einbeziehen interessanter Kontraste gesteigert werden. Einfache Kontraste im Bereich der Linie sind kurze gegen lange Linien oder dicke gegen dünne Linien zu setzen (Grafik D). Eine Steigerung der Spannung entsteht, wenn Linien mit unterschiedlichem Charakter zueinander gesetzt werden (Grafik F und Abb. 15, 16). Treffen – vom Menschen geschaffene – »Kulturlinien« auf Linien die von der Natur gebildet wurden, ist der (künstlerische) Kontrast der Linien automatisch gegeben (Abb. 4, 6, 19, 20, 21). In einem Bild, dessen Gestaltungsmittel der Kontrast der Linie ist, tritt fast immer gleichzeitig das

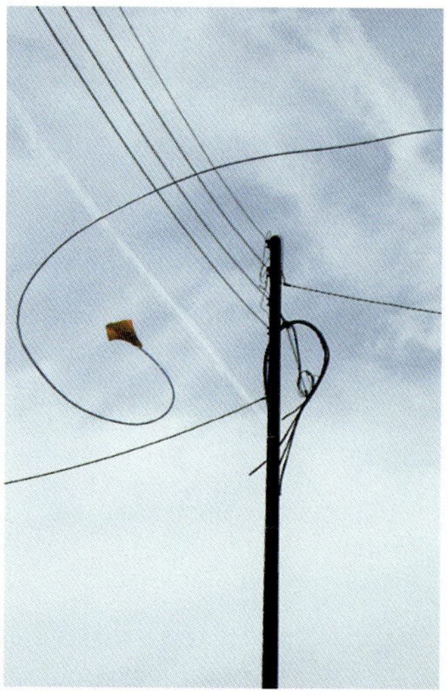

15 Weitere Bildelemente: beherrschender Punkt, senkrechte Linie

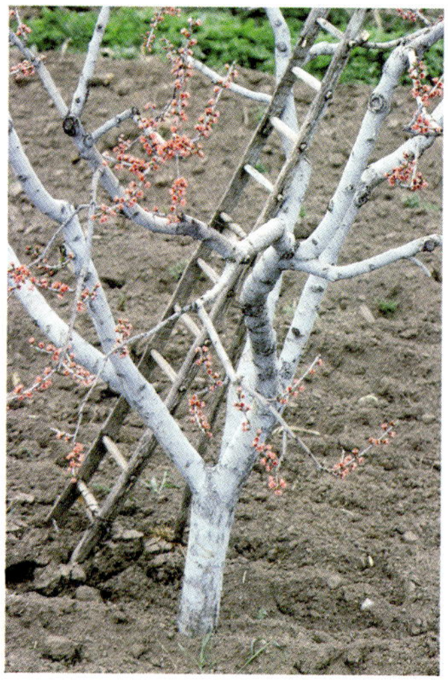

16 Weitere Bildelemente: Kalt-Warm-Kontrast

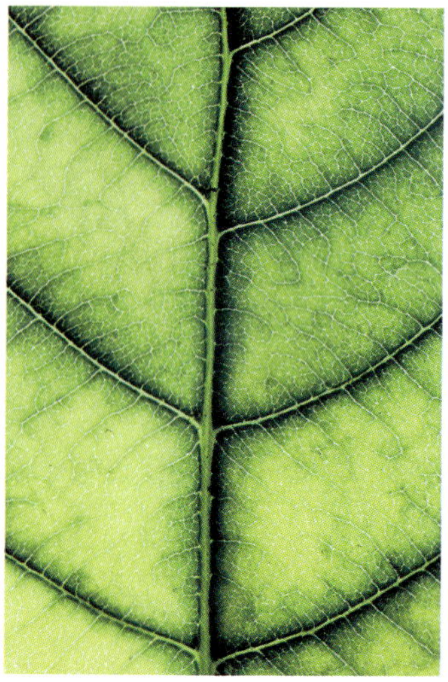

17 Weitere Bildelemente: Hell-Dunkel-Kontrast, monochrome Farbigkeit

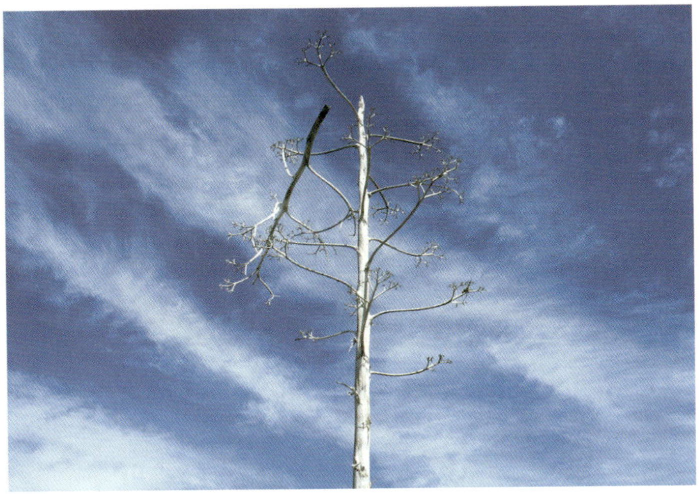

18 Weitere Bildelemente: senkrechte Linie, kühle Farbigkeit

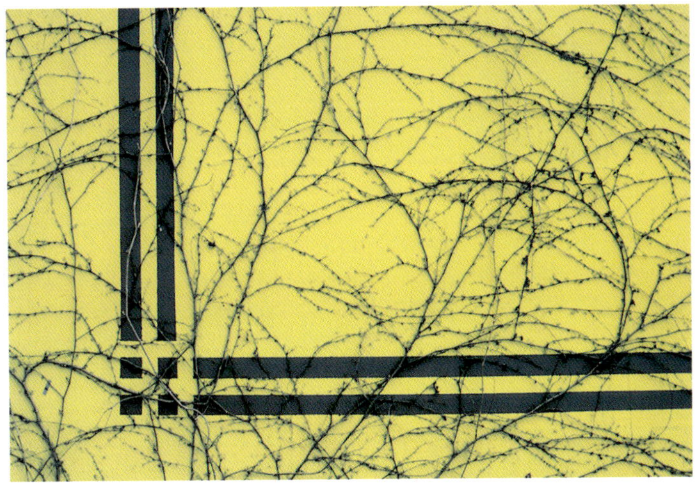

19 Weitere Bildelemente: Waagerechte, Senkrechte, warme Farbigkeit

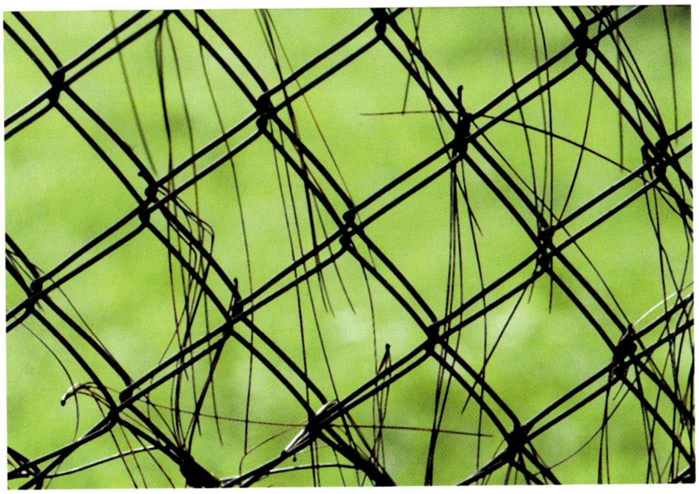

20 Weitere Bildelemente: schräge Linie, kühle Farbigkeit

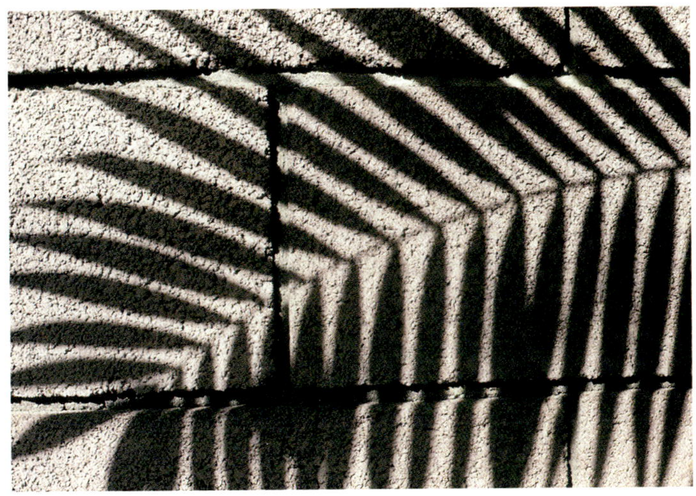

21 Weitere Bildelemente: Hell-Dunkel-Kontrast, monochrome Farbigkeit

Phänomen der Linie und Begleitlinie auf (Grafik D und E). Die verschiedenen Möglichkeiten des Verlaufs kontrastierender Linien ergeben vielfältige Wirkungen und optische Gewichtungen. Wird eine Linie durch eine zweite oder auch durch mehrere weitere Linien begleitet, ist sofort der Abstand, der Raum zwischen den Linien wichtig. Laufen die Linien dicht nebeneinander, entstehen zwischen ihnen optisch sofort neue (negative) Linien (Abb. 19, 21). Verlaufen die Linien in einem größeren Abstand zueinander, so entstehen sogenannte »optische Flächen«, indem das Auge die Linienenden optisch miteinander verbindet (Abb. 10, 12). Der Kulturbereich »Schrift« läßt durch unterschiedliche gerade und gebogene, meist kurze Linien viele reale und optische Flächen entstehen (Abb. 14).

Linie und Linienteilung

Das Phänomen »Linie« ist in der Natur bestimmt von Hauptlinien und Nebenlinien, Seitenlinien und Linienteilung. Am Beispiel »Baum« ist dieses Liniensystem: der Stamm, die Äste, die Zweige, die Blattstiele und die Blattadern (Grafik F, Abb. 2, 4, 5, 6, 7, 9, 17, 18). Im kulturellen Bereich kennen wir Strassennetze mit Haupt- und Nebenstrassen, Schienensysteme und anderes. In dem speziellen Architekturbereich »Gewächshaus/Glasdach« gibt es eine sehr strenge Gliederung von Haupt- und Nebenlinie (Abb. 1). Es ist nicht zwingend, daß die Hauptlinie im Verhältnis zur Nebenlinie auch die dickere Linie sein muß (Abb. 2, 5, 9, 17). Ausschlaggebend ist primär die Wirkung einer durchgehenden Linie – die meist auch die längere Linie ist – um vom Betrachter als Hauptlinie empfunden zu werden (Abb. 21).

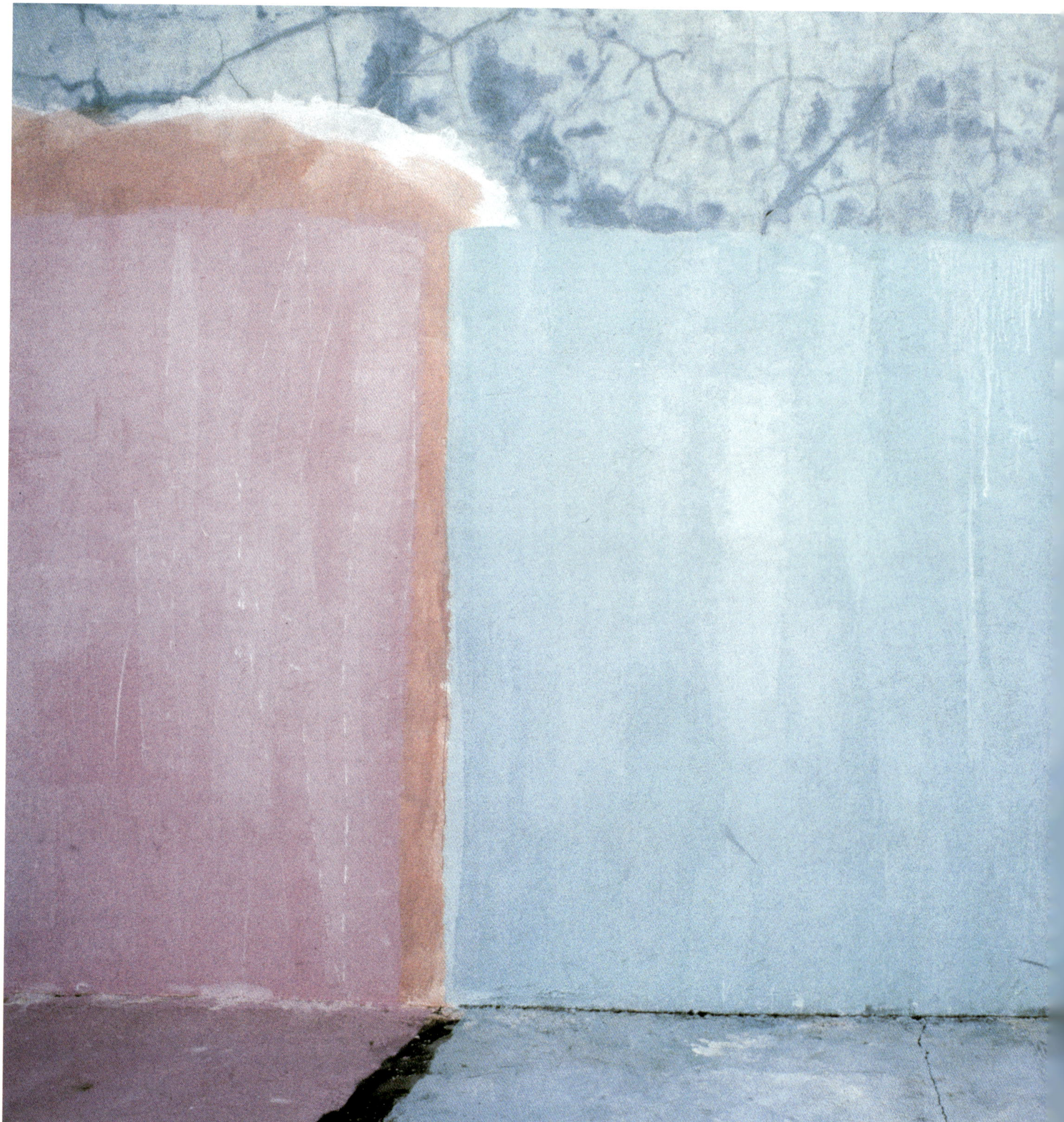

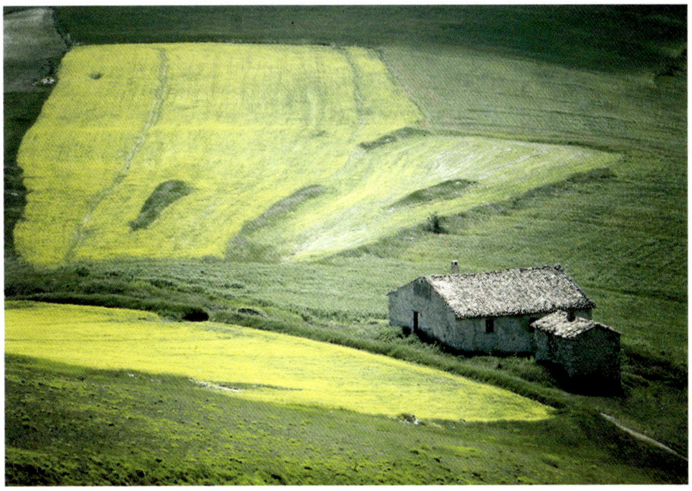

Die Fläche

Die Fläche ist das Gestaltungsmittel der freien oder begrenzten Ausdehnung von Hell-Dunkel und/oder Farbe. Im Kontrast zu den Kompositionselementen Punkt und Linie hat die Fläche meist ein größeres optisches Gewicht. Zu einer Differenzierung von Fläche als Untergrund einer Komposition und Fläche als Bestandteil einer Komposition, werden Flächen in Kompositionen auch als Formen oder – seltener – als Figuren bezeichnet.

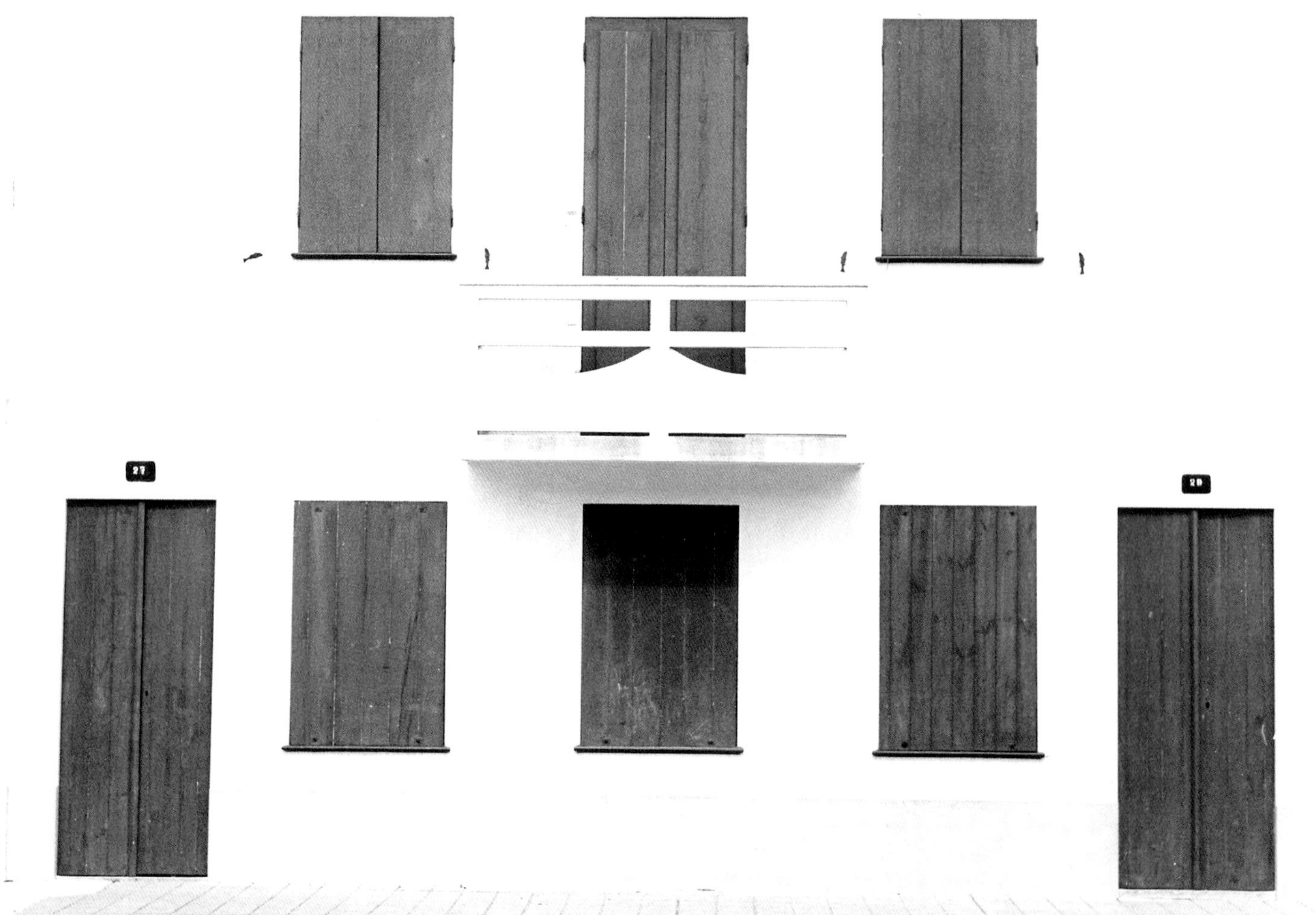

1 Weitere Bildelemente: waagerechte Linien, Hell-Dunkel-Kontrast

Rechteck und Quadrat als Form und Bildfläche

Fläche an sich hat in bezug auf optische Wirkung drei Ebenen. Bei größerem Betrachtungsabstand wirken diese Flächenebenen von außen nach innen, vom Großen zum Kleinen. Das bedeutet, es geht in Stufen von der Präsentationsfläche über die Bildfläche zur Fläche (Form) als Element der Bildgestaltung. Bei direkter Bildbetrachtung mit optimalem Betrachtungsabstand (das Doppelte der Bilddiagonalen) ist die Wirkung der Flächen umgekehrt – also von innen nach außen, von der Form im Bild über die Bildfläche zur Präsentationsfläche.

Art und Anwendung von Fläche

Die Primärbildfläche ist die Fläche, auf der sich eine Bildkomposition befindet : die Präsentationsfläche. Die Größe einer Präsentationsfläche ist praktisch unbegrenzt. Bei einem Feuerwerk, einer Flugdrachenschau oder ähnlichem ist der Himmel die Fläche, auf welcher, für einen meist kurzen Zeitraum, etwas «präsentiert» wird. Im Grunde ist hier wie auch bei einer Bühne oder einer Filmleinwand die Präsentationsfläche mit der Bildfläche identisch. Bezogen auf den Bereich «Bild» reichen die Fächen zur Präsentation vom Passepartout bis zur Ausstellungswand, vom Kalenderblatt bis zur Buch- und Zeitschriftenseite. In fast allen Fällen kann eine Präsentationsfläche auch völlig mit einem Bild ausgefüllt sein und damit völlig zur Bildfläche werden. Als Beispiel sei

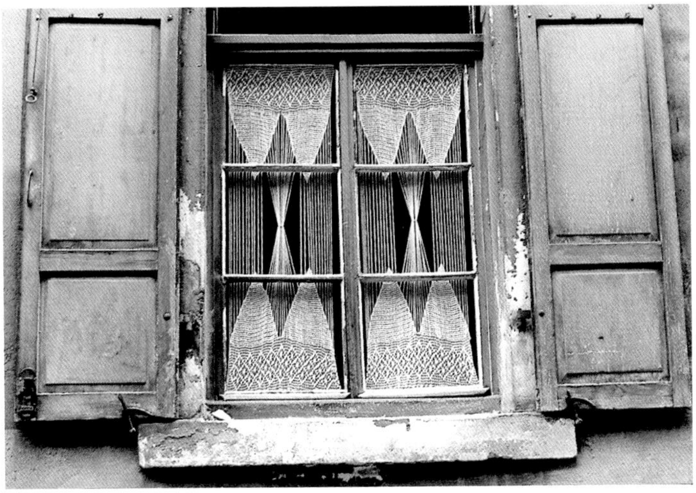

2 Weitere Bildelemente: Struktur, Dreieck, Hell-Dunkel-Kontrast

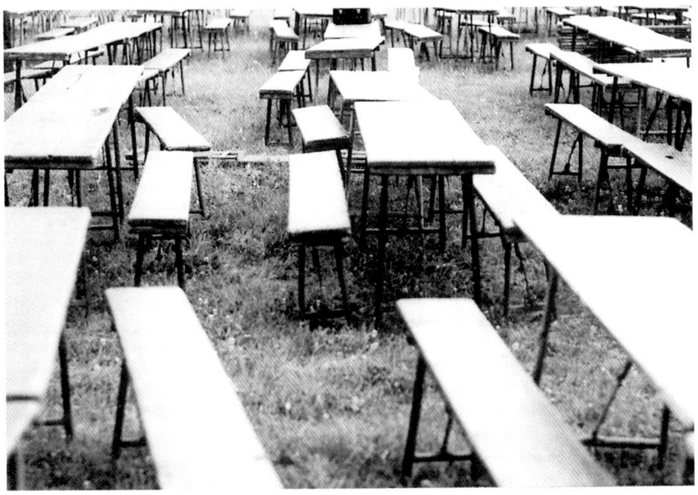

3 Weitere Bildelemente: Hell-Dunkel-Kontrast

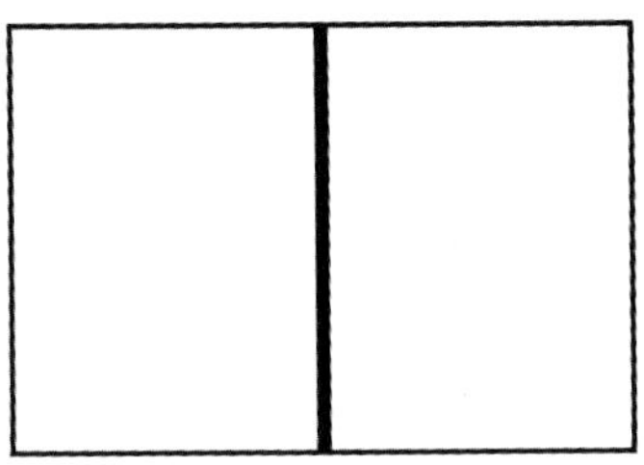

A

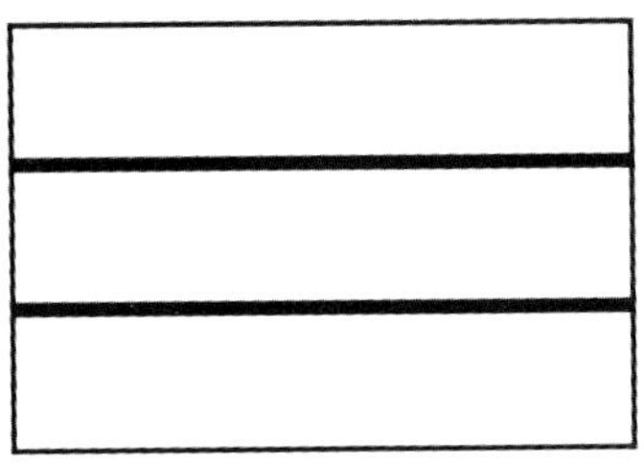

D

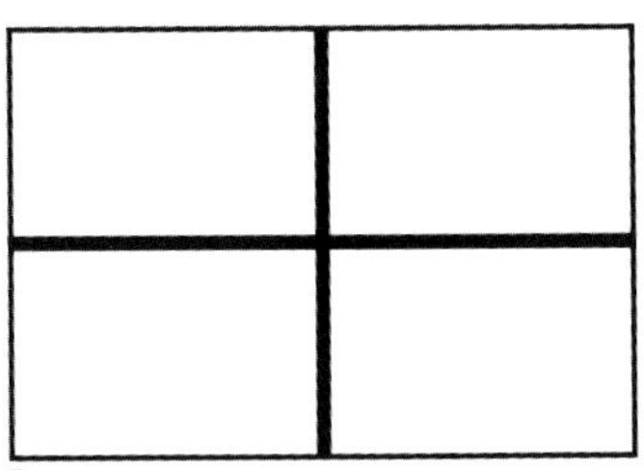

B

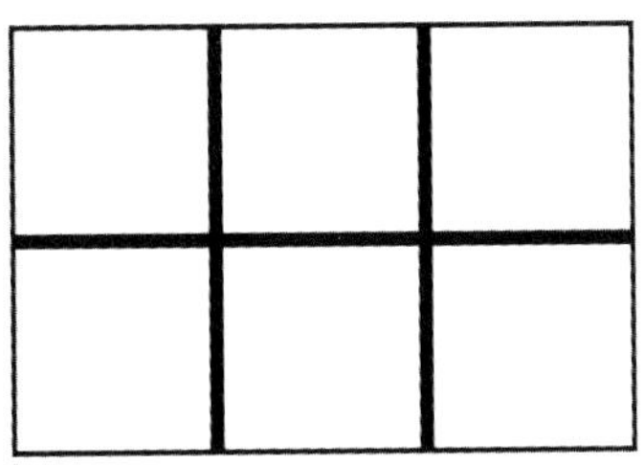

E

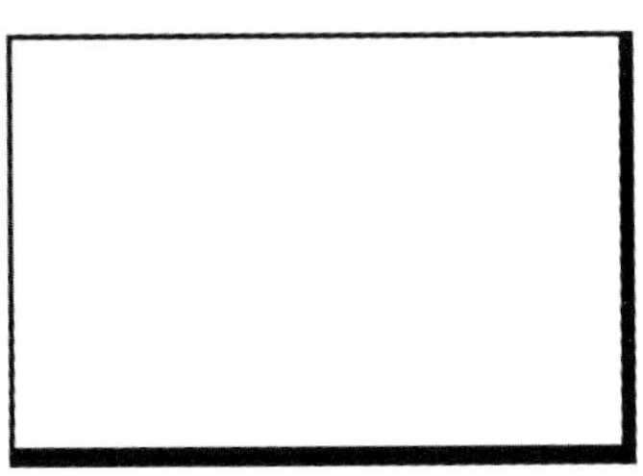

C

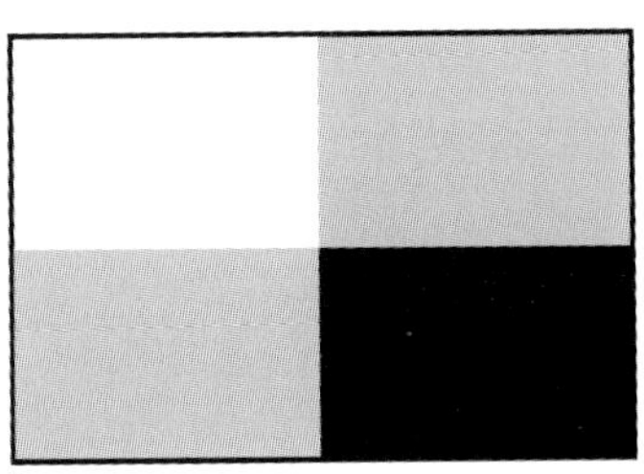

F

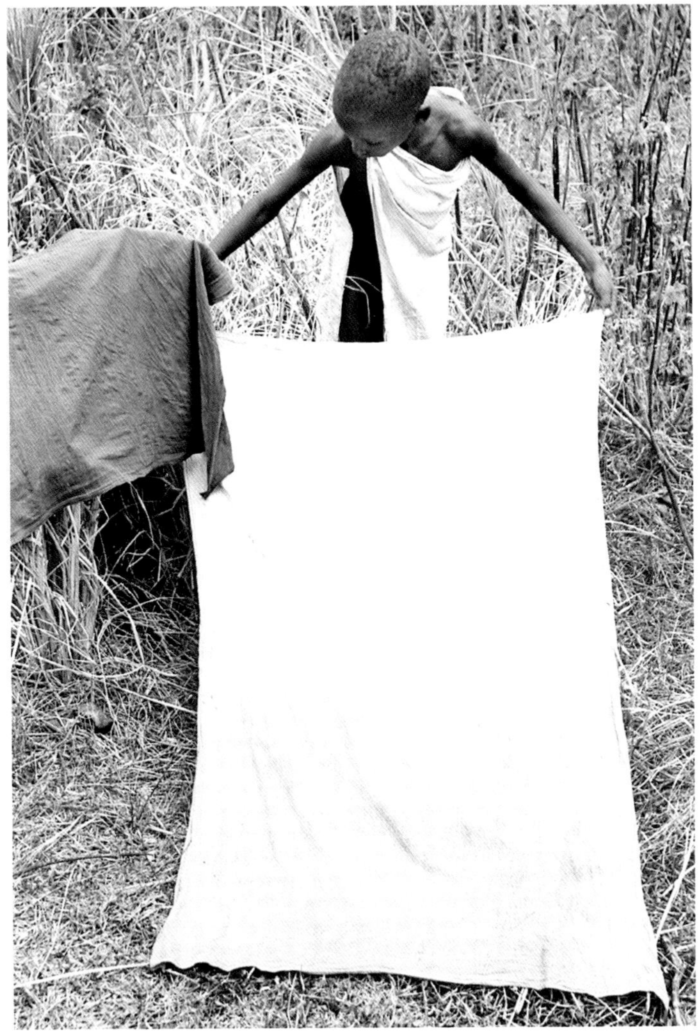

4 Weitere Bildelemente: beherrschender Punkt, Struktur

Durch Geraden lassen sich die klassischen Bildflächen in kleinere, formverwandte Flächen teilen. Der optische Widerstand der Bildkanten und das optische Gewicht innerhalb der Bildfläche ist immer unten und rechts zu spüren.

hier nur die randlose Seite oder Doppelseite in einem Bildband oder einer Zeitschrift genannt. Die Begrenzung von Bild- und Präsentationsflächen ist traditionell geradkantig und im rechten Winkel – also ein Rechteck oder ein Quadrat. Unsere Kultur hat jedoch Bereiche entwickelt, in denen auch andere Formen als Präsentationsfläche und/ oder Bildfläche eingesetzt werden. Dies sind vor allem der Kreis (in Form von Keksdose, Schallplatte, CD, Uhr etc.) oder – seltener – das Oval, Sechs- und Achtecke die als Gestaltungsfläche genutzt werden. Den Bildschaffenden interessiert aber in erster Linie die Wirkung von Fläche (Form) und Flächen (Formen) innerhalb einer Komposition.

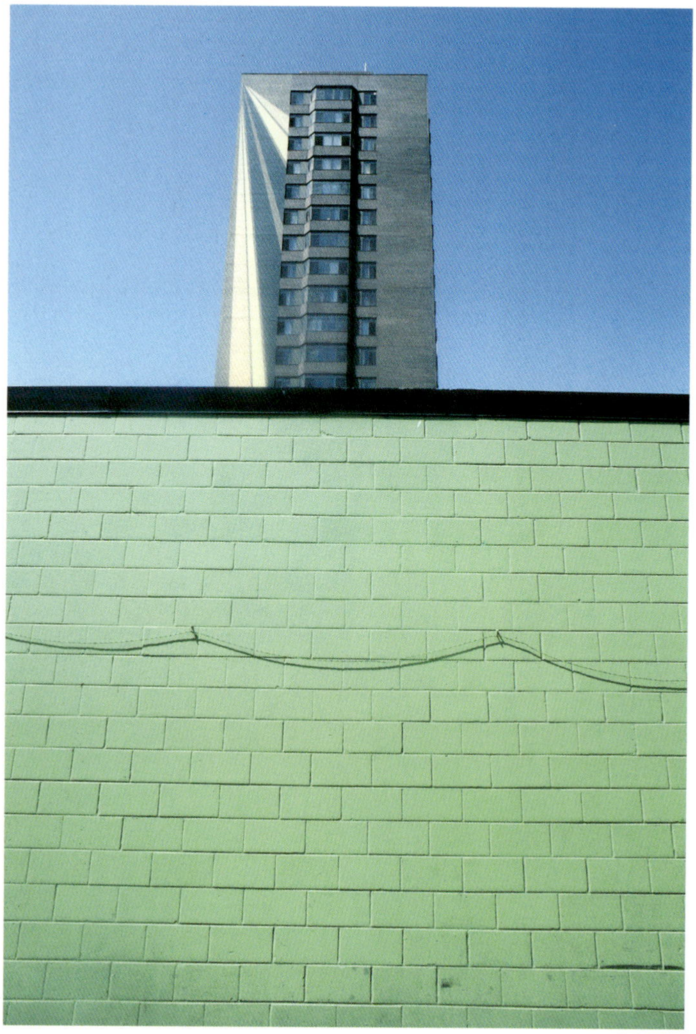

5 Weitere Bildelemente: waagerechte Linie, kühle Farbigkeit

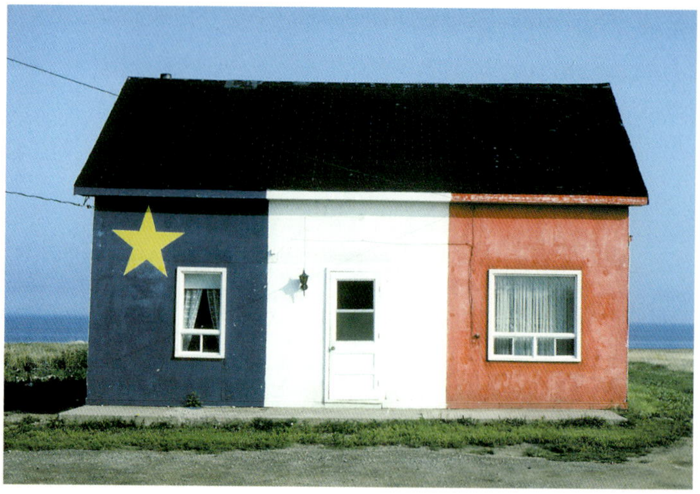

6 Weitere Bildelemente: Hell-Dunkel-Kontrast, Farbton-Kontrast

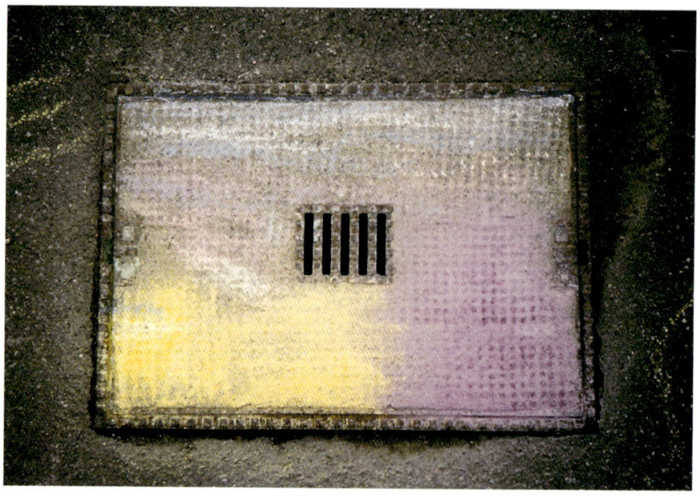

7 Weitere Bildelemente: beherrschender Punkt, Komplementär-Kontrast

Formbildung und Formwirkung

Die deutlichste Wirkung von «Form» auf einer Bildfläche entsteht bei Einfarbigkeit und/ oder gleichmäßiger Dichte des Hell-Dunkel-Wertes einer quadratischen, rechteckigen oder anderer geometrischer oder freier Formen. Diese vollflächigen Formen werden als flächenaktive (und gleichzeitig linienpassive) Formen bezeichnet. Die Formbegrenzung wird durch die Farbe und/oder das Hell oder Dunkel bestimmt. Unmittelbar daneben beginnt eine neue Form oder die Negativform, der Hintergrund. Formen, die durch Linien gebildet sind, werden als linienaktive (und gleichzeitig flächenpassive) Formen bezeichnet. Die optische Fläche, die nur durch Punkte, einen offenen Linienverlauf oder durch eine Kombination beider Gestaltungselemente gebildet wird, hat die geringste Flächenwirkung und Flächengewichtung.

Gewichtung von Rechteck und Quadrat

Auch hier ist wieder ein Unterschied zwischen der Bildfläche und den Formen auf der Bildfläche zu machen. Das Rechteck und das Quadrat haben als Bildfläche ein sehr betontes Unten und Oben, ein sehr deutliches Links und Rechts. Die untere Kante, die Standfläche ist massiv und schwer, während die obere Kante eher offen und leicht wirkt. Links ist – bedingt

Quadrate lassen sich sowohl in spannungreiche Rechtecke, als auch in die äußere Form wiederholende kleinere Quadrate teilen. Die Lage eines Quadrates auf einer Bildfläche kann statisch oder dynamisch sein.

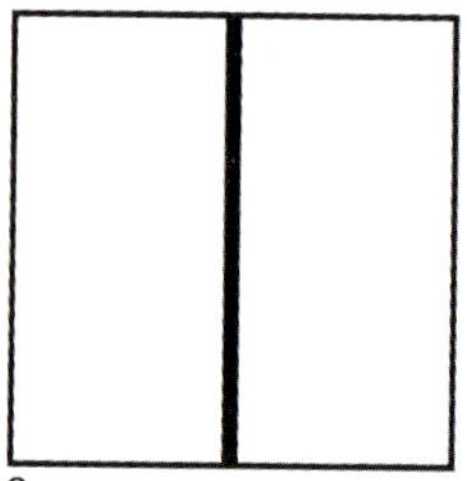

G

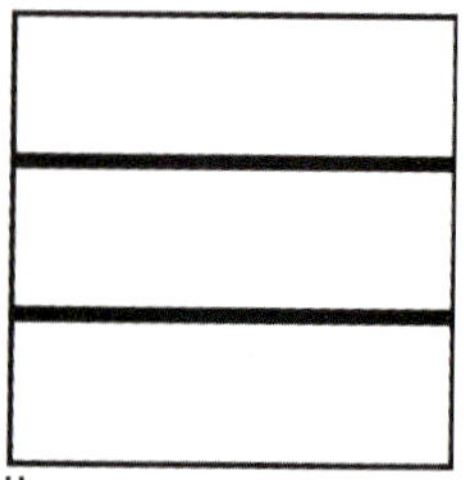

H

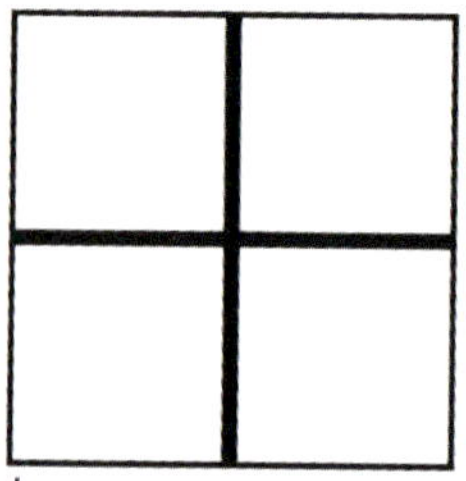

J

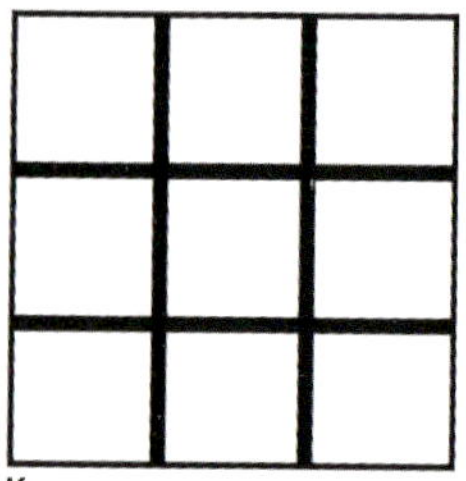

K

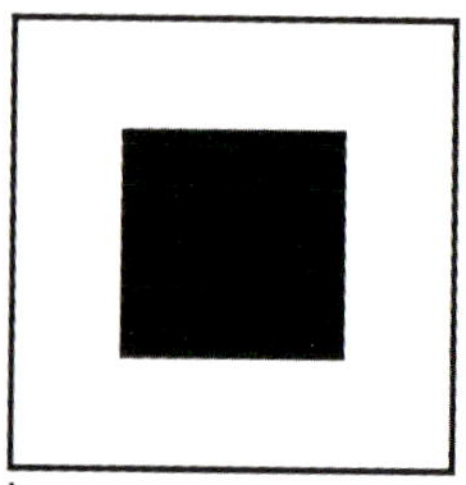

L

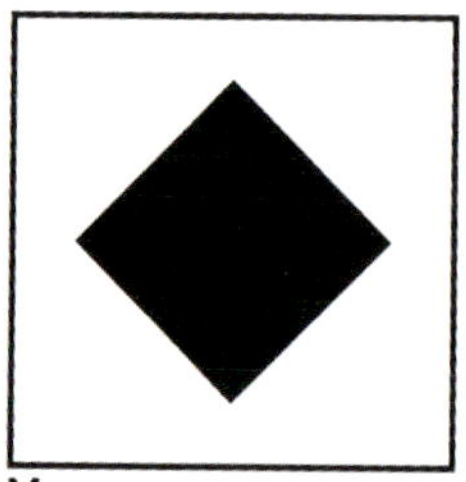

M

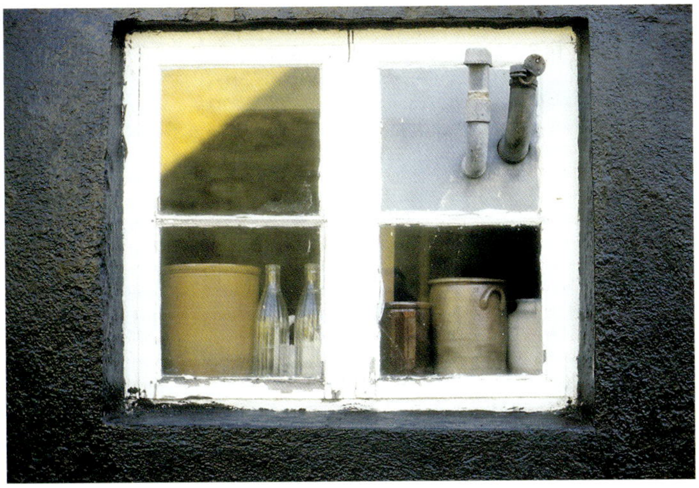

8 Weitere Bildelemente: Hell-Dunkel-Kontrast

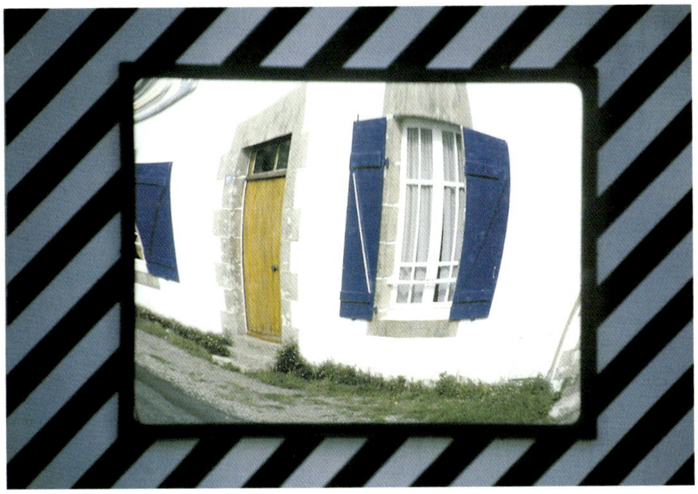

9 Weitere Bildelemente: Senkrechte, Schräge, Hell-Dunkel-Kontrast

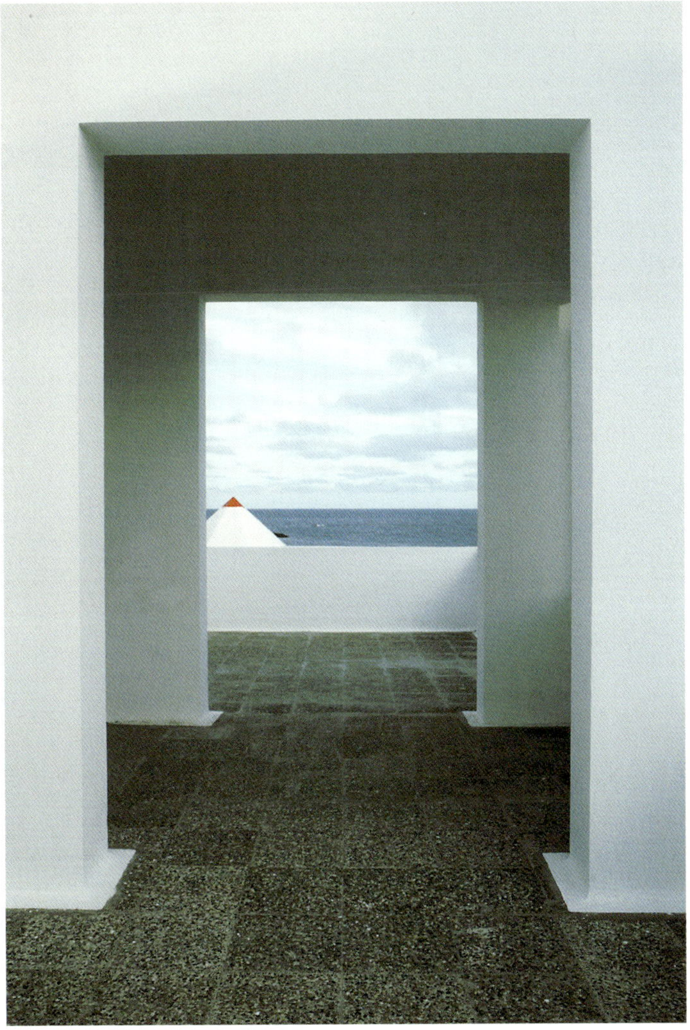

10 Weitere Bildelemente: beherrschender Punkt, Waagerechte

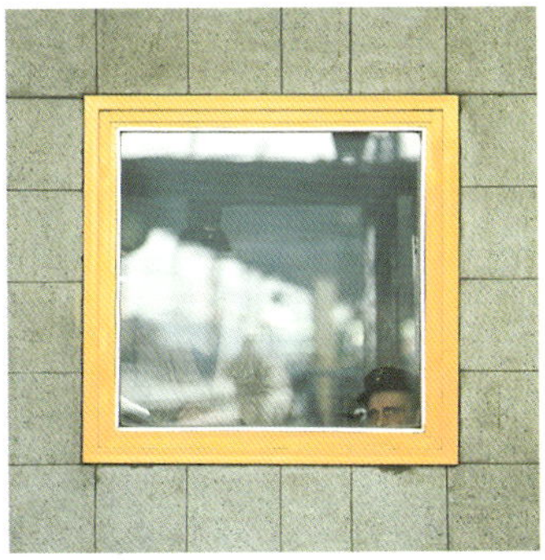

11 Weitere Bildelemente: beherrschender Punkt

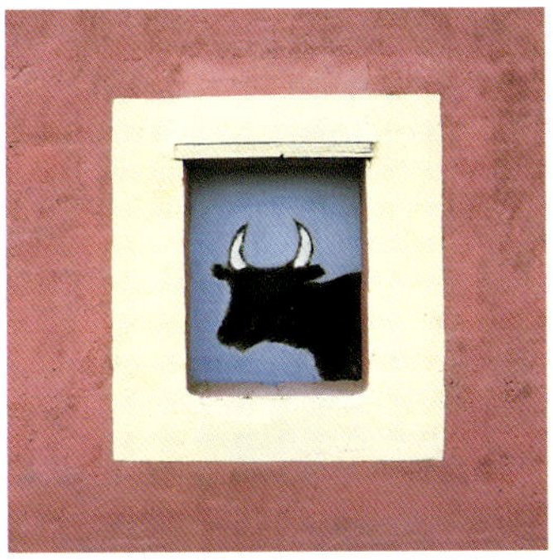

12 Weitere Bildelemente: Hell-Dunkel-Kontrast, Zweifarbigkeit

durch unsere Betrachtungs- und Lesegewohnheiten – der optische «Einstieg» in die Bildfläche. Die rechte Seite bedeutet das Ende, die (Ausschnitts-)Begrenzung des Motives. Hierdurch bildet eine rechtwinklige oder quadratische Bildfläche für das Gefühl des Betrachters unterschiedliche optische Widerstände an den Bildkanten (Grafik C). Außerdem bilden sich unterschiedliche optische Gewichtungen auf den Bildflächen (Grafik F). Diese optischen Eigenschaften und Gewichtungen der Bildflächen und der Präsentationsflächen haben auch Auswirkungen auf die Bildkompositionen und die Präsentation von Bildern. Soll zum Beispiel eine Form in einer Komposition oder ein Bild auf einem Passepartout für das optische Gefühl eines Betrachters exakt in der Mitte sitzen, muß es auf den jeweiligen Flächen etwas höher plaziert werden.

Teilung von Rechteck und Quadrat

Senkrechte und waagerechte Linien können mit ihrer Kraft der Flächenteilung (bei gleichzeiter Kraft der Flächenbildung) rechteckige und quadratische Flächen aller Ebenen in Rechtecke und/oder Quadrate teilen. Je nach Anzahl und Kombination der teilenden Linien entstehen im Rechteck Rechtecke (Grafik B und D) oder Flächen, die in die optische Nähe von Quadraten kommen (Grafik A und E). Im Quadrat entstehen Rechtecke (Grafik G und H) oder Quadrate (Grafik J und K).

Passive und aktive Formen auf der Bildfläche

In der »Normallage«, also senkrecht-waagerecht ausgerichtet, sind sowohl das Rechteck als auch das Quadrat passive und

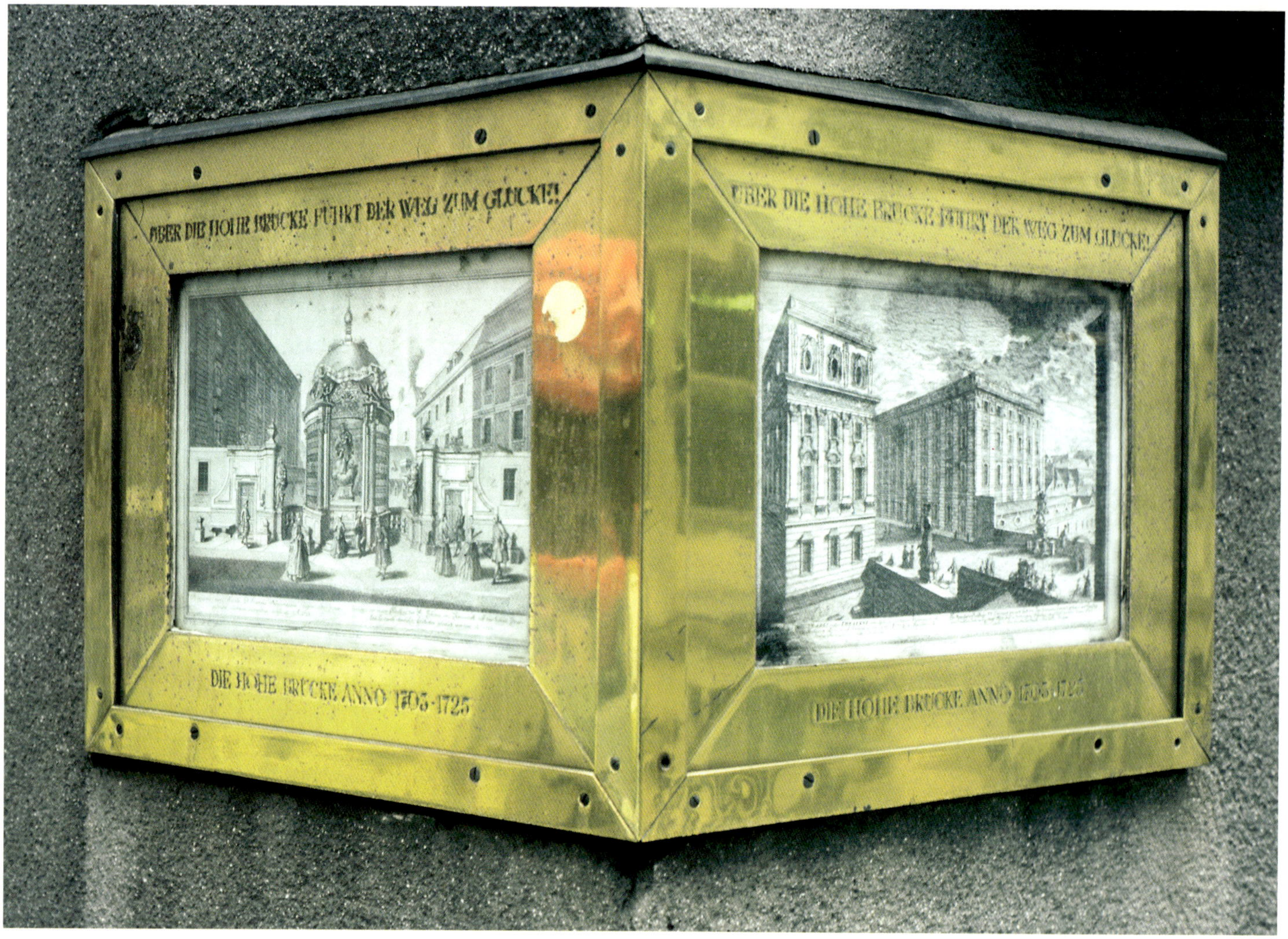

13 Weitere Bildelemente: konkurrierende Punkte, Senkrechte, Farbton-Kontrast

statische Formen ohne eine spürbare Bewegungstendenz. Hierbei ist das Quadrat mit seinem spannungslosen 1:1-Seitenverhältnis (Grafik L und Abb. 11 und 12) noch mehr in sich ruhend und passiver als das Rechteck mit seinen unterschiedlichen Seitenverhältnissen (Abb. 6 und 7). Das Rechteck erreicht außerdem als Hochformat eine kleine Steigerung im Bereich von aktiver Wirkung (Abb. 4, 5 und 10). Überraschenderweise entwickeln das Quadrat und das Rechteck Dynamik und Aktivität, wenn sie auf die Spitze gestellt werden. Hierbei geht die Aktivität (optische Bewegung) des dynamisch stehenden Quadrates fast gleichmäßig nach oben und unten sowie nach links und rechts (Grafik M und Abb. 14, 15, 19). Ein auf der Spitze stehendes Rechteck vollführt eher einen »Balanceakt« (Abb. 18). Eine durch die optischen Gesetze entstehende Verzeichnung von Quadraten und Rechtecken entsteht bei einer schrägen Sicht auf diese Formen (Abb. 13, 16 und 17).

Die Form auf der Fläche

Das (passive) Quadrat im Quadrat, das querformatige Rechteck auf querformatiger Bildfläche und das hochformatige Rechteck auf einer hochformatigen Bildfläche bedeuten eine Formwiederholung des Außenformates innerhalb der Bildfläche (Abb. 4, 6, 7 und 10). Bei zentraler Lage dieser Formen auf der Bildfläche entstehen so gut wie keine Gestaltungsprobleme. Wenn dagegen die Bildfläche und die Form auf der Bildfläche im Kontrast zueinander stehen (also ein Quadrat auf einem Rechteck, ein Rechteck auf einem Quadrat) können optische Probleme zwischen

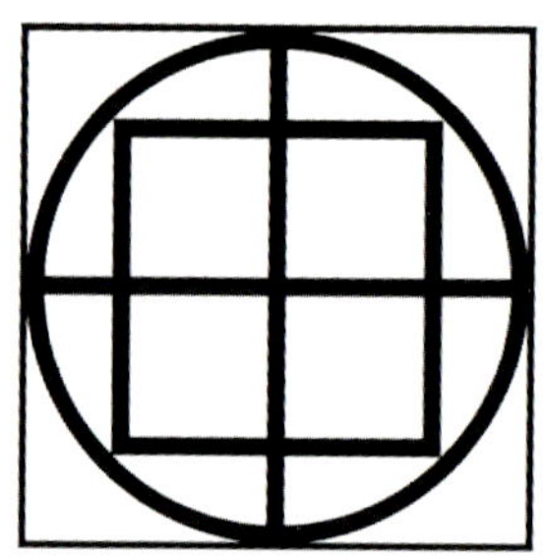

N

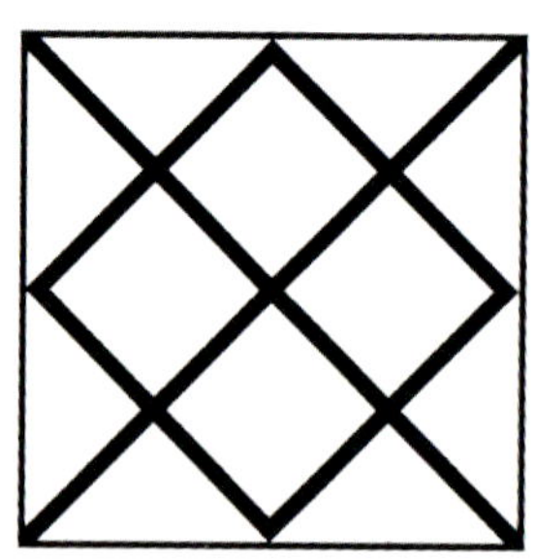

O

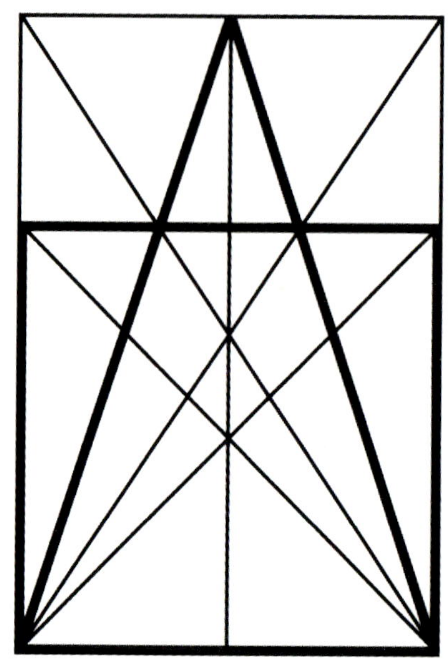

P

Klassische Kompositionsschemen auf der Grundlage des spannungslosen Quadrates haben die Romanik (N) und das Barock (O) entwickelt. Das spannungsvolle Rechteck im Hochformat ist Grundlage der Kompositionslinien der Gotik (P).

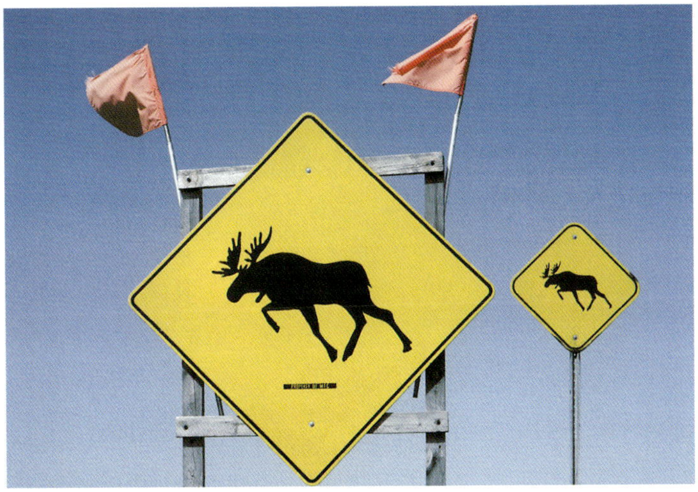

14 Weitere Bildelemente: Waagerechte, Kalt-Warm-Kontrast

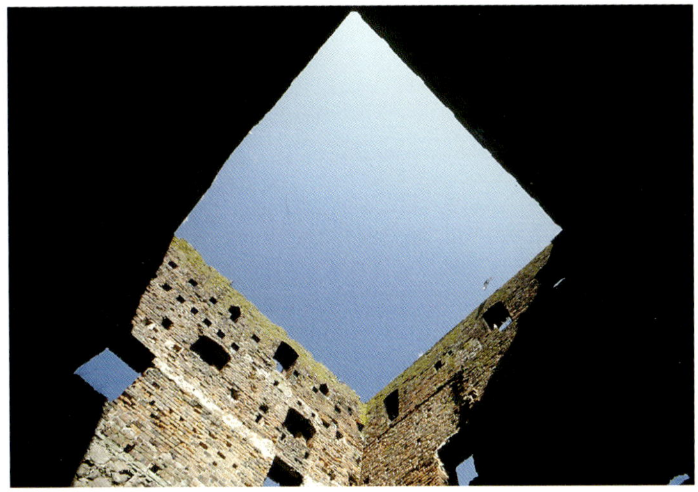

15 Weitere Bildelemente: Hell-Dunkel-Kontrast

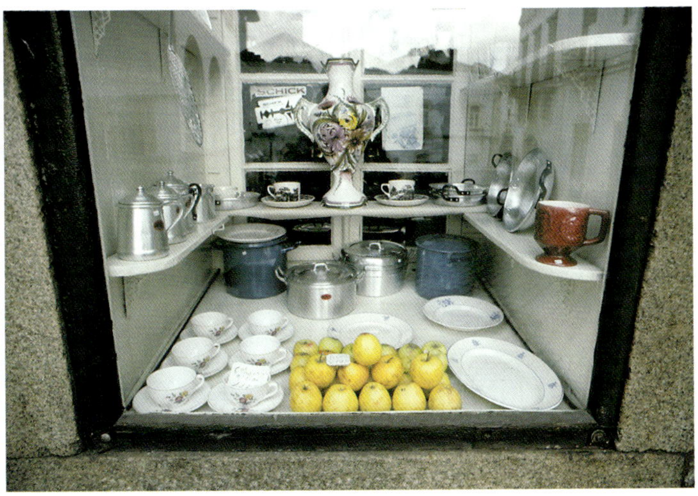

16 Weitere Bildelemente: Struktur, schräge Linien

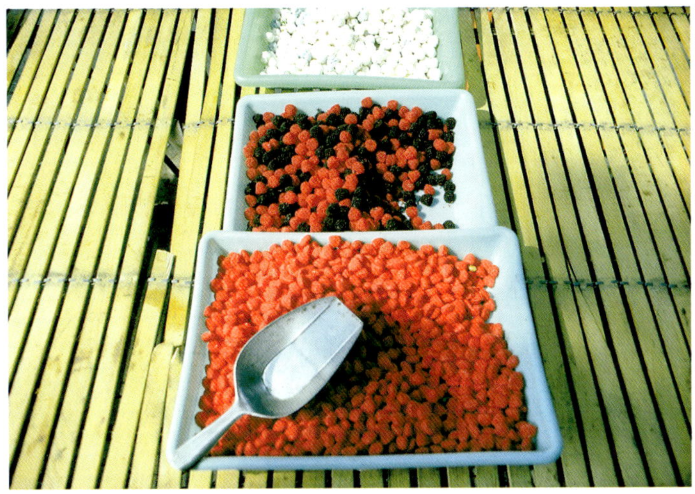

17 Weitere Bildelemente: beherrschender Punkt, Struktur

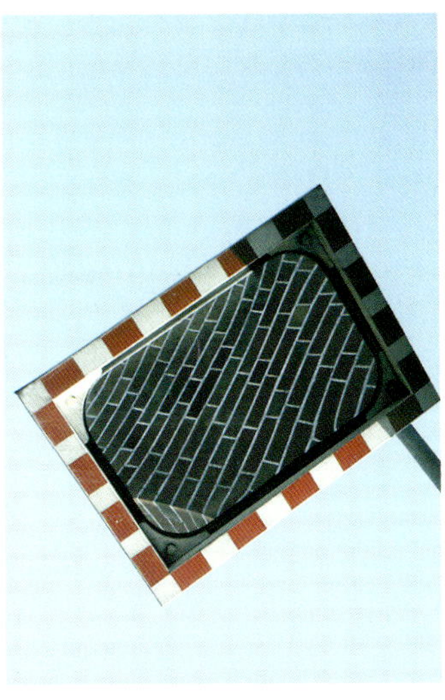

18 Weitere Bildelemente: optische Linie, Struktur

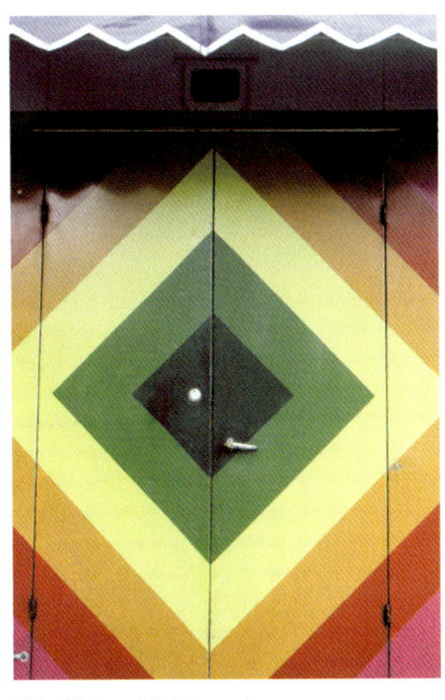

19 Weitere Bildelemente: Linienkontrast, Kalt-Warm-Kontrast

der/den Form/en und den verbleibenden Restflächen (Negativform/ Hintergrund) auf der Bildfläche entstehen. Die optischen Probleme sind von Fall zu Fall leicht unterschiedlich – je nachdem ob ein oder mehrere Quadrate auf einem hochformatigen oder querformatigen Bildfeld oder querformatige oder hochformatige Rechtecke auf einem Quadrat zu komponieren sind (Abb. 1, 2, 3, 5, 8 und 9).

Klassische Kompositionsschemen

Das Quadrat und das Rechteck sind schon immer Grundlagen für Kompositionsschemen verschiedener Stilrichtungen und Kulturepochen gewesen. Hierbei bezogen sich die Auf- und Einteilungen der Flächen meist auf die Bereiche Architektur und Gemälde und waren sowohl als Einzelfläche als auch im Rapport gedacht. Das Quadrat war Grundlage für die Kompositionsschemen der Romanik und des Barock (Grafik N und O). Die senkrechte und waagerechte Mittelteilung sowie der Kreis im Quadrat betonen für die Romanik die Strenge, das Passive. Dagegen zeigt das Schema für das Barock mit Diagonale, Gegendiagonale und dem aktiven Quadrat im Quadrat Aktivität und Bewegung. Die Grundfläche für das Kompositionsschema der Gotik ist das hochformatige Rechteck. Neben der besonderen Betonung des Quadrates, das einer Komposition eine stabile Basis bietet, wird durch die Diagonalen und das nach oben gerichtete Dreieck eine aufstrebende Bewegung erzeugt (Grafik P).

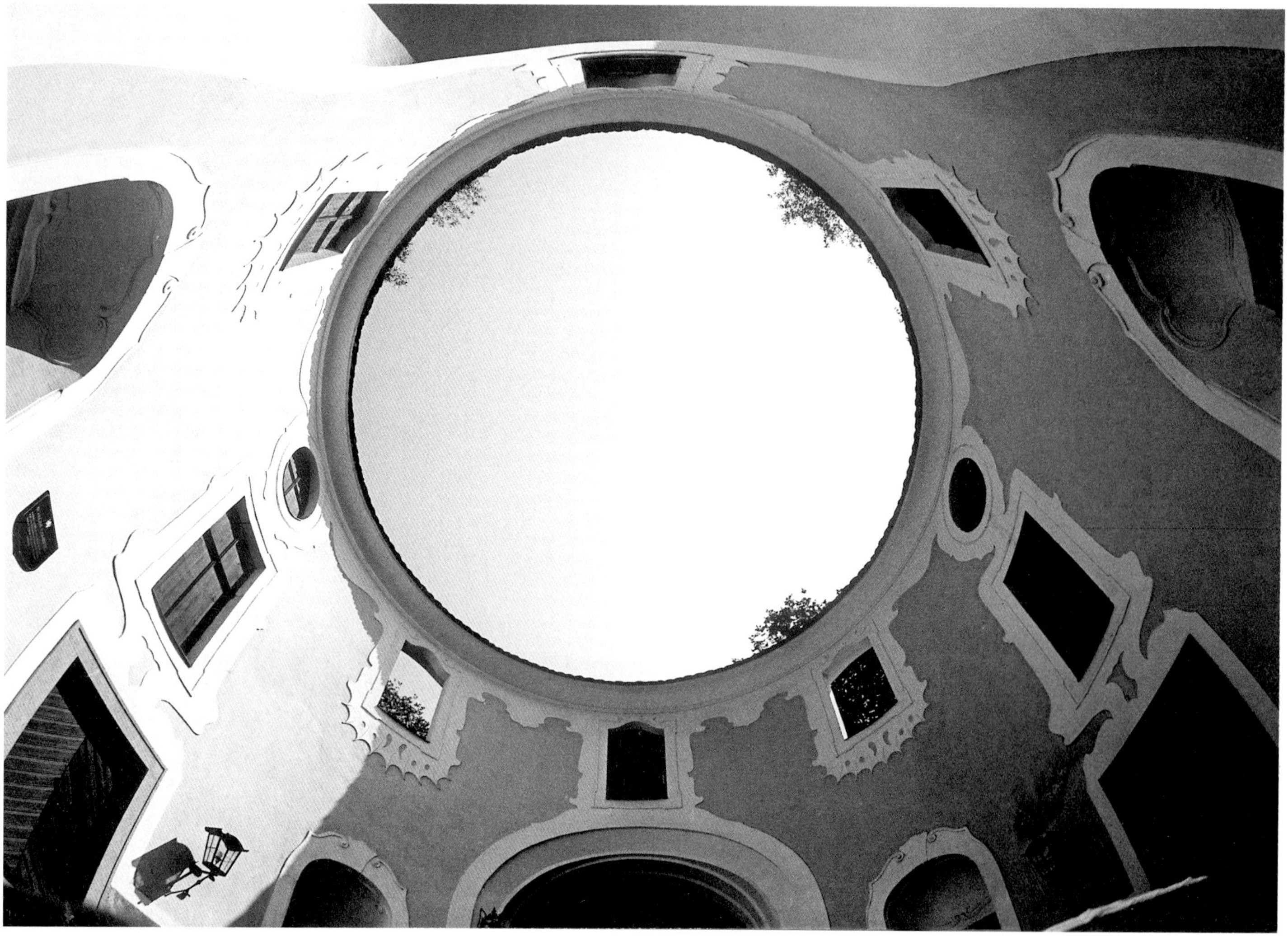

1 Weitere Bildelemente: optische Linien, Hell-Dunkel-Kontrast

Kreis, Dreieck und Oval als Gestaltungselemente

Das Erkennen und Einordnen von Formen orientiert sich an den spezifischen Strukturmerkmalen der jeweiligen Formen. Dem Betrachter einmal bekannte (Grund-)Formen werden auch in Abwandlungen und Abstraktionen »wiedererkannt«. Als Kind erworbene primäre Erfahrungswerte zur Form »Dreieck« werden übertragen – ob ein Dreieck nun kleiner oder größer, heller oder dunkler, linear oder vollflächig oder sogar auf dem Kopf stehend angewendet wird.

Kreis und Dreieck als Präsentationsfläche

Grundsätzlich lassen sich auf jeder wie auch immer in ihren Umrissen definierten Form optische Informationen aufbringen. Diese optischen Informationen sind dabei nicht an ein einziges Medium gebunden, sondern können malerisch, zeichnerisch, typografisch, fotografisch oder auch miteinander kombiniert sein. Quadrate und Rechtecke sind als neutrale Formen Grundlage für alle optischen Informationstechniken. Wie das auf der Spitze stehende Quadrat, haben auch die beiden anderen geometrischen Grundformen – der Kreis und das Dreieck – als Formen an sich eine stärkere optische Dominanz. Diese Formdominanz läßt nur eine bedingte Nutzung dieser Formen als Bild- und Informationsfläche zu. Das Dreieck hat zum Beispiel den Anwendungsbereich als Ver-

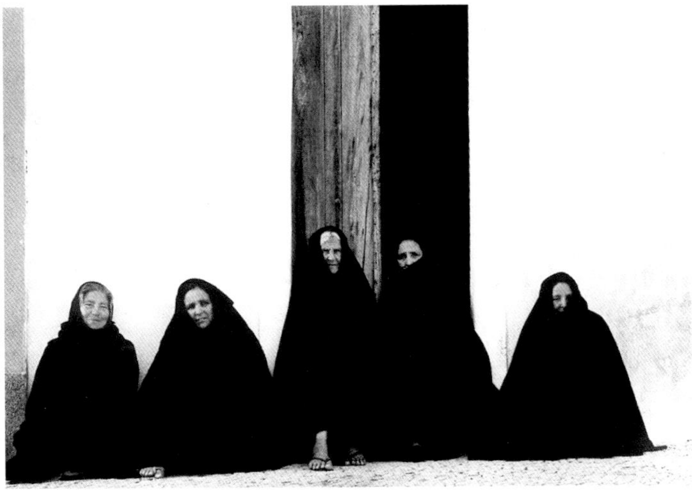

2 Weitere Bildelemente: Senkrechte, Hell-Dunkel-Kontrast

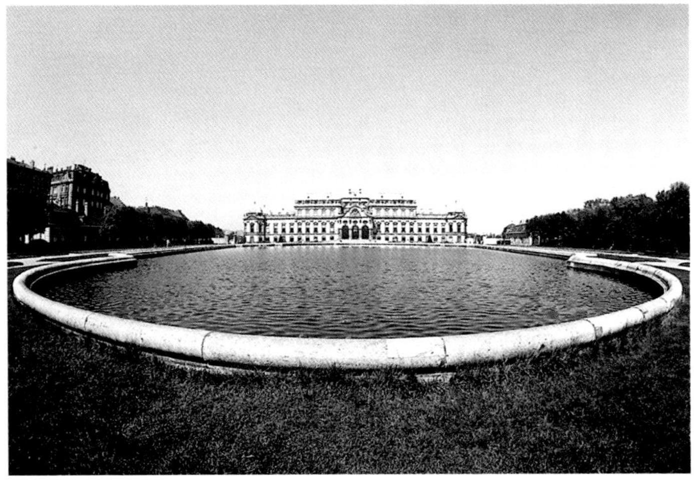

3 Weitere Bildelemente: beherrschender Punkt, Hell-Dunkel-Kontrast

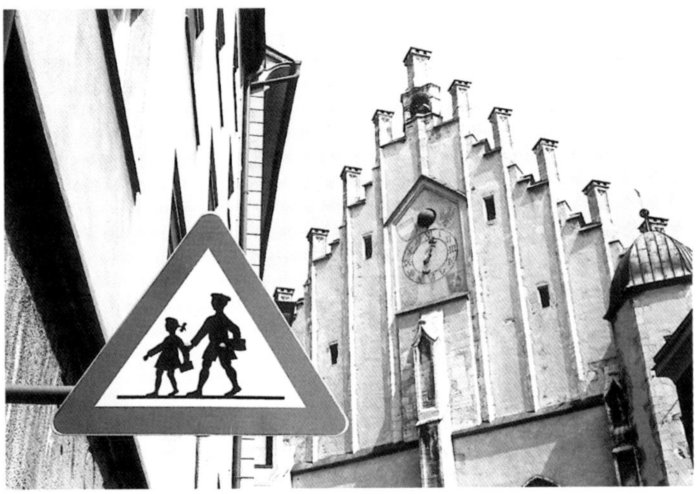

4 Weitere Bildelemente: beherrschender Punkt, schräge Linien

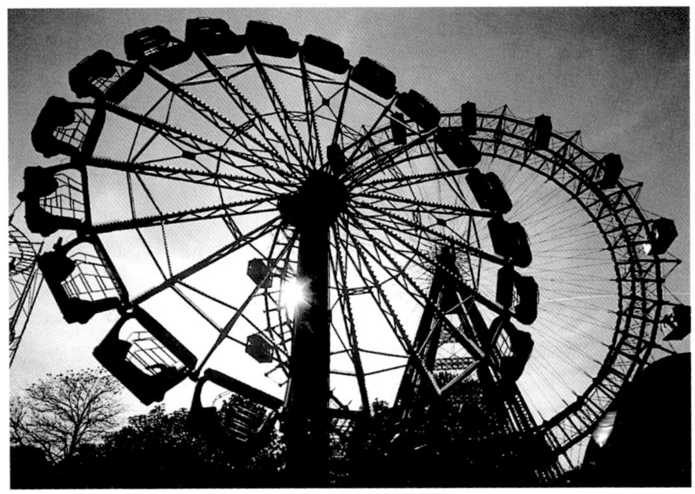

5 Weitere Bildelemente: schräge Linien, Hell-Dunkel-Kontrast

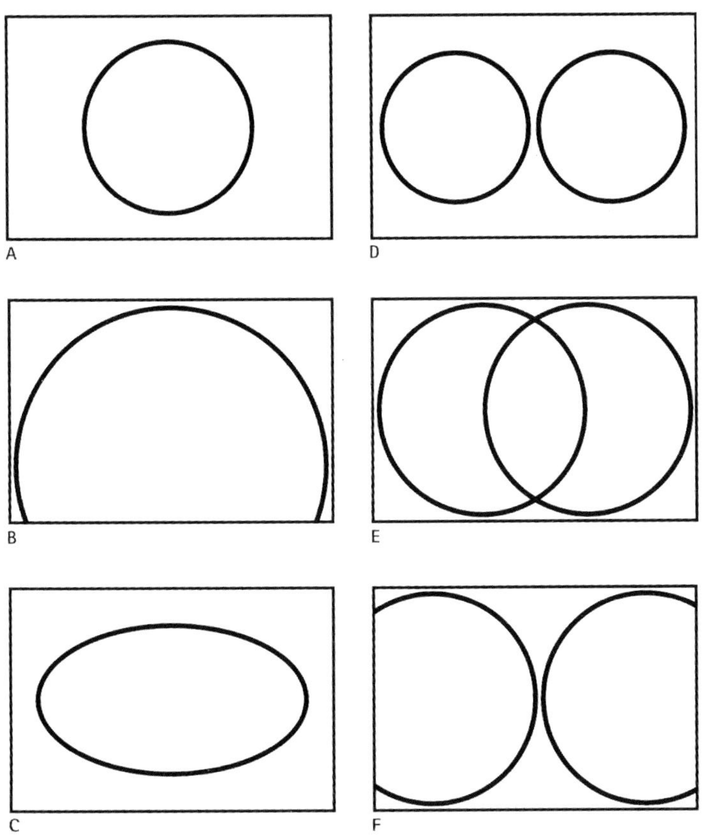

Die Plazierung eines oder zweier Kreise auf einem Rechteck bildet durch die verbleibende Negativform immer ein Gestaltungsproblem. Nur das Oval füllt die Grundfläche harmonisch aus.

kehrsschild und als Hausgiebel bei der Fassadenmalerei. Der Kreis wird in unserer Kultur noch häufiger angewendet. Die runde – und in der Variante – ovale Form ist mit Bildplatten, runden Dosen und Schachteln, Wandtellern usw. häufiger als das Dreieck als Bild- und Präsentationsfläche genutzt.

Stabilität und Bewegung von Objekten

Die zweidimensionalen Flächen der geometrischen Grundformen entwickeln sich im dreidimensionalen Bereich zu optisch verwandten Objekten. Das Quadrat wird zum Würfel, das Rechteck zum Quader, der Kreis zur Kugel (Abb. 11), und das Dreieck wird zur Pyramide (Abb. 14, 17). Die Schwere und Standfestigkeit von Würfel und Quader kann durch ein »auf der Spitze stehen« (beim Würfel) oder durch

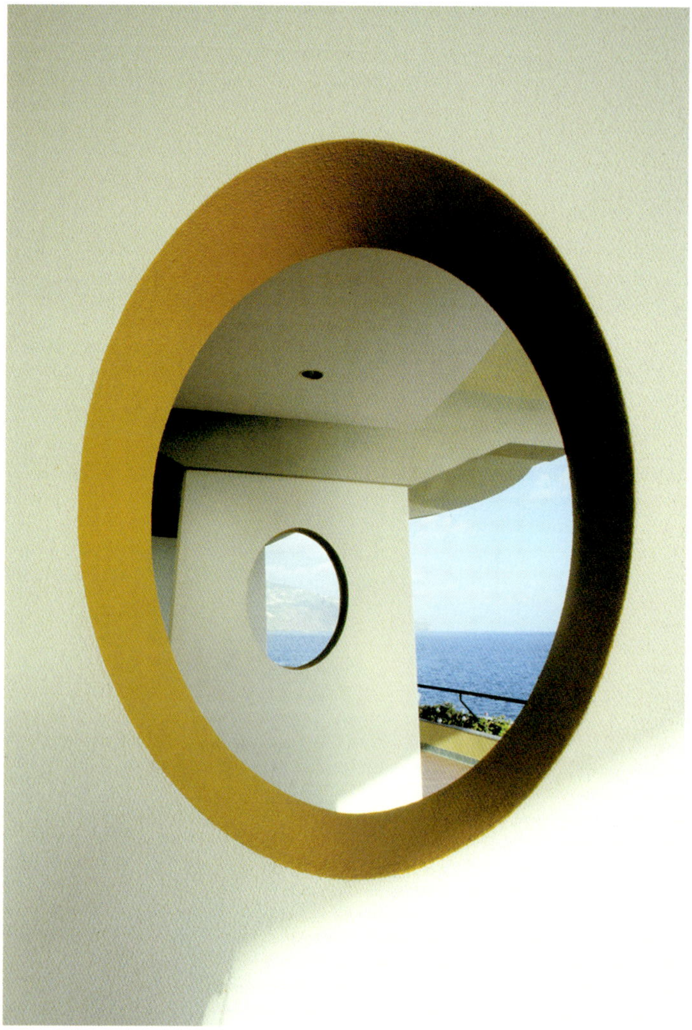

6 Weitere Bildelemente: Hell-Dunkel-Kontrast, Formenkontrast

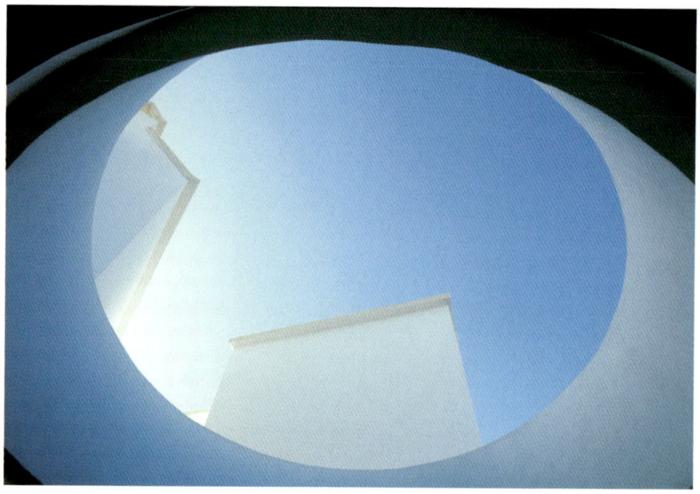

7 Weitere Bildelemente: Hell-Dunkel-Kontrast, Formenkontrast

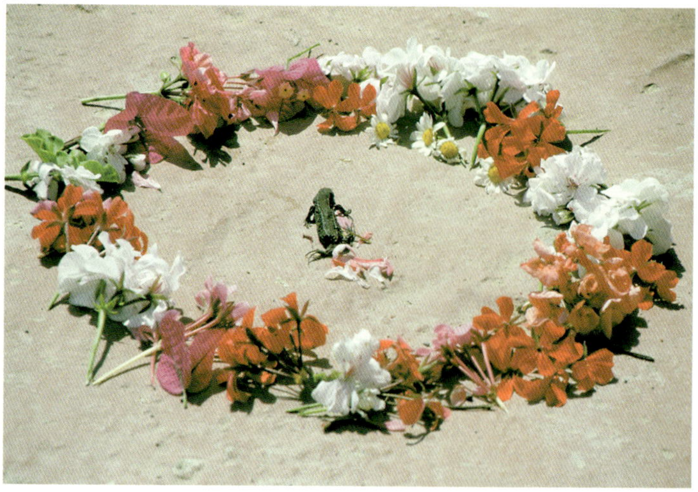

8 Weitere Bildelemente: beherrschender Punkt, warme Farbigkeit

einen schlanken, aufrechtstehenden Quader (zum Beispiel einem Wolkenkratzer) aufgehoben oder zumindest gemindert werden. Die Pyramide hat in jedem Fall einen schweren Sockel und eine leichte Spitze – und somit eine große Standfestigkeit. Nur in experimenteller Anwendung wird eine Pyramide »auf den Kopf« gestellt, so daß sich die nach unten weisende Spitze optisch in den Boden bohrt. Die Flächen/Formen von Quadrat/Würfel, Rechteck/Quader und selbst von Dreieck/Pyramide mit einer möglichen optischen (Zeige-) Bewegung zu einer der Spitzen (meist nach oben) haben keine Tendenz, sich »von der Stelle« bewegen zu wollen. Ihre Wirkung ist primär statisch, ohne eine Neigung zu haben ihre Standfläche verlassen zu wollen. Durch das gerade Aufsitzen auf dem Boden bleibt das Unten immer unten – und das Oben immer oben. Die Kugel hingegen ist instabiler. Sie hat immer nur ein momentanes »Unten« (und Oben), und schon im nächsten Moment kann eine andere Stelle der Kugel die »Standfläche« sein. Eine Bewegung und eine Veränderung in der Lage der Kugel kann dabei ganz real sein – aber auch das Wissen des Betrachters um die Möglichkeit des Rollens einer Kugel, kann diese optisch »zum Rollen« bringen. Bei einer gleichmäßigen Oberfläche kann jede beliebige Stelle der Kugel oben oder unten sein. Dabei wird aber nicht das Gefühl vermittelt, daß die Kugel zum Beispiel auf dem Kopf stünde. Nur bemalte oder beschriftete Kugeln (zum Beispiel ein Globus) können ein eindeutiges, erkennbares Oben und Unten haben.

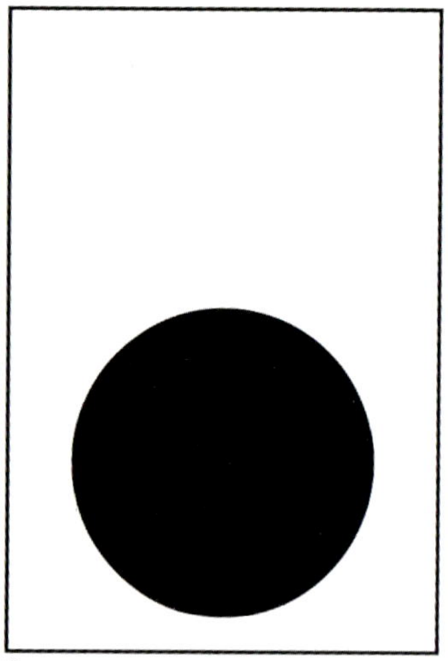

G

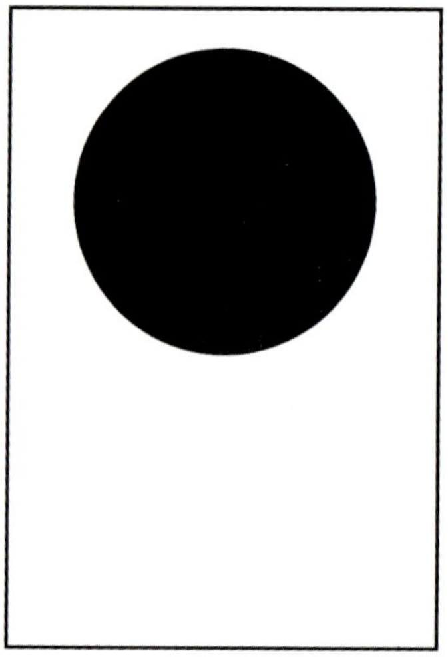

H

Eine Kreisform wirkt an der unteren Kante eines Hochformates schwer und aufsitzend, während ein Kreis an der oberen Bildkante fast zu schweben scheint.

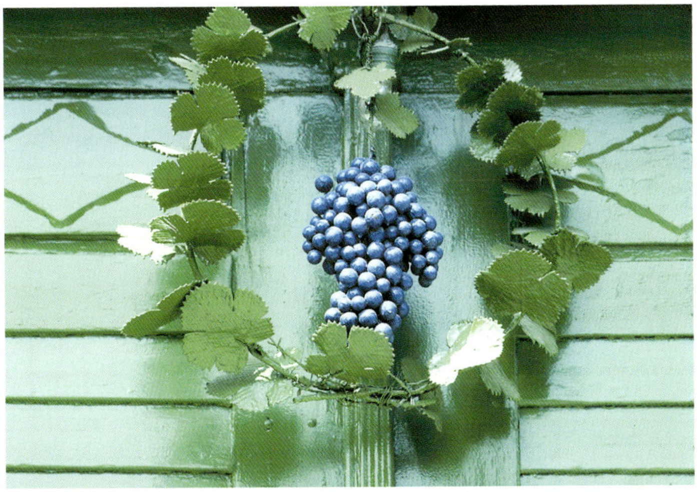

9 Weitere Bildelemente: beherrschender Punkt, Waagerechte, kühle Farbigkeit

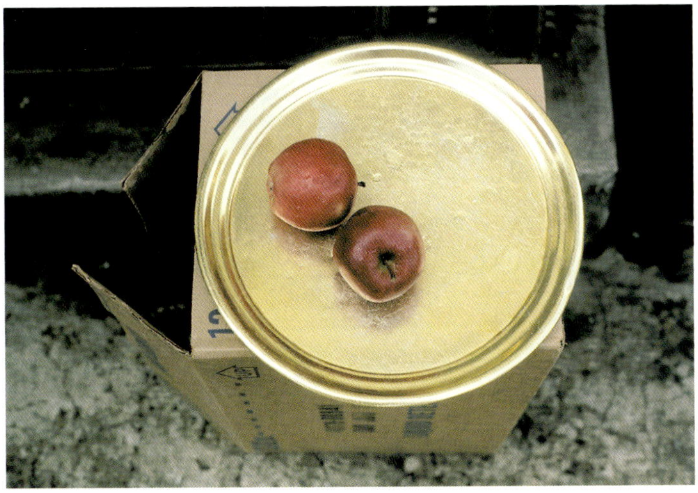

10 Weitere Bildelemente: beherrschender Punkt, Hell-Dunkel-Kontrast

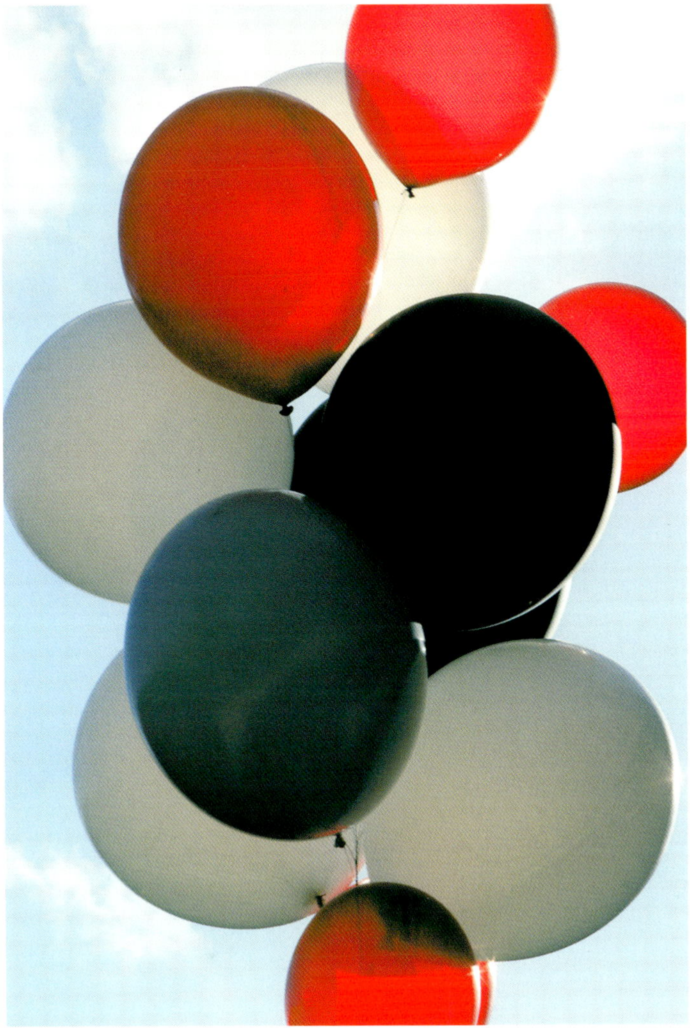

11 Weitere Bildelemente: Hell-Dunkel-Kontrast, Komplementär-Kontrast

Das optische Gewicht von Formen

Bei Formen auf einer Fläche spielt das optische Gewicht und die Lage innerhalb der Bildfläche eine große Rolle. Das optische Gewicht ergibt sich primär aus der Art der Formenbildung. Als optische, nur durch Punkte gebildete Form ist das Gewicht gering, als linienaktive, nur durch Linien gebildete Form, etwas höher. Erst als Form mit Vollfläche ist auch das volle optische Gewicht einer Form erreicht. Der zweite Faktor für das optische Gewicht ist die Größe einer Form auf der Grundfläche. Als dritter Faktor wirkt noch das Hell-Dunkel und/oder die Farbdichte (Farbsättigung) einer Form auf das optische Gewicht. Je größer und dunkler zum Beispiel ein Kreis ist, so deutlicher ist sein optisches Gewicht in einer Komposition. Eine kleine helle Form wirkt leicht.

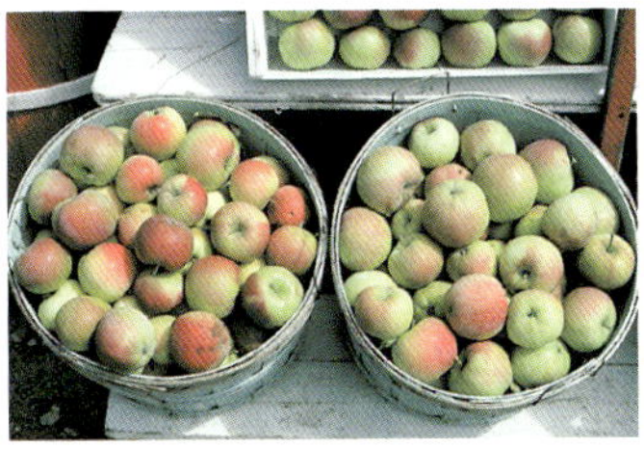

12 Weitere Bildelemente: Struktur, Komplementär-Kontrast

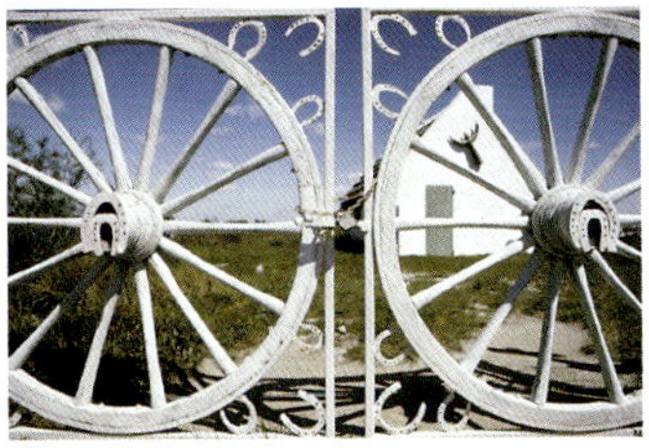

13 Weitere Bildelemente: konkurrierende Punkte, Senkrechte, kühle Farbigkeit

Stabilität und Bewegung von Formen

Für die Stabilität der Lage oder eine mögliche (optische) Bewegung von Form/Formen auf einer Bildfläche ist vor allem die Lage der Formen auf der Fläche ausschlaggebend. Der Kreis an sich hat keine wesentliche Tendenz der Eigenbewegung. Das intensivste »in-sich-Ruhen« zeigt ein Kreis, der flächenfüllend in einem Quadrat sitzt. Auf jedem rechteckigen Bildfeld ergeben sich jedoch Gleichgewichtsprobleme und Spannungen zwischen der Form »Kreis« und dem verbleibenden Untergrund, der Negativform. Der Spielraum der Entscheidung für die Lage eines Kreises in einem Rechteck ist nicht groß. Eine möglichst zentrale Lage ist die ruhigste Lösung (Grafik A und Abb. 1, 9). Ein leichtes Versetzen des Kreises nach links oder rechts ergibt schnell eine Stö-

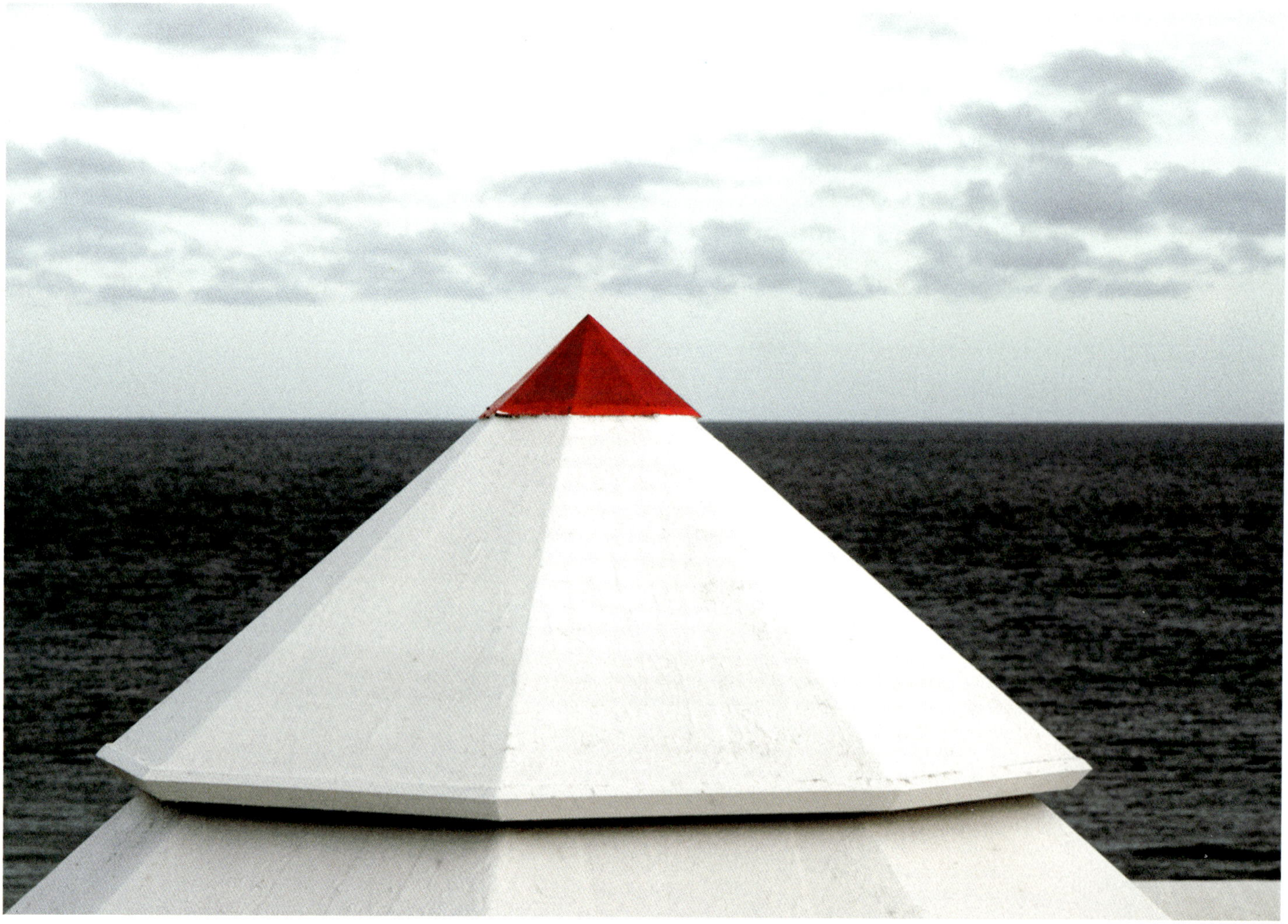

14 Weitere Bildelemente: beherrschender Punkt, Waagerechte

rung im Gleichgewicht der Fläche und muß durch andere Kompositionselemente aufgefangen werden (Abb. 10). Eine eindeutige Annäherung an eine der kurzen Seiten ist bei Kompositionen im Querformat ungünstig. Im Hochformat sind die kurzen Seiten oben und unten, und ein Kreis scheint auf dem Boden aufzusitzen (Grafik G) oder zu schweben (Grafik H). Kompositionen mit zwei Kreisen ergeben andere Probleme. Bei kleineren Vollkreisen bleibt ein schmaler Streifen der Bildfläche frei (Grafik D und Abb. 12.). Größere, die Bildfläche ausfüllende Kreise müssen sich überschneiden (Grafik E und Abb. 5) oder werden als angeschnittene Kreise abgebildet. Die optische Kraft des Kreises ist dabei so stark, daß die angeschnittenen Kreisformen vom Betrachter außerhalb der Bildfläche imaginär ergänzt werden (Grafik B, F und Abb. 13). Zur Formenwelt »Kreis«

Von Bildkante zu Bildkante verlaufende diagonale und schräge Linien teilen die Bildfläche meist in Dreiecke. Dreiecke mit einer Aufwärtsbewegung werden dabei vorrangig wahrgenommen. Sowohl die durch die Winkelgrade bestimmte Form, als auch die Lage von Dreiecken in der Fläche lassen optische Bewegungen der Dreiecke entstehen.

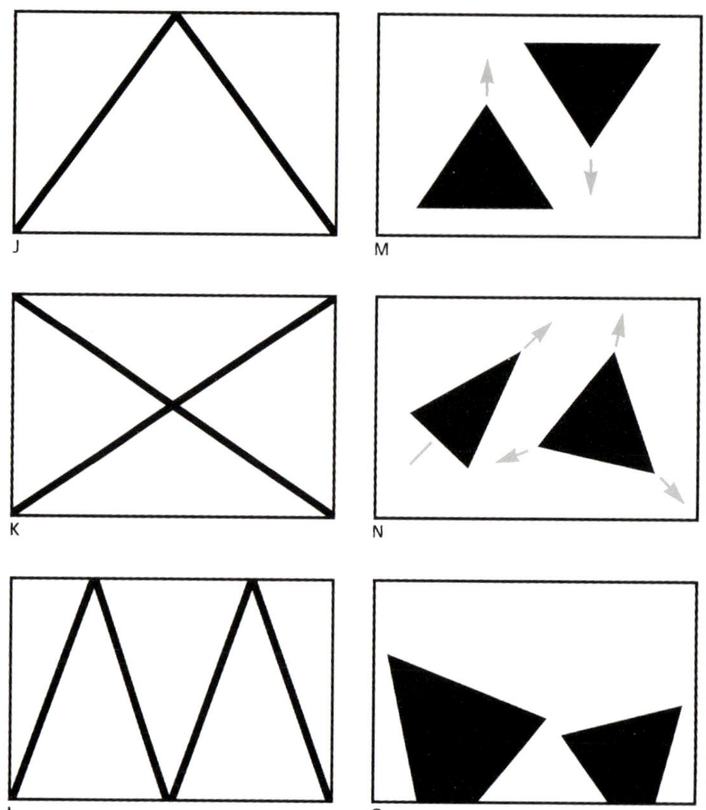

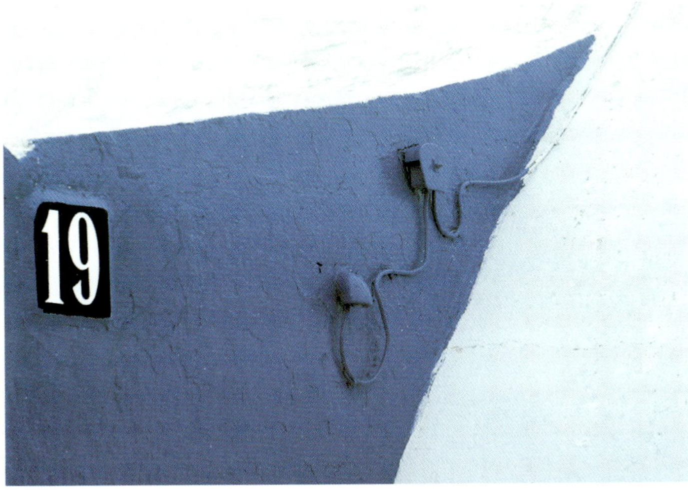

15 Weitere Bildelemente: beherrschender Punkt, Hell-Dunkel-Kontrast

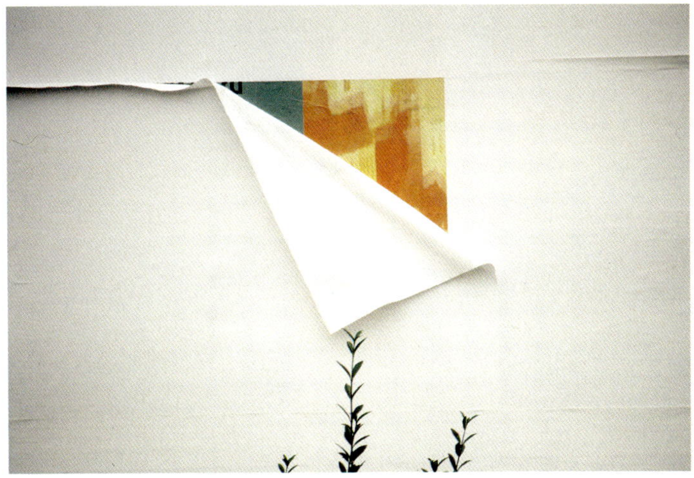

16 Weitere Bildelemente: Waagerechte, Senkrechte, Bunt-Unbunt-Kontrast

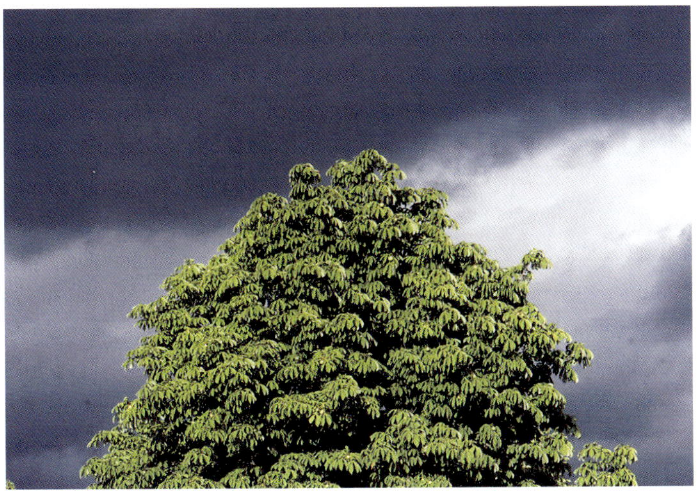

17 Weitere Bildelemente: Struktur, Hell-Dunkel-Kontrast

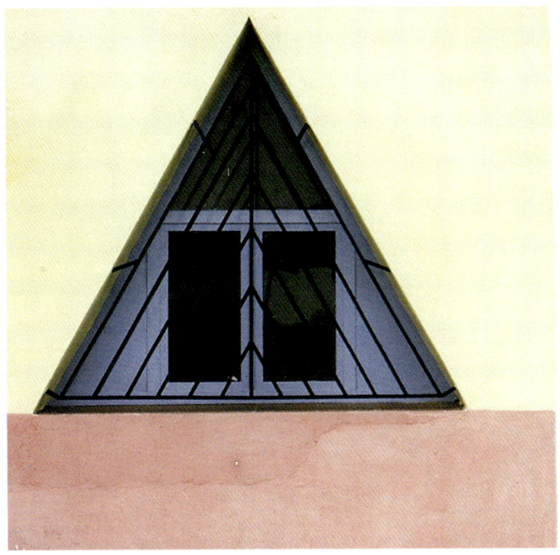

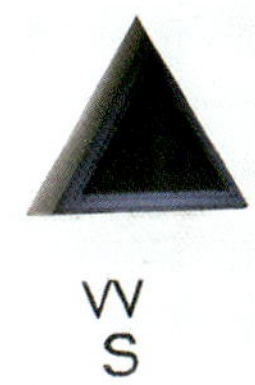

18 Weitere Bildelemente: Waagerechte, Senkrechte, Quantitäts-Kontrast

gehören natürlich auch der Halb- und Viertelkreis sowie Kreisabschnitte. Wird ein Kreis aus einem flachen Winkel betrachtet (fotografiert), ergibt die optische Verzeichnung ein Oval (Abb. 3, 7, 8). Das Oval hat eine leichte Bewegungs-/Ausdehnungstendenz in der Längsachse. Für diese dem Kreis verwandte Form ist das Rechteck eine ideale Bildfläche (Grafik C und Abb. 6, 8). Das Dreieck zeigt sowohl als Form an sich wie auch als Form auf einer Bildfläche eine deutliche Aktivität. Schon eine (schräge oder diagonale), meist aber zwei gerade Linien die schräg durch die Bildfläche verlaufen, können unter Einbezug von einer oder zwei der Bildkanten Dreiecke bilden. Hierbei sind die Dreiecke mit einem eindeutigen »Unten« die Primärformen, während die anderen enstehenden Dreiecke Negativ- oder Gegenformen bilden (Grafik J,L und Abb. 15, 19). Bei

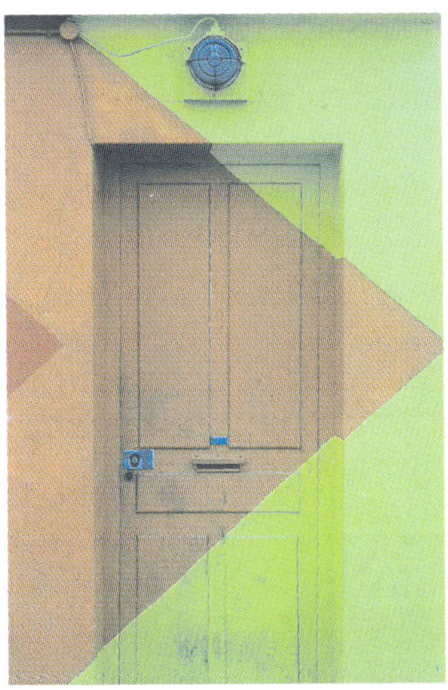

19 Weitere Bildelemente: beherrschender Punkt, Waagerechte, Senkrechte

der doppelten Diagonalteilung kann die Gewichtung der Dreiecke »wackeln«. Je nach Betrachtungsweise haben mal die Dreiecke oben und unten, mal die von rechts und links mehr Gewicht (Grafik K). Stehen Dreiecke frei im Raum einer Bildfläche, werden ihre optischen Bewegungen von ihren äußeren Umrissen und ihrer Raumlage beeinflußt. Ein Dreieck kann mit drei gleichen Seitenlängen ausgeglichen oder mit zwei und sogar drei unterschiedlich langen Seiten relativ instabil sein. Das gleichseitige Dreieck hat bei neutraler Raumlage nur wenig, andere Dreiecke auch bei freier Raumlage deutliche »Pfeilwirkung« über die Längsachse (Grafik N und Abb. 15,16). Einen Zeige-/Pfeilcharakter bekommt das gleichseitige Dreieck erst, wenn eine der Seiten des Dreiecks paralell zu einer der Bildkanten verläuft. Nach oben weisende Dreiecke haben einen festen »Sockel«, eine Basis, welche die Aufwärtsbewegung unterstützt. (Grafik M und Abb. 2,4,14,17,18). Das nach unten weisende Dreieck zeigt auch nach unten, hat aber – gleichzeitig auf der Spitze stehend – einen sehr wackeligen Stand (Grafik M). Natürlich kann eine Komposition mit Dreiecken auch eindeutige optische Bewegungen nach links oder rechts erzeugen (Abb. 19). Ein imaginäres Ergänzen von Dreiecken, die über die Bildkanten hinausgehen, ist nicht so zwingend wie bei Kreisen. Das Auge ist eher geneigt, Dreieckformen im verbleibenden Rest des Untergrundes (Negativformen) zu entdecken (Grafik O).

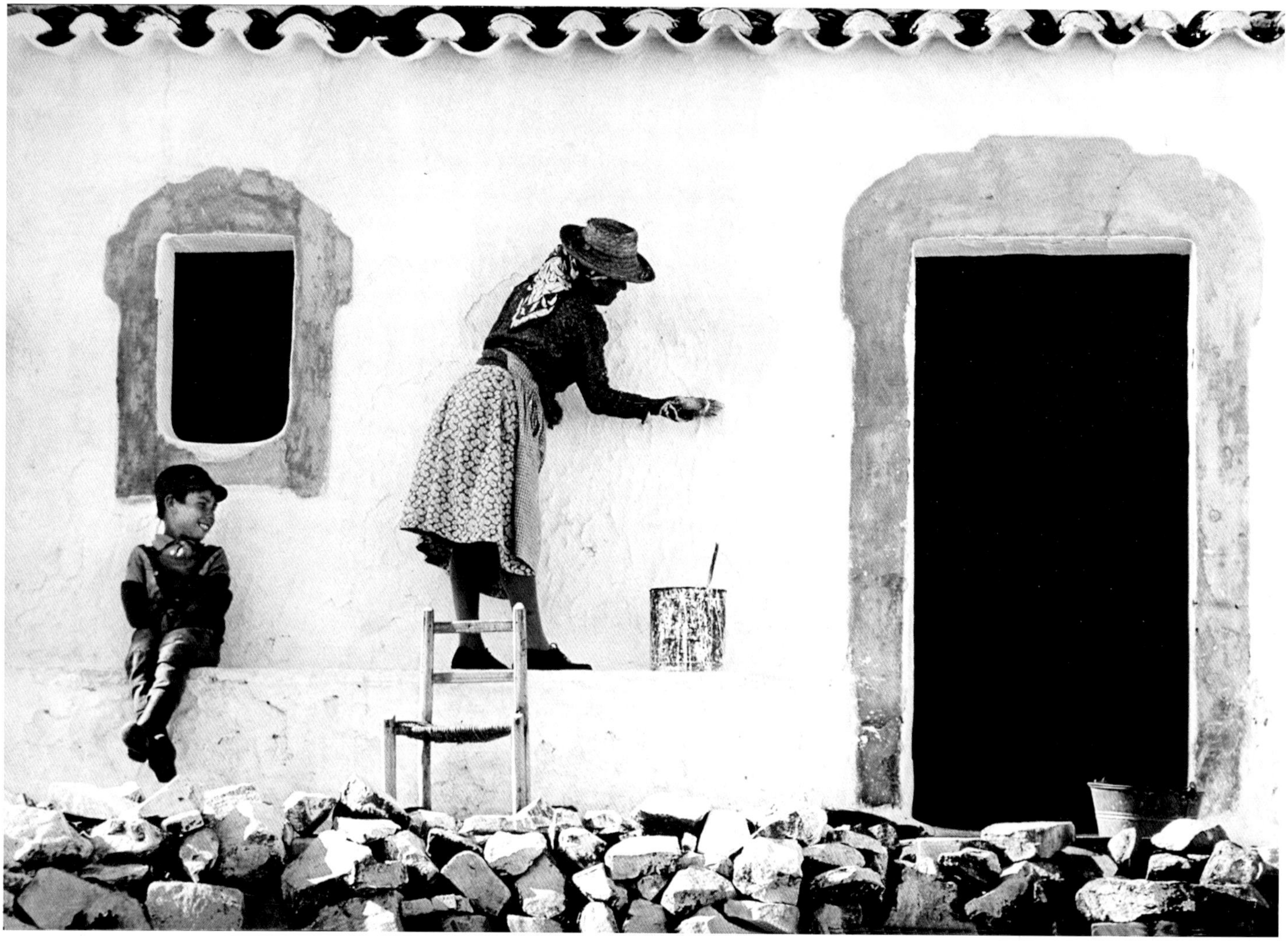

1 Weitere Bildelemente: Senkrechte, Hell-Dunkel-Kontrast, Struktur

Formvarianten, freie Formen, Formen-Kontrast

Form an sich wird über die äußeren Umrisse im Kontrast zum jeweiligen Umfeld definiert. Als Abbildung auf einer zweidimensionalen Fläche wird dem Betrachter immer nur eine Teilansicht eines als Form wirkenden Objektes gezeigt. Bei abgebildeten Gegenständen und Naturobjekten, die ein Betrachter als »ist mir bekannt« wiedererkennt, werden frühere Seherfahrungen von Ansichten dieser Objekte aus anderen Blickwinkeln ins Gedächtnis gerufen. Die einseitige Teilansicht wird »im Kopf« ergänzt und vervollständigt.

Varianten der geometrischen Formen

Die geometrischen Primärformen sind das Quadrat, der Kreis und das gleichseitige Dreieck. Sowohl als zweidimensionale Grundformen als auch im dreidimensionalen Bereich als Würfel, Kugel und dreiseitige Pyramide sind diese Formen absolut und nicht mehr zu verbessern. Diese Grundformen und die weiteren geometrischen Formen werden auch als Kulturformen bezeichenet – als Formen, die (angeblich) vom Menschen geschaffen wurden. Hierzu gehören, wie viele weitere geometrische Formen, auch die formale Addition aus je zwei der Grundformen. Dabei entstehen aus dem Quadrat und dem Dreieck das Trapez, dem Quadrat und dem Kreis das Oval und dem Kreis und dem Dreieck das Rundeck (Grafik D,E und F). Sicherlich müssen die »Formerfin-

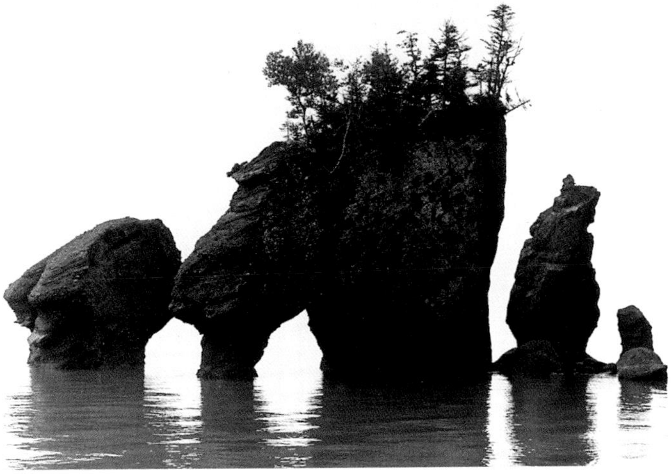

2 Weitere Bildelemente: optische Formen, Hell-Dunkel-Kontrast

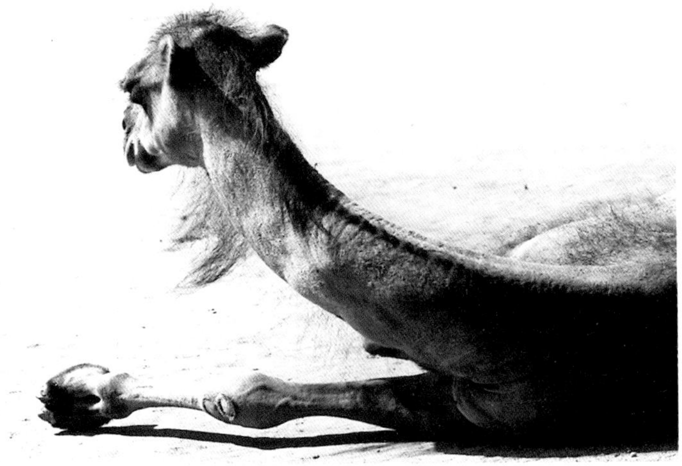

3 Weitere Bildelemente: Waagerechte, diagonale Linie

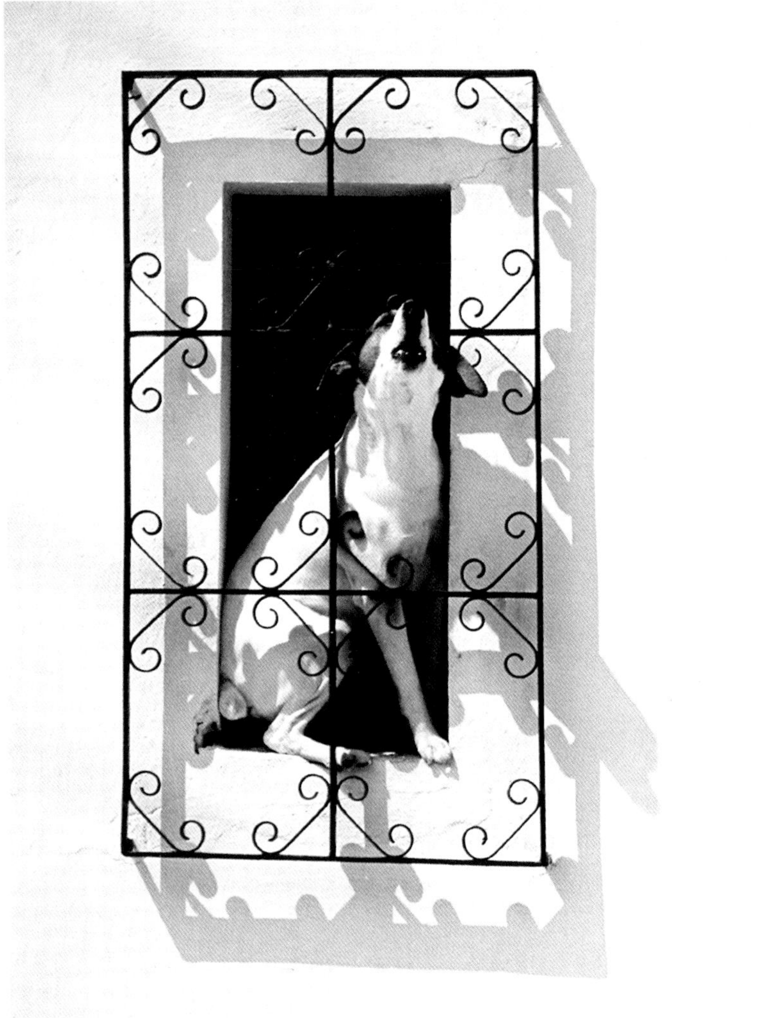

4 Weitere Bildelemente: Senkrechte, Linienkontrast, Hell-Dunkel-Kontrast

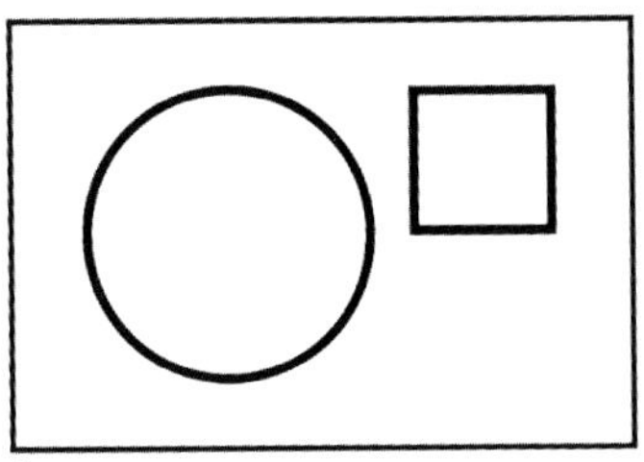

A

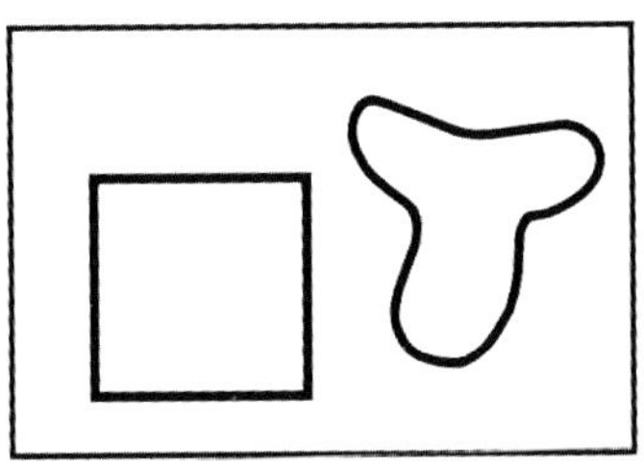

B

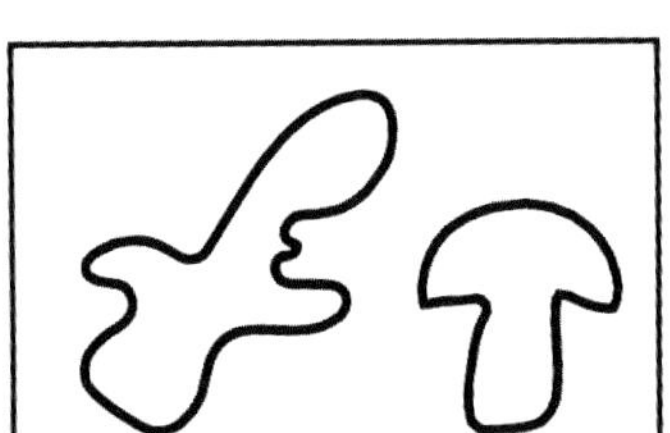

C

Flächen unterschiedlicher Form gegeneinander zu stellen ist ein weiteres künsterisches Mittel. Dabei können Unterschiede von runder zu eckiger Form, geometrischer Form zu Naturform, verschiedener Naturformen oder auch bekannter zu unbekannter Form den Kontrast bilden.

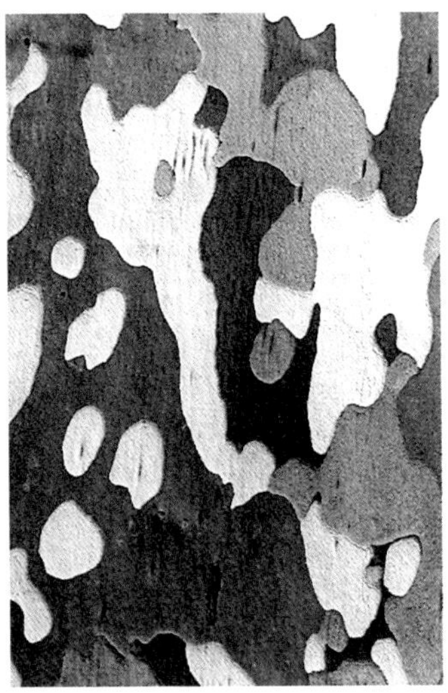

5 Weitere Bildelemente: Hell-Dunkel-Kontrast, Struktur

dungen« der Menschen als Nacherfindungen eingestuft werden. Bereits ohne optische Hilfsmittel lassen sich in unterschiedlichen Bereichen der Natur mit dem bloßen Auge viele geometrische Formen finden. Etwa die Sonne und der Vollmond, ein Flußdelta, Blüten, Blätter und Pilze, sogar Tiere und tierische Produkte (zum Beispiel Quallen, eingerollte Igel, einige Insekten, Nester, Eier oder Bienenwaben).

Die Vielfalt der Naturformen

Die Grenze zwischen den geometrischen und den natürlichen Formen ist demnach fließend. Die Naturformen kann man auch nur bedingt als freie Formen bezeichnen. Viele der in der Natur vorkommenden Formen sind mit direkten oder übergeordneten Begriffen belegt. Die

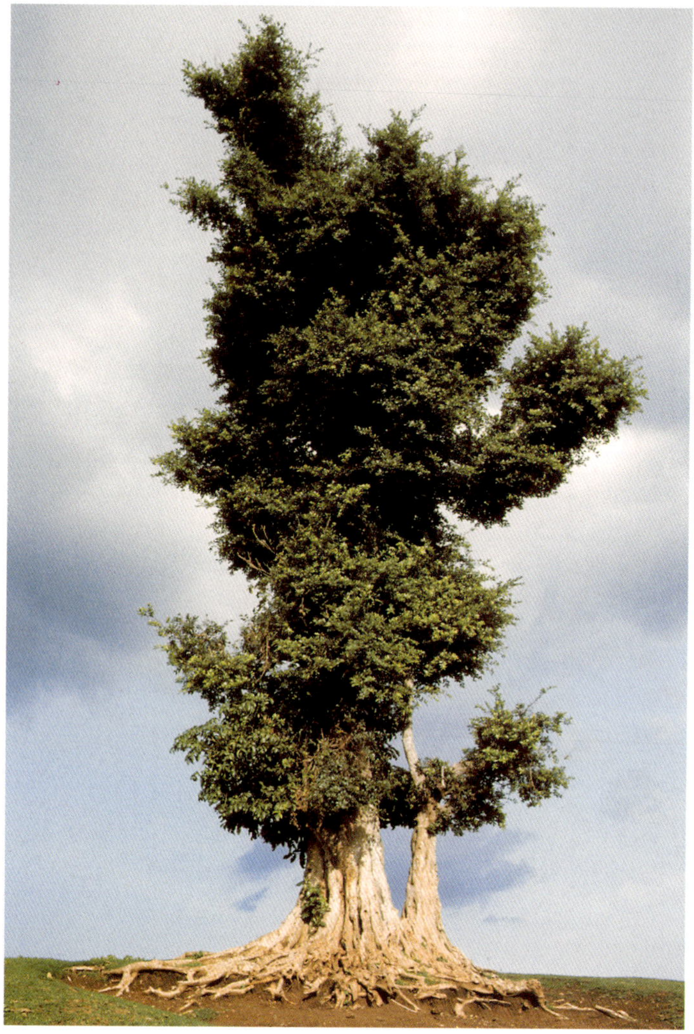

6 Weitere Bildelemente: Waagerechte, Hell-Dunkel-Kontrast, Struktur

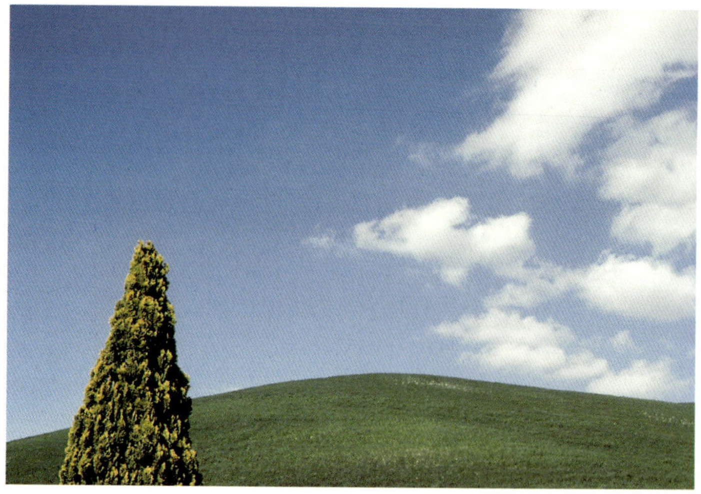

7 Weitere Bildelemente: Hell-Dunkel-Kontrast, Kalt-Warm-Kontrast

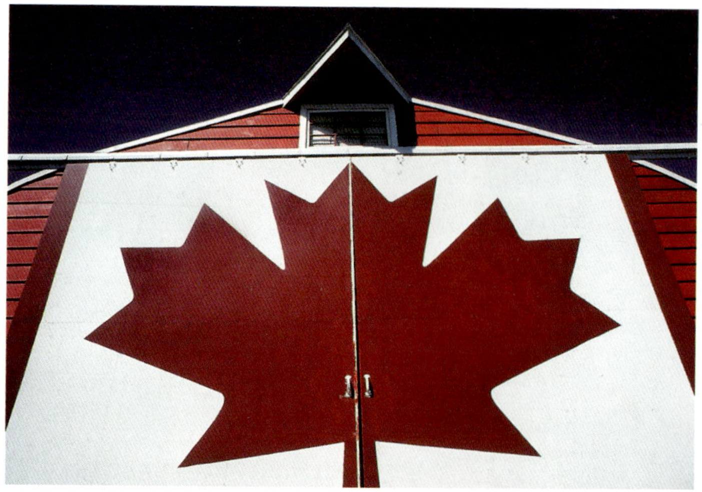

8 Weitere Bildelemente: Waagerechte, schräge Linie, Hell-Dunkel-Kontrast

freien Umrißform eines Blattes, eines Strauches oder eines Baumes und so weiter werden sofort als Blatt, Strauch oder Baum definiert – und nicht als eine Form mit einem freien Verlauf der Umrißlinie (Abb. 6). Bei genaueren Kenntnissen der Botanik zum Beispiel sogar als Ahornblatt, Rosenstrauch oder Birkenbaum. Obwohl die Formen in den einzelnen Bereichen in ihren Umrissen (und natürlich auch in ihrer Oberfläche und ihren Hell-Dunkel-Werten) sehr variieren können, werden Formen primär nach der Zuordnung zu einer Objektgruppe und nur selten nach der Zuordnung zu einer Formgruppe unterschieden. Die Formen in der Natur sind einem ständigen Wandel unterworfen. Diese Prozesse der Veränderungen der Formen sind nur in wenigen Bereichen unmittelbar zu beobachten. Meist sind es Wachstumsprozeß und Metamorphosen im Zyklus der

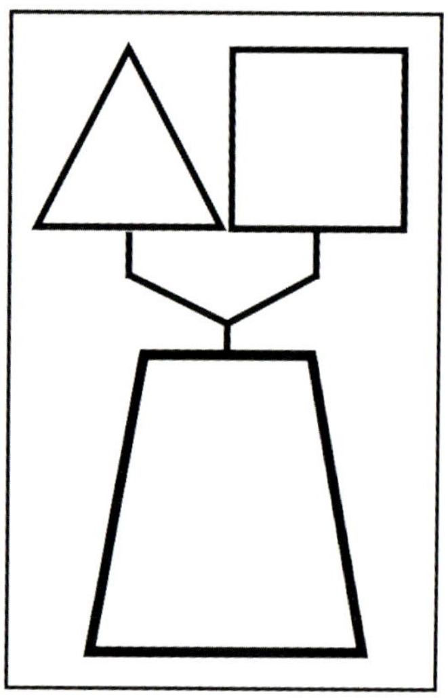

Grafik D

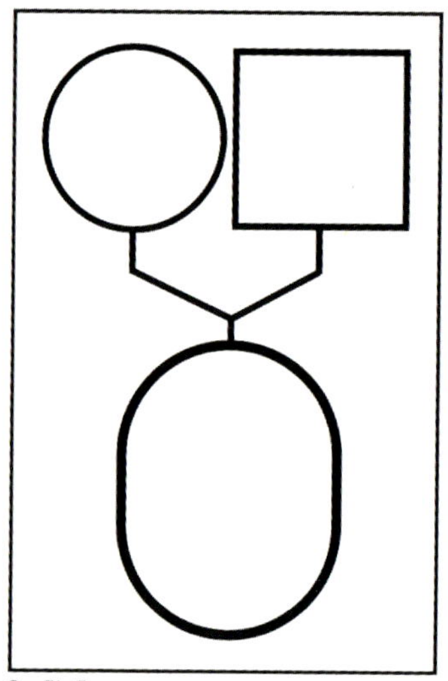

Grafik E

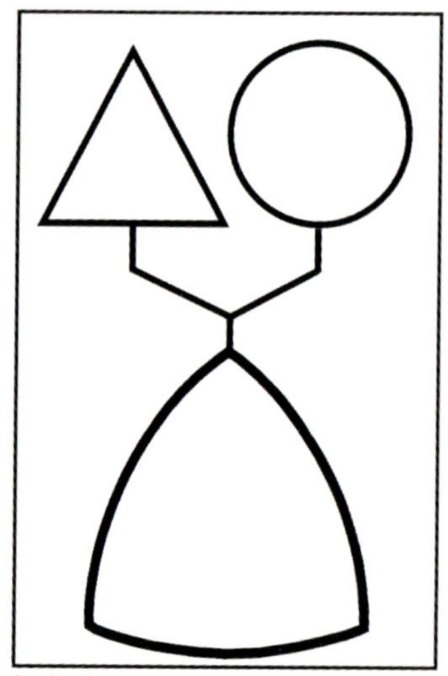

Grafik F

So wie sich aus der Mischung von je zwei Farben der ersten Ordnung eine Farbe der zweiten Ordnung ergibt, können auch aus den Primärformen Dreieck, Quadrat und Kreis die Sekundärformen Trapez, Oval und Rundeck entstehen.

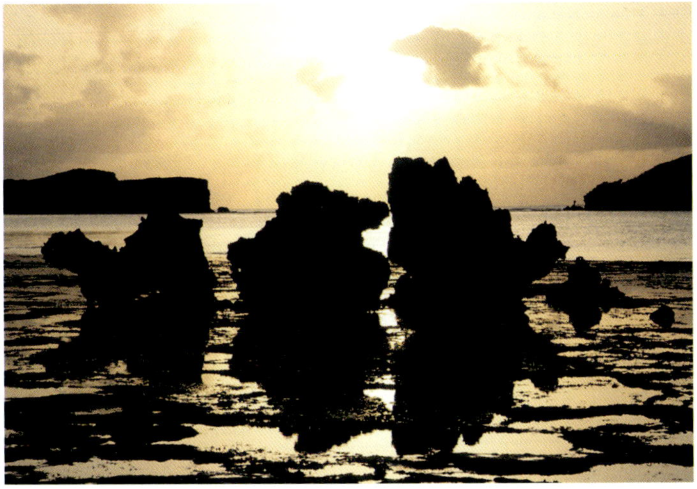

9 Weitere Bildelemente: Hell-Dunkel-Kontrast, warme Farbigkeit

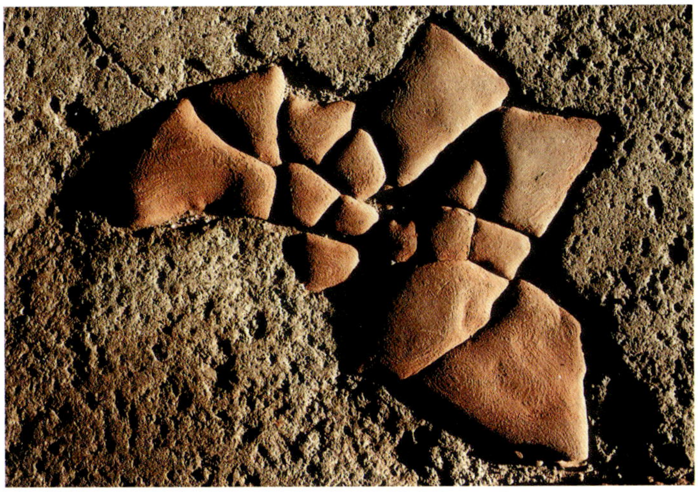

10 Weitere Bildelemente: Struktur, warme Farbigkeit

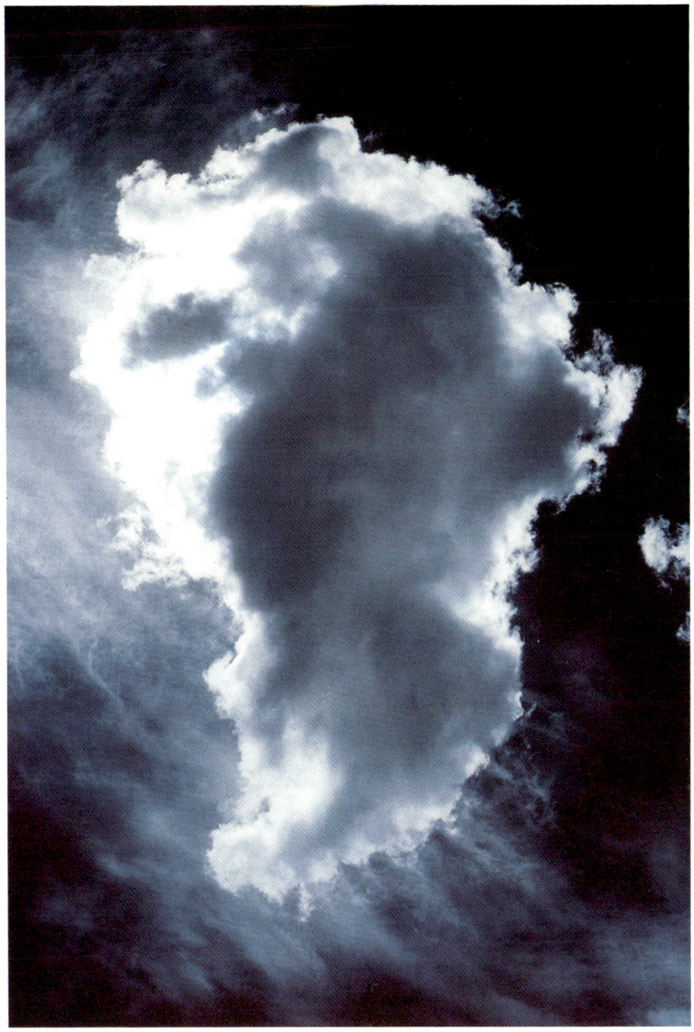

11 Weitere Bildelemente: kühle Farbigkeit

Jahreszeiten bei Pflanzen und Tieren. Aber auch Langzeitprozesse, die sich über Jahre und Jahrzehnte hinziehen. Etwa Veränderungen bei Landschaften, Dünen, Bergen und Felsen (Abb. 2 und 9), wobei sich eine Veränderung der Felsformen natürlich nur im Vergleich mit sehr alten Aufnahmen zeigen ließe. Einer ständigen und zu beobachtenden Veränderung unterliegen zum Beispiel Wellen und Wolken. In einem Bild wird also eine flüchtige Form festgehalten, ein nicht wiederkehrender formaler Zustand (Abb. 7 und 11). Die dauernde Veränderung der Umrißform ist natürlich auch bei allen »lebendigen Formen« – also bei Mensch und Tier – ein wichtiger Faktor, der für eine gute oder eine weniger gute Gestaltung eines Bildes entscheidend ist. Auch hier wird Form nicht isoliert als »Form« gesehen, sondern immer an die erkannte Figur gebunden. Im Tierbereich zum Beispiel an Katze, Hund, Kuh und so weiter, oder im menschlichen Bereich gleich differenziert nach Baby, Kind, Mädchen, Junge, Frau oder Mann – eventuell sogar nach Alter, Rasse und sozialer Schicht (Abb. 1, 3, 4 und 14). Eine Formqualität ergibt sich aus dem richtig gewählten Moment der Aufnahme (zum Beispiel beim Ablauf einer Bewegung) und natürlich dem Zusammenklang von günstigem Aufnahmestandpunkt und gewählter Brennweite. Neben allgemeinen Schnappschüssen ist dies vor allem für die formale Qualität bei Sport- und Tierfotografie ausschlaggebend.

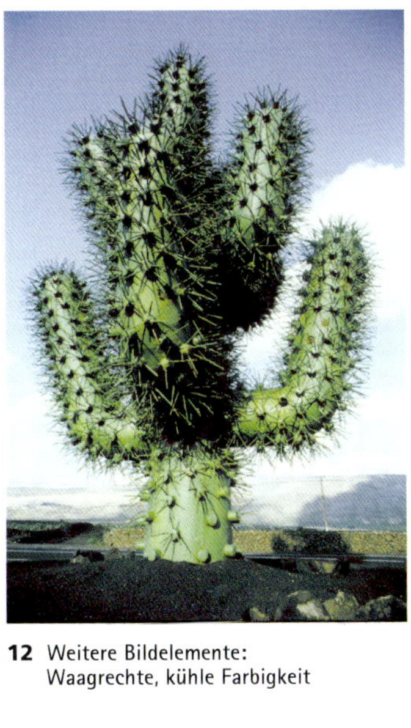

12 Weitere Bildelemente: Waagrechte, kühle Farbigkeit

Lage, Umriß und Erkennbarkeit

Eine Form, die aus ihrer (für uns) als richtig empfundenen Lage gebracht wird, ergibt in der Regel noch keine neue Form. Dreiecke, Quadrate oder Rechtecke bleiben Dreiecke, Quadrate und Rechtecke – unabhängig von ihrer Lage innerhalb der Bildfläche. Ersetzt man Form durch »erkannten Gegenstand« (oder erkannte Pflanze, Tier, Mensch und so fort, wie es im rationalen Erkennungsprozeß meist geschieht), so kann ein Stuhl umgefallen sein, eine Katze geworfen werden oder ein Mensch auf dem Kopf stehen, und der Betrachter wird immer noch den Stuhl, die Katze, den Menschen erkennen. Selbst die Form verändernde perspektivische Verzeichnungen werden für ein Erkennen akzeptiert. Oft werden dabei Formen »im Kopf korrigiert«, ohne deshalb unbedingt gleichzeitig die Formqualität der Abbildung gutzuheißen. Eine Erkennbarkeit von Objekt/Form kann aber auch erschwert und/oder verhindert werden. Durch ungewöhnliche Blickwinkel und/oder Objektive

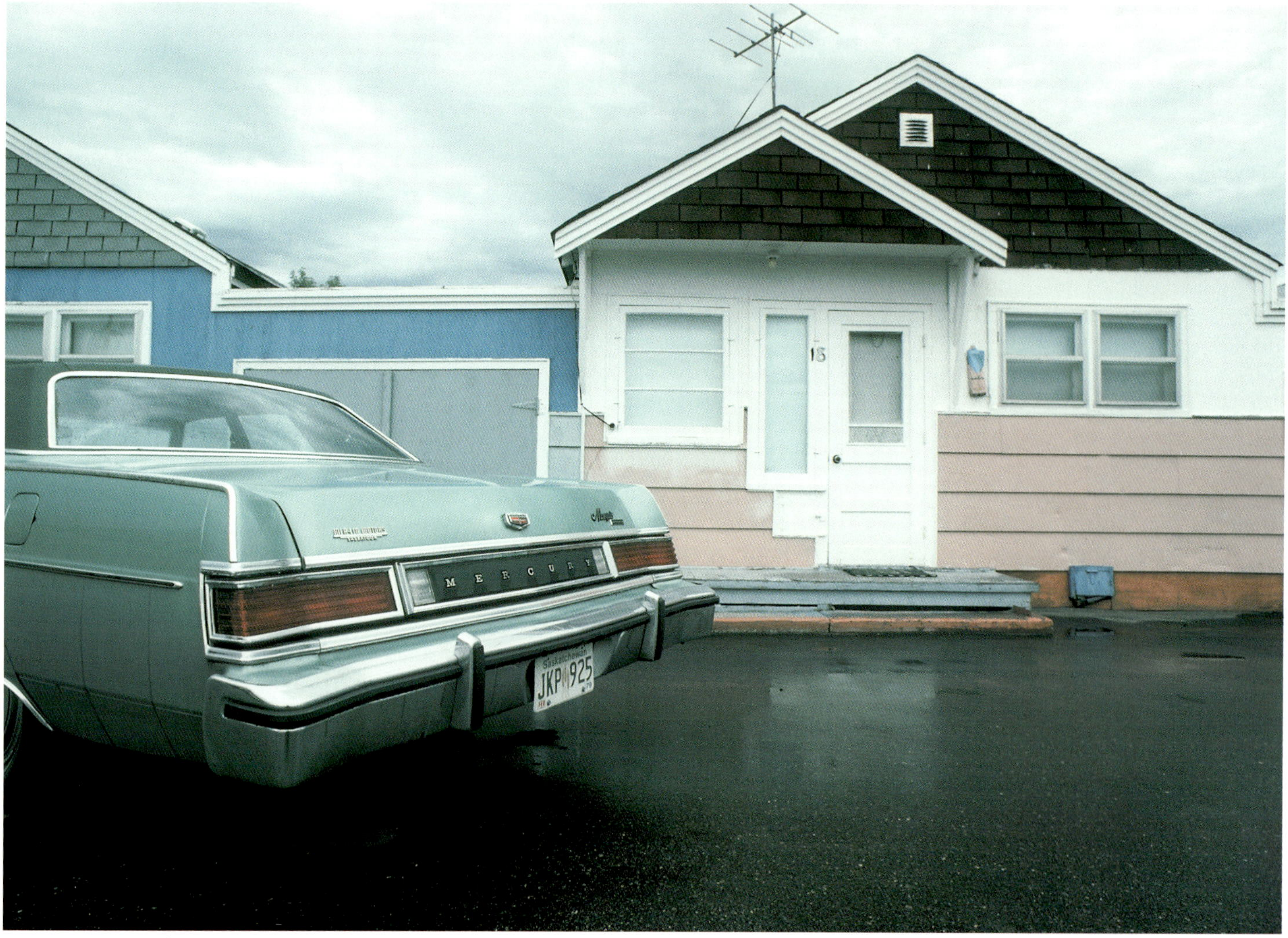

13 Weitere Bildelemente: Waagerechte, Schräge, Hell-Dunkel-Kontrast, Kalt-Warm-Kontrast

bei der Aufnahme können Details der fotografierten Objekte verdeckt oder verschwiegen werden. Über das Sehen erlangte Erfahrungen mit uns vertrauten Gegenständen werden meist aus der »Normalsicht« gewonnen. Also aus Augenhöhe, waagerecht oder mit leichtem Blickwinkel nach unten oder nach oben, nach rechts oder nach links. Ansichten derselben Gegenstände, zum Beispiel senkrecht von oben oder von unten, können vertraute Details verdecken, und ein Erkennen wird schwierig oder sogar unmöglich. Viele Gegenstände, vor allem aber Lebewesen bieten unterschiedliche, jedoch jeweils sehr markante Ansichten ihrer Form, ihrer Figur. Als bekanntestes Beispiel sei hier die frontale Ansicht und das Profil bei der Portraitfotografie genannt. Neben den geometrischen Formen und den (freien) Formen die sofort erkannt und zugeordnet werden,

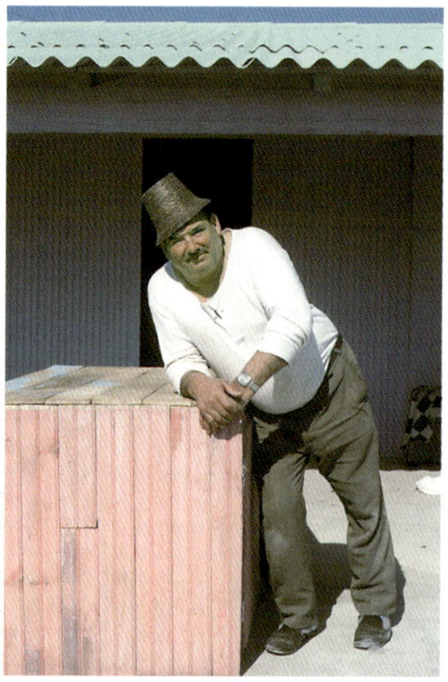

14 Weitere Bildelemente: Kalt-Warm-Kontrast

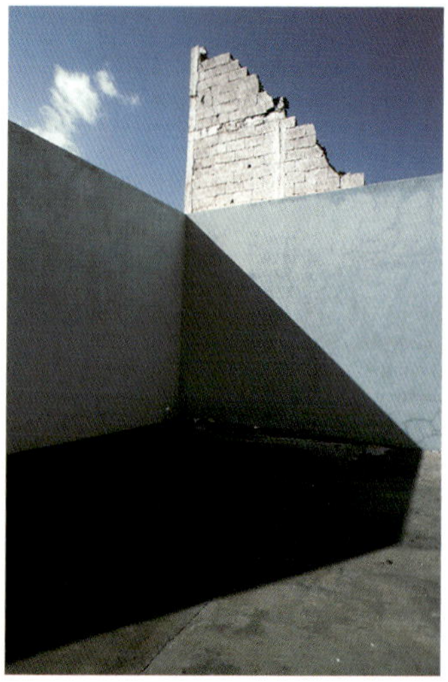

15 Weitere Bildelemente: kühle Farbigkeit, Hell-Dunkel-Kontrast

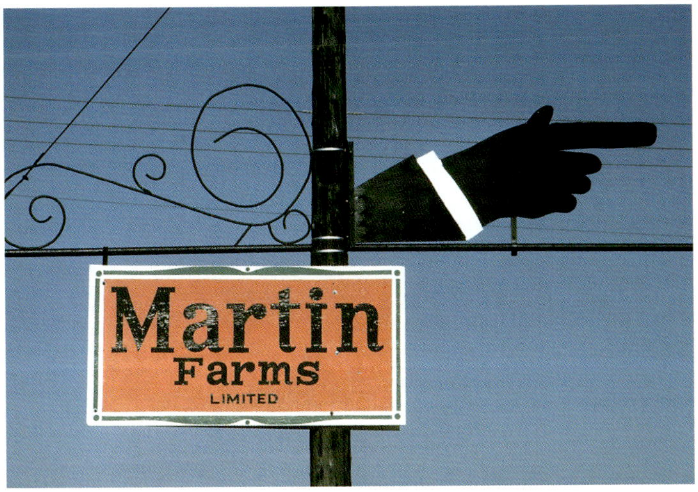

16 Weitere Bildelemente: Senkrechte, Linienkontrast, Kalt-Warm-Kontrast

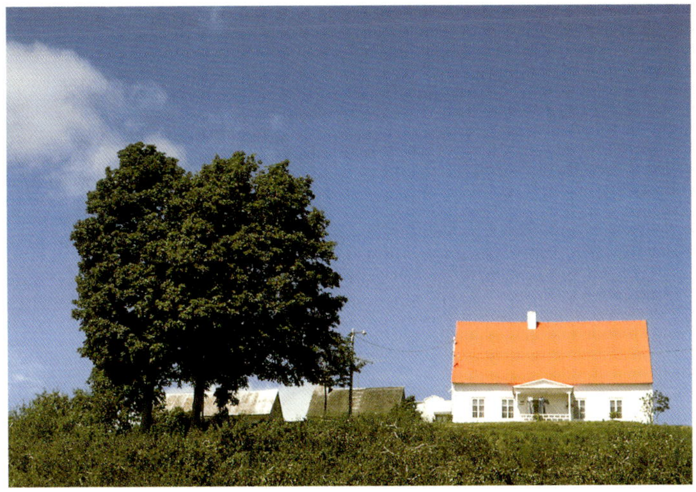

17 Weitere Bildelemente: Waagerechte, Kalt-Warm-Kontrast

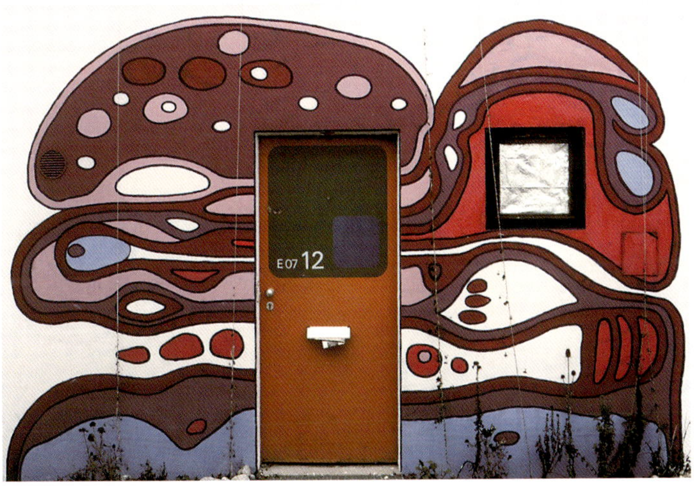

18 Weitere Bildelemente: Hell-Dunkel-Kontrast, Kalt-Warm-Kontrast

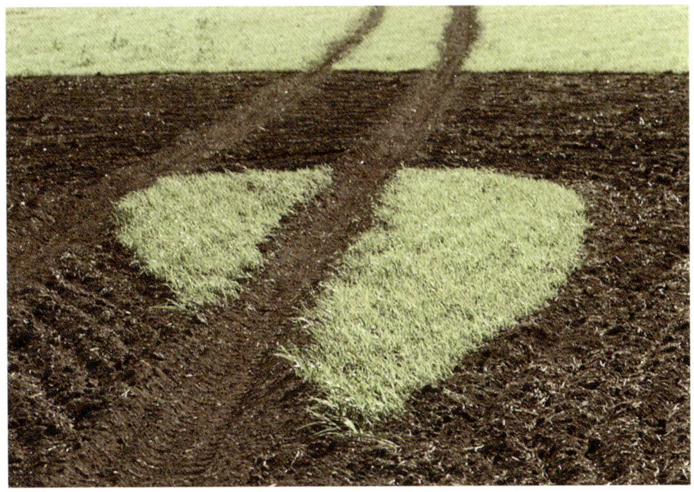

19 Weitere Bildelemente: Struktur, Hell-Dunkel-Kontrast, Zweifarbigkeit

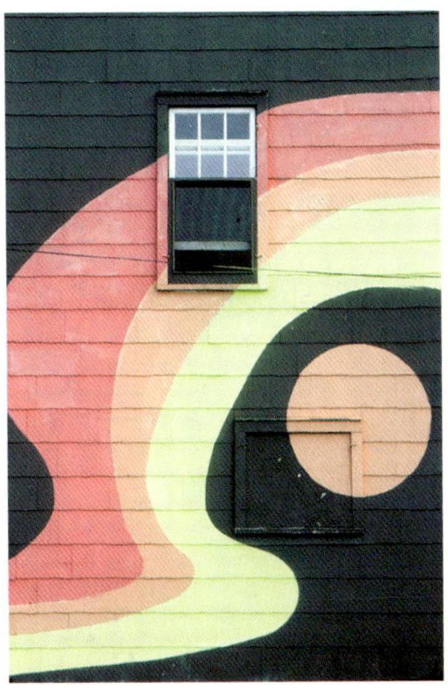

20 Weitere Bildelemente: Hell-Dunkel-Kontrast, warme Farbigkeit

gibt es noch die ganz freien Formen. Formen mit völlig freien Umrissen, entstanden durch Zufälligkeiten im Natur- oder Kulturbereich oder aber Formerfindungen von künstlerisch tätigen Menschen (Abb. 5, 10, 12, 13, 18, 19, 20).

Kontraste der Formen

Da in der Regel das Bildfeld eine geometrische Form ist (Quadrat oder Rechteck), kann sich ein Formkontrast auch schon auf die Form einer Abbildung auf der Bildfläche, zur Form des Bildfeldes selbst beziehen.
Auf dieser Primärebene ist der Formenkontrast jedoch nur bei einfachen Kompositionen mit einzelnen, die Fläche beherrschenden Formelementen deutlich zu empfinden (Abb. 6, 11, 12). Im allgemeinen ist mit dem Formenkontrast das optische Spiel unterschiedlicher Formen innerhalb der Bildfläche gemeint.
Die kontrastierenden Formen können dabei sowohl unterschiedliche geometrische Formen, geometrische Formen zu freien Formen und freie Formen zu anderen freien Formen sein.
(Grafik A, B und C, Abb. 1, 4, 7, 8, 12 bis 18, 20).

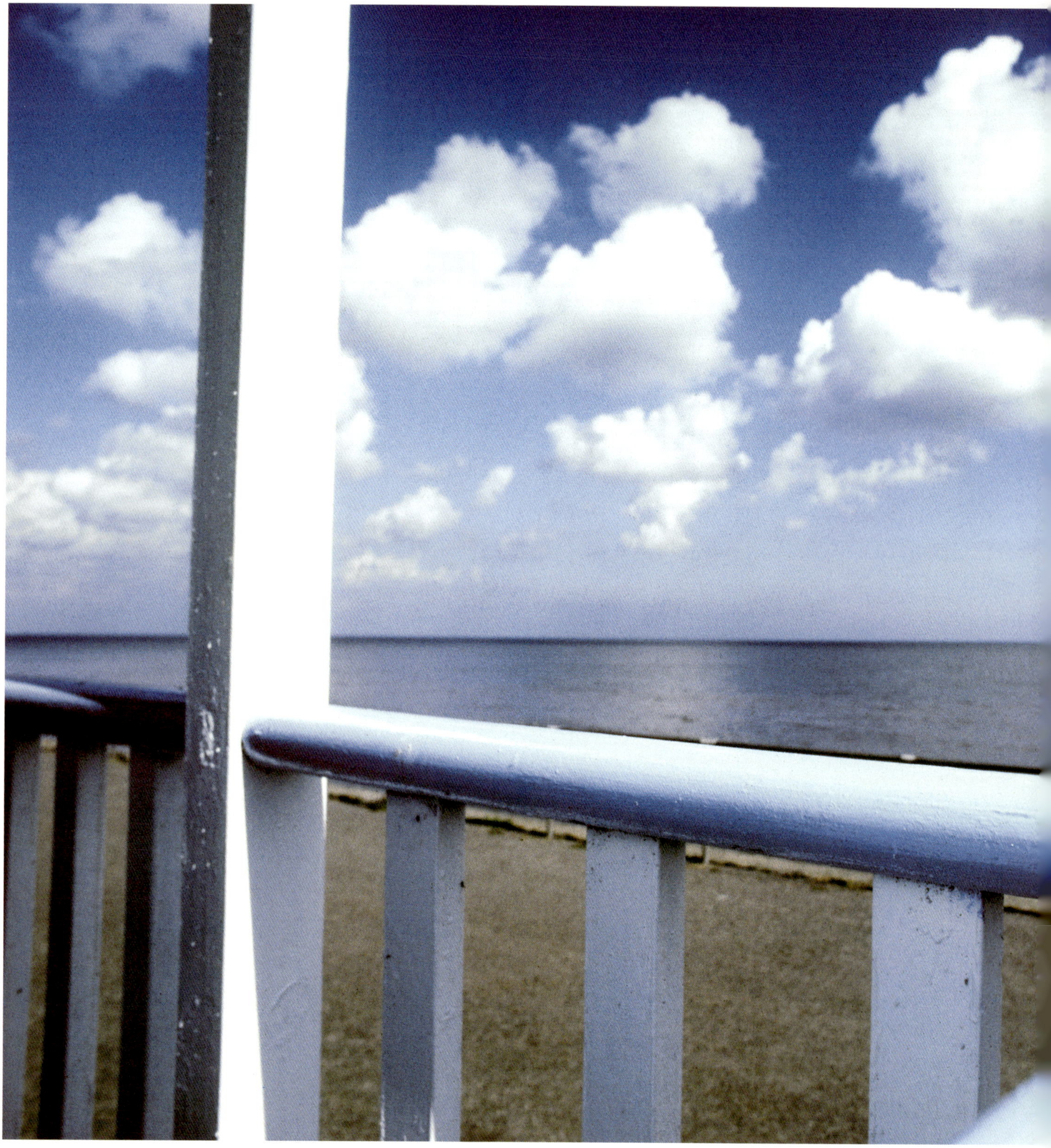

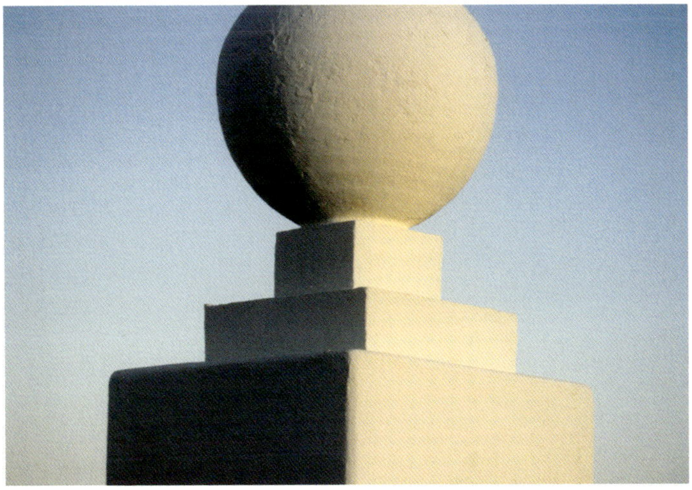

Allgemeine Kontraste

Im Bereich der formalen Gestaltung und der Farbanwendung steht es den Gestaltenden frei welche Mittel und Kontraste er für eine Komposition verwendet oder weglässt. Dagegen sind die allgemeinen Kontraste im Bild (fast) immer gemeinsam vorhanden: gegenständliche oder abstrakte Formen, Differenzierungen im Hell-Dunkel der benuzten unbunten oder bunten Farben und – trotz Begrenzung auf die zweidimensionale Fläche – eine gewisse räumliche Wirkung innerhalb des Bildes.

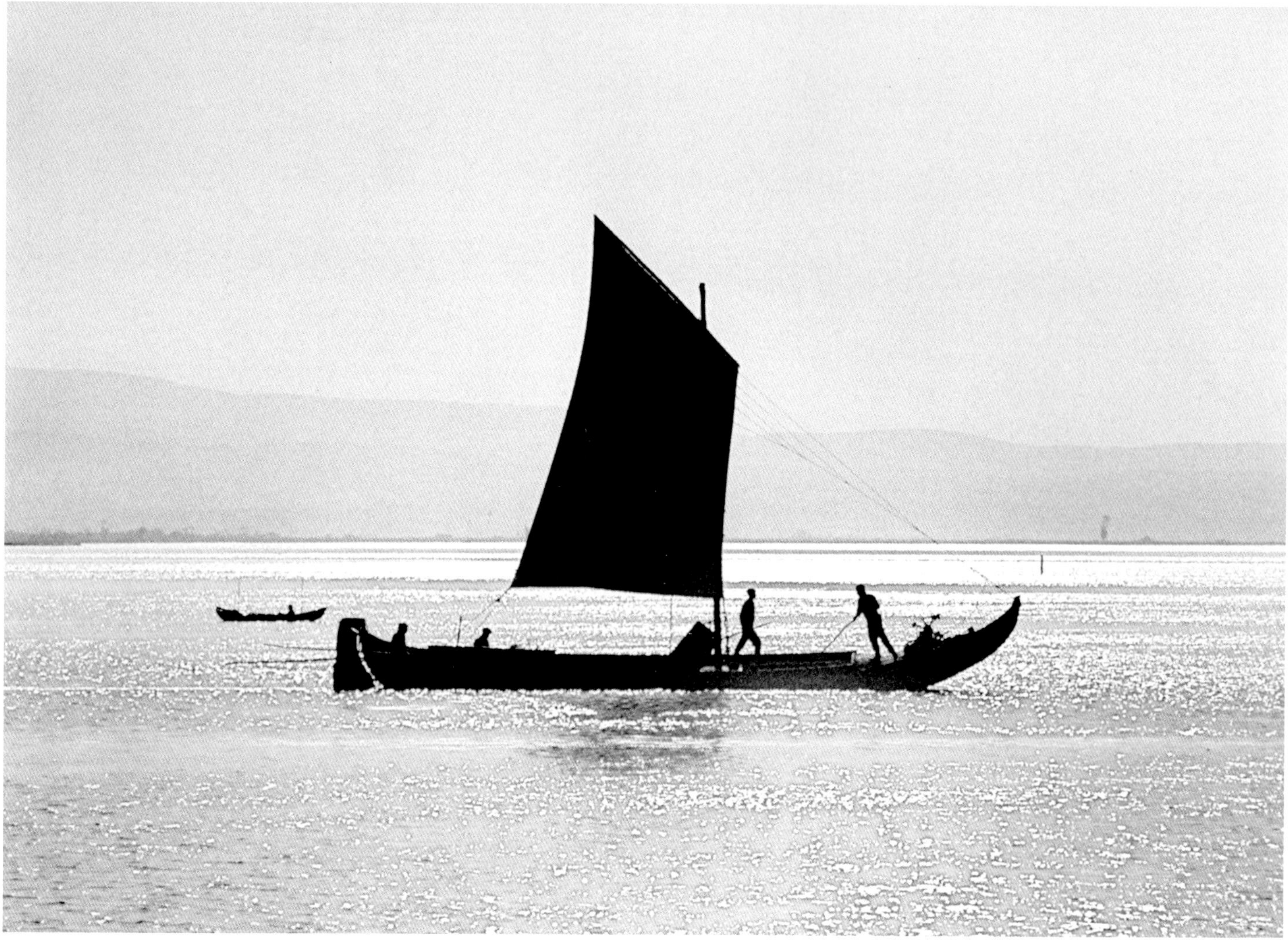

1 Weitere Bildelemente: Waagerechte, Senkrechte, Hell-Dunkel-Kontrast

Form und Untergrund: Negativ- und Positivform

Bei jeder (Bild-)Betrachtung wird bei dem Betrachtungsprozeß die Anordnung des Gesehenen in Hauptobjekt, eventuell noch Nebenobjekt und dem (scheinbar unwichtigen) Untergrund vorgenommen. Die Bildebenen gliedern sich meist in Vordergrund, Mittelgrund und Hintergrund. Jede primär erkannte Form wird zur (ersten) Positivform. Eine dahinterliegende weitere Form oder der verbleibende Rest der Bildfläche wird als Negativform bezeichnet. Im Idealfall unterstützt die Negativform die optische Wirkung der Positivform.

Formen und Objekte erkennen

Das reine Formerkennen kann von verschiedenen Kontrasten unterstützt werden. Ein möglichst eindeutiges Hell-Dunkel ist dabei für den Bereich des Schwarzweißbildes absolut notwendig. Optisches Phämomen ist dabei, daß eine Form die hell ist und auf dunklem Untergrund sitzt immer größer wirkt, als dieselbe Form in dunkel auf hellem Untergrund (Grafik E und F). Beim Farbbild paart sich der Hell-Dunkel-Kontrast häufig mit dem Farbton-Kontrast und/oder dem Qualitäts-Kontrast (dem Reinheitsgrad der Farbe). Geringe Hell-Dunkel-Kontraste wenig ausgeprägte Farbtonkontraste und/oder Farbtöne mit gleicher Grauwertdichte reduzieren die optische Trennung zwischen Form und Unter-/Hintergrund und damit eine deutliche und /oder eindeutige Erkennbarkeit

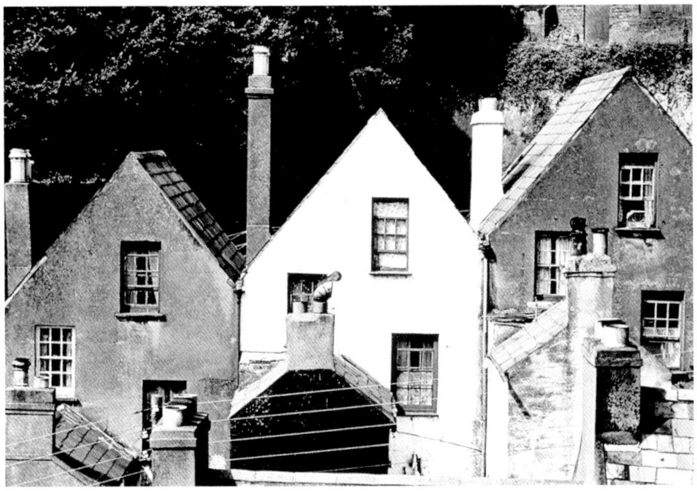

2 Weitere Bildelemente: Senkrechte, Dreiecke, Hell-Dunkel-Kontrast

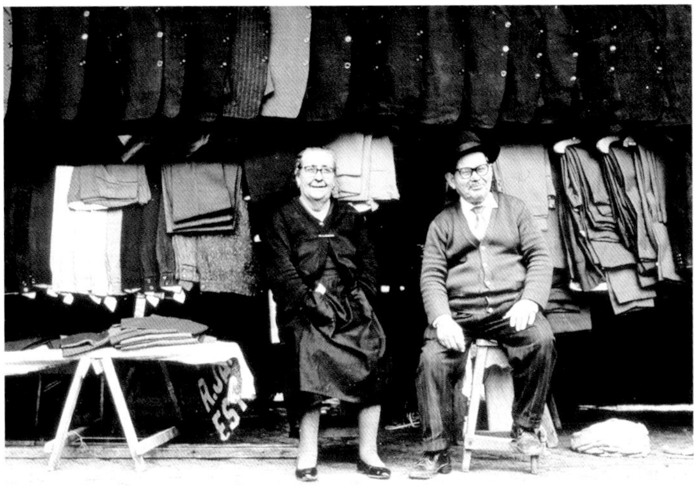

3 Weitere Bildelemente: Struktur, Hell-Dunkel-Kontrast

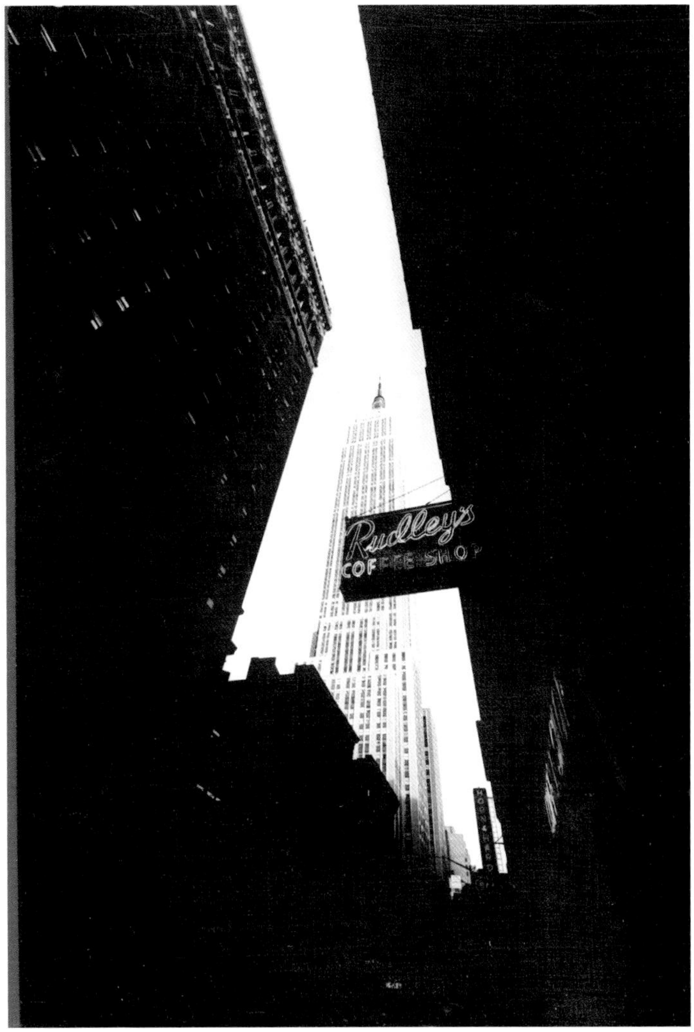

4 Weitere Bildelemente: Schräge, Hell-Dunkel-Kontrast

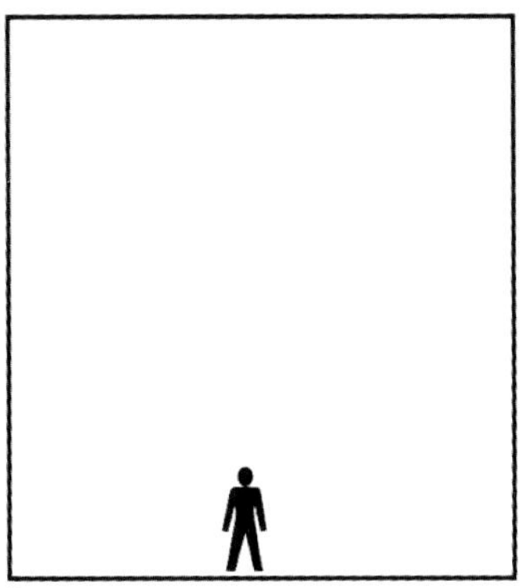

A

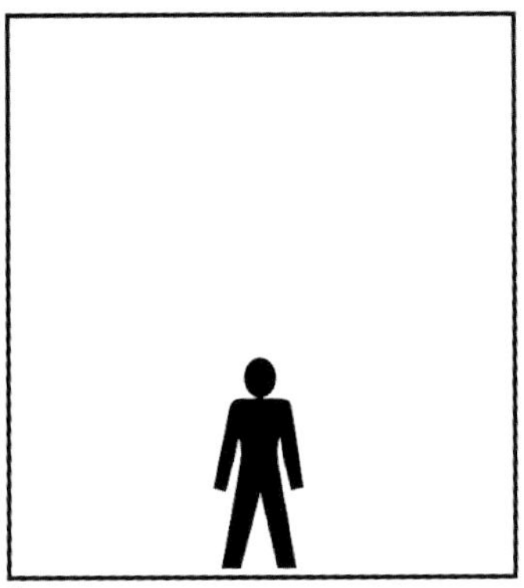

B

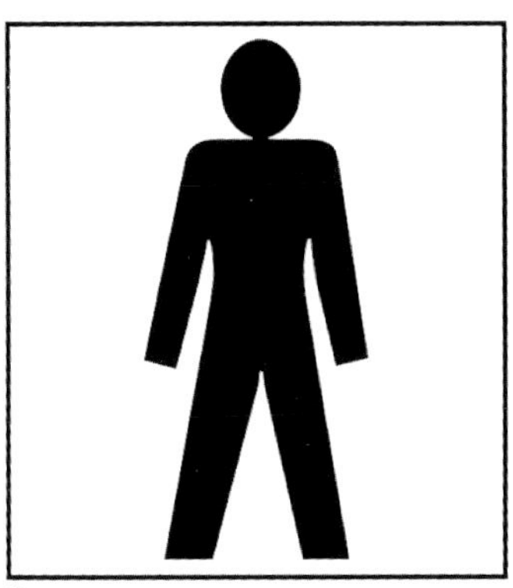

C

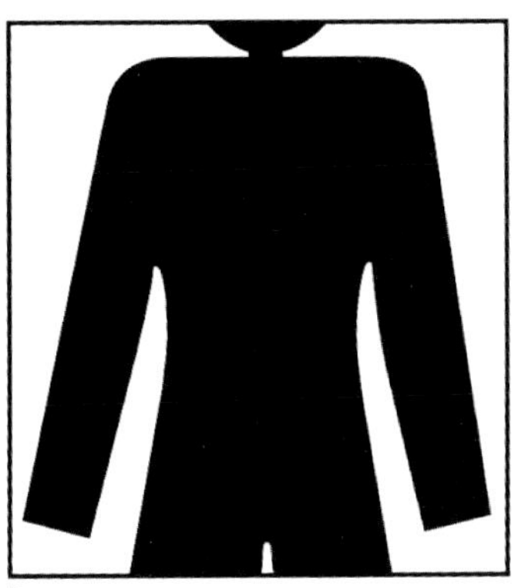

D

Die Wechselwirkung von sichtbarer Form zu verbleibendem Hintergrund stellt das Figur-Grund-Problem dar. Die Positivform (die Figur) und die Negativform (der Hintergrund) sind in ihrer wechselnden Wirkung voneinander abhängig.

(Grafik G und H). Die Reduzierung auf »Form-an-sich« bedeutet Abstraktion – unabhängig, ob es sich um geometrische, um freie oder eine Mischung von geometrischen und freien Formen handelt. Hierbei ist die Einteilung in »Vordergrundform« (Positivform) und »Hintergrundform« (Negativform) eher vom Gefühl des Betrachters denn von seinem rationalen Erkennen gesteuert. Ist eine Form jedoch gleichzeitig identisch mit einer einzuordnenden Gegenständlichkeit, steht zunächst das rationale Erkennen im Vordergrund. Ein »Erkennenkönnen« von Gegenständen – seien sie real mit den Augen oder auf einer Abbildung zu sehen – ist abhängig von der (Seh-)Erfahrung und dem Bildungsgrad eines Betrachters, einer Betrachterin. Wirklich in seiner inhaltlichen Bedeutung »erkennen« kann man nur das, was man kennt. Das rationale Erkennen ist also

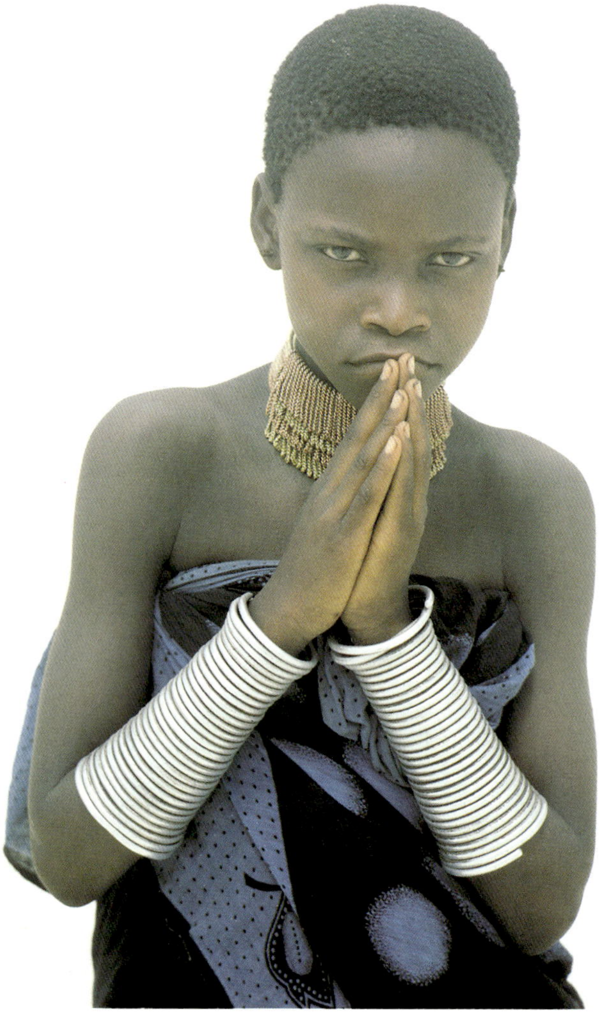

5 Weitere Bildelemente: Hell-Dunkel-Kontrast, Linienstruktur

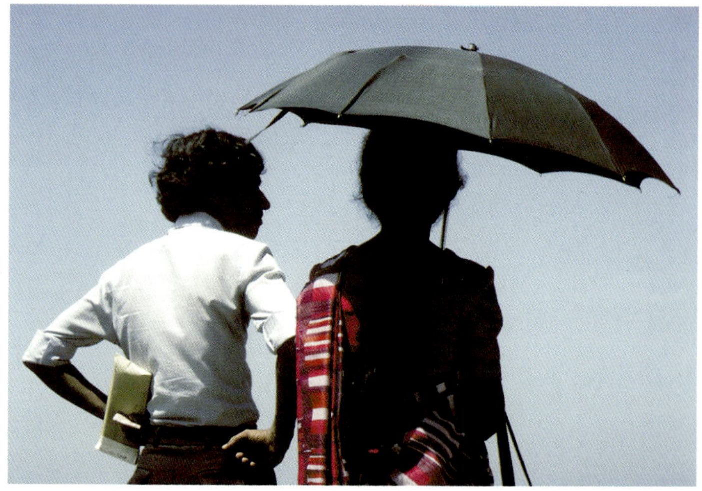

6 Weitere Bildelemente: Waagerechte, Hell-Dunkel-Kontrast

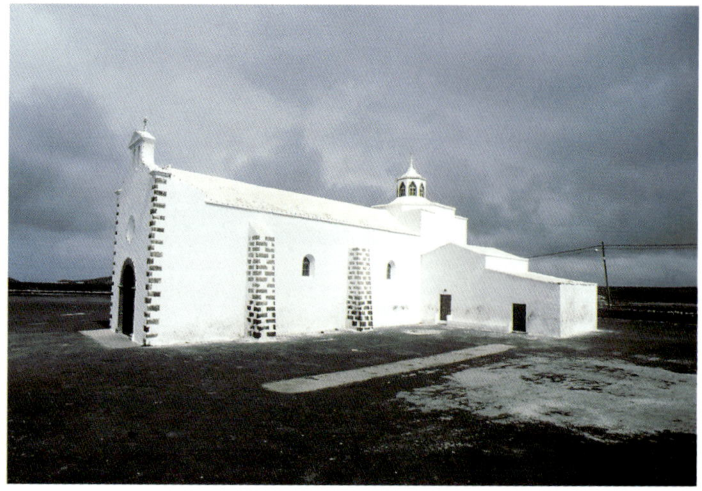

7 Weitere Bildelemente: Waagerechte, Senkrechte, Struktur

vor allem ein Wiedererkennen. Je mehr umfassende Bildung oder Spezialwissen der Betrachter oder die Betrachterin von Bildern hat, desto mehr Inhalte und Details können von ihm oder ihr rational erkannt und in einen Zusammenhang gebracht werden. Bildung und Wissen sind natürlich nicht bei allen Menschen gleich, sondern vom Elternhaus, Alter, Schulbildung, Beruf und/oder Studium sowie von vielen weiteren Faktoren abhängig. Im allgemeinen kann man jedoch davon ausgehen, daß ein in unserem Kulturkreis entstandenes Bild auch von Betrachtern unseres Kulturkreises erkannt wird. Und desweiteren, daß das allgemeine Bildungsniveau in unserem Kulturkreis so hoch ist, daß auch Abbildungen aus anderen Kulturräumen von vielen in ihrem Sinn oder ihrer Funktion »erkannt« werden. Der reine Prozeß des Erkennens kann durch Umfeldeinflüsse be-

Gleichgroße Formen können durch den Einfluß des Untergrundes optisch größer oder kleiner wirken. Geringer Hell-Dunkel-Kontrast oder ein ähnlicher Grauwert der Farbe erschweren die präzise Wahrnehmung.

E

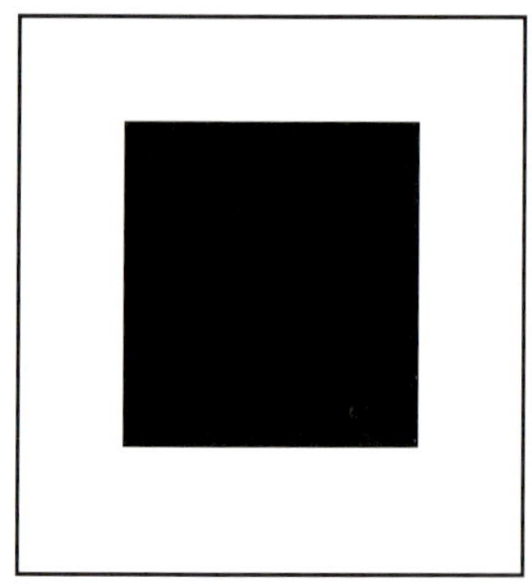

F

G

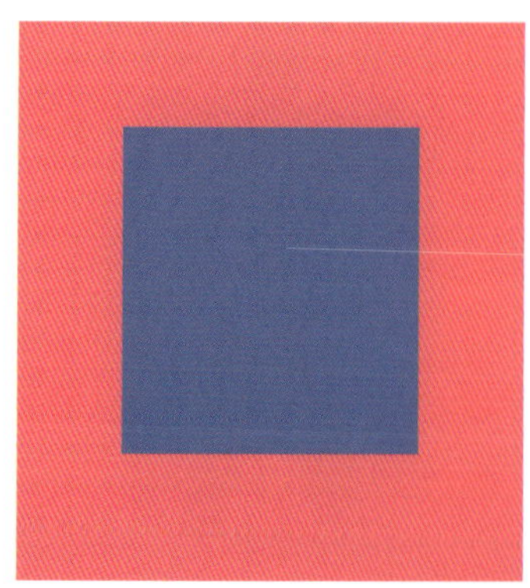

H

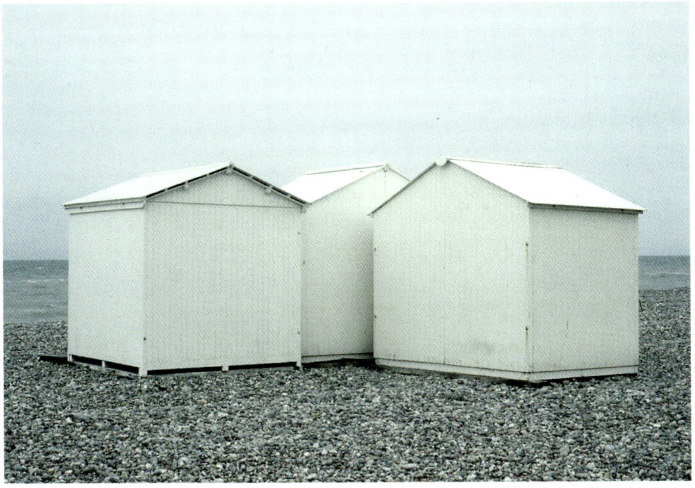

8 Weitere Bildelemente: Hell-Dunkel-Kontrast, Kalt-Warm-Kontrast

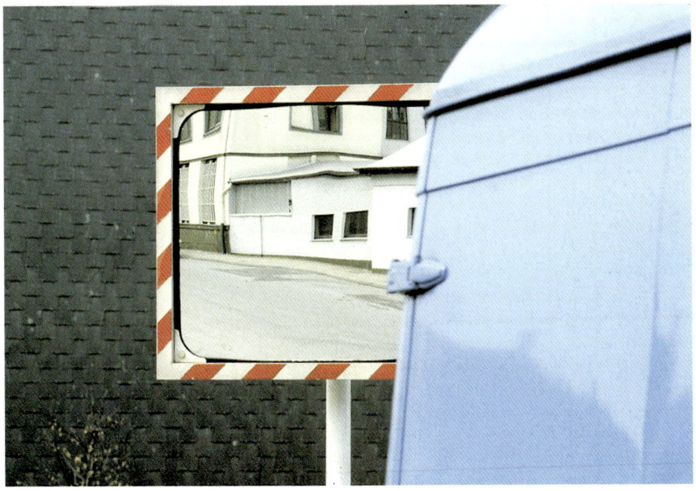

9 Weitere Bildelemente: optische Linie, Struktur, Kalt-Warm-Kontrast

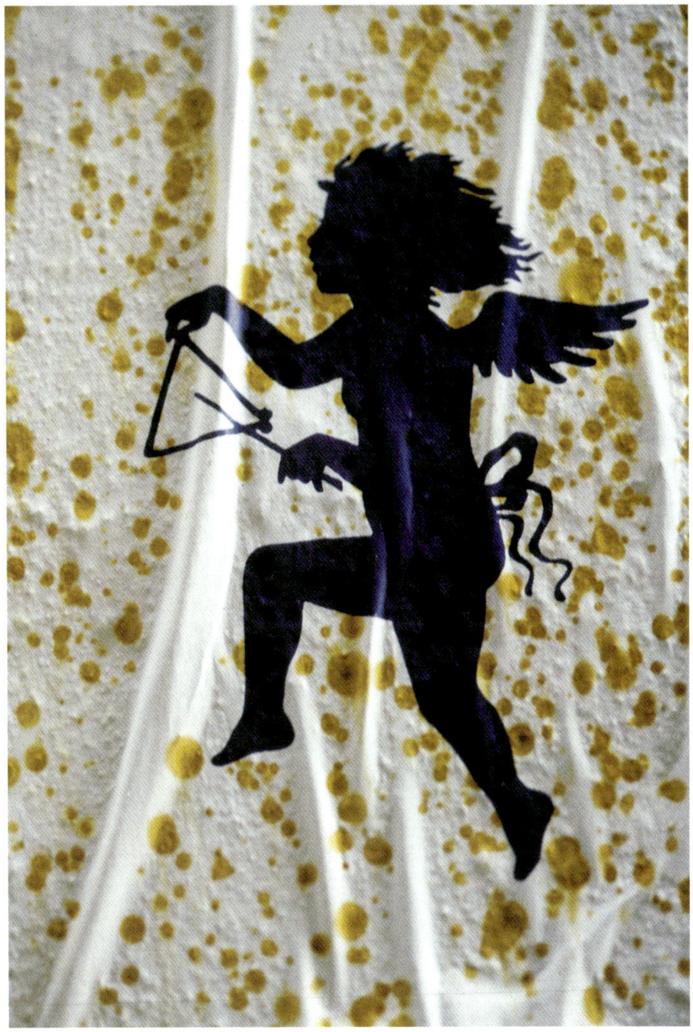

10 Weitere Bildelemente: Struktur, Senkrechte, Hell-Dunkel-Kontrast

einträchtigt werden. Neben einem zu kontrastlosen Hell-Dunkel oder einer zu geringen Farbtontrennung, können noch weitere Faktoren den Vorgang der Form- oder Gegenstandserkennung optisch stören. Zum einen ein unruhiges Umfeld mit Strukturen (Abb. 3) und/oder ablenkender Farbigkeit, wie Abb. 10 und 11 zeigen. Zum anderen jegliche Art der Überlagerung von Formen oder Gegenständen durch Pflanzen, Gitter, Raster- und Strukturscheiben, Stoffen und ähnliches (Abb.14).

Das Formgewicht auf der Fläche

Das (optische) Formgewicht einer gegenstandslosen oder gegenständlichen Form wird vorrangig durch die Größe auf der Fläche bestimmt. Als Klein- oder Kleinstform (im Verhältnis zu der die Form umgebende Grund-

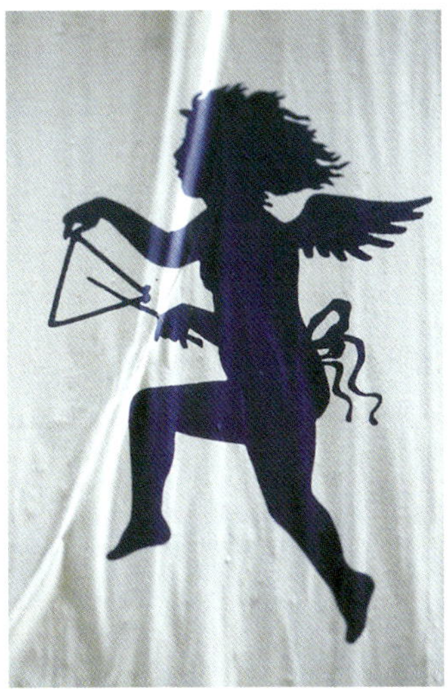

11 Weitere Bildelemente: Hell-Dunkel-Kontrast, Schräge

oder Bildfläche) bekommt eine Form das Gewicht eines Punktes – oder sogar eines störenden Punktes. Dominant als Form mit Flächenvolumen und Formgewicht ist in solchen Fällen ausschließlich der Unter- oder Hintergrund. Erst wenn eine Formabbildung mehr eigenes Flächenvolumen aufweist, kann sie selbst auch als Fläche wirken und dem Hintergrund ein eigenes optisches Formgewicht entgegensetzen (Abb. 6, 11). Welche Größe für eine Form im Verhältnis zur Bildfläche notwendig ist, um von der Punktwirkung zur Flächenwirkung zu gelangen, ist abhängig vom subjektiven Formgefühl des einzelnen Betrachters. Zwischen der zu kleinen Abbildung und einer die Bildfläche überlagernden Form (Abb. 12) sind stufenlos zahlreiche Formgewichtungen zwischen der Positivform und der Negativform wählbar (Grafik A, B, C und D).

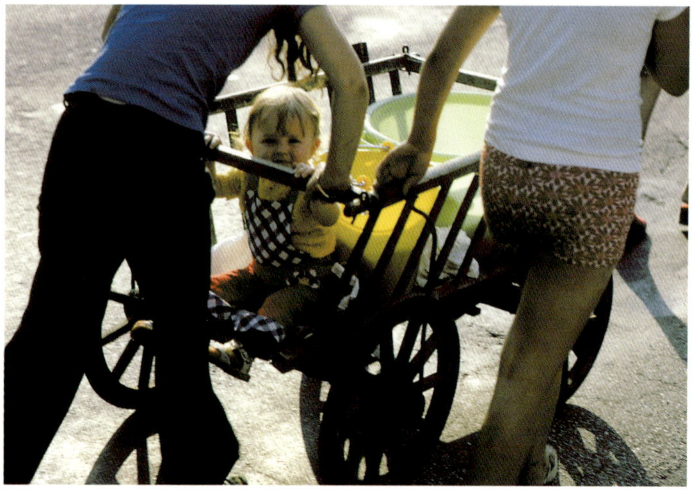

12 Weitere Bildelemente: Hell-Dunkel-Kontrast, Kalt-Warm-Kontrast

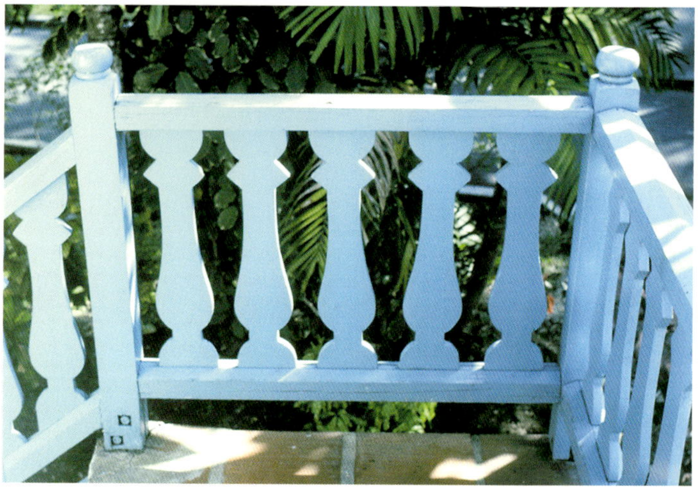

13 Weitere Bildelemente: Hell-Dunkel-Kontrast

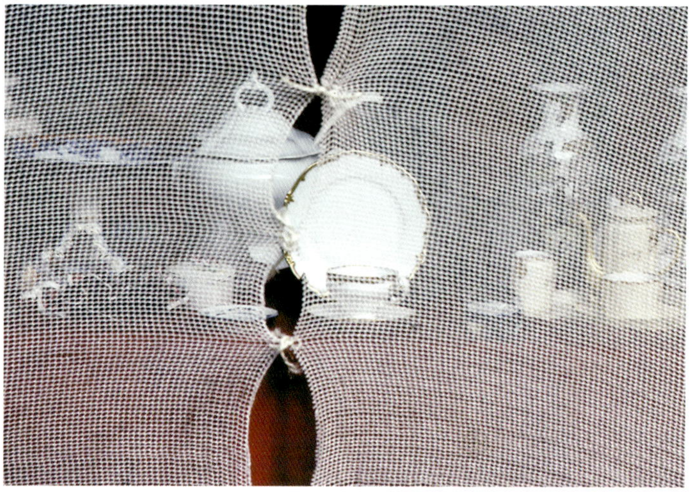

14 Weitere Bildelemente: optische Linie, Struktur

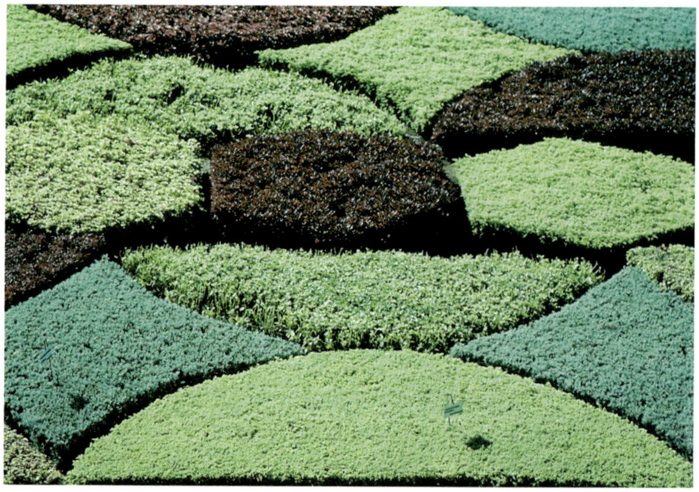

15 Weitere Bildelemente: Struktur, Formkontrast, Komplementär-Kontrast

Der Positiv-Negativ-Kontrast

Die Bezeichnungen »Positivform« und »Negativform« klingen abstrakt, schließen aber alle Arten von formgebenden Elementen ein. Geometrische Formen genauso wie Naturformen: Kreis, Dreieck und Quadrat ebenso wie Bäume, Wolken, Mensch und Tier. Weniger abstrakt ist die Bezeichnung dieses Kontrastes als »Figur-Grund-Problem« – immer vorausgesetzt, daß auch eine geometrische Form als Figur empfunden wird. »Grund« meint Untergrund, meint Hintergrund, so daß der Kontrast Figur-Grund auch Nähe und Ferne, Vordergrund und Hintergrund bezeichnet. In einfachster Anwendung steht eine deutliche Form als Helligkeit oder Dunkelheit, als Farbfläche oder Silhouette vor einem möglichst neutralen Hintergrund mit einem deutlichen Hell-Dunkel- und/oder Farbton-Kontrast (Abb. 1, 5, 6, 11). Oft ist das Wechselspiel zwischen Positivform und Untergrund (Negativform) aber nicht nur einschichtig, sondern vielschichtig. Eine kleine Form steht vor einer größeren Form, die damit sowohl Negativform für die kleinere Form als auch für sich eine Positivform vor einem optisch noch weiter zurückliegenden Hintergrund darstellt (Abb. 2, 5). Je mehr Form- und Farbelemente in einer Komposition verwendet werden, desto schwieriger ist eine formale Bildanalyse im Bereich des Wechselspieles von Positiv- und Negativform. Von den deutlichen Einfach-, Doppel- und Dreifachformen, bilden Mehrfach- und Vielfachformen häufig flächenfüllende Strukturen, bei welchen der Positiv-Negativ-Kontrast nur noch eine untergeordnete Rolle spielt (Abb. 3,14,15).

Wechsel der Positiv-Negativ-Wertigkeit

Nur bei einfachen, auf eine Form oder wenige, sich nicht überschneidende Formen reduzierte Kompositionen ist die Zuordnung zur Positiv-Negativ-Wertung eindeutig. Schon wenn sich zwei Formen überschneiden, bildet die real oder optisch hinten liegende Form einen Teil der Negativfläche zur optisch oder real davor liegenden (positiven) Form. Aber auch die hintere Form steht wiederum auf einem Untergrund, der dann für diese eine Negativform ergibt. Eine Fläche oder Form kann also für eine andere Fläche oder Form die Negativform, den Hintergrund bilden – gleichzeitig aber auch selbst eine Positivform darstellen, die ebenfalls wieder von einer Negativform umgeben ist. Zur Einordnung von Positiv- und Negativformen in einer Komposition kann man

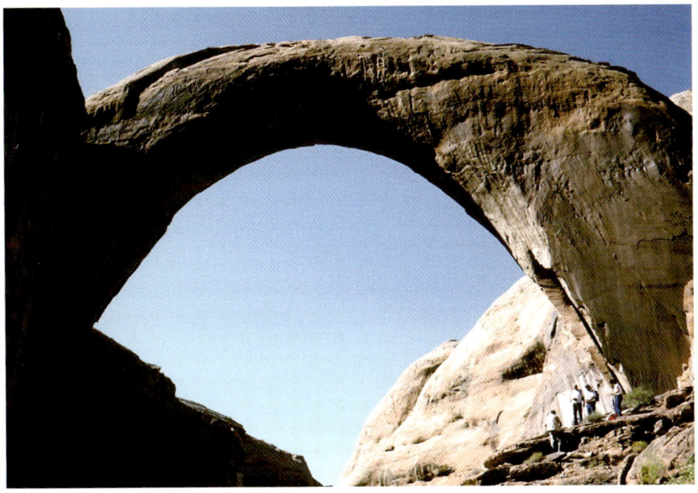

16 Weitere Bildelemente: Hell-Dunkel-Kontrast, Kalt-Warm-Kontrast

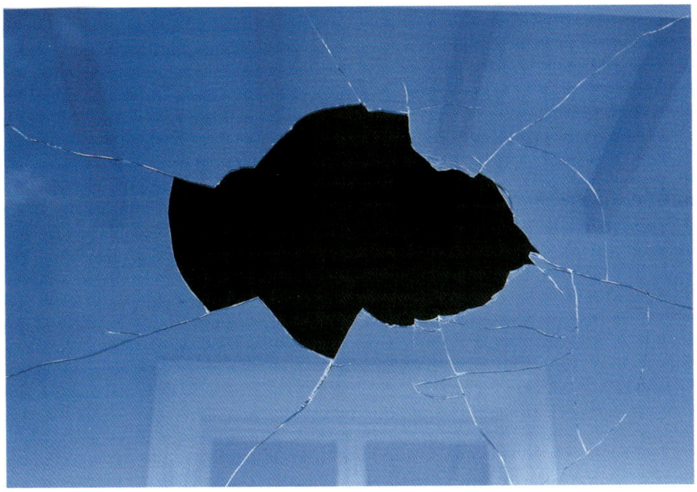

17 Weitere Bildelemente: Hell-Dunkel-Kontrast, monochrome Farbigkeit

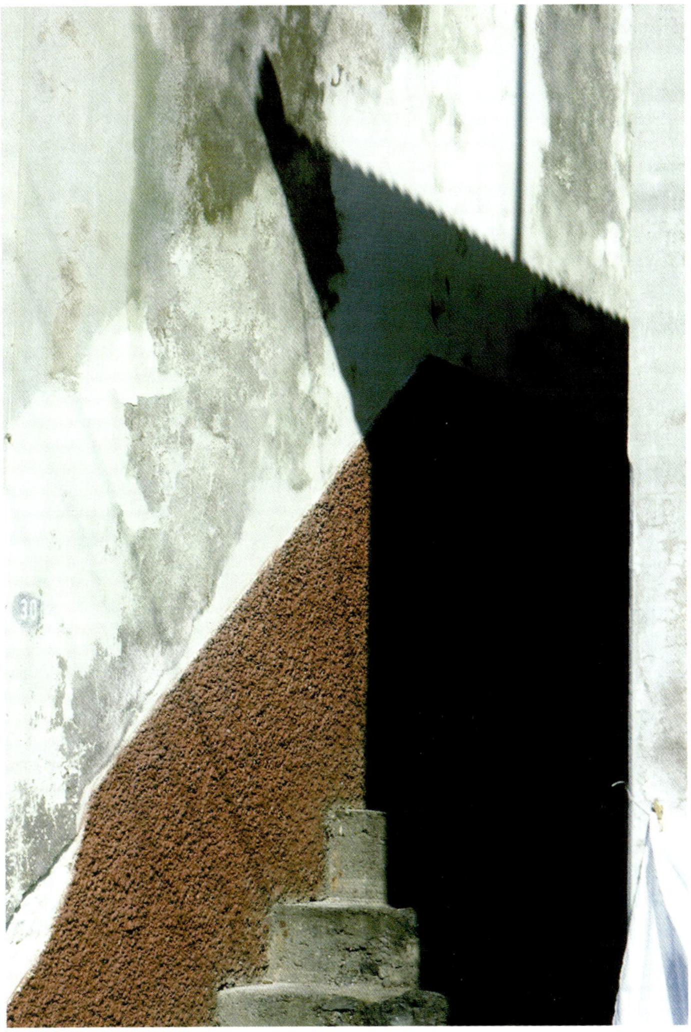

18 Weitere Bildelemente: Struktur, Hell-Dunkel-Kontrast

ein Bild von außen nach innen oder von innen nach außen analysieren. Beispielhaft sei hier das Portrait einer Afrikanerin betrachtet (Abb. 5). Absolute Negativform ist das Hell des Hintergrundes, das links, oben und rechts durch den Bildrand begrenzt wird. Der starke Hell-Dunkel-Kontrast betont die große Positivform der Gesamtfigur. Innerhalb der Figur sind vor allem die Formen der Armreifen (hier hell auf dunkel) als Positivformen auffällig. Stoff und Haut bilden für diese Formen zusammen den Untergrund, die Negativform. Noch mehr ins Detail gehend ist die Positiv-Negativ-Form im Stoffmuster zu finden, wo schwarze oder blaue Blätter als kleine Positivformen auf blauer oder schwarzer Fläche stehen. Die Positiv-Negativ-Wertigkeit einer Fläche oder Form kann also wechseln. In einer sachlichen Analyse lassen sich alle Ebenen einer Komposition nach einfacher oder wechselnder Wertigkeit von Formen und Flächen einordnen (Abb. 2, 9, 19). Für die subjektive Bildbeurteilung ist eine derartige Analyse nicht immer notwendig. Die optische Wirkung von Formzusammenschlüssen zur Doppelfigur oder Dreifachfigur (Abb. 7 und 8) gewichtet den deutlichen Positiv-Negativ-Kontrast zwischen Großform und Hintergrund. Es kann vorkommen, daß über ein Hell-Dunkel oder eine Rahmenbildung ein Auf- oder Durchblick eine eigene und deutliche optische Wirkung bekommt. Die Wirkung der Hohl- oder Leerformen ist dabei so intensiv, daß der Betrachter bereit ist diese Formen als Primärformen anzuerkennen (Abb. 4, 16 und 17). Auch ein überlagernder Schatten kann eine beherrschende Formqualität entwickeln (Abb. 18). Begrenzungslinien von nebeneinander stehenden Positivformen können so interessante Negativformen bilden, daß für den Betrachter ein Kippeffekt zwischen den Positiv- und Negativformen entstehen kann (Abb. 13).

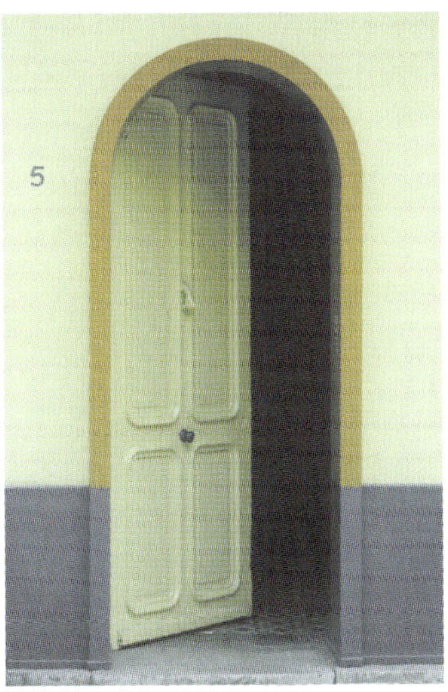

19 Weitere Bildelemente: Hell-Dunkel-Kontrast, Farbdreiklang

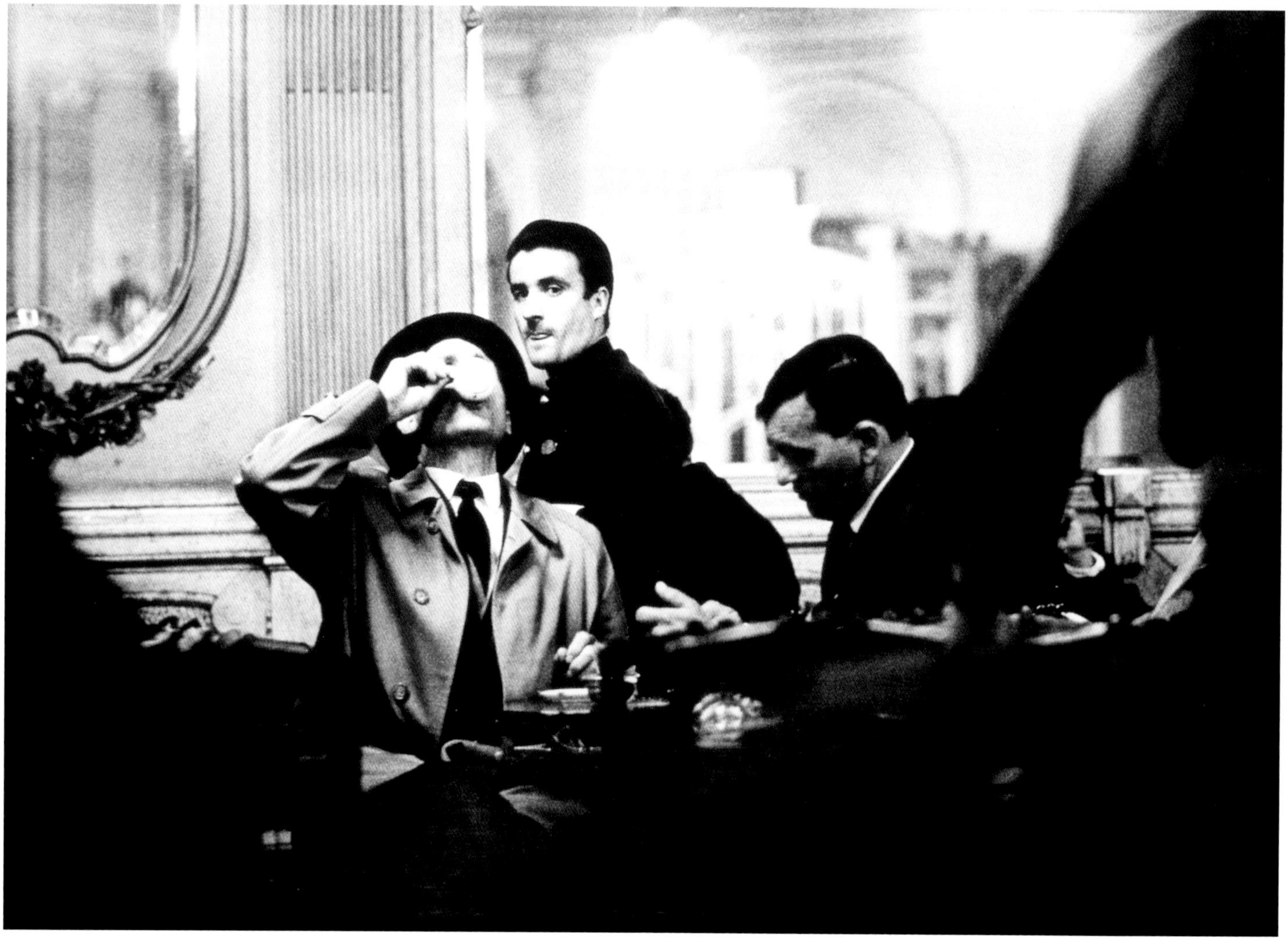

1 Weitere Bildelemente: beherrschender Punkt, Senkrechte, Schräge

Der Hell-Dunkel-Kontrast, Licht und Beleuchtung

Der Prozeß des rationellen Erkennens läuft in der Regel in Sekundenbruchteilen ab. Deutliche Hilfe für diesen Prozeß sind eindeutige und ausgeprägte Kontraste. Dies gilt für alle unsere Sinne. Neben den Kontrasten von laut und leise (Hören) und kalt und warm (Fühlen) ist es vor allem der Kontrast von hell und dunkel (Sehen), der erste Sinneserfahrungen bringt. Während die Pole von Geräuschen und Temperaturen als relativ empfunden werden können, hat das Hell-Dunkel mit Weiß und Schwarz absolute Pole.

Das Hell-Dunkel im Schwarzweißbild.

Das Dunkel von neutralem Schwarz und das Hell von neutralem Weiß stellt mit allen Zwischenstufen von den dunkelsten bis zu den hellsten neutralen Grautönen den Bereich des Hell-Dunkel-Kontrastes dar. Beim Schwarzweißbild ist das Hell-Dunkel das einzige Gestaltungsmittel, um zu optischen Wahrnehmungen zu kommen. Das »Erkennenkönnen« von Positiv- und Negativformen, der Formgröße und Formart, der Formqualität und der Oberfläche von Formen – das Hell-Dunkel des Schwarzweiß ist hier das einzige künstlerische Mittel, um dem Betrachter diese Informationen zu vermitteln. Ein wenig ausgeprägtes, schwaches Hell-Dunkel – etwa Schwarz in Schwarz, Weiß in Weiß oder nur minimal differenzierte Grautöne – erschweren oder verhindern

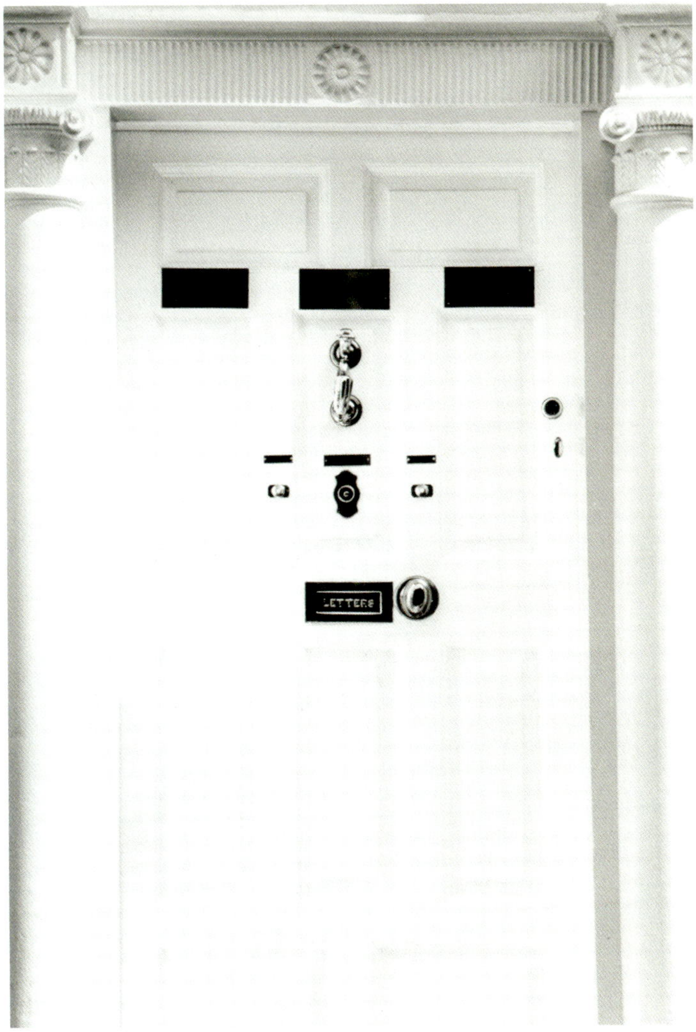

2 Weitere Bildelemente: optische Linie, optische Form, Senkrechte

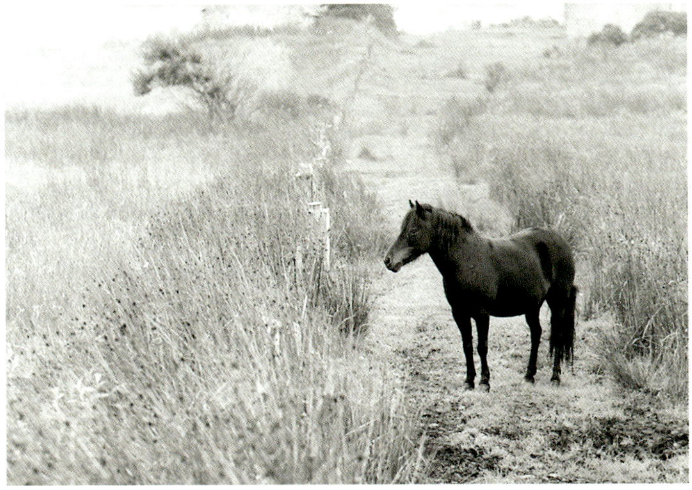

3 Weitere Bildelemente: beherrschender Punkt, Struktur

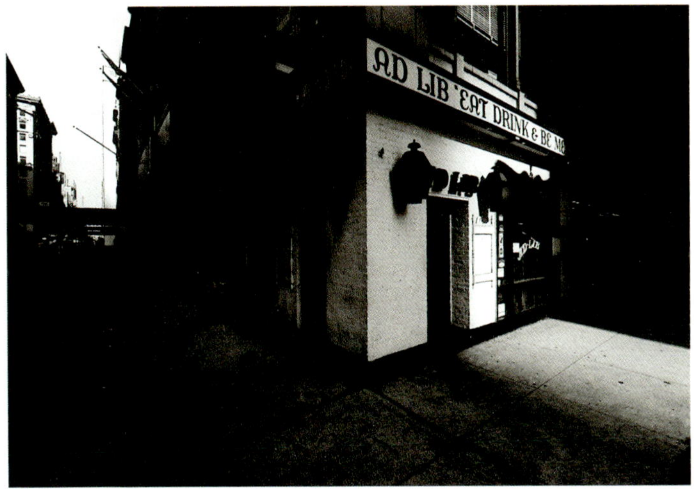

4 Weitere Bildelemente: Senkrechte, Schräge

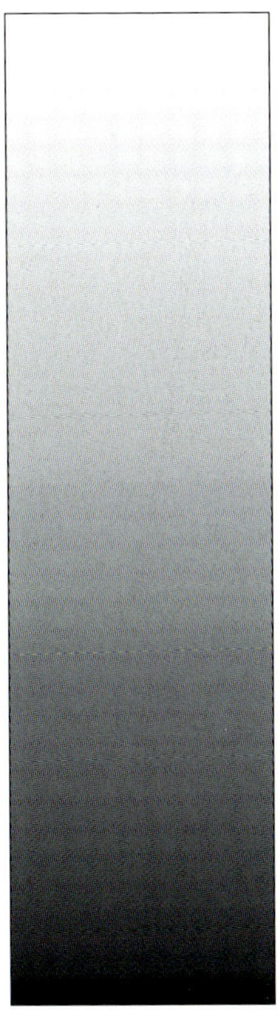

A

B

C

die Formerkennung und damit auch das Erkennen eines Bildinhaltes. Der Übergang vom Pol des Hell zum Pol des Dunkel über Graustufen ist in Schwarzweißbildern überwiegend fließend (Grafik A und Abb. 3, 5). Das heißt, die Menge der Graustufen ist nicht eindeutig zu benennen. Manche Motive zeigen von sich aus eine klare Trennung der Grautöne (Grafik B und Abb. 1, 4). Mit grafischen Labor- und/oder Computertechniken lassen sich Graustufen aber auch nachträglich zusammenfassen oder isolieren (Tonreduzierung, Tontrennung).

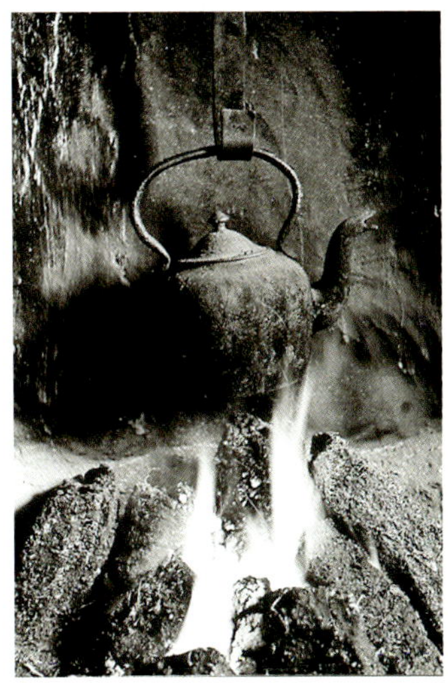

5 Weitere Bildelemente: beherrschender Punkt,Struktur

Ein Verlauf von Hell zu Dunkel kann sowohl ohne sichtbare Übergänge fließend, als auch deutlich abgestuft sein. Dies betrifft sowohl das reine Schwarz-Weiß als auch den gesamten Bereich der Farbe.

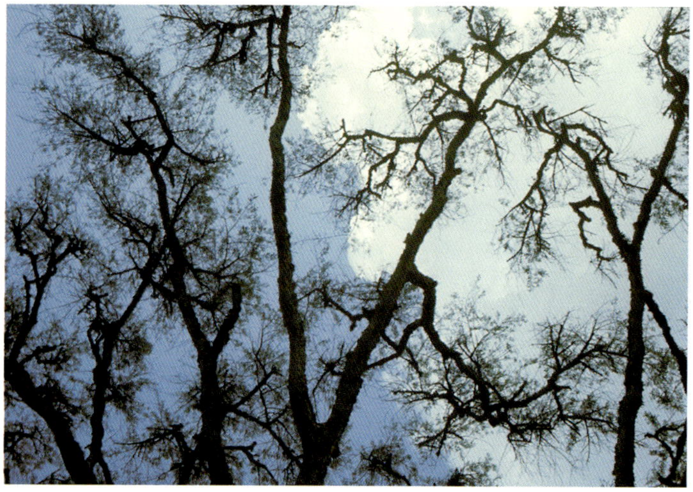

6 Weitere Bildelemente: freie Linie, Simultan-Kontrast

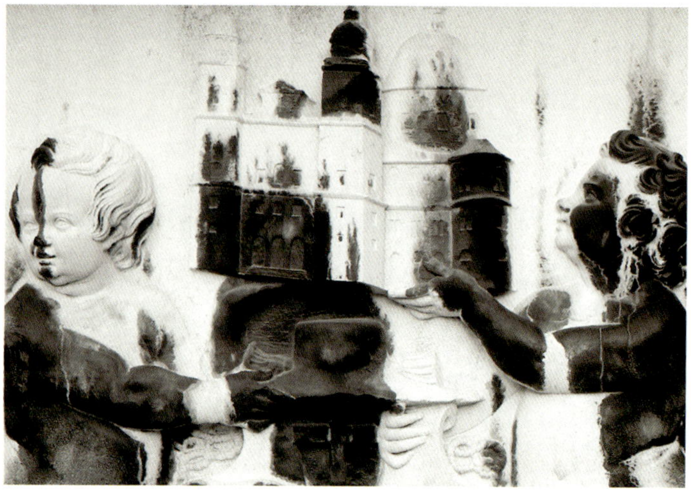

7 Weitere Bildelemente: freie Formen,Struktur

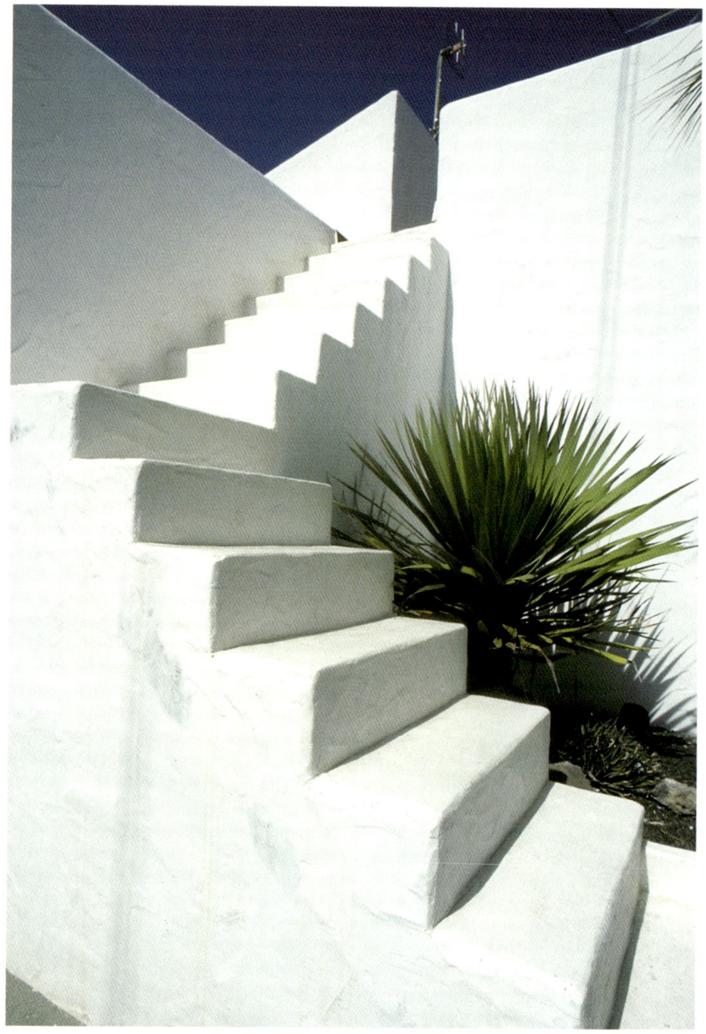

8 Weitere Bildelemente: aktive Linie, Linien-Kontrast

Das Hell-Dunkel im Farbbild

Der Prozeß des Erkennens und des Einordnens wird beim Farbbild nicht nur (soweit überhaupt vorhanden) von den Polen des Hell-Dunkel, den unbunten Farben Weiß und Schwarz bestimmt, sondern natürlich auch von der Farbe. Genauer gesagt von der bunten Farbe, also allen Farbtönen die nicht zu den neutralen unbunten Farbtönen des Schwarz-Weiß-Grau gehören. Das natürliche Hell-Dunkel-Gefälle der reinen gesättigten Farbe reicht von Gelb als Hellpol der bunten Farben zum Violet, dem Dunkelpol der bunten Farben. Die bunten Farben ihrerseits können jedoch in unterschiedlicher Reinheit -Trübung nach Hell durch Weiß, Trübung nach Dunkel durch Schwarz (Grafik C, Abb. 6) sowie Trübung durch eine andere bunte Farbe – und in unterschiedlicher Dichte auftreten. Dadurch kann jede Farbe in ihrer optischen Wirkung auch heller oder dunkler wirken. Jede einzelne bunte Farbe sowie zwei, drei und mehr bunte Farben zueinander haben verschiedene Aussagen und Wirkungen auf den Betrachter und können meist bekannten Farbkontrasten zugeordnet werden. Einige der Farbkontraste sind laut und deutlich, andere sind zum Teil sehr sensible Wechselspiele der Farbe, die oft erst während des Betrachtungsprozesses wirksam werden. Nun steht bei jeder Bildbetrachtung der rationale Erkennungsprozeß, also der Wunsch und das Bedürfnis eine Abbildung zu erkennen und einordnen zu können, im Vordergrund. Gleichzeitig wirken aber auch die verwendeten Gestaltungsmittel und die angewendeten künstlerischen Kontraste in einem Bild. Hierbei gibt es »optisch lautere« und »optisch leisere« Elemente

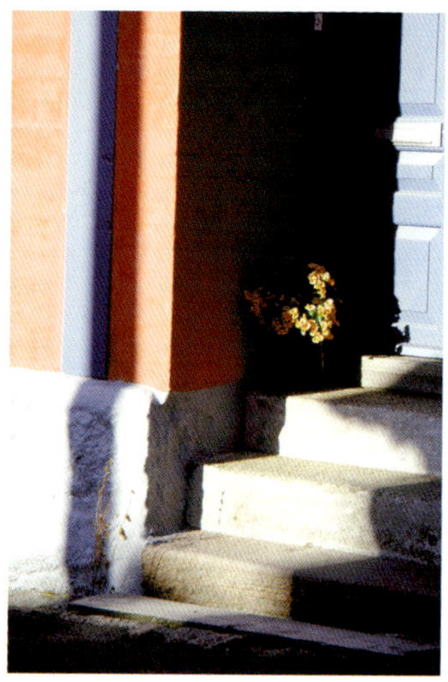

9 Weitere Bildelemente: Punkt, Senkrechte, Komplementär-Kontrast

der Bild- und Farbgestaltung. Diese werden natürlich auch schneller oder weniger schnell beachtet, fallen sofort ins Auge oder müssen bewußt analysiert werden. Ein kräftiges Hell-Dunkel wird sich in einem Farbbild in jedem Falle optisch »vordrängen«, und die Form und der Formkontrast werden stark betont. Dadurch wird zwar meist der Erkennungsprozeß unterstützt, gleichzeitig werden jedoch sensible Farbkontraste übertönt. Im Schwarzweißbild sind alle gestalterischen und künstlerischen Mittel – wie zum Beispiel die Linie und Linienarten oder spannungsreiche Groß-Klein-Verhältnisse – immer mit dem Hell-Dunkel-Kontrast gekoppelt. Ein Farbbild kann hingegen auch ohne (oder nahezu ohne) eine hell-dunkel Differenzierung der eingesetzten Farben auskommen. Das bedeutet im Umkehrschluß: Je deutlicher, je stärker ein Hell-Dunkel

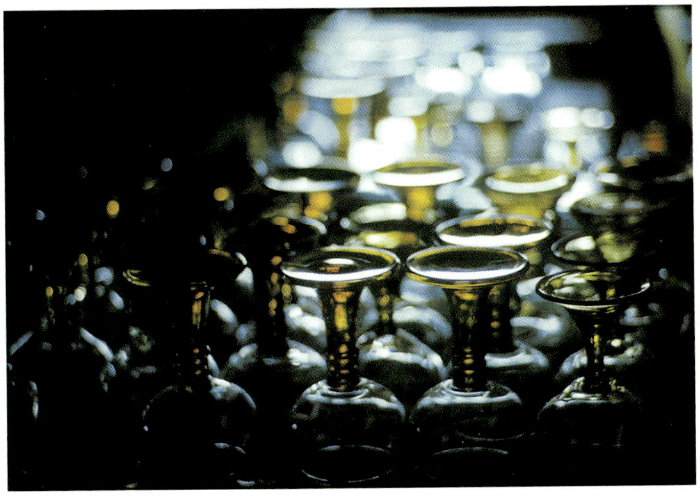

10 Weitere Bildelemente: Struktur, Kalt-Warm-Kontrast

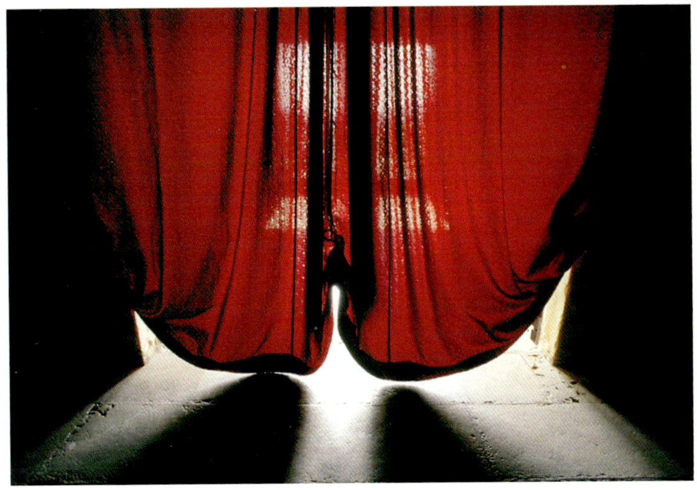

11 Weitere Bildelemente: Linienstruktur, Senkrechte, Schräge, Einfarbigkeit

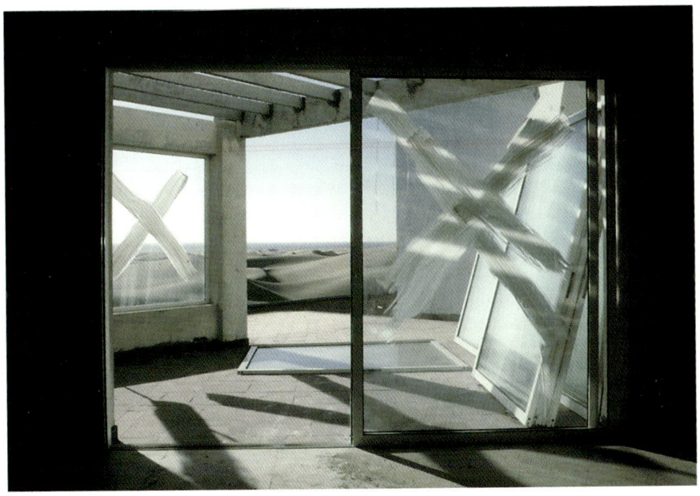

12 Weitere Bildelemente: Senkrechte, Schräge, Kalt-Warm-Kontrast

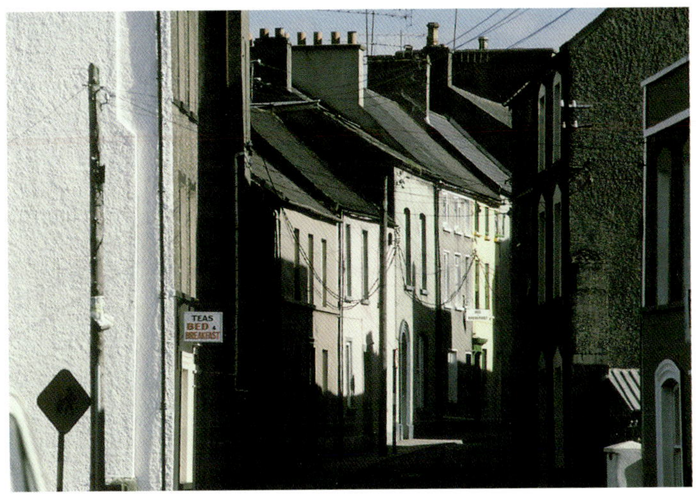

13 Weitere Bildelemente: Senkrechte, Schräge, Kalt-Warm-Kontrast

in einem Farbbild auftritt, desto mehr ist es Konkurrenz zur Farbe, zur Farbwirkung. Form und Hell-Dunkel haben Primärwirkung, wohingegen die Farbe, die Farbwirkung und die Farbkontraste oft erst in zweiter Linie empfunden und/oder gesehen werden (Abb. 8, 12). Eine intensive Farbigkeit kann sich aber auch gegen ein starkes Hell-Dunkel behaupten (Abb. 9 11, 13, 19). Wenn ein formgebendes Hell-Dunkel nicht mit einem (rational erkannten) Objekt deckungsgleich ist, ergeben sich für den Betrachter Irritationen (Abb. 7, 12, 13).

Die Hell-Dunkel-Verteilung im Bild

Im starken Kontrast stehende »Minderheiten« in einem Bild, werden vom Auge des Betrachters vorrangig beachtet. Sind kleine Dunkelheiten über ein helles oder sehr helles Bild verteilt, tastet das Auge diese Stellen ab (Abb. 2). Sind kleine Hellflecken über ein dunkles oder sehr dunkles Bild verteilt, springt das Auge von einem hellen Fleck zum nächsten hellen Fleck und folgt damit dem sogenannten Lichtgang eines Bildes. Als ruhig und harmonisch empfinden wir Kompositionen, die uns erlauben ein Bild mit den Augen in unserer uns anerzogenen Leserichtung von links nach rechts »abzutasten«. Wenn also der Lichtgang des Bildes über eine Helligkeit in der linken oberen Ecke und/oder auf der linken Bildseite einen Einstieg in das Bild erlaubt. Gleichzeitig versuchen wir über die Bilddiagonalen einen Eindruck über die Formqualität der Bildfläche zu bekommen. Ist ein Bild auf der linken Seite (eventuell auch noch oben) dunkel, hat das Auge einen starken optischen Wiederstand zu überwinden oder muß einen ungewohnten »Eingang« von rechts oder sogar von unten in das Bildfeld suchen (Abb. 10, 11, 12, 19). Innerhalb des Bildes, der Bildkomposition, springt das Auge mit den sogenannten »sakkadischen Augenbewegungen« zwischen sich aufdrängenden Hell-Dunkel- und/oder Farbelementen hin und her, bevor es sich für einen (dem für den Betrachter subjektiv wichtigsten) Punkt im Bild entscheidet.

Licht und Beleuchtung

Die Wechselwirkungen von Licht und Farbe können sehr deutlich, aber auch sehr differenziert auftreten. Damit kann eine reale Situation und – etwas eingeschränkt – auch eine sachliche Abbildung einer realen Situation sowohl zu eindeutigen, von den meisten Betrachtern ähnlich empfundenen, aber auch zu we-

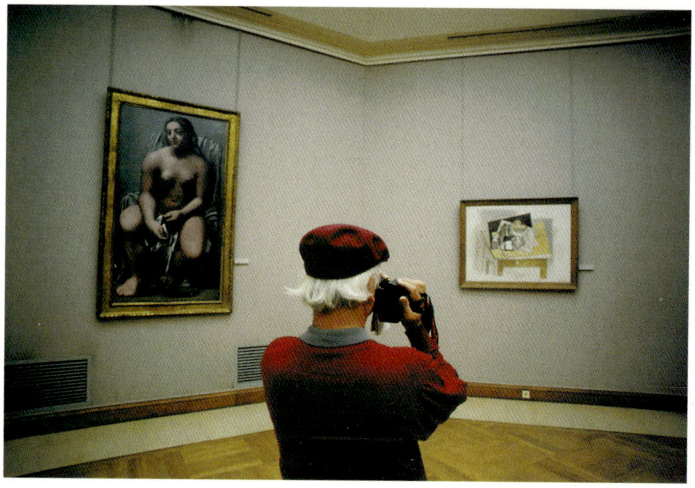

14 Weitere Bildelemente: optisches Dreieck, Schräge, Komplementär-Kontrast

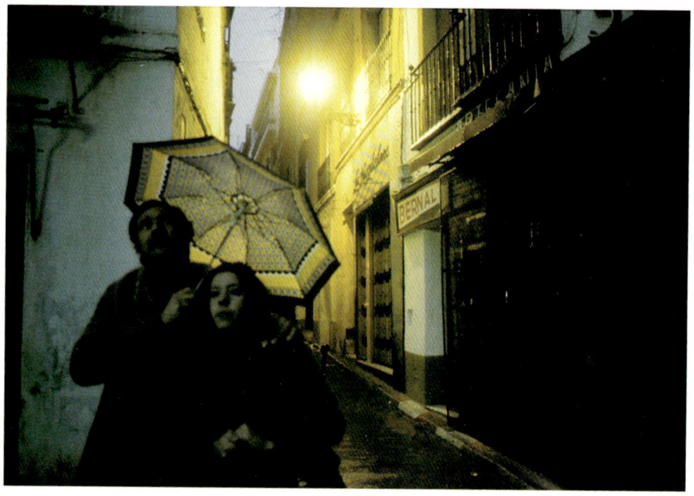

15 Weitere Bildelemente: beherrschender Punkt, Schräge, Kalt-Warm-Kontrast

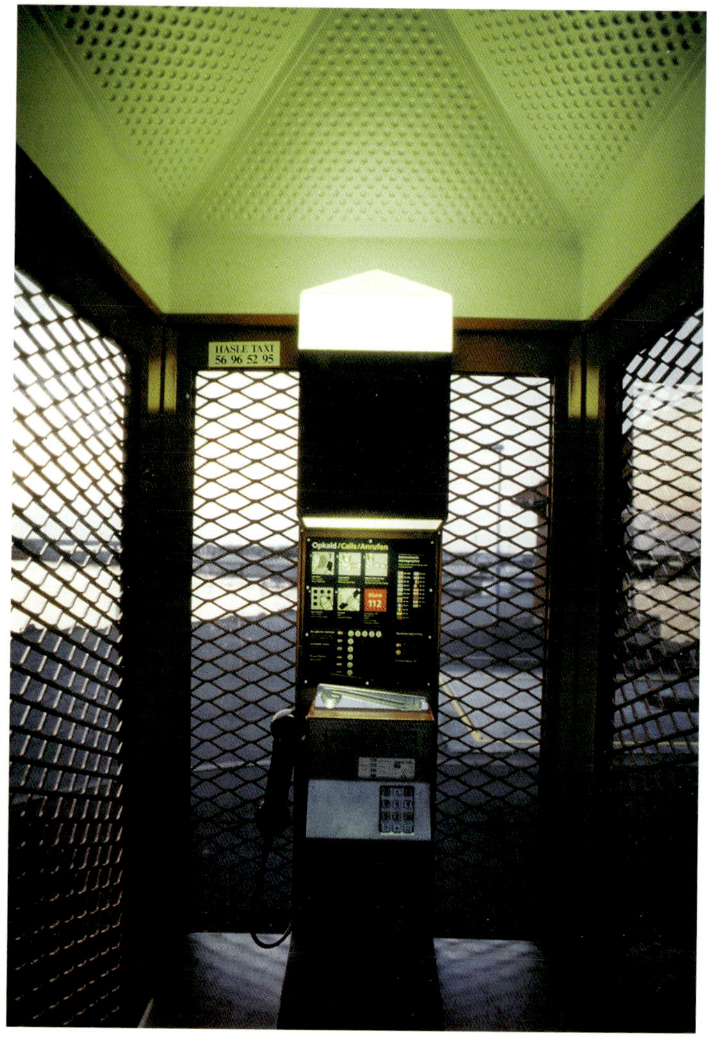

16 Weitere Bildelemente: Senkrechte, Schräge, Struktur, Kalt-Warm-Kontrast

niger eindeutigen, sehr subjektiven Wahrnehmungen führen. Im Schwarzweißbild werden uns eine Reihe der geläufigen Differenzierungen von Licht und Farbe durch die abstrakte Reduzierung auf das Schwarzweiß genommen. Jedes Licht und jede Lichtquelle werden auf Hell- und Grauwerte übertragen. Die bekannten Unterschiede von warmen und kaltem, von natürlichem und künstlichem Licht sind im Schwarzweißbild nicht unmittelbar sichtbar. Nur durch das rationale Erkennen des Motives kann der Betrachter Rückschlüsse auf die Lichtquelle und die Lichtverhältnisse, die bei der Aufnahme herrschten, ziehen (Abb. 1, 4, 5). Ebenso abstrakt ist die Umsetzung der Farbe in Schwarz-Weiß-Grauwerte. Weder der Farbton-Kontrast oder die Farbqualität (die Reinheit der Farbe) noch andere der wichtigen Farbkontraste sind zu erkennen. Lediglich über abgebildete Naturbereiche (zum Beispiel Bäume oder Pflanzen, Abb. 3) oder Gegenstände mit bekannter Eigenfarbigkeit (zum Beispiel eine Orange, ein Feuer, Abb. 5) kann in der Vorstellung des Betrachters eines Schwarzweißbildes abstrakt Farben zu einzelnen Hell-Dunkel-Bereichen zugeordnet werden. Im Farbbild bekommen Licht und Beleuchtung andere Gewichtungen. Die optische Konkurrenz, in der das Hell-Dunkel und die Farbkontraste und Farbwirkungen schon oft stehen, kann durch die Art und Qualität einer Lichtquelle beeinflußt werden. Grelles Tageslicht, gerichtete Lichtquellen und Gegenlichtauf-

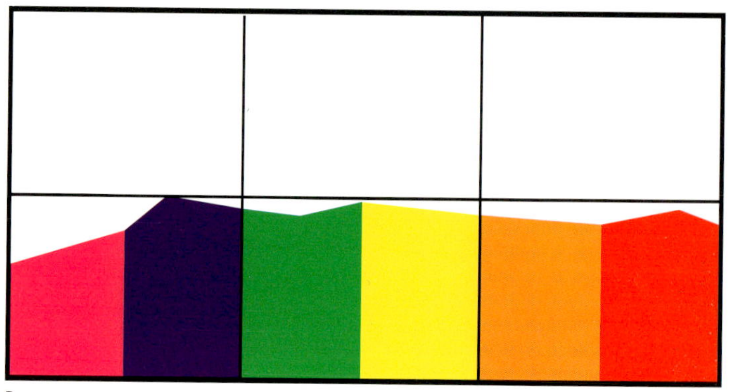

D

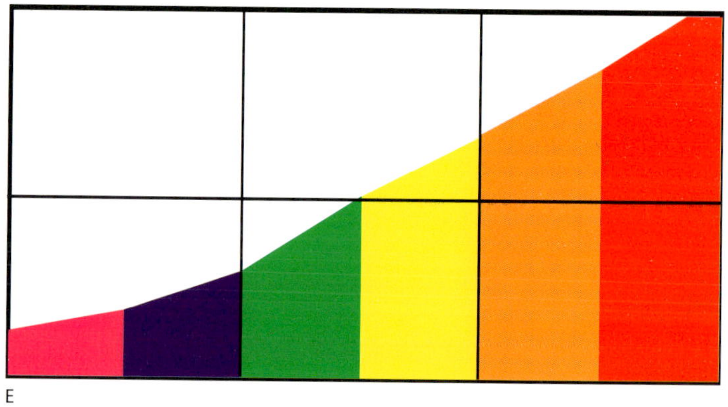

E

Im Spektrum des normalen Tageslichts hat jede Farbe einen ähnlichen quantitativen Anteil. Das Spektrum einer Glühlampe weist ein deutliches Übergewicht im Gelb-Orange-Rot-Bereich auf.

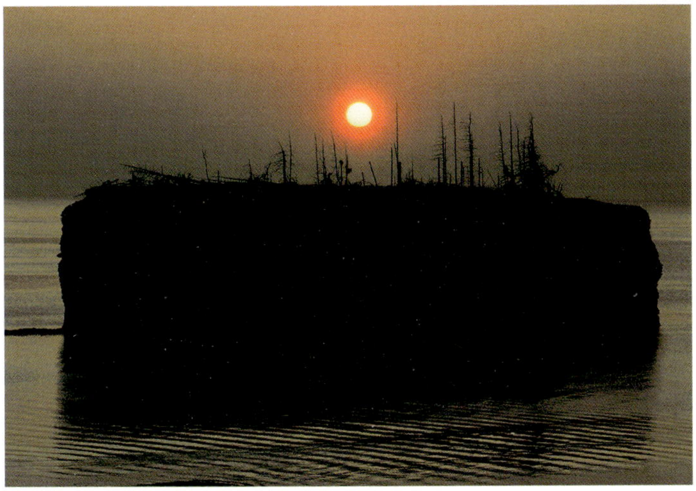

17 Weitere Bildelemente: beherrschender Punkt, Rechteck

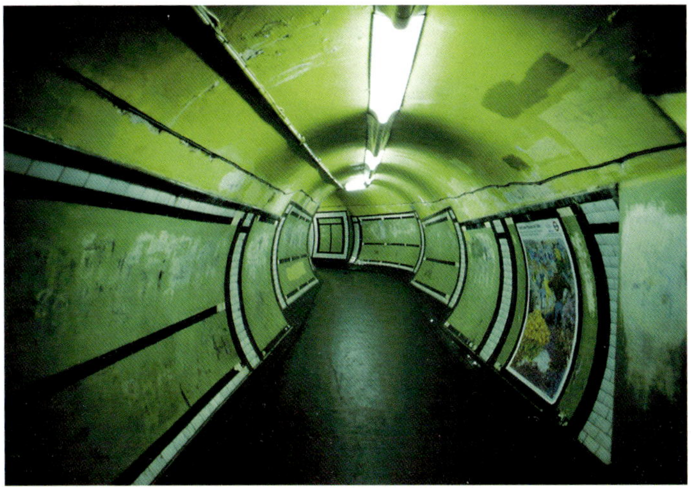

18 Weitere Bildelemente: Schräge, kühle Farbigkeit

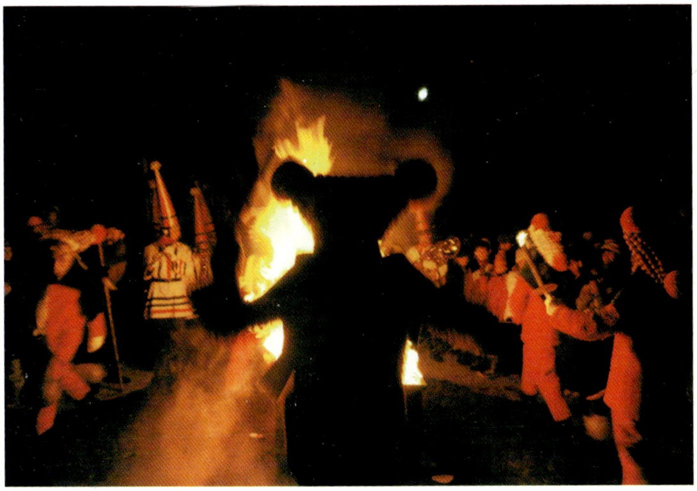

19 Weitere Bildelemente: beherrschender Punkt, warme Farbigkeit

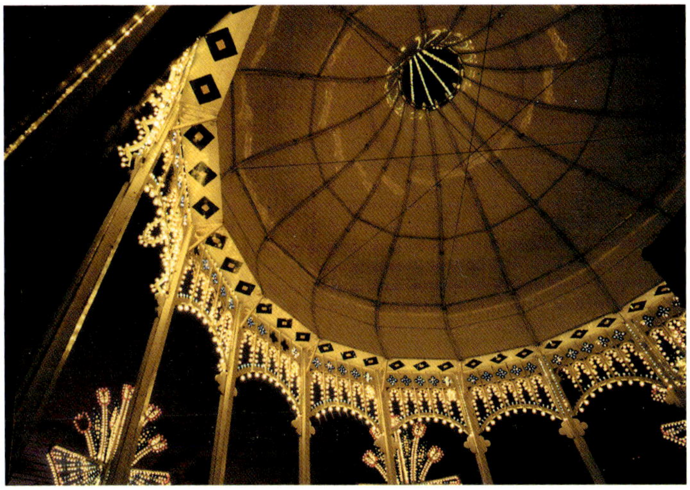

20 Weitere Bildelemente: Schräge, Kreis, Kalt-Warm-Kontrast

nahmen werden in der Regel den Hell-Dunkel-Kontrast unterstützen (Abb. 4, 6, 9, 10, 11, 13, 19). Weiches, indirektes Licht mildert das Hell-Dunkel und betont die vorhandene Farbe (Abb. 14, 15, 16, 20).

Licht, Farbe und Film

Durch den Schwarzweißfilm wird alles Licht in ein neutrales Hell und Dunkel abstrahiert. Eine leicht differenzierte Wiedergabe geschieht nur durch niedrig-, mittel- oder hochempfindliche Emulsionen der Schwarzweißfilme. Ganz anders beim Farbfilm, der auch auf die Farbtemperatur der jeweiligen Lichtquelle reagiert. Im weißen Licht (Sonnenlicht) sind die Grundbestandteile aller Farben enthalten. Wird ein Sonnenstrahl durch ein Prisma zerlegt, so entsteht das Band der reinen Spektralfarben – die für unsere Augen sichtbaren Lichtwellen im Wellenlängenbereich von 400-700 nm. Physikalisch gesehen ist die uns umgebende Welt völlig farblos. Je nach seiner molekularen Beschaffenheit absorbiert und reflektiert ein Gegenstand bestimmte Lichtwellenbereiche und die Mischung der reflektierten Lichtwellen ergibt dann die sichtbare Körperfarbe des Gegenstandes. Die verschiedenen Lichtquellen strahlen Lichtwellen von sehr unterschiedlicher Zusammensetzung aus. Das Sonnenlicht mit 5.400 Kelvin strahlt sehr gleichmäßig (Grafik D), Glühlampenlicht mit 3.200 Kelvin und Feuer hat eine starke Überbetonung im Orange-Rotbereich (Grafik E, Abb. 19, 20). Andere Kunstlichtquellen betonen andere Wellenlängen, wie zum Beispiel Neonlicht (Abb. 16, 18). Neben der DIN/ISO-Palette von geringer Empfindlichkeit mit relativ harter Wiedergabe und hoher Empfindlichkeit mit relativ weicher Wiedergabe von Licht und Lichtstrahlung, werden Farbnegativ- und Farbdiafilme auch für die wichtigsten Lichtquellen sensibilisiert angeboten. Der Tageslichtfilm mit 5.400 Kelvin zeichnet alle Tageslichtsituationen mehr oder weniger neutral auf. Hat das Licht weniger als 5.4oo Kelvin (zum Beispiel bei Sonnenauf- und Sonnenuntergang, Abb. 17) werden alle Bilder warmtoniger, also gelblicher, rötlicher. Ist die Farbtemperatur höher als 5.400 Kelvin (steilstehende Mittagssonne, bedeckter Himmel) werden die Farbbilder im Ton kälter, blaustichig. Für weitgehend neutrale Farbwiedergabe bei Kunstlichtsituationen mit warmtonigen Lichtquellen gibt es den Kunstlichtfilm mit 3.200 Kelvin. Mit Filtern der B-Reihe (Blau, in den Stufen 3, 6 und 12) lassen sich Tageslichtfilme in Kunstlichtfilme verwandeln (volle Wirkung mit Filter B 12).

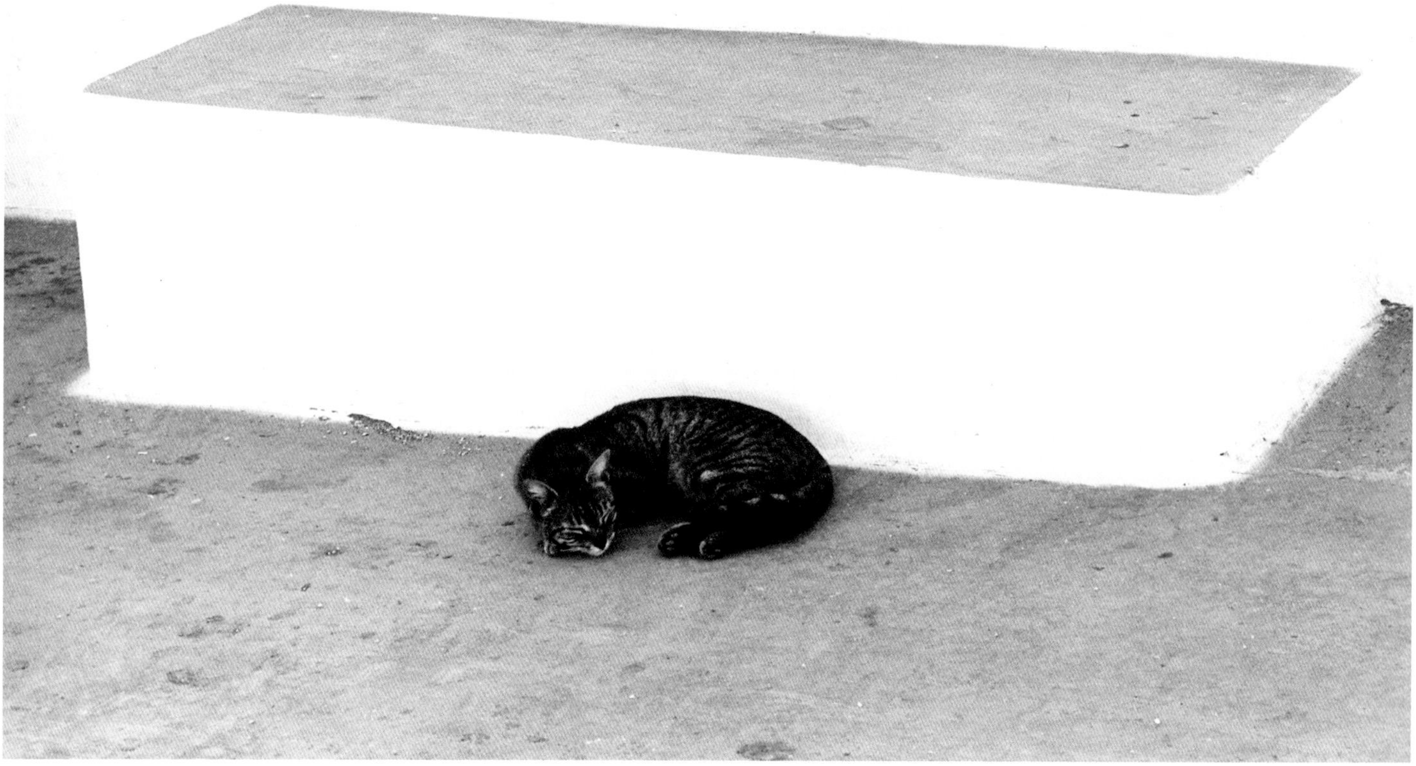

1 Weitere Bildelemente: beherrschender Punkt, Waagerechte

Die Darstellung des Raumes, Wirkung von Brennweiten

Wie schon mehrfach erwähnt, beginnt jede Bildbetrachtung mit dem Prozeß des rationalen Erkennens. Hierbei werden alle bisherigen Erfahrungen im Bereich des Sehens eines Betrachters abgerufen und mit dem zu erkennenden Bild und seinen Einzelheiten verglichen. Diese »Erfahrungen des Sehens« beziehen sich auch auf die Dreidimensionalität der Gegenstände, auf bekannte reale Größen und Formen der abgebildeten Gegenstände und Motivelemente sowie eventuelle Größenverhältnisse mehrerer Elemente zueinander.

Die Dreidimensionalität der realen Dinge

Bei der Sicht auf die uns umgebenden Dinge wird schon dem Kleinkind durch die ersten bewußten Seherfahrungen deutlich, daß die meisten Dinge körperhaft sind und somit verschiedene Ansichten haben können. Diese Seherfahrungen erwachsen vor allem durch die ständige Veränderung der Standpunkte und der Augenhöhe des Kindes. Innerhalb des jeweiligen Raumes gibt es also einen ständig veränderten Blickwinkel auf die Dinge der Umgebung. Eine aktive Unterstützung bekommt unser »Seh-Sinn« durch unseren »Tast-Sinn« von Händen und Mund. Das Anfassen (und in der frühen Phase auch in den Mund nehmen) von Gegenständen vermittelt Erfahrungen über raue und glatte Oberflächen, über Ecken, Spitzen, Kanten und Rundungen, über Härte und

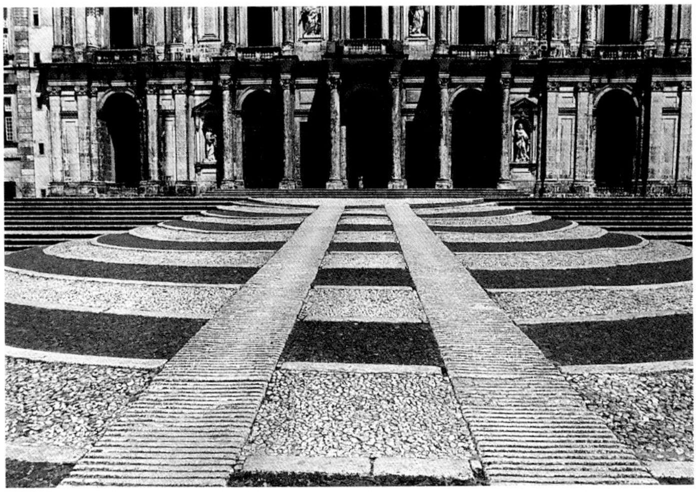

2 Weitere Bildelemente: optische Linie, Senkrechte, Struktur

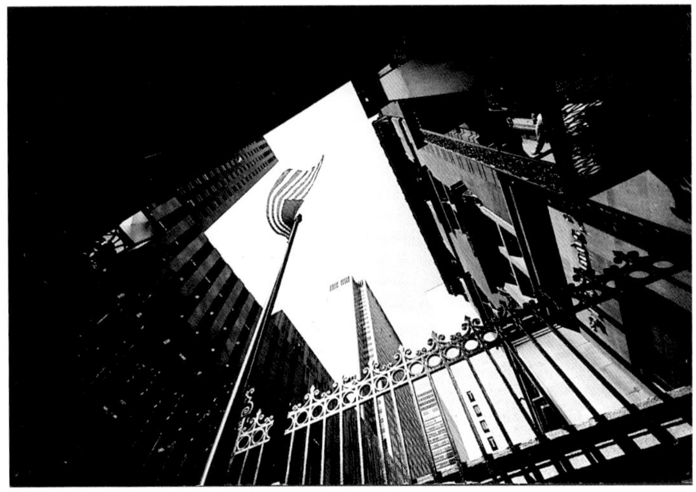

3 Weitere Bildelemente: optische Linien, Waagerechte, Hell-Dunkel-Kontrast

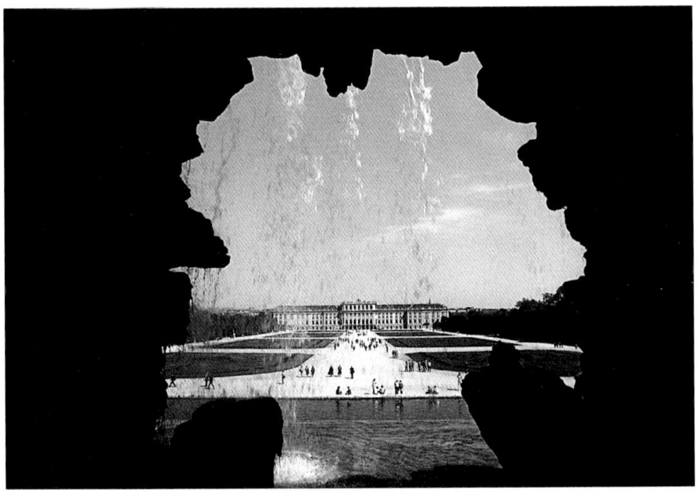

4 Weitere Bildelemente: beherrschender Punkt, Schräge

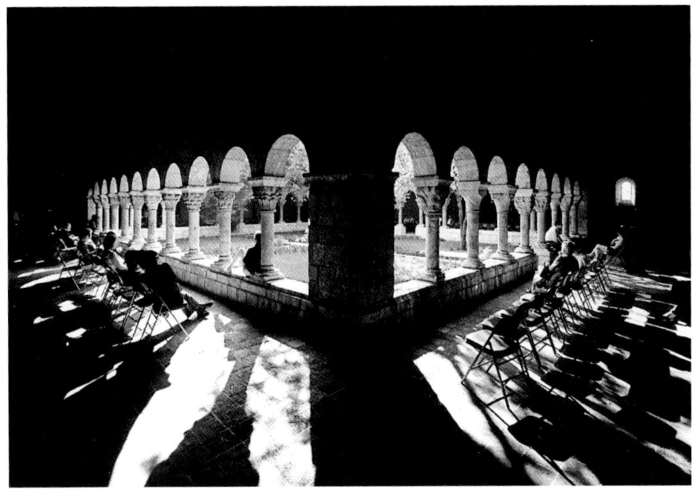

5 Weitere Bildelemente: optische Linie, Hell-Dunkel-Kontrast

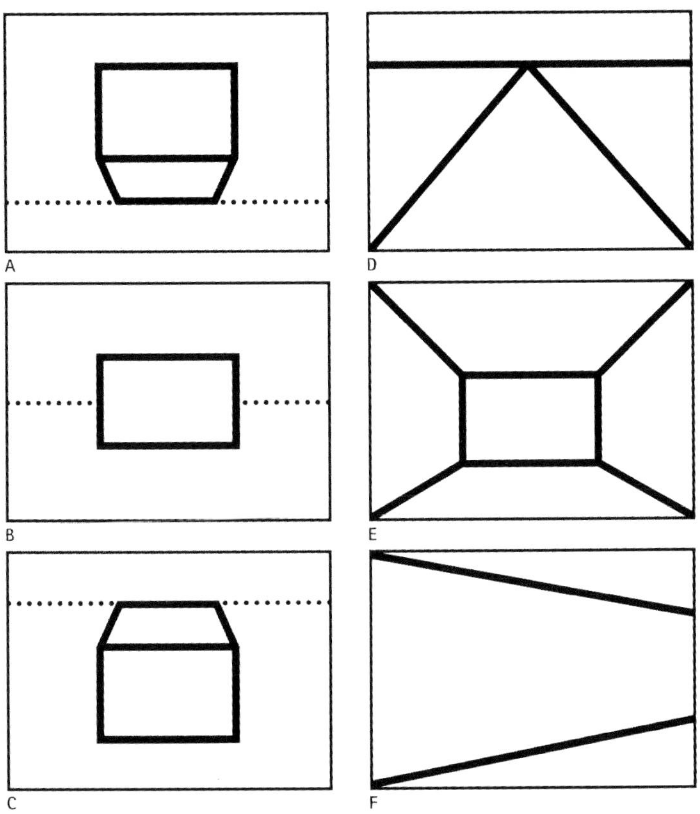

Unsere eigene Augenhöhe bestimmt die Wahrnehmung in der Spanne von Aufsicht bis Untersicht. Perspektivische Linienführung bestimmt ebenfalls den Eindruck von Raum und Tiefe.

Weichheit des jeweiligen Gegenstandes und seines Materials – und eventuell auch noch über seinen Geschmack.

Raum und Augenhöhe

Über die Augenhöhe eines Betrachters definiert sich – individuell für diesen Betrachter – der Horizont und/oder die jeweilige Horizontale als Meßeinheit für Auf- und/oder Untersichten. Bei großen Entfernungen, zum Beispiel einer weiten (flachen) Landschaft, wird der in der Ferne liegende Horizont für jeden Betrachter unabhängig von seiner Größe immer in Augenhöhe liegen. In einer Bildkomposition läßt sich der Horizont durch ein leichtes »Nach-oben-Kippen« der Kamera natürlich auch dicht an die untere Bildkante setzen, so daß der Eindruck entsteht nach oben in den Himmel zu sehen (Untersicht). Wirkliche Un-

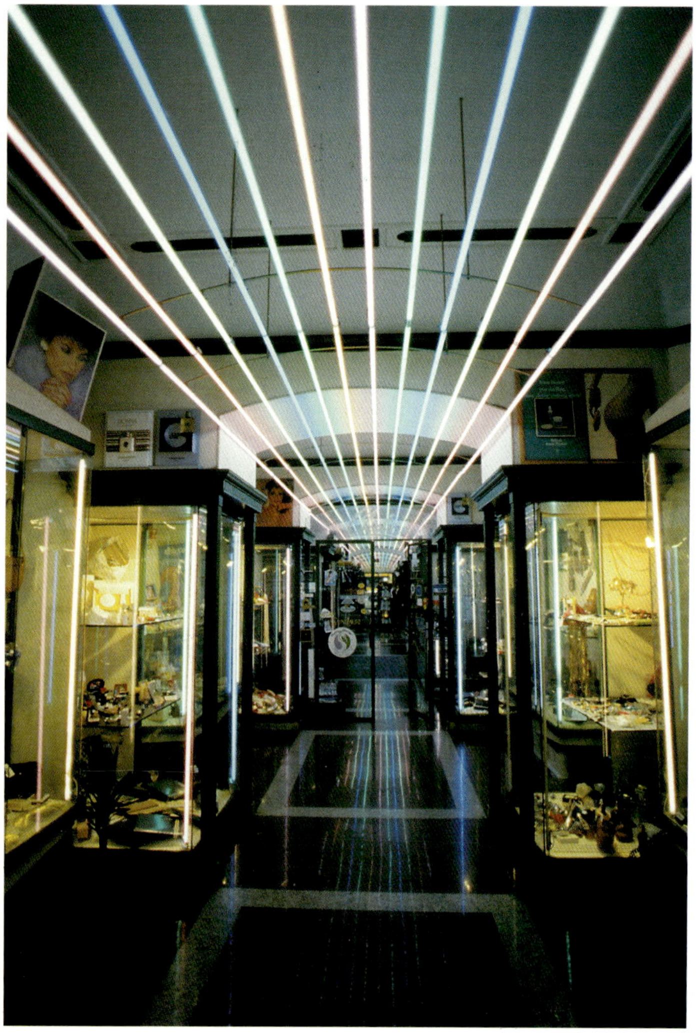

6 Weitere Bildelemente: Senkrechte, Kalt-Warm-Kontrast

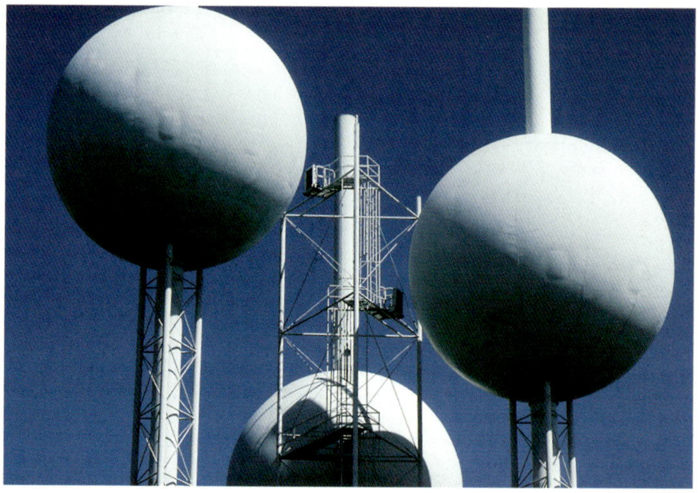

7 Weitere Bildelemente: Senkrechte,Kreise, kühle Farbigkeit

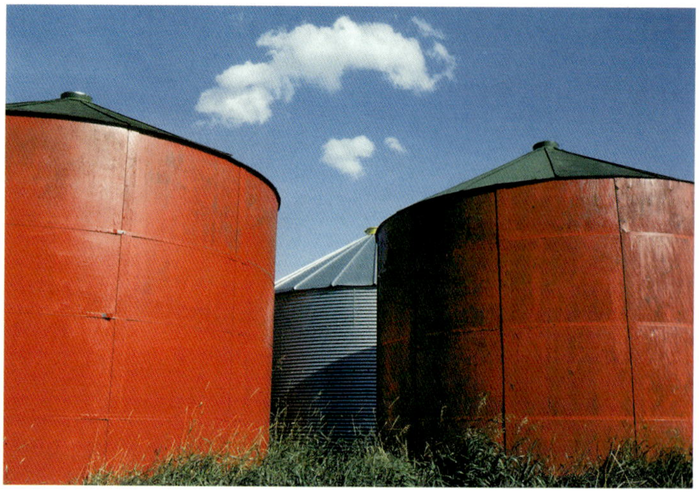

8 Weitere Bildelemente: Senkrechte, Kalt-Warm-Kontrast

tersichten bei waagerechten Aufnahmen (also ohne die Kamera nach unten oder nach oben zu kippen) entstehen vor allem in Innenräumen. Ausgehend von der Augenhöhe ergeben sich primär Auf- und Untersichten auf den Fußboden und die Decke des Raumes. Alle im Raum befindlichen Gegenstände werden durch ihre Größe und ihre Lage im Raum für den Betrachter teils mit Aufsichten und teils mit Untersichten zu sehen sein. Die vereinfachten Grafiken A, B und C zeigen einen (schwebenden) Quader, betrachtet aus drei unterschiedlichen Augenhöhen. Die gepunktete Linie markiert eine zentrale Augenhöhe mittig des Quaders (Grafik B, mit flacher, zweidimensionaler Darstellung einer Seite des Quaders als Rechteck). Eine tiefer liegende Augenhöhe mit einer zusätzlichen Untersicht (Grafik A) und eine Aufsicht durch Veränderung der Augenhöhe nach oben (Grafik C). Bei der Abb. 1 liegt die Augenhöhe eindeutig über dem Quader. Gleichzeitig ist der Aufnahmestandpunkt aus der Mitte leicht nach rechts verschoben, so daß durch das Sichtbarwerden einer dritten Seite des Quaders eine verstärkte perspektivische Wirkung entsteht.

Raum und Perspektive

Durch eine perspektivische Darstellung wird eine suggestive Tiefenwirkung auf der Bildfläche erreicht. Bei der Zentral- oder Frontalperspektive ist der Brennpunkt (Fluchtpunkt) aller Linien, die nicht paralell zur Bildkante verlaufen, direkt auf der Bildfläche auszumachen (Grafik D, E und Abb. 2, 6, 14, 15). Bei allen seitlichen Schrägsichten (zum Beispiel auf eine Häuserreihe) bleiben nur noch die senkrechten Linien parallel

Ob Flächen nebeneinander, davor oder dahinter liegen kann nur erkannt werden, wenn von einer Form eine Realgröße bekannt ist oder wenn sich Vollflächen überschneiden.

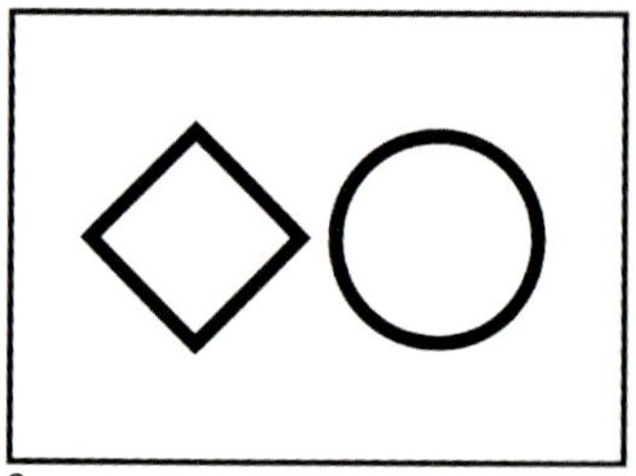

G

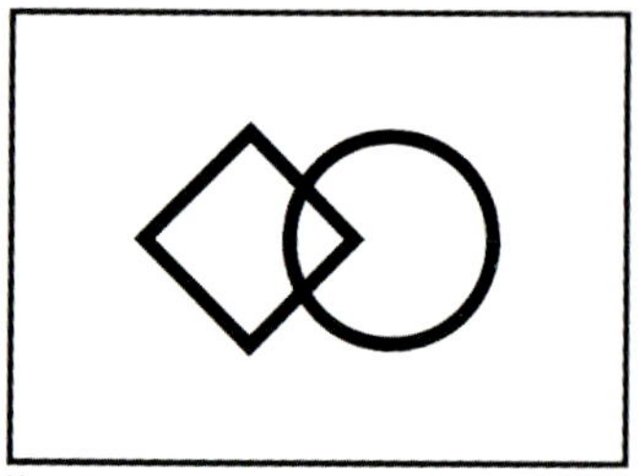

H

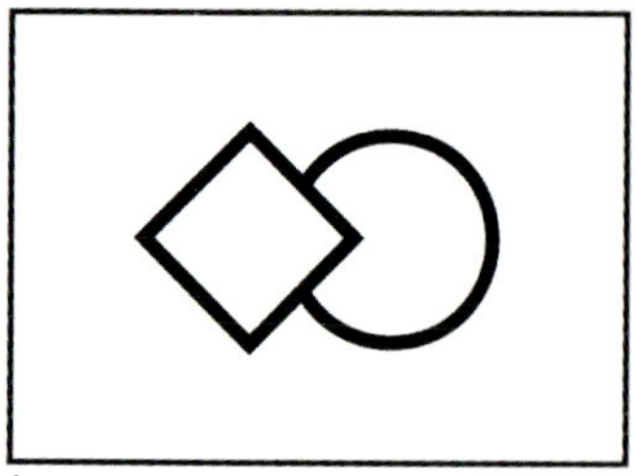

J

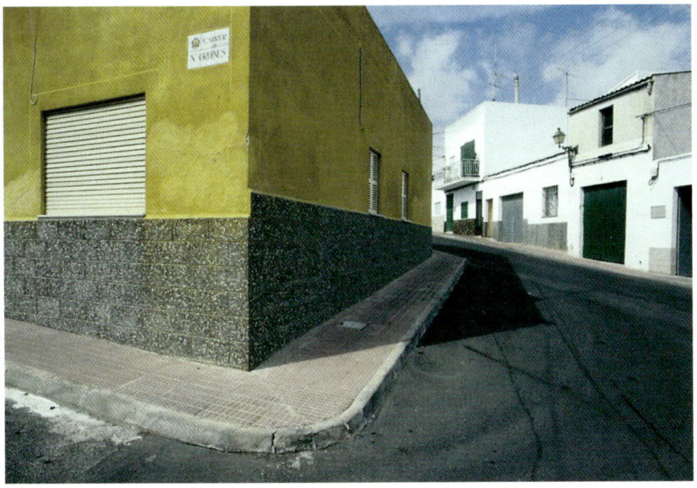

9 Weitere Bildelemente: Senkrechte, schräge Linie

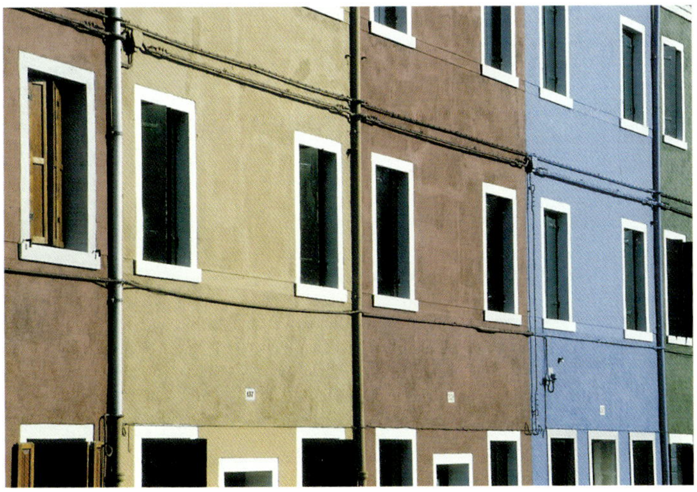

10 Weitere Bildelemente: optische Linie, Senkrechte, Kalt-Warm-Kontrast

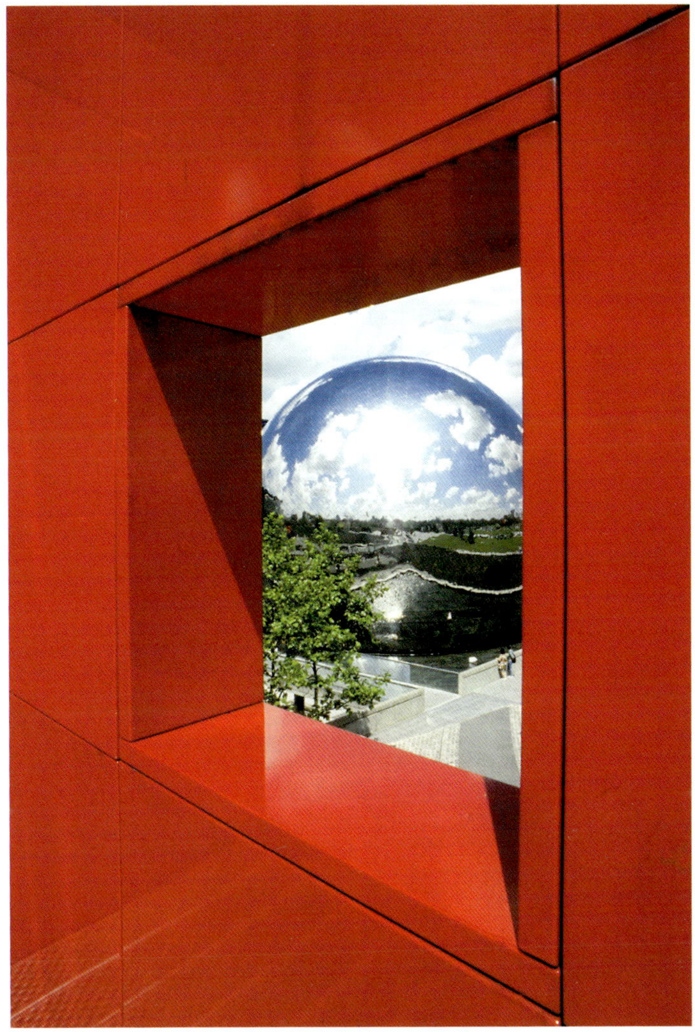

11 Weitere Bildelemente: Senkrechte, Schräge, Kalt-Warm-Kontrast

zu den Bildkanten links und rechts. Der Fluchtpunkt (bei Straßenecken und so fort eventuell auch mehrere Fluchtpunkte) liegen rechts und/oder links außerhalb der Bildfläche (Grafik F und Abb. 5, 9, 10, 11, 18). Schon bei normaler Kamerahaltung (in der Waage) ergeben sich durch schräge Abschnitte in den Bildecken kompositorische Schwierigkeiten. Diese multiplizieren sich, wenn die Kamera zusätzlich nach oben oder unten gekippt wird (Abb. 4, 16)

Weitere Mittel zur Erzeugung von Raumwirkung

Räumliche Darstellungen – und damit eine optische Wirkung von Tiefe – lassen sich durch Form- und Objektüberschneidungen (Abb. 8, 19), interessante Groß-Klein-Verhältnisse, den Kontrast von scharfer zu unscharfer Abbildung (Abb. 17) und den Kontrast von warmer zu kalter, zurückweichender Farbe (Abb. 8,11) erreichen. Vor allem aber über Licht-Schatten-Verläufe an dreidimensionalen Körpern wird deren Körperhaftigkeit optisch vermittelt (Abb. 7). Auch die Hell-Dunkel- Verteilung der Motive spielt eine Rolle, wobei eine dunkle Umrandung als Durchblick auf einen helleren Bildteil am überzeugensten ist (Abb. 3, 4, 13). Das bedeutet aber nicht, daß prinzipiell »Dunkel« mit Vorne und Nähe gleichzusetzen ist. Die Grafiken K und L zeigen, wie mal das Hell und mal das Dunkel die Form im Vordergrund ergeben. Formüberschneidungen haben nur dann eine »davor-dahinter- Wirkung«, wenn die Formbegrenzungslinien eindeutig zugeordnet werden können (Grafik J, Abb. 8, 11, 19). Überschneidungen von Linien (Grafik H) oder nicht eindeutige Ab-

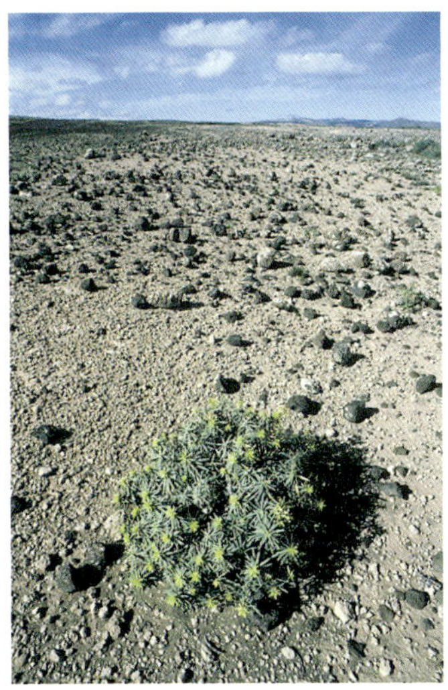

12 Weitere Bildelemente: beherrschender Punkt, Struktur

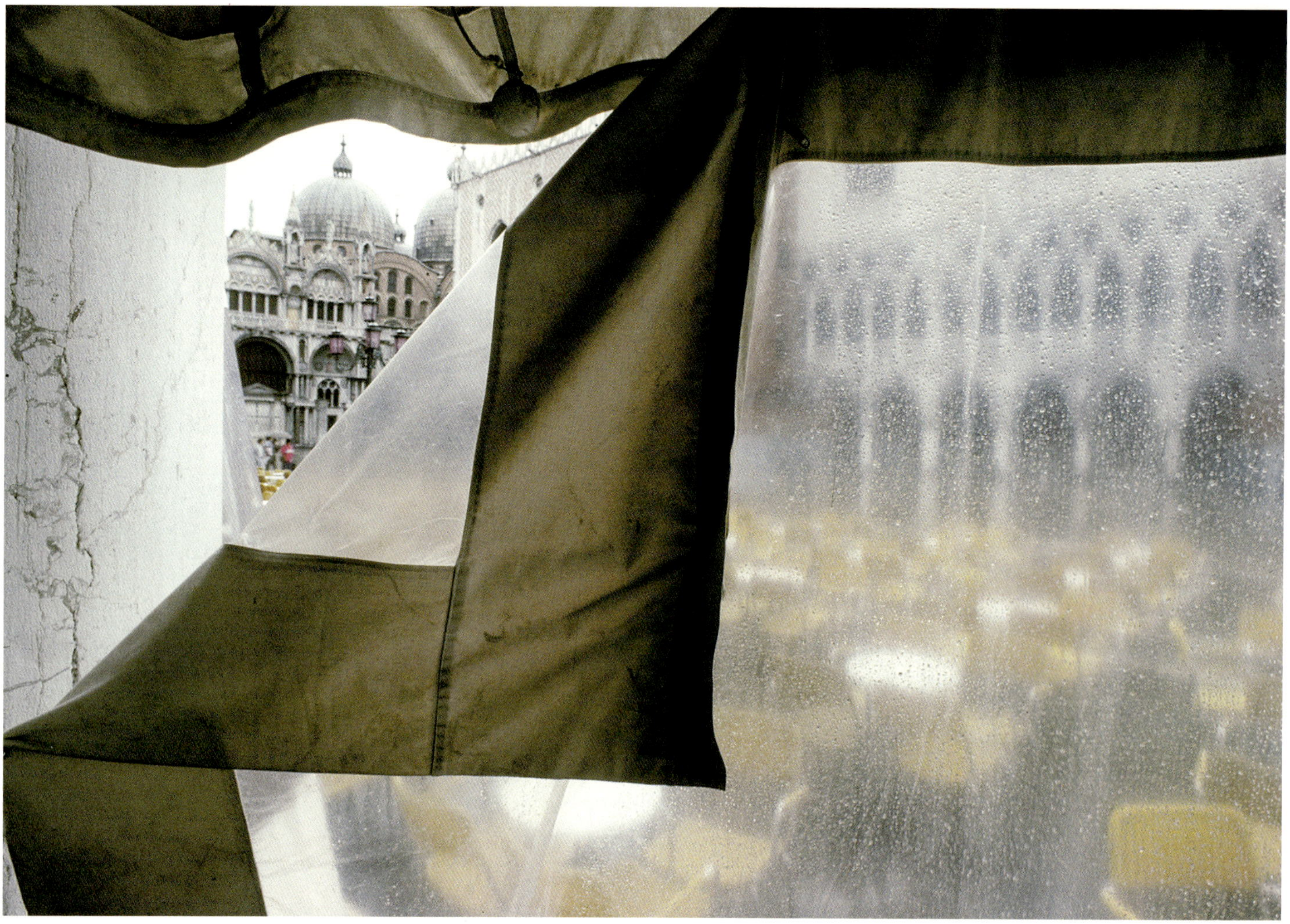

13 Weitere Bildelemente: Linienkontrast, Dreieck, Struktur, warme Farbigkeit

grenzungen lassen keine genaue Definierung von davor und dahinter liegender Form zu.

Objektive und ihre Wirkung

Die Bilderzeugung im Medium Fotografie ist zum größten Teil abhängig von Objektiven. Ausnahmen sind Arbeiten mit der Lochkamera (Camera Obscura), Fotogramme und andere kameralos erstellte Bilder. Das Normal-Objektiv (bei dem Kleinbildformat das 50 mm, bei 6x6 80 mm) hat seinen Namen wegen der vergleichbaren Identität seines Aufnahmewinkels mit unserem gewohnten Sehfeld von 45. Abweichend von dieser »Normalsicht« reicht die Palette der Objektive der kürzeren Brennweiten über die »mäßigen« Weitwinkel von 35 und 28 mm, den kurzen Brennweiten von 24, 20 oder 17 mm bis zu den Fisheye-Objektiven von 16 oder gar 7,5 mm. Während das extreme Fisheye von 7,5 mm nur noch einen Kreis von ca. 23 mm Durchmesser auf das Kleinbildformat projeziert und alle Motive stark verzeichnet, wird vom 16 mm die ganze Fläche des Filmes – also 24x36 mm – genutzt. Die Anwendung des 16 mm Fisheye ist aber durch die tonnenförmige Verzeichnung aller Senkrechten und Waagerechten, die sich nicht in der Mittelachse des Bildes befinden, zu erkennen. Lediglich das absolute »Mittelkreuz« von Senkrecht/Waagerecht wird verzeichnungsfrei, also gerade, wiedergegeben. Damit wird dem Bildschaffenden die Bildgestaltung teilweise aufgezwungen, weshalb der Einsatz von Fisheye-Objektiven nur bedingt von Vorteil ist (Abb. 16). Die Verwendung von Weitwinkeln bedingt allgemein ein sehr sorgfältiges Arbeiten. Schon ein

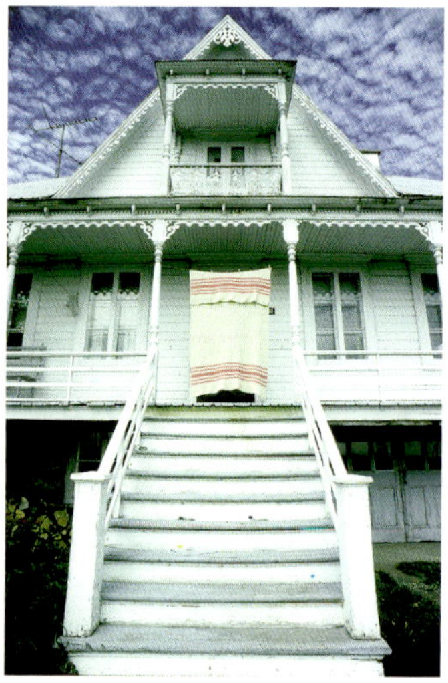

14 Weitere Bildelemente: Waagerechte, Senkrechte, Schräge

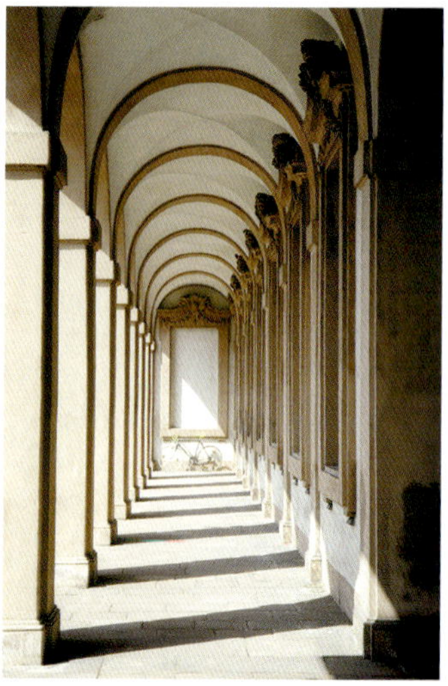

15 Weitere Bildelemente: Senkrechte, Diagonale, Schräge

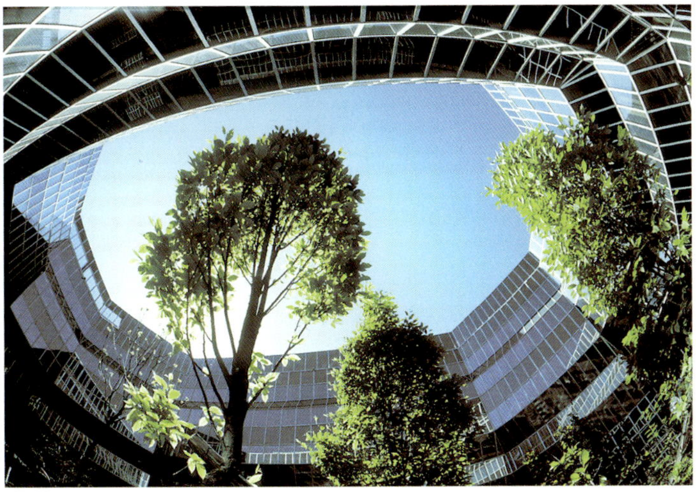

16 Weitere Bildelemente: optische Linien, kühle Farbigkeit

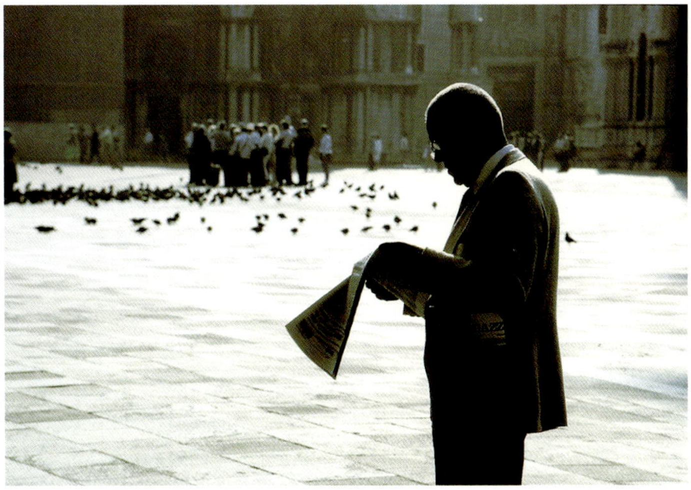

17 Weitere Bildelemente: Senkrechte, monochrome Farbigkeit

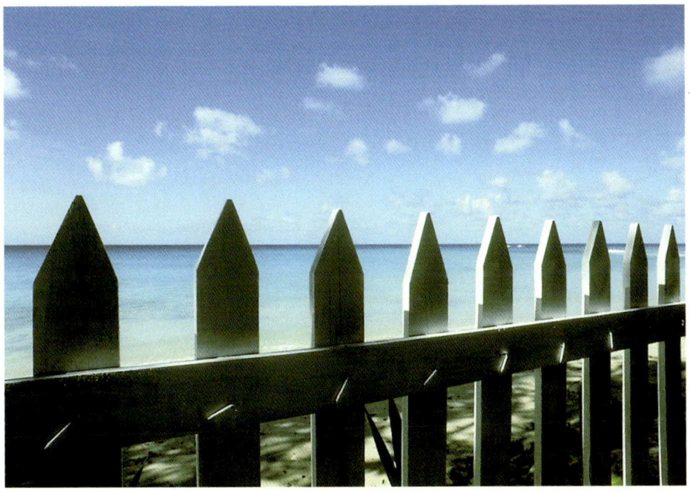

18 Weitere Bildelemente: Linienkontrast, Hell-Dunkel-Kontrast, kühle Farbigkeit

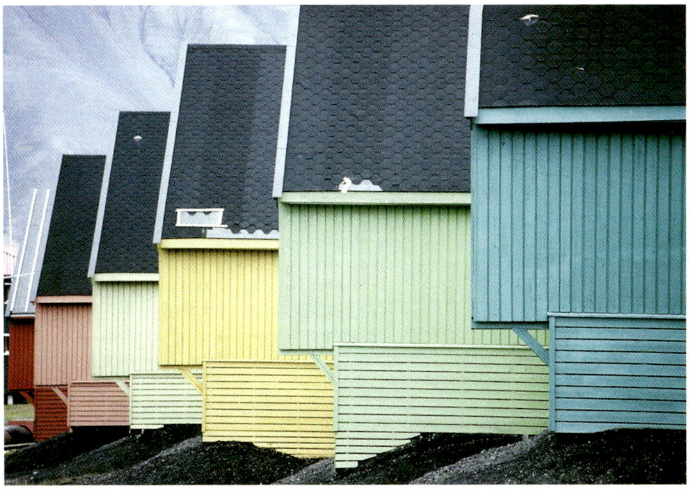

19 Weitere Bildelemente: Senkrechte, Kalt-Warm-Kontrast

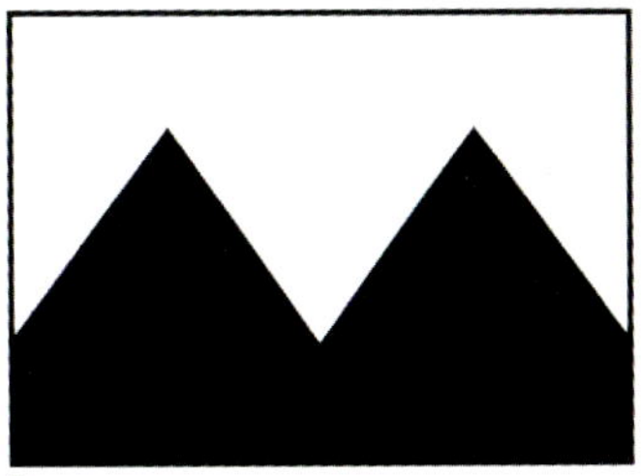

K

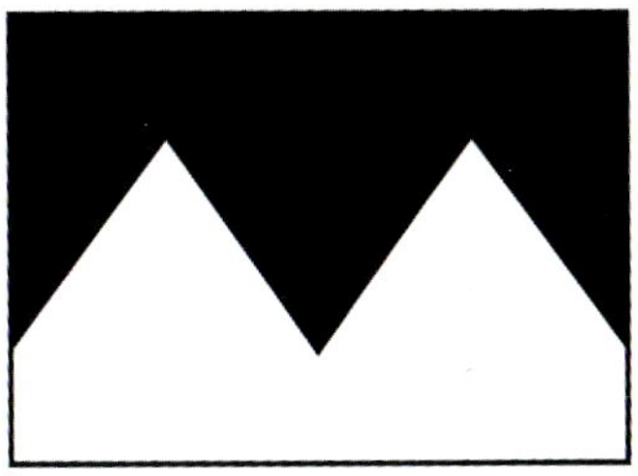

L

Das Hell und das Dunkel stehen nicht automatisch auch für Ferne und Nähe. Wichtigster Bezug ist die untere Bildkante mit der Bewegung von unten nach oben. So stehen dunkle »Giebel« vor hellem Himmel und helle »Giebel« vor dunklem Himmel.

leichtes Verkippen der Kamera kann zu unerwünschten schiefen Linien im Bild führen. Das Halten der Kamera »in der Waage« muß genau beachtet werden (Abb. 18), vor allem wenn Motive deutliche senkrechte und/oder waagerechte Linien aufweisen, wie es zum Beispiel bei Architekturen der Fall ist (Abb. 5, 10, 15). Ein Kippen der Kamera für einen Blick nach oben oder unten muß eindeutig sein, so daß die dabei entstehenden »stürzenden Linien« deutlich als bewußt eingesetztes Gestaltungsmittel zu erkennen sind (Abb. 4, 14). Bei Motiven mit freien Formen ist ein Kippen der Kamera nur selten sichtbar (Abb. 12). Die Reihe der langen Brennweiten beginnt um die 135 mm. Mit Objektiven von 200 bis 300 oder 400 mm lassen sich ungewohnte Motivanschnitte – etwa bei Landschafts- und Architekturaufnahmen – und interessante optische Verdichtungen erreichen. Ein Arbeiten vom Stativ ist dabei fast immer zwingend erforderlich, um der Gefahr von Verwacklungsunschärfen zu begegnen. Alle Weitwinkel-Objektive unterstützen mehr oder weniger eine räumliche Wirkung auf der zweidimensionalen Fläche durch die Überhöhung der Perspektive und der Groß-Klein-Verhältnisse der Motive. Bei langen Brennweiten können nur durch den Kontrast von scharfer Detailwiedergabe, von unscharfem Hintergrund oder durch Formüberschneidungen die eindeutig ein »Davor- und Dahinterliegen« zeigen, räumliche Wirkung erreicht werden (Abb. 19).

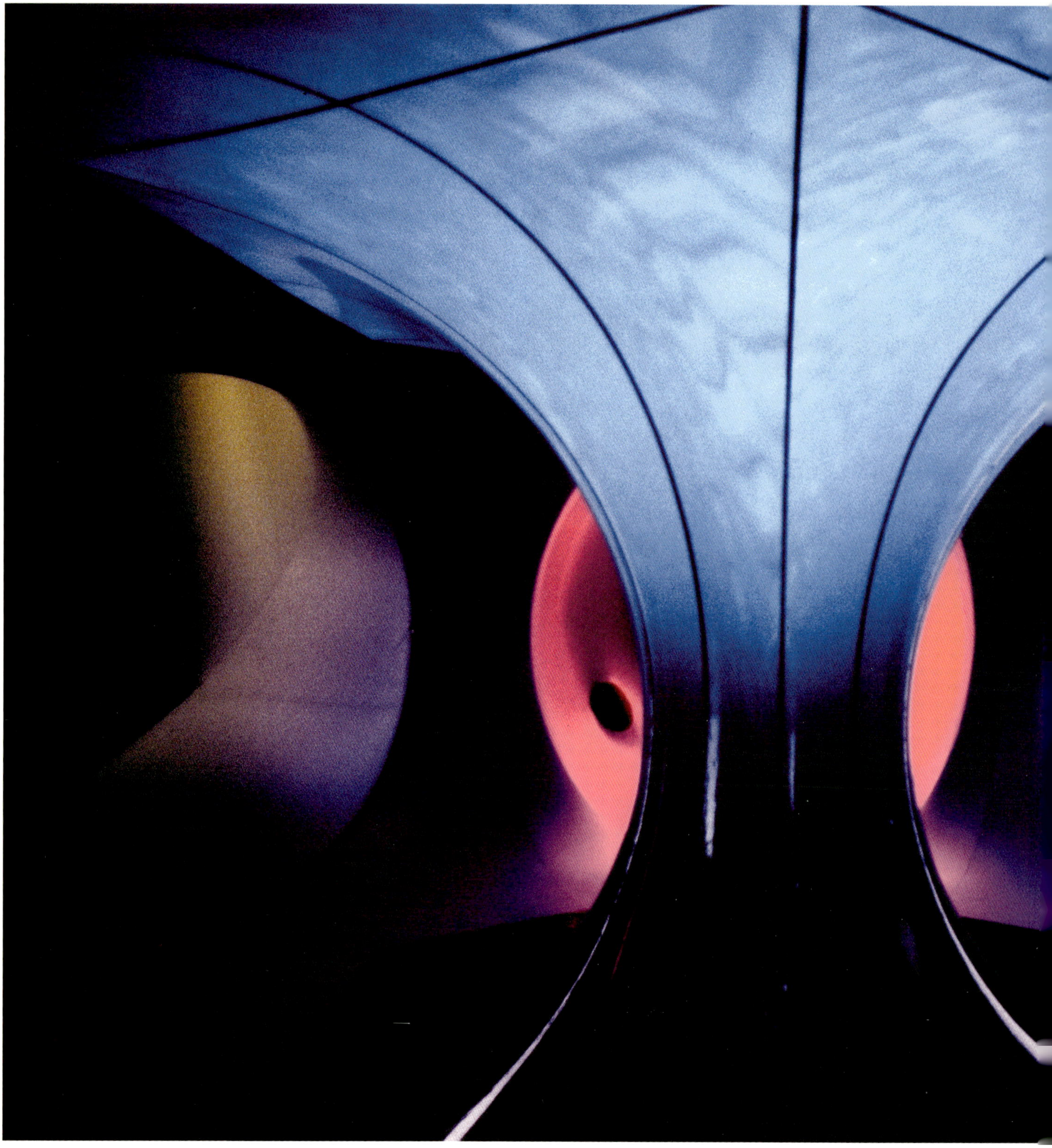

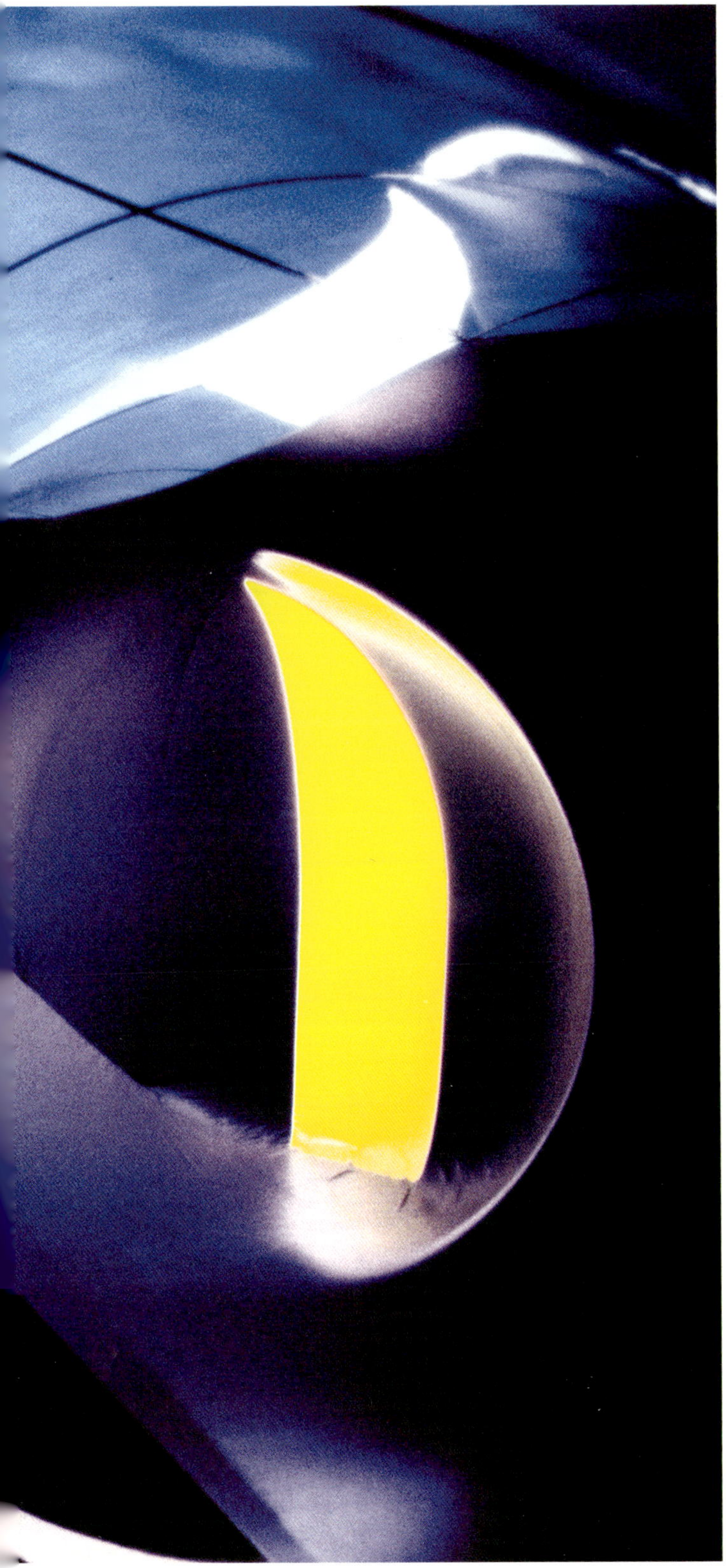

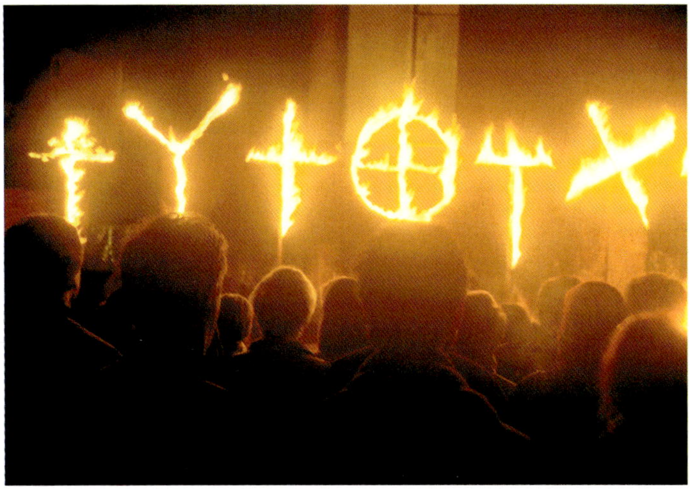

Die Farbkontraste

Reaktionen auf einige der besonders deutlichen Farbkontraste und Farbwirkungen, wie zum Beispiel dem Hell-Dunkel-Kontrast, dem Farbton-Kontrast oder dem Komplementär-Kontrast, sind quasi in unserem Erbgut verankert. Hier ist die Farbtheorie nur noch eine Bestätigung der eigenen Empfindungen. Darüber hinausgehende subtile Bereiche der Farbtheorie müssen erst bewußt gemacht werden, um Bestandteil einer analytischen Bildbetrachtung zu werden.

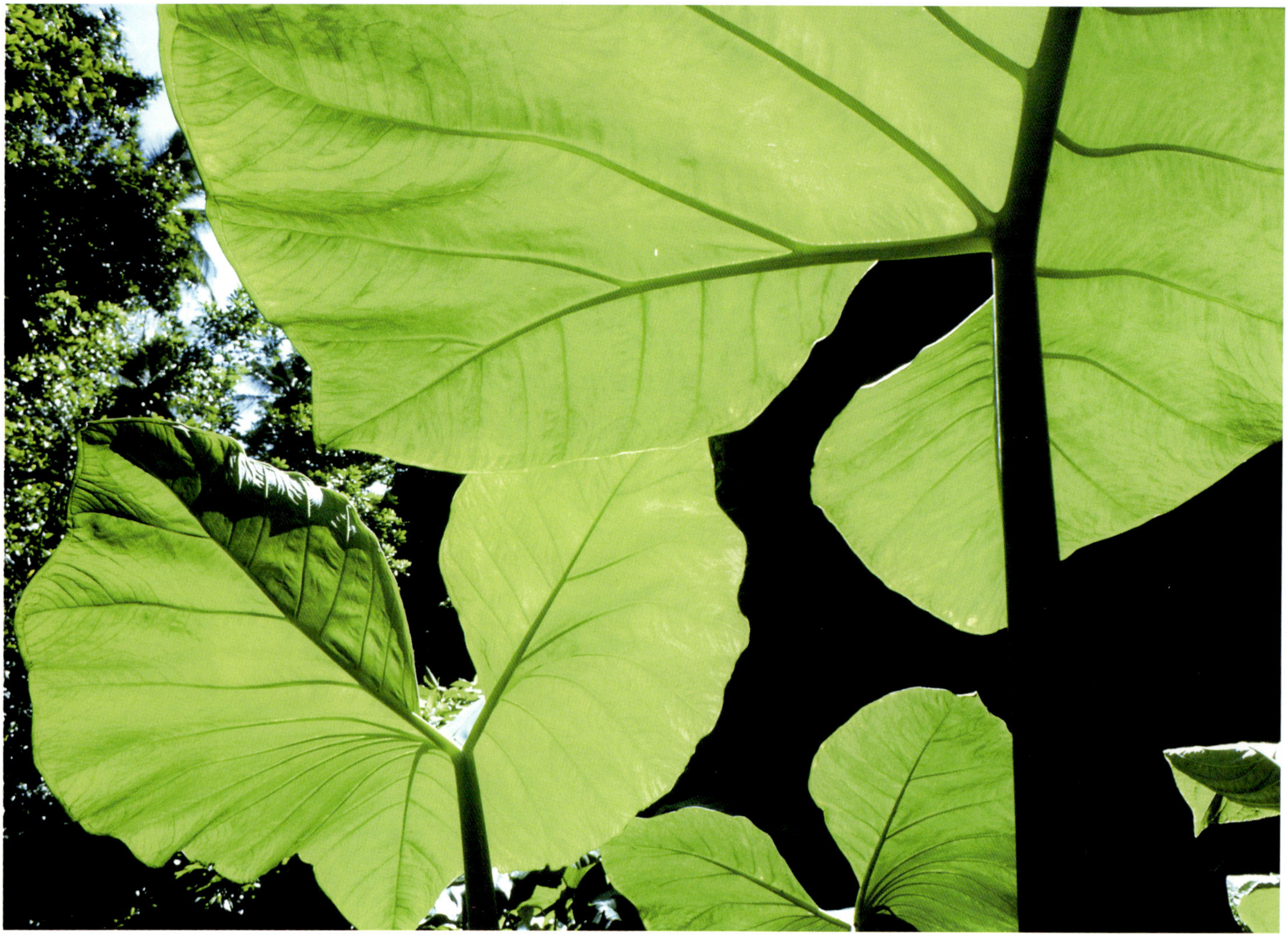

1 Weitere Bildelemente: Hell-Dunkel-Kontrast, Struktur

Die Farben erster und zweiter Ordnung, der Farbton-Kontrast

Für das Sehen und Erkennen von Farben benötigen wir grundsätzlich Licht. Das erste Licht, das uns bewußt wird, ist das Licht der Sonne. Dieses Licht (zwei Stunden nach Sonnenauf- und zwei Stunden vor Sonnenuntergang) ist deshalb das Maß zur optimalen Farberkennung und zur Definierung und Einordnung einer Farbe, eines Farbtones durch das Auge. Über die Messung der spektralen Zusammensetzung des Sonnenlichtes konnten künstliche Lichtquellen mit der Neutralität des Sonnenlichtes entwickelt werden (Tageslichtlampen, Blitzlicht).

Benennen von Farben und Farbtönen

Die entwickelten Normungen in der Farbtonbezeichnung sind vor allem in der Industrie und für den Farbdruck notwendig und hilfreich. Für einen ungeschulten Betrachter von Farben ist es schwierig eine bestimmte Farbe zu beschreiben. Außerdem ist kaum zu erwarten, daß es jemandem gelingt, über die verbale Beschreibung einer Farbe unter der Vielfalt der Nuancierungen genau den beschriebenen Farbton auszuwählen. Das heißt, Farben und Farbtöne können sehr subjektiv empfunden werden. Neben dieser möglichen subjektiven Reaktion der Zu- und Abneigung eines Betrachters haben Farbe und Farbgruppen psychologische und symbolische Wirkungen und Bedeutungen. Eindeutige Farben, wie die Farben der ersten Ordnung (Blau, Gelb, Rot) und der zwei-

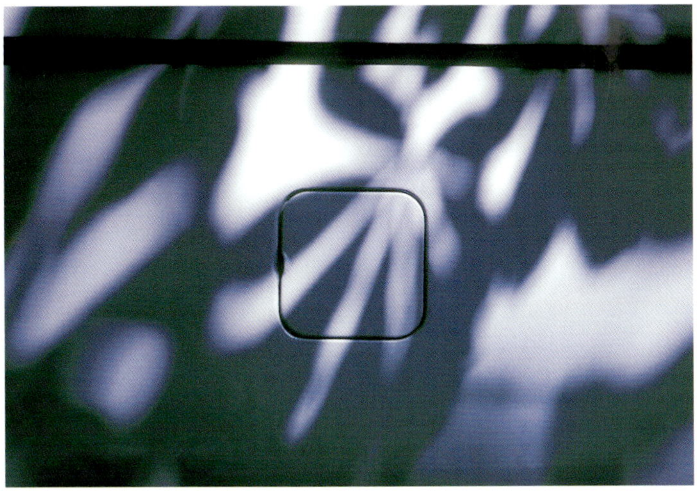

2 Weitere Bildelemente: Hell-Dunkel-Kontrast,Struktur

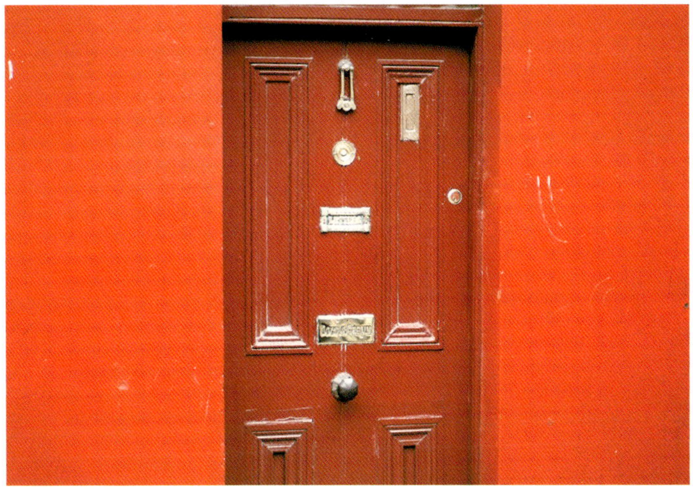

3 Weitere Bildelemente: optische Linien, Senkrechte, Waagerechte

4 Weitere Bildelemente: Senkrechte, Struktur

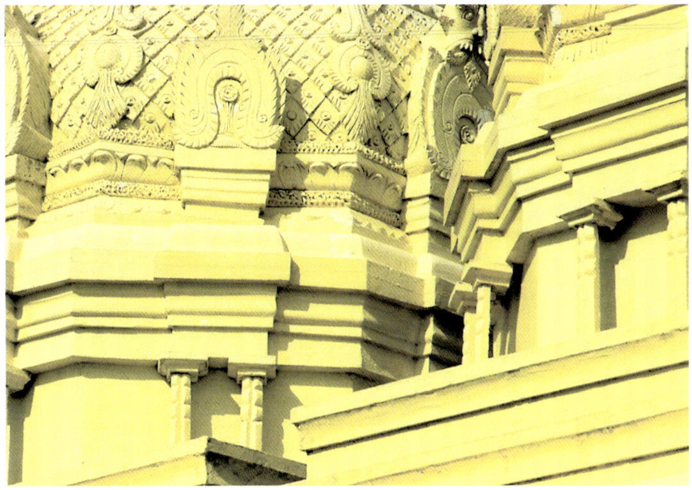

5 Weitere Bildelemente: Waagerechte, Schräge, Struktur

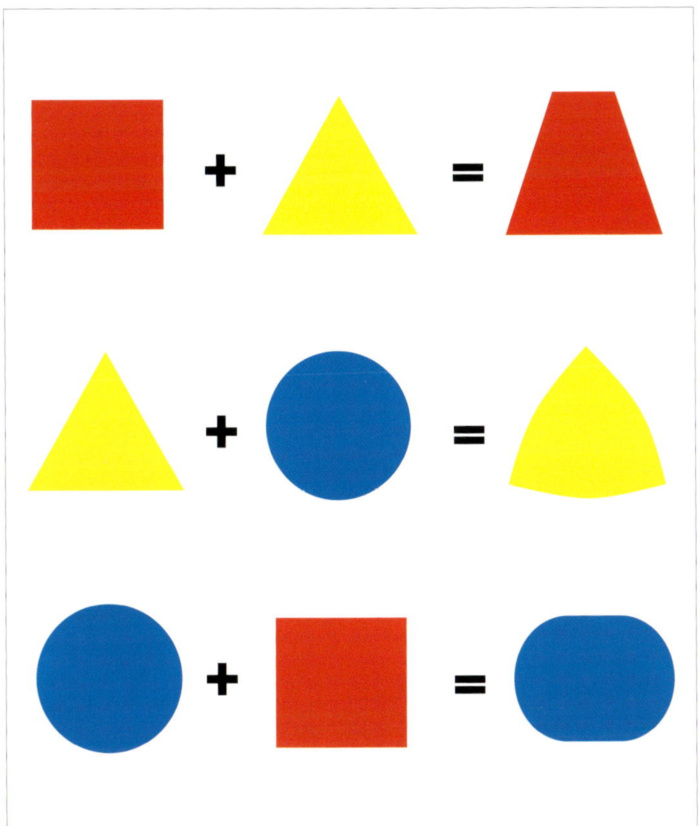

A

Das Entstehen der Farben der zweiten Ordnung durch die Mischung von jeweils zwei Farben der ersten Ordnung kann zusätzlich an eine »Formmischung« gebunden werden.

ten Ordnung (Grün, Violett, Orange) werden dabei von den meisten Betrachtern in ihrer Wirkung gleich oder ähnlich empfunden. Die Gruppe der eindeutigen blauen Farben weicht zurück, steht für Ferne und Unendlichkeit (und damit auch für Kühle), für Harmonie, Ruhe und Sehnsucht. Die (kleine) Gruppe der eindeutig gelben Farben strahlt hell, steht für Licht (Sonne), Aktivität und Heiterkeit, aber auch für Neid und deutliche Warnung. Die Gruppe der eindeutig roten Farben wirkt warm und schwer, steht für Nähe, Erregung, Kraft und Hitze (Feuer), aber auch für Wut, Lärm und Gefahr. Die Gruppe der eindeutig grünen Farben ist lebendig, steht für Frische, Vegetation (Natur), Frühling und Hoffnung, aber auch für Unreife und Gift. Die violetten Farben stehen für den Übergang, die Grenze und die Phantasie sowie für Macht und Alter. Die Farbe Orange ist

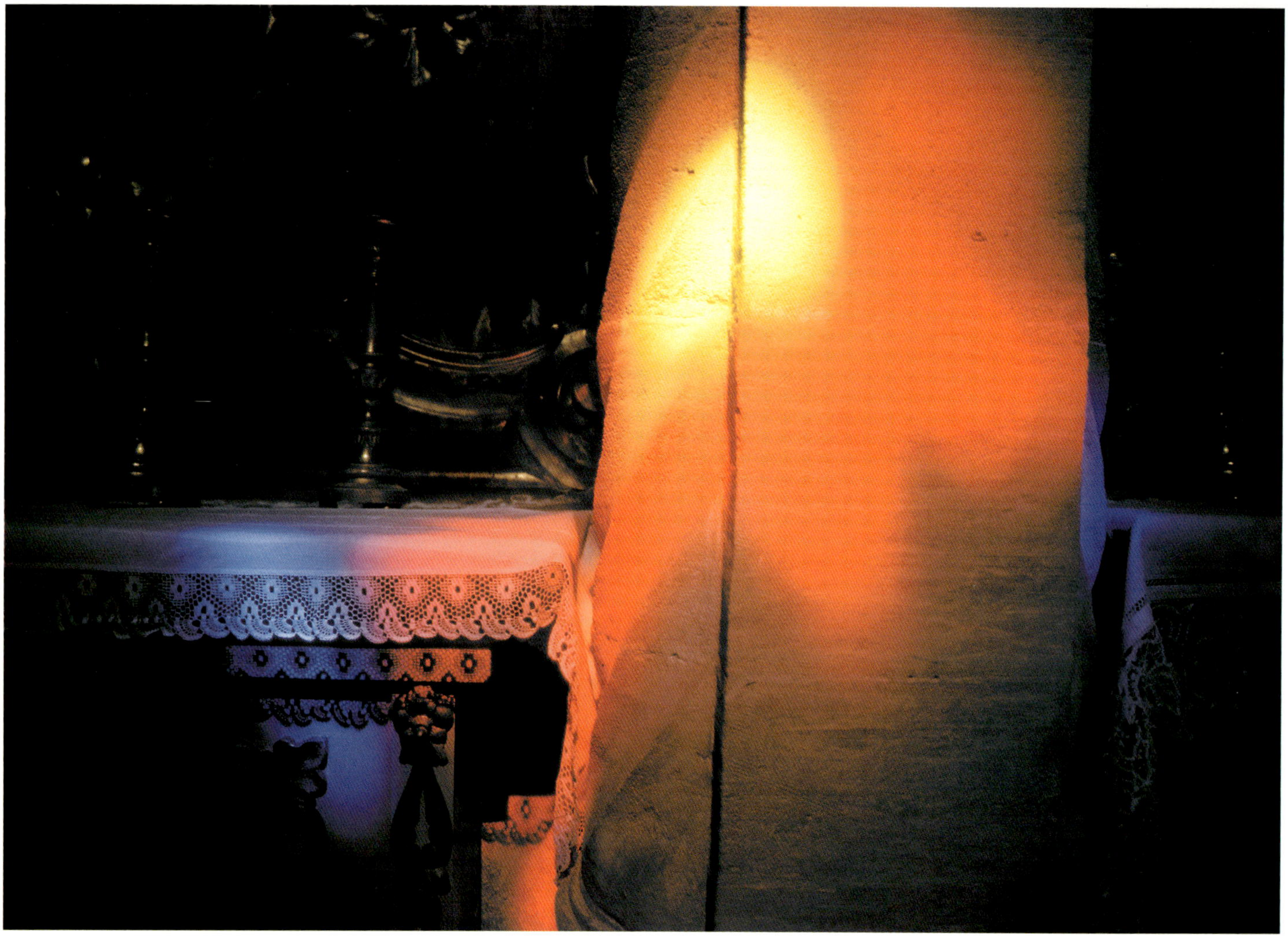

6 Weitere Bildelemente: Senkrechte, Kalt-Warm-Kontrast, Hell-Dunkel-Kontrast

leuchtend und wird von vielen meist mit Aufdringlichkeit, billigem Vergnügen, aber auch mit Exotik und Gefahr verbunden. Das Auftreten von Farben läßt sich grob in den natürlichen Bereich (Landschaft, Pflanzen, Blumen, Tiere u.a., Abb. 1 und 16) und in den kulturellen Bereich (alle anderen Abbildungen) aufteilen. Ein eindeutiger Zusammenklang von psychologischer und symbolischer Wirkung und Bedeutung der Farbe ist am ehesten bei Naturaufnahmen zu finden (Abb. 1). Im kulturellen Bereich ist die Farbwahl und die Farbanwendung sehr häufig mit individuellen und/oder künstlerischen Entscheidungen verknüpft (Abb. 2, 3, 4, 12, 17).

In der visuellen Wahrnehmung bilden die Farben der ersten Ordnung, die Primärfarben, gleichzeitig auch den sehr »lauten« Urdreiklang Blau-Gelb-Rot.

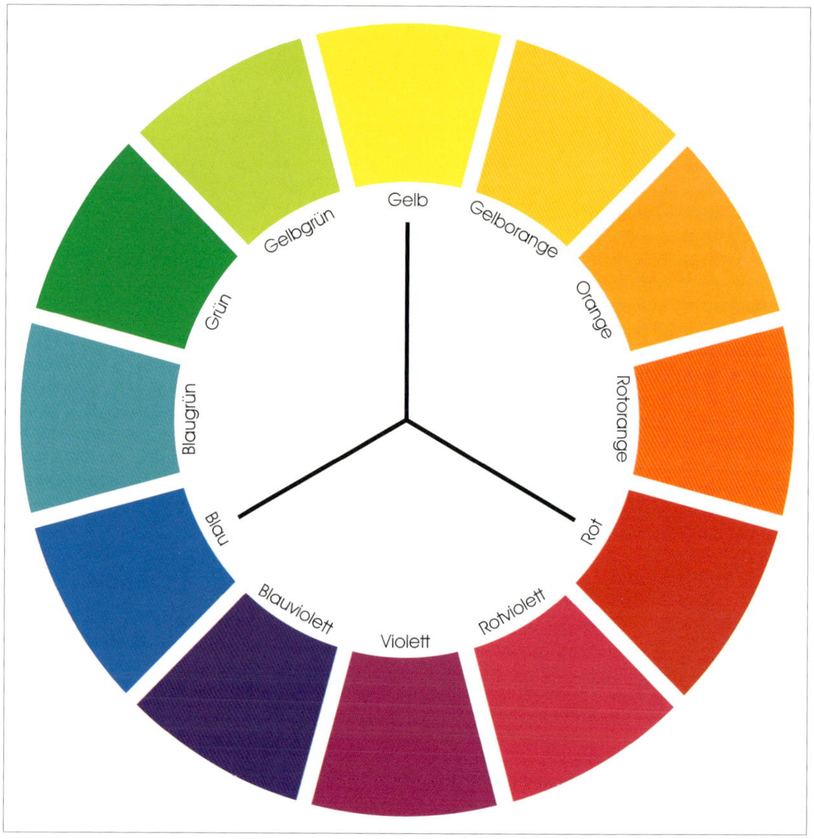

B

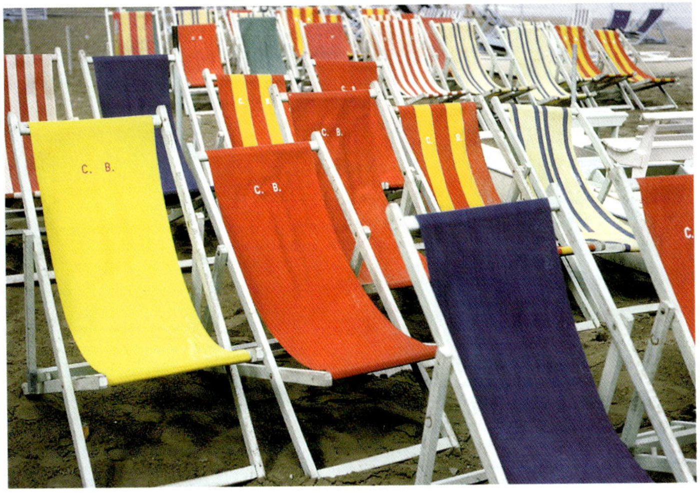

7 Weitere Bildelemente: Schräge Linien, Struktur

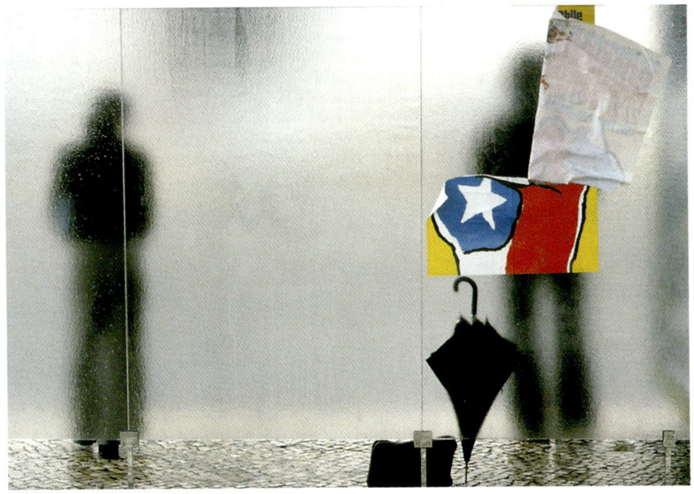

8 Weitere Bildelemente: Hell-Dunkel-Kontrast, Quantitäts-Kontrast

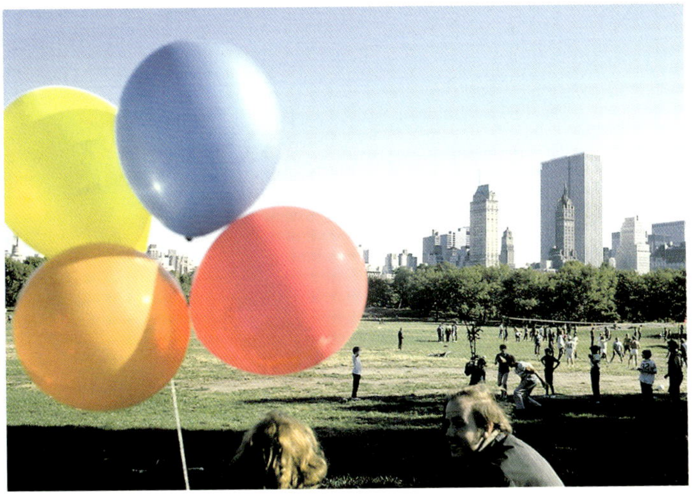

9 Weitere Bildelemente: optische Linie,Senkrechte, schräge Linie

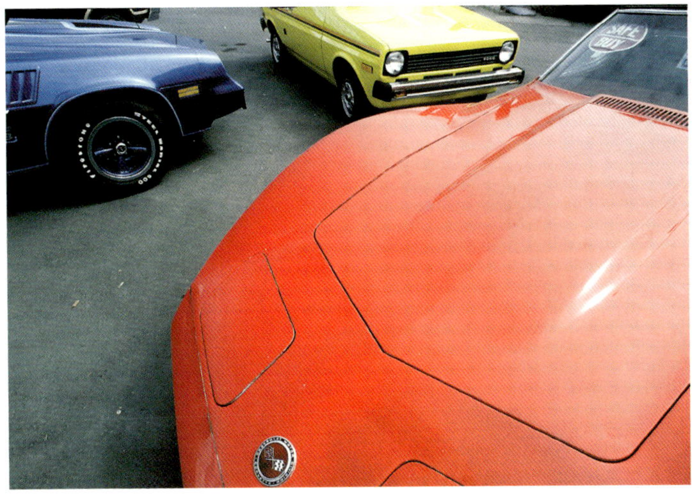

10 Weitere Bildelemente: beherrschender Punkt, Schräge, Kalt-Warm-Kontrast

Farb- und Formordnungen

Die drei Farben der ersten Ordnung sind das jeweils absolute Blau, Gelb und Rot. Also ein Blau, das weder grünlich noch rötlich ist, ein Gelb, das weder rötlich noch grünlich ist und ein Rot, das weder gelblich noch bläulich ist. Diese drei Farben lassen sich (materiell) nicht durch Mischen erreichen, sie sind absolut. Von ihnen ausgehend und in Verbindung mit Weiß und Schwarz, können fast alle anderen Farbtöne gemischt werden. So entsteht zunächst durch die Mischung von jeweils zwei Farben der ersten Ordnung eine Farbe der zweiten Ordnung. Also aus Rot und Gelb Orange, aus Gelb und Blau Grün und aus Blau und Rot Violett. Nach der Farb-Form-Zuordnung von Kreis, Quadrat und Dreieck zu den drei Farben der ersten Ordnung – das (verhaltene) Blau zum (passiven) Kreis, das (schwere) Rot zum (statischen) Quadrat und das (aktive) Gelb zum (ebenfalls aktiven) Dreieck ergibt sich in der Farb-Form-Mischung für das Orange ein Trapez, für das Grün ein Rundeck und für das Violett ein Oval (Grafik A). Diese Farb-Form-Zuordnungen wurden von (lehrenden) Künstlern zur Anwendung entwickelt. In der alltäglichen Realität ist kaum eine Deckung von Farbe und Form in dieser Systematik zu erwarten.

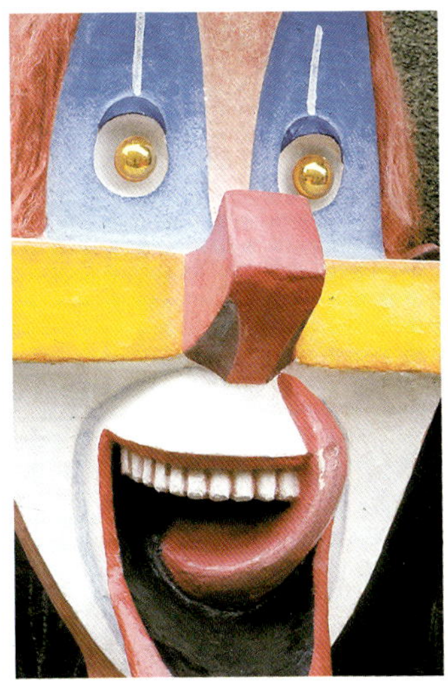

11 Weitere Bildelemente: beherrschde Punkte, Waagerechte

Der Farbtonkontrast

Der Farbtonkontrast ist der einfachste – und bei puristischer Anwendung auch mit der deutlichste – der sieben Farbkontraste. Der Farbtonkontrast (auch Farbe-an-sich-Kontrast) stellt weder an das Wissen um die Wirkung von Farbe noch an das Farbsehen große Ansprüche. Der Farbtonkontrast definiert

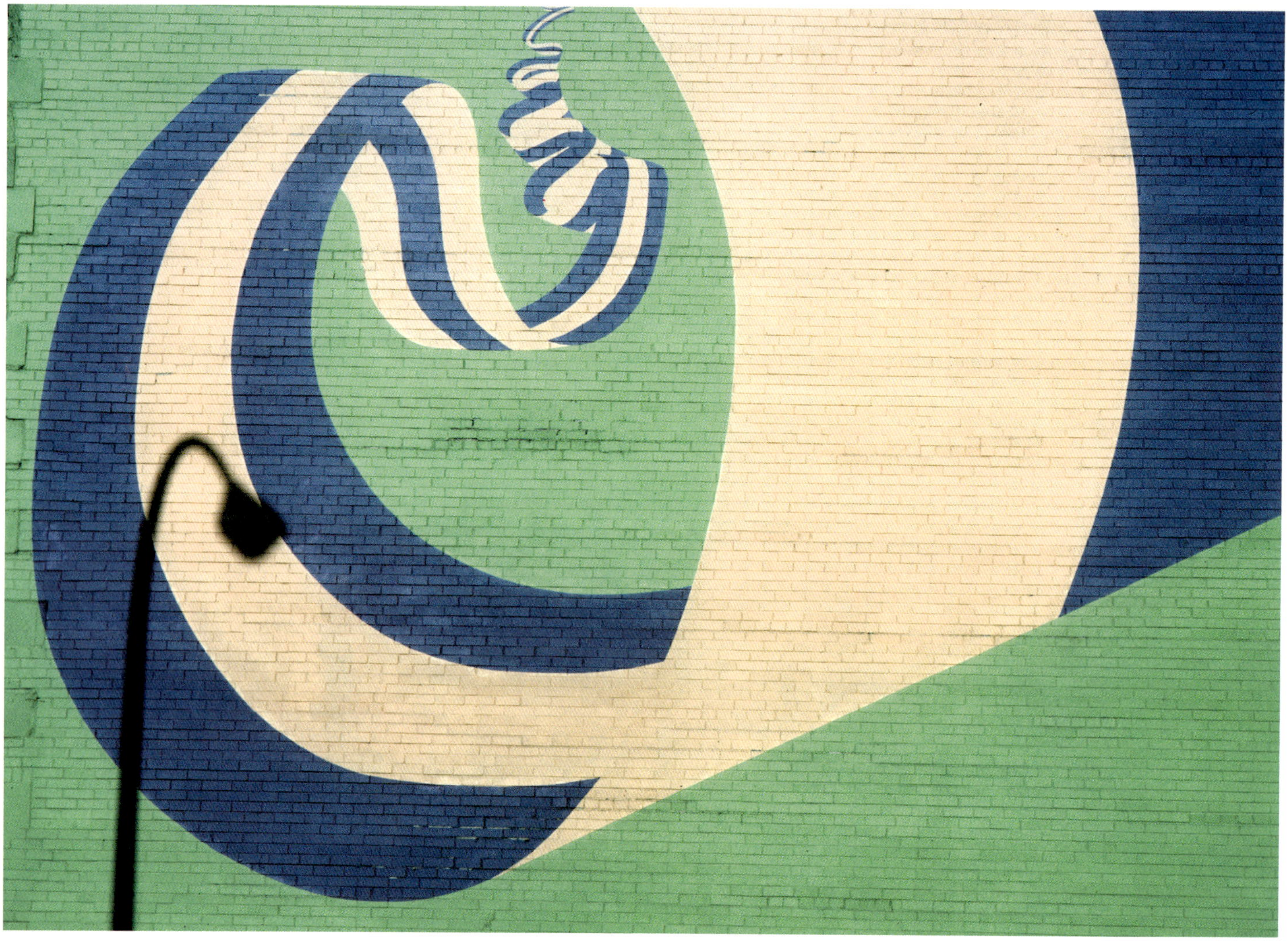

12 Weitere Bildelemente: beherrschender Punkt, freie Linie, Struktur

sich am klarsten durch reine Farben in ihrer stärksten Leuchtkraft und ist in seiner Wirkung sehr direkt und laut, bis hin zu lustig. Die Farben des Karnevals (Abb. 11) und Farbanwendungen beim Zirkus, auf Rummelplätzen oder anderen Vergnügungen nutzen diese laute und heitere Wirkung. Obwohl an sich schon zwei, sich in ihrem Ton unterscheidende Farben den Farbtonkontrast bilden, wird dieser Kontrast erst mit drei Farben richtig wirksam. Die drei Farben der ersten Ordnung bilden gleichzeitig auch den »Urdreiklang« und den direktesten Farbtonkontrast der Farbe überhaupt (Grafik B und C, Abb. 6 – 11). Keine der drei Farben hat einen Anteil der anderen Farben in sich, der Kontrast ist hart und absolut. Diese Härte wird gemildert, wenn zum Beispiel Farben der zweiten Ordnung hinzukommen oder für sich den Farbtonkontrast bilden (Grafik D, Abb. 12). Auch eine Veränderung der

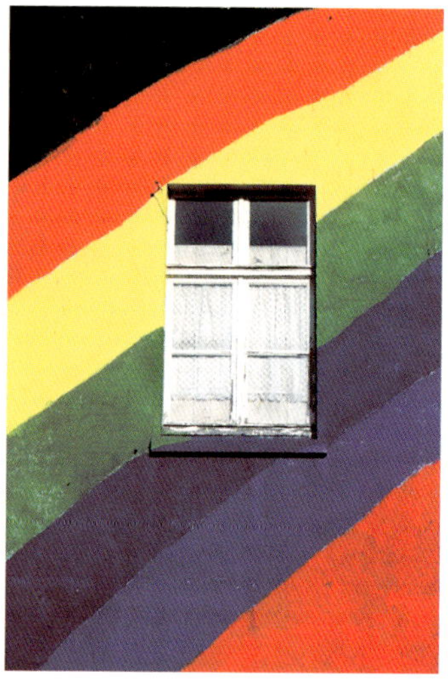

13 Weitere Bildelemente: beherrschender Punkt, Schräge

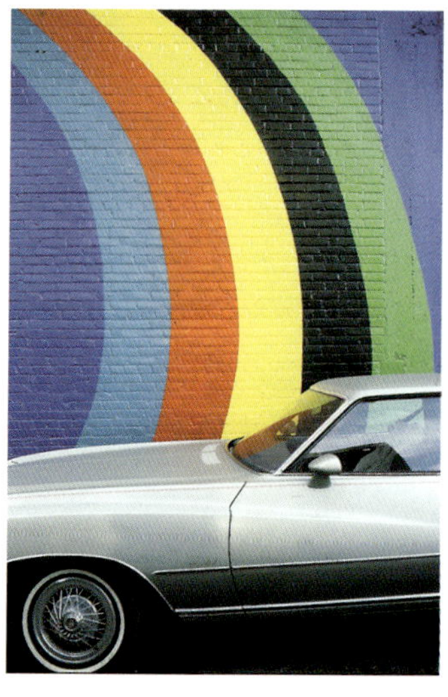

14 Weitere Bildelemente: beherrschender Punkt, Struktur

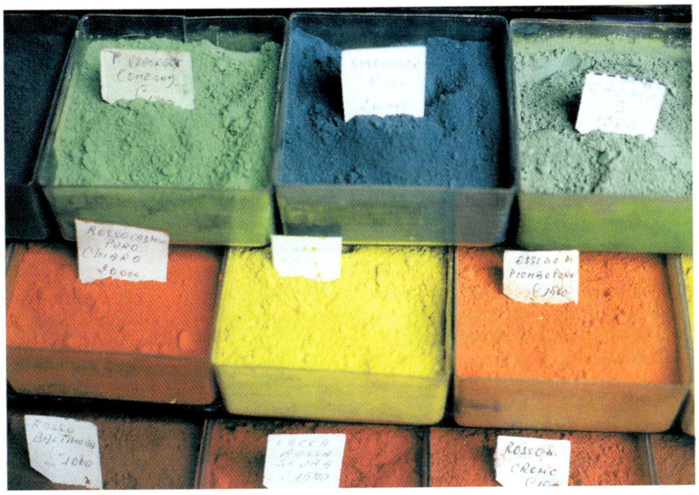

15 Weitere Bildelemente: optische Linien, Waagerechte, Senkrechte

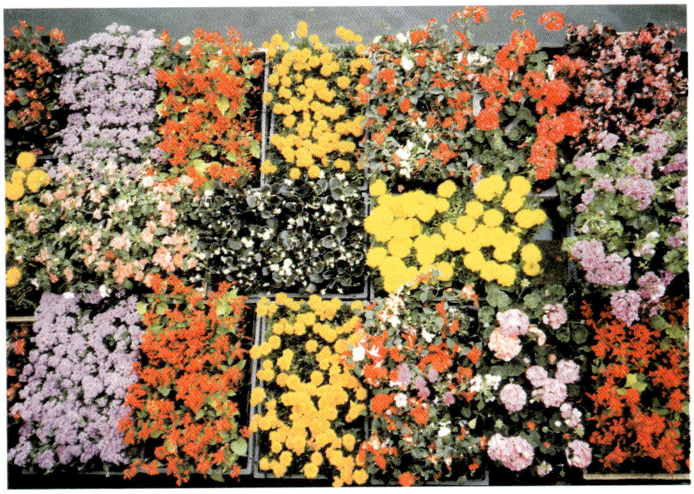

16 Weitere Bildelemente: Waagerechte, Struktur

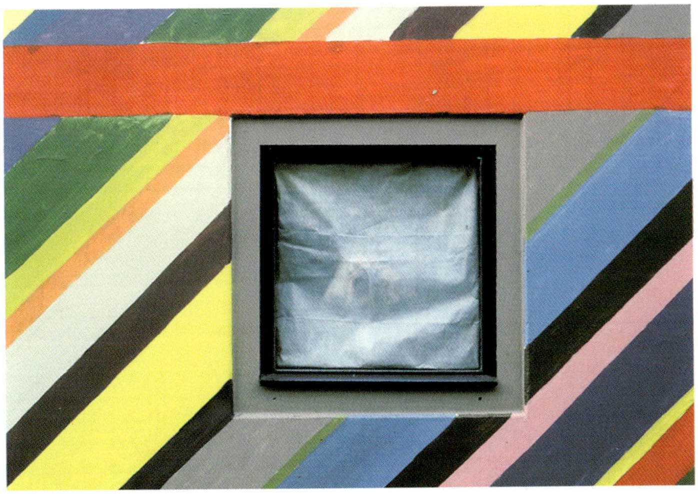

17 Weitere Bildelemente: Waagerechte, Schräge, Quadrat

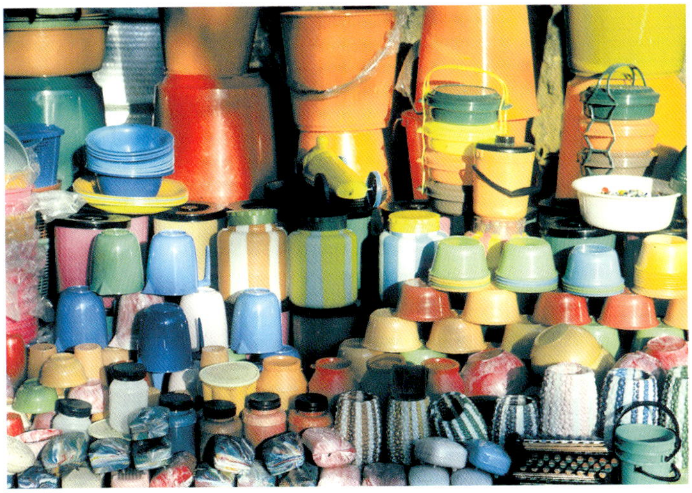

18 Weitere Bildelemente: optische Linien, Struktur

C

D

Ein Vergleich mit dem Dreiklang aus den Farben der ersten Ordnung – Blau, Gelb, Rot – mit dem aus den Farben der zweiten Ordnung – Grün, Orange, Violett – zeigt die unterschiedliche Intensität der Farbwirkung dieser Dreiklänge.

Helligkeit und/oder Sättigung der Farbe mildert den Kontrast. Eine Vielfarbigkeit kann immer noch den Farbe-an-sich-Kontrast beinhalten, doch wird dieser Kontrast dann selten allein wirksam sein (Abb. 15, 16, 17, 18). Mehrere einfarbig komponierte Bilder bekommen auf einem Tableau zusätzlich die Wirkung des Kontrastes der Farbe zueinander. So etwa die Doppelseite mit den Abbildungen 1-5, deren Gesamtfarbklang an ein Spektrum erinnert. Grafische Darstellungen des Spektrums zeigen ebenfalls den Farbtonkontrast. Recht freie Interpretationen des Spektrums zeigen die Abb. 13 und 14. Über die Wahl der Quantität der drei (oder mehr) Farben zueinander läßt sich der Farbtonkontrast in einer Komposition differenzieren und raffinierter gestalten (Abb. 6, 8, 9, 10).

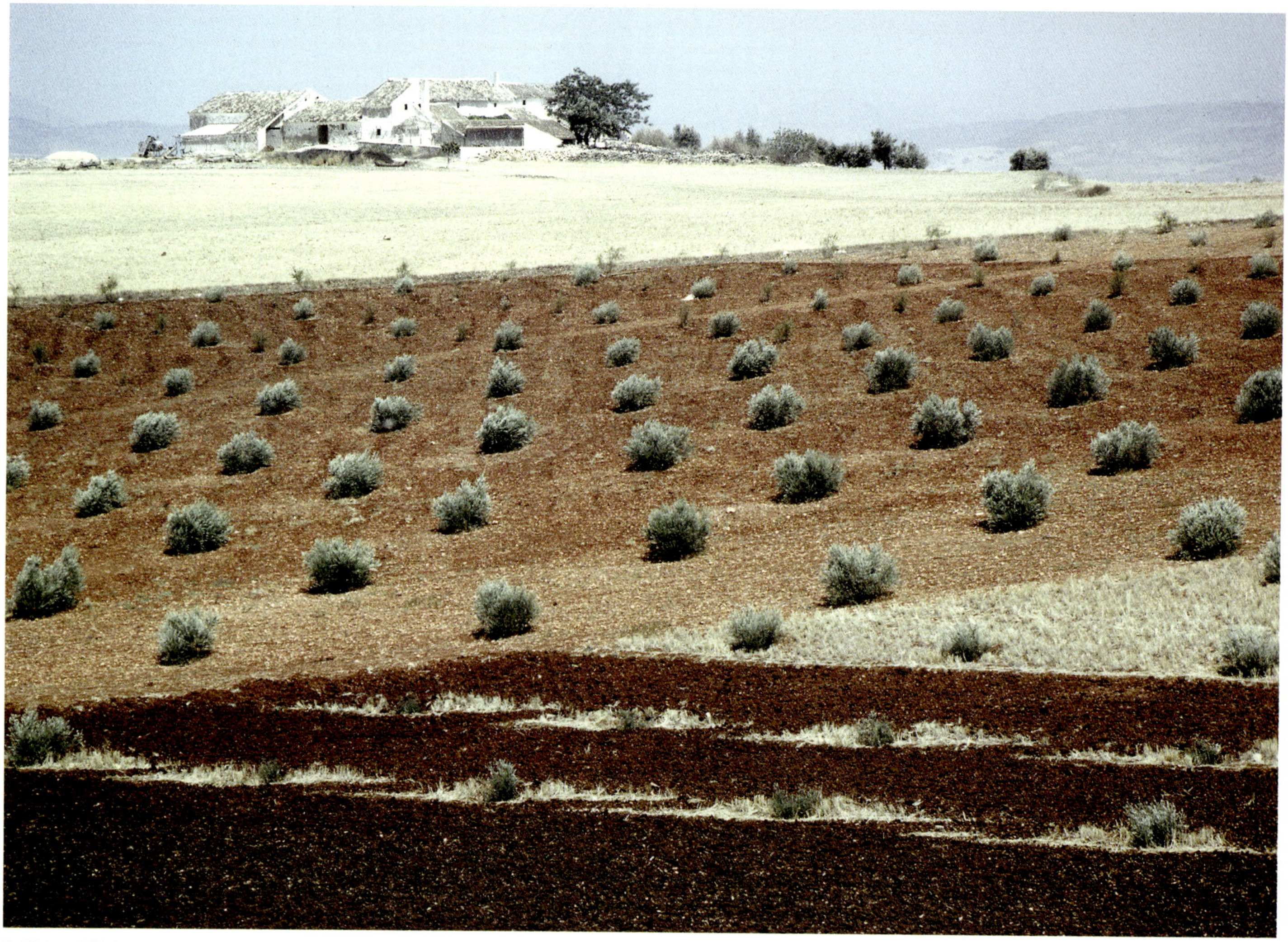

1 Weitere Bildelemente: optische Linien, Struktur, Simultan-Kontrast

Die Farben der dritten Ordnung, der Qualitäts-Kontrast

Die Einteilungen der Farben in Farbordnungen und Farbqualitäten, mit den Differenzierungen in Farben unterschiedlicher Sättigung, Reinheit und Helligkeit, bezieht sich auf die visuelle Wahrnehmung. Also auf den Prozeß des Sehens und Erkennens mit der rationalen Zuordnung des Erkannten. Ohne Kenntnis der Ordnungssysteme kann eine Zu- und Einordnung der Farben nur emotional und rein auf persönliche Einschätzungen erfolgen.

Die Farben der dritten Ordnung

Es gibt in unserer Kultur keine einheitliche und absolute Farbtheorie und somit auch keine konkrete Festlegung der Farben, welche die absoluten Farben der dritten Ordnung sind. Wenn jedoch jeweils zwei Farben der ersten Ordnung in ihrer Mischung eine Farbe der zweiten Ordnung ergeben *(Gelb+Blau=Grün, Blau+Rot=Violett, Rot+Gelb=Orange)* ist die linear-logische Folge, daß sich die Farben der dritten Ordnung aus der Mischung von jeweils zwei Farben der zweiten Ordnung ergeben. Aus der Mischung von Grün und Orange entsteht Ocker, aus Orange und Violett entsteht Englischrot (Rotbraun) und die Mischung von Violett und Grün ergibt das Olivgrün. Eine schlüssige farbgrafische Darstellung bietet

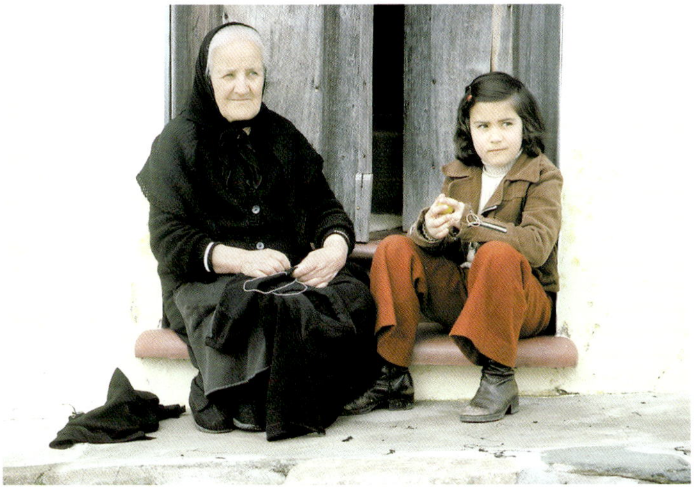

2 Weitere Bildelemente: Waagerechte, Senkrechte, Hell-Dunkel-Kontrast

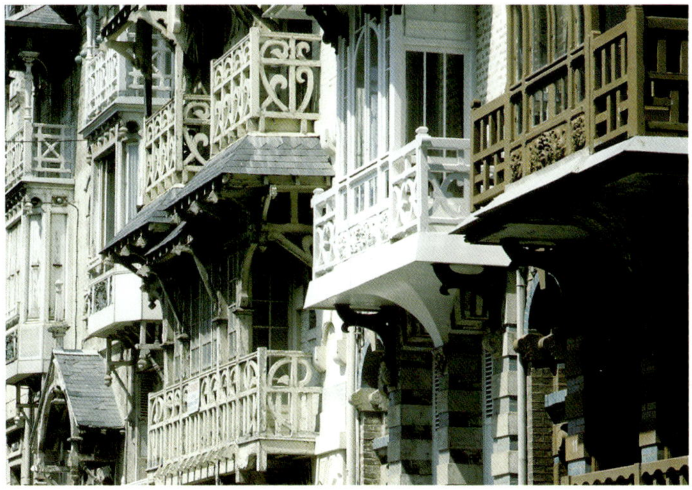

3 Weitere Bildelemente: Senkrechte, Schräge, Hell-Dunkel-Kontrast

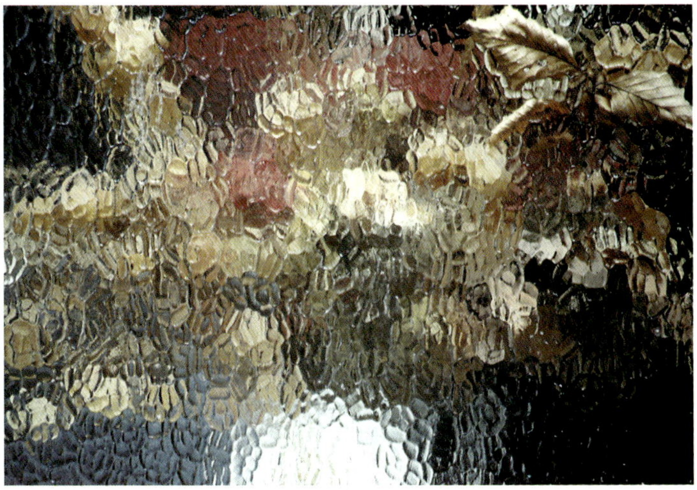

4 Weitere Bildelemente: Struktur, Hell-Dunkel-Kontrast

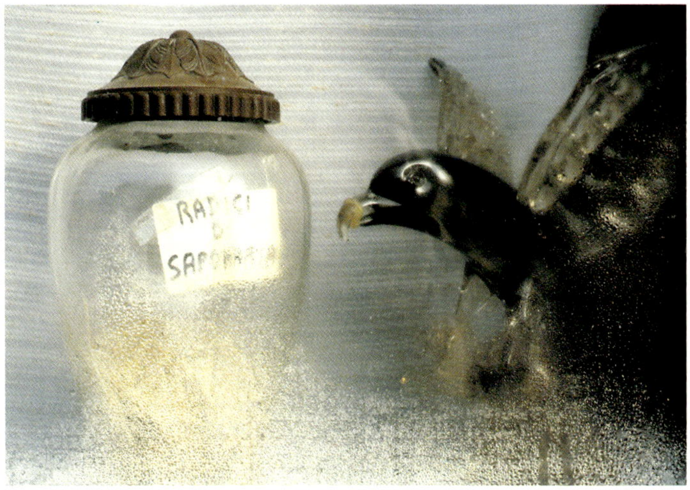

5 Weitere Bildelemente: beherrschende Punkte, Struktur

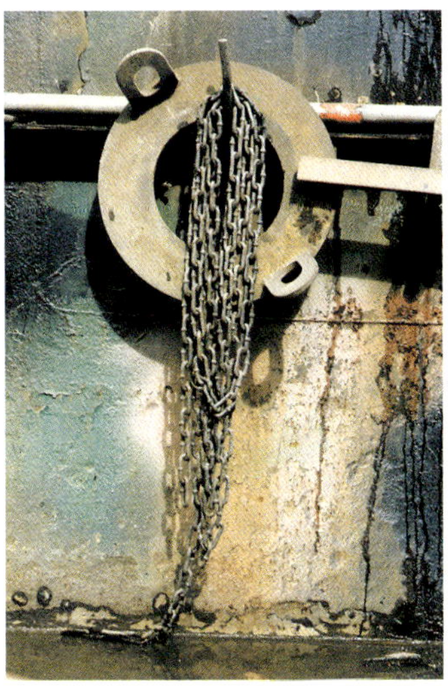

6 Weitere Bildelemente: Senkrechte, Kreis, Kalt-Warm-Kontrast

hierzu das Farbdreieck von George Field (Seite 150, Grafik D). Die Spitzen des Dreiecks werden von den Farben der ersten Ordnung belegt, die Seiten von den Farben der zweiten Ordnung und das Zentrum des Farbdreiecks wird durch die Farben der dritten Ordnung gebildet. Schon zwischen den Farben der ersten Ordnung (BLau-Gelb-Rot) und den Farben der zweiten Ordnung (Grün-Orange-Violett) kann man einen deutlichen Abfall der Leuchtkraft der jeweiligen Farbdreiklänge beobachten. Durch den nochmaligen Verlust von Reinheit und Leuchtkraft unterscheiden sich die Farben der dritten Ordnung stark von den Farben der zweiten Ordnung und natürlich sehr stark von den Farben der ersten Ordnung. In unserer Umwelt herrschen neben den Grüntönen die graubunten und die braunen Farben vor, während die reinbunten Farben viel seltener und dann meist in geringeren Mengen anzutreffen sind. Die Farben der dritten Ordnung des Farbdreiecks (Grafik A) – Englischrot, Ocker und Olivgrün – werden auch mit dem auf die Herkunft ihrer Pigmente weisenden Sammelbegriff »Erdfarben« bezeichnet. Farben der dritten Ordnung sind häufig in der Natur zu finden : das Rotbraun bei Erden und Felsen, Gelbocker und Ocker bei Sand, Strand und Feldern und das Olivgrün unter den vielen anderen Grüntönen der Pflanzenwelt (Abb. 1). Farbklänge, die den Farben der dritten Ordnung entsprechen oder ihnen zumindest sehr nahe kommen, sind natürlich auch im kulturellen Bereich zu entdecken (Abb. 2-7). Werden Farben im Kreis angeordnet, spricht man vom Farbkreis. Der kleinste, der sechsteilige Farbkreis, besteht aus den Farben der ersten und zweiten Ordnung. Eine (logische) Erweiterung eines Farb-

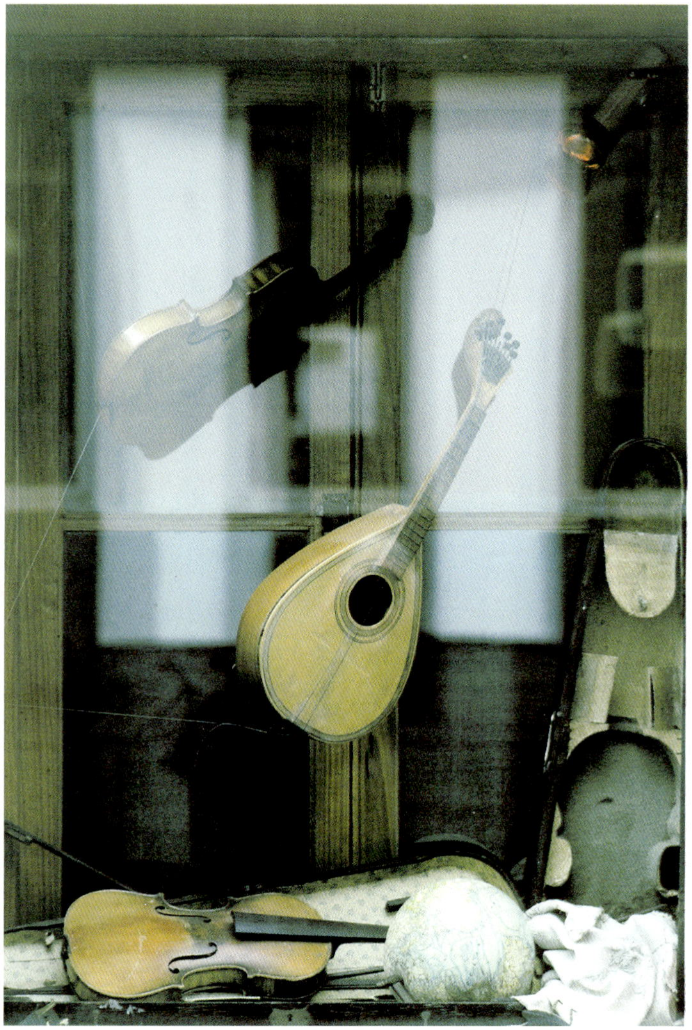

7 Weitere Bildelemente: Senkrechte, Formenkontrast

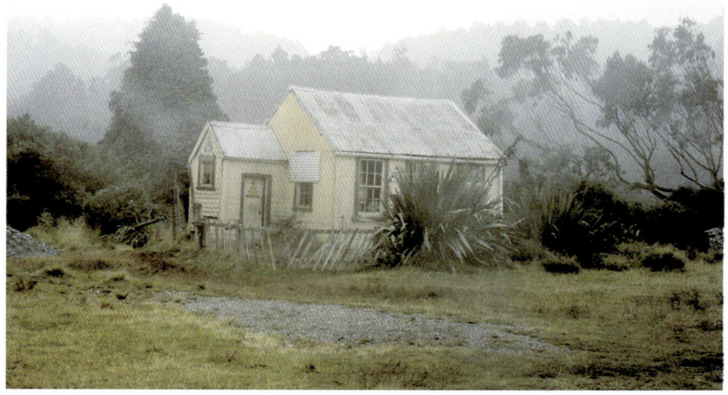

8 Weitere Bildelemente: Formenkontrast, Struktur

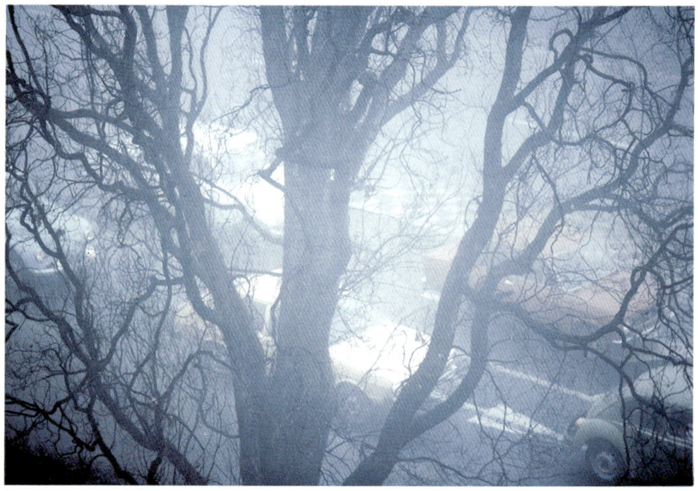

9 Weitere Bildelemente: Senkrechte, Schräge, Linienkontrast

kreises entsteht immer durch die Mischung zweier, im Farbkreis nebeneinander liegender Farben. Soll der sechsteilige Farbkreis zu einem zwölfteiligen Farbkreis erweitert werden, müssen sechsmal Mischungen von je einer Farbe der ersten mit einer Farbe der zweiten Ordnung vorgenommen werden. Im zwölfteiligen Farbkreis von Johannes Itten kommen zu den Farben Blau-Gelb-Rot und Orange-Violett-Grün die sechs weiteren Farben Gelborange, Rotorange, Rotviolett, Blauviolett, Blaugrün und Gelbgrün hinzu. Aus den Bezeichnungen der Farben läßt sich sofort erkennen, durch welche beiden Farben der neue Farbton entstanden ist. Itten bezeichnet diese sechs Farben als die Farben der dritten Ordnung (Grafik B). Streng genommen sind es jedoch nur, dem Vorgang entsprechend, chromatische Abmischungen von jeweils einer Far-

Nur im Farbdreieck bilden sich die echten Farben der dritten Ordnung in der logischen Mischung von jeweils zwei Farben der zweiten Ordnung.

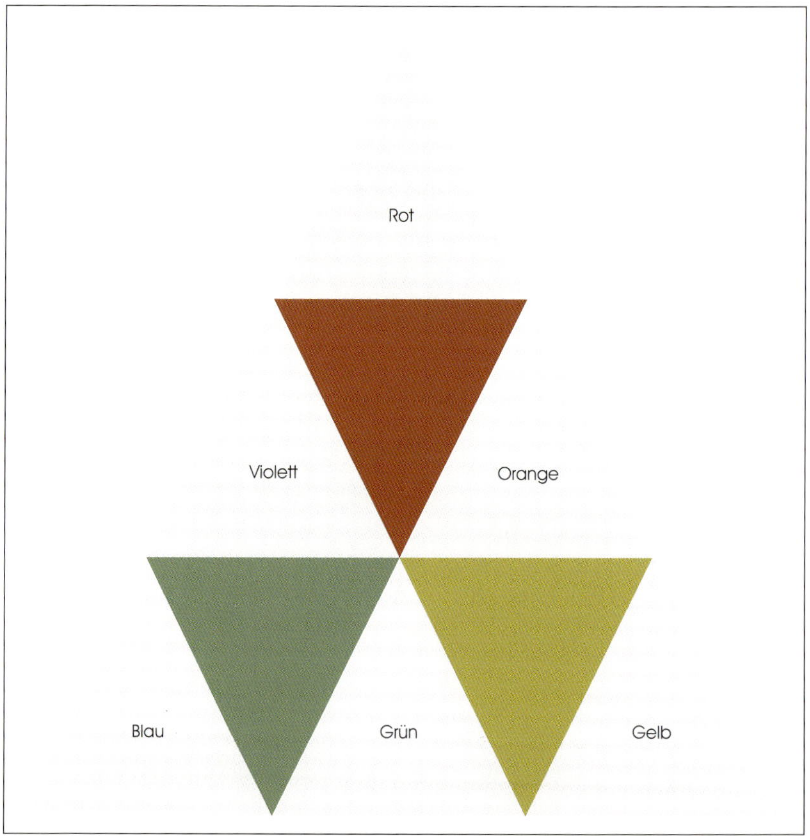

A

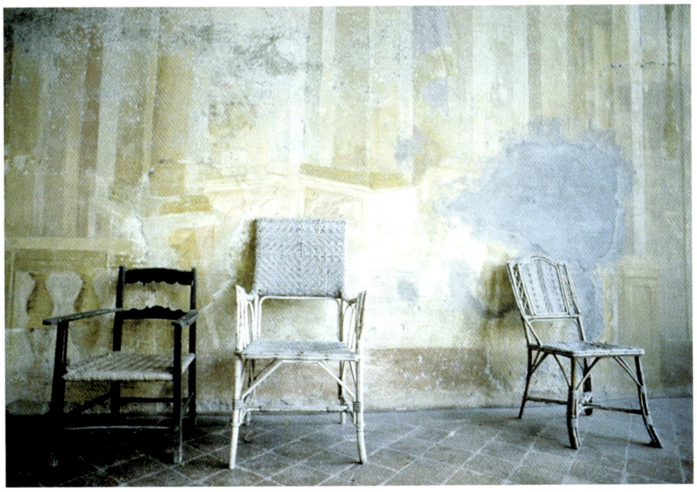

10 Weitere Bildelemente: beherrschende Punkte, Senkrechte

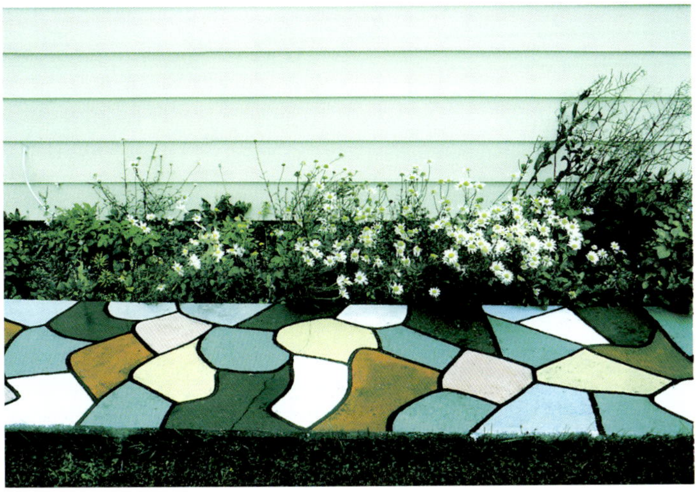

11 Weitere Bildelemente: Waagerechte, Flächenkontrast

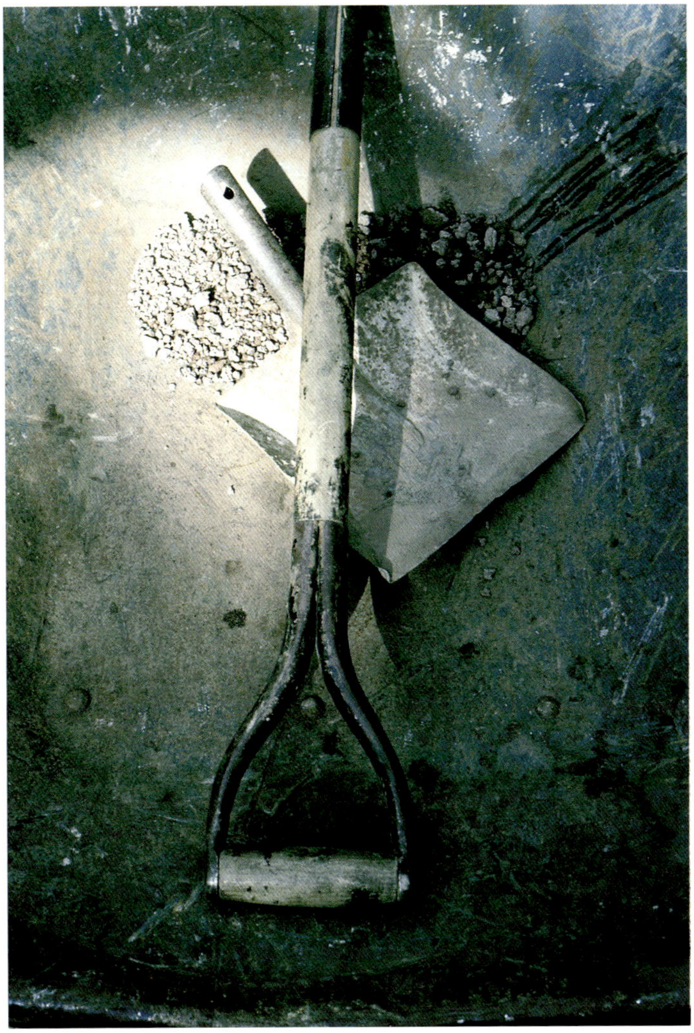

12 Weitere Bildelemente: beherrschende Punkte, Senkrechte

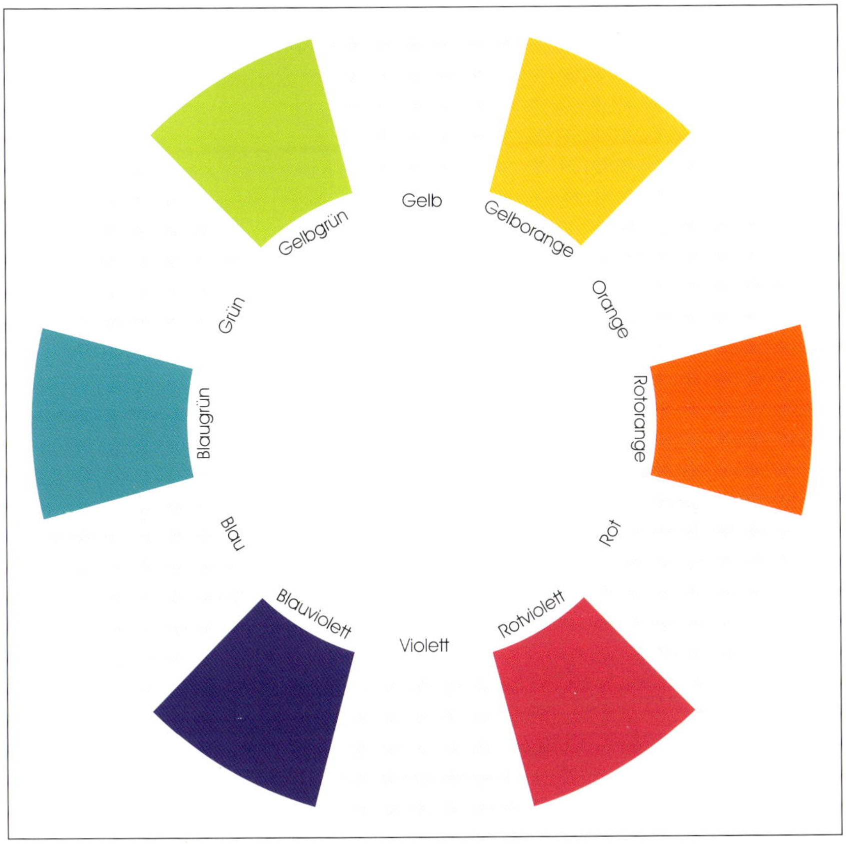

B

Im zwölfteiligen Farbkreis entstehen die Farben der dritten Ordnung als Mischungen von jeweils einer Farbe der ersten und einer Farbe der zweiten Ordnung. Die Benennung der neuen Farben erfolgt durch Doppelnamen.

be der ersten Ordnung mit einer Farbe der zweiten Ordnung. Anders als die Farben der dritten Ordnung des Farbdreiecks haben diese Abmischungen des Farbkreises noch einen (relativ) hohen Reinheitsgrad des jeweiligen Farbtones (Abb. 11, 16). Sie unterscheiden sich in ihrer Qualität und Leuchtkraft nur unwesentlich von ihren Nachbarn im Farbkreis. Farben, die sich den Erdfarben nähern erscheinen bei Itten nur im Randbereich durch Trübung von Farben mit ihrer Komplementärfarbe oder mit Schwarz.

Der Qualitäts-Kontrast der Farbe

Die Benennung der (Farb-) Qualität einer Farbe bezieht sich auf ihren Reinheitsgrad. Den jeweiligen Reinheitsgrad (die Leuchtkraft) der (pigmentären) Farbe, welcher bei der visuellen Wahr-

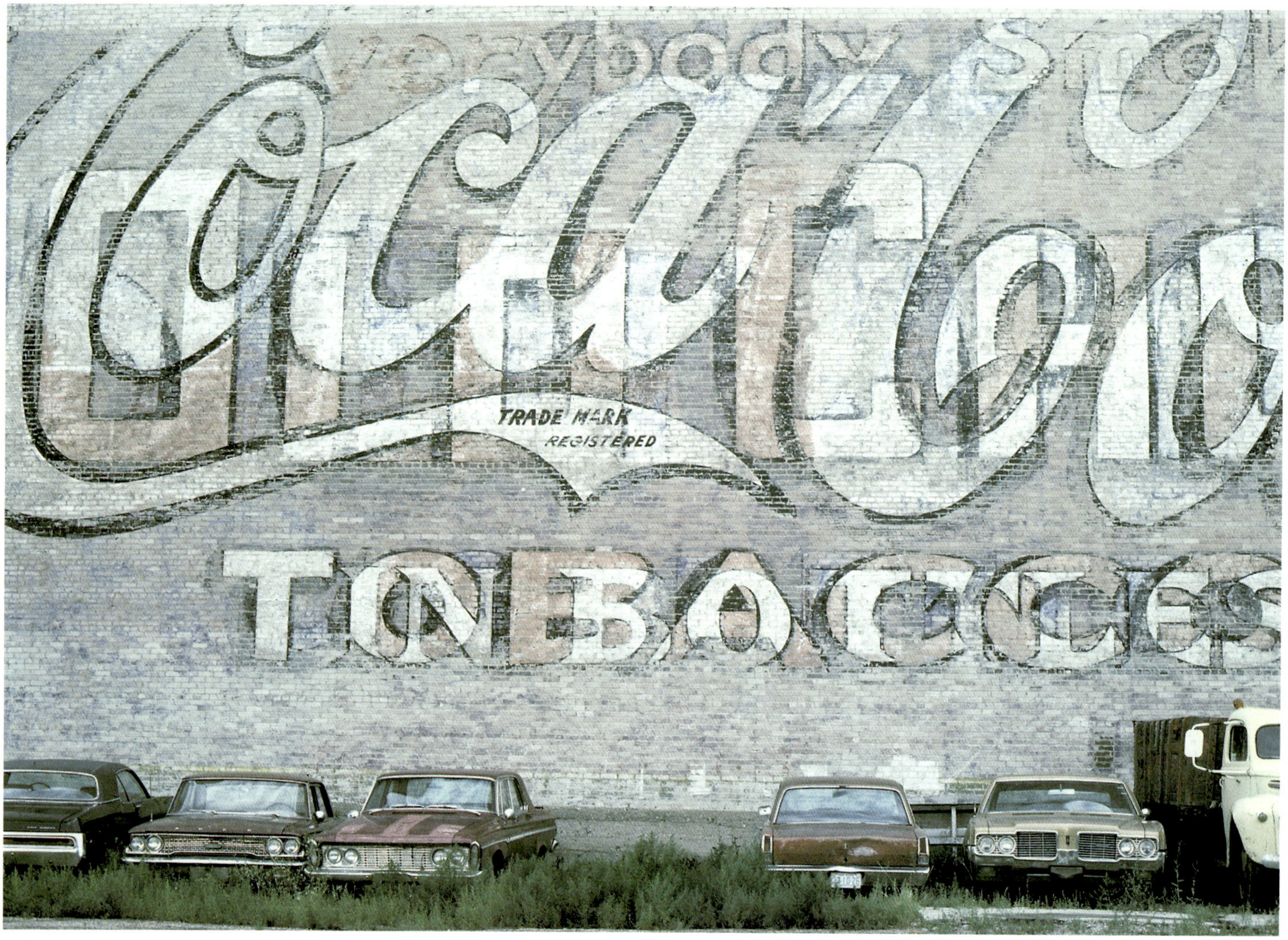

13 Weitere Bildelemente: optische Linie, Waagerechte, freie Linie, Struktur

nehmung im Umfeld, im Raum oder in einem Bild gesehen und empfunden wird. Der Qualitäts-Kontrast bezeichnet die Wirkung und den Klang einer Farbe, die in einem Bild sowohl reinbunt als auch in einer oder in mehreren Stufen getrübt nebeneinander auftritt (Grafik C, Abb. 13, 14, 15). Als reinbunt, also in ihrer Sättigung und ihrer Helligkeitsstufe absolut, können alle Farben des zwölfteiligen Farbkreises bezeichnet werden. Im Stadium des »Reinbunten« haben diese zwölf Farben ihre höchste Leuchtkraft. Das Reinbunte von Farben läßt sich auf mehrere Arten trüben oder brechen, wobei die einzelnen Farben und Farbgruppen sehr unterschiedlich auf die jeweilige Trübungsart reagieren. Eine neutrale Trübung der Farben geschieht mit (farbstichfreiem) Weiß, Schwarz oder Grau. Logischerweise erfolgt eine Brechung der reinbunten Farbe mit Weiß zum Hell hin, mit Schwarz zum Dunkel und mit Grau zum gemäßigten Dunkel. Die zum Teil unterschiedlichen Reaktionen auf alle Trübungen werden auch in der Namensgebung für eine Reihe der »neuen« Farben deutlich. So werden zum Beispiel bei Brechung mit Weiß die Farben des Blau-Grün-Bereichs wegen ihrer relativ geringen Reaktion nur zum Hellblau oder Hellgrün. Dagegen reagieren die Farben des rot-violett Bereiches so heftig, daß die aufgehellten Farben mit »Rosa« und »Lila« auch völlig neue Farbnamen bekommen. Durch Trübung mit Weiß verlieren alle Farben ihre satte Leuchtkraft, werden kühler und laufen Gefahr ins »Süßliche« abzurutschen. Auch bei der Brechung mit Schwarz sind die Blau-Grün-Töne unempfindlicher, wie die Bezeichnungen »Dunkelblau« und »Dunkelgrün« schon signalisieren. Auch das Violett wird nur zum dunklen

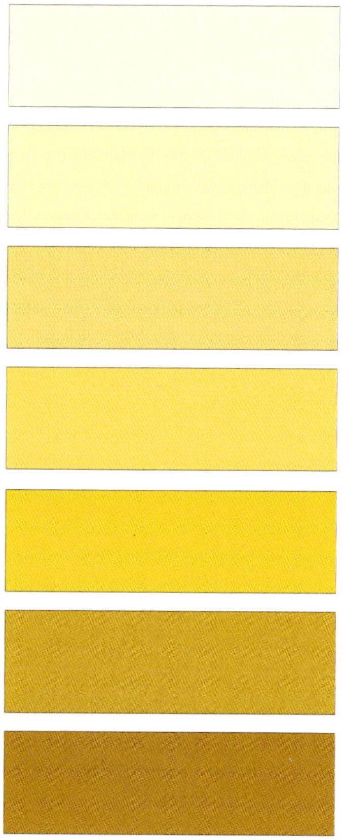

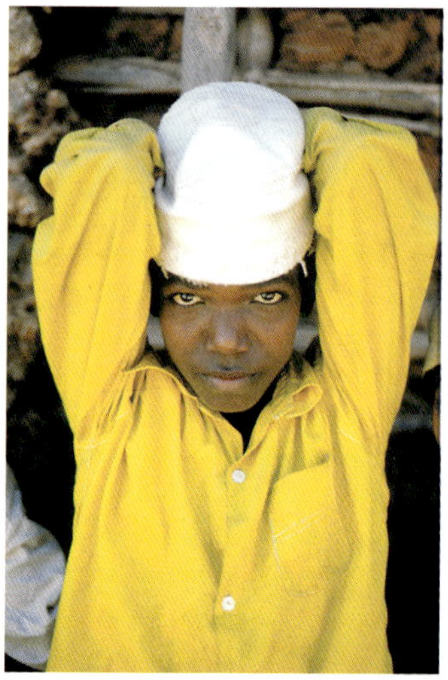

14 Weitere Bildelemente: Senkrechte, Hell-Dunkel-Kontrast

Grafik C
Die Qualität einer Farbe wird durch den Grad ihrer Reinheit bestimmt. Aufhellungen und Abdunklungen von Farben stellen eine Trübung der Reinheit dar.

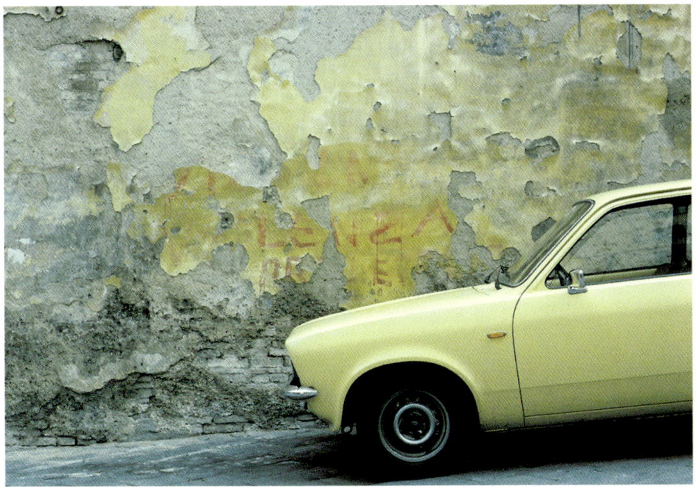

15 Weitere Bildelemente: Formenkontrast, Struktur

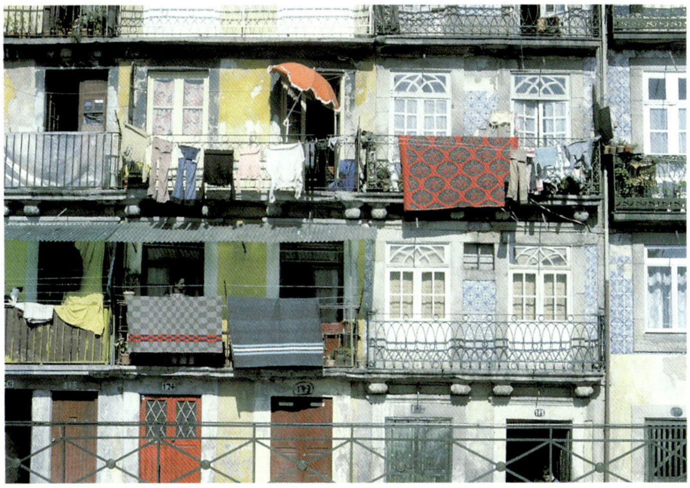

16 Weitere Bildelemente: optische Linien, Waagerechte, Struktur

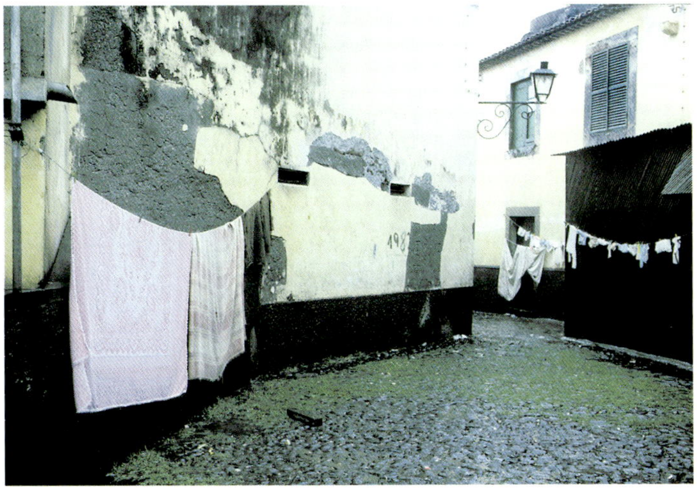

17 Weitere Bildelemente: Senkrechte, Schräge, Struktur

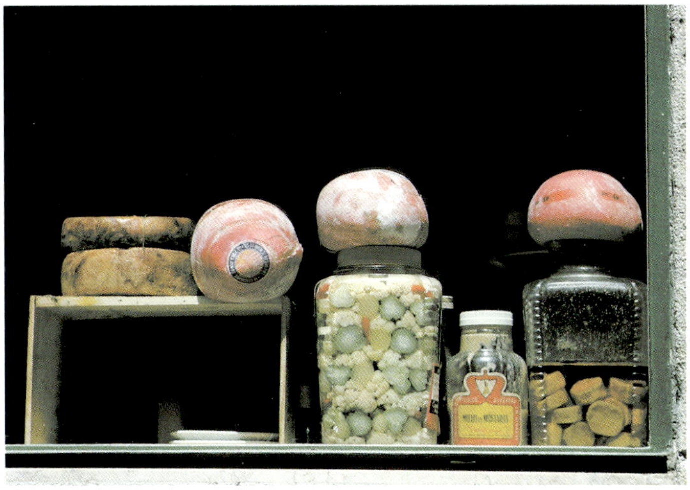

18 Weitere Bildelemente: optische Linie, Waagerechte, Struktur

Violett. Äußerst empfindlich gegen die Beimischung von Schwarz reagieren hingegen die warmtonigen Farben des Rot-, Orange- und Gelbbereiches. Während Gelb durch Aufhellung noch zum hellen Gelb wird, genügt schon geringste Trübung zum Dunkel, um das Gelb verschwinden zu lassen – es wird im besten Falle zum schmutzigen Oliv. Die nach Dunkel getrübten roten und orangen Farbtöne ergeben eine breite Palette von Brauntönen. Durch Trübung mit Schwarz wird allen Farben schnell oder sogar sehr schnell ihre Leuchtkraft und ihr individueller Licht- und Farbcharakter genommen. Durch Trübung mit (neutralem, farbstichfreiem) Grau werden die reinbunten Farben mehr oder weniger neutralisiert und stumpf. Werden Farben durch ihre Komplementärfarben gebrochen (im Farbkreis liegen sich die Komplementärfarbpaare direkt gegenüber), nähern sich die Mischungsfarben den (logischen) Farben der dritten Ordnung des Farbdreiecks. Unter- oder Überbelichtungen bei der Aufnahme (bezogen auf das Dia), künstliche oder natürliche (Dämmerung) Reduzierung der Beleuchtung oder auch Aufnahmen bei Gegenlicht entsprechen in geringem Maße der Brechung oder Trübung von Pigmentfarben.

Das Zusammenspiel der Kontraste

Durch das Hell-Dunkel des jeweiligen Umfeldes kann jede Farbe in der Wirkung ihrer Leuchtkraft gedämpft oder verstärkt werden. Die zurückhaltende Farbwirkung der Farben der 3. Ordnung kann durch ein dunkles Umfeld etwas gesteigert werden. Das neutrale Schwarz, das absolute Dunkel, hat die größte Wirkung für eine (optische) Steigerung der Leuchtkraft von Farben. Zwischen den drei Farben der 3. Ordnung selbst herrscht nur ein minimaler Hell-Dunkel-Kontrast, und die Differenzierung von einer Farbe zur nächsten geschieht über den Farbton. Die Steigerung der Farbwirkung durch ein dunkles Umfeld bringt aber unweigerlich auch die Steigerung des Hell-Dunkel-Kontrastes im Bild mit sich (Abb. 17,18). Hier stehen der Farbtonkontrast und der Hell-Dunkel-Kontrast in optischer Konkurrenz zueinander. Mit Weiß aufgehellte Farben, überlagerte Farben (zum Beispiel durch Nebel oder Regen, Abb. 8, 9) oder verblichene Farben (Abb. 10,12,13) haben ein verringertes Hell-Dunkel und einen diffuseren Farbklang.

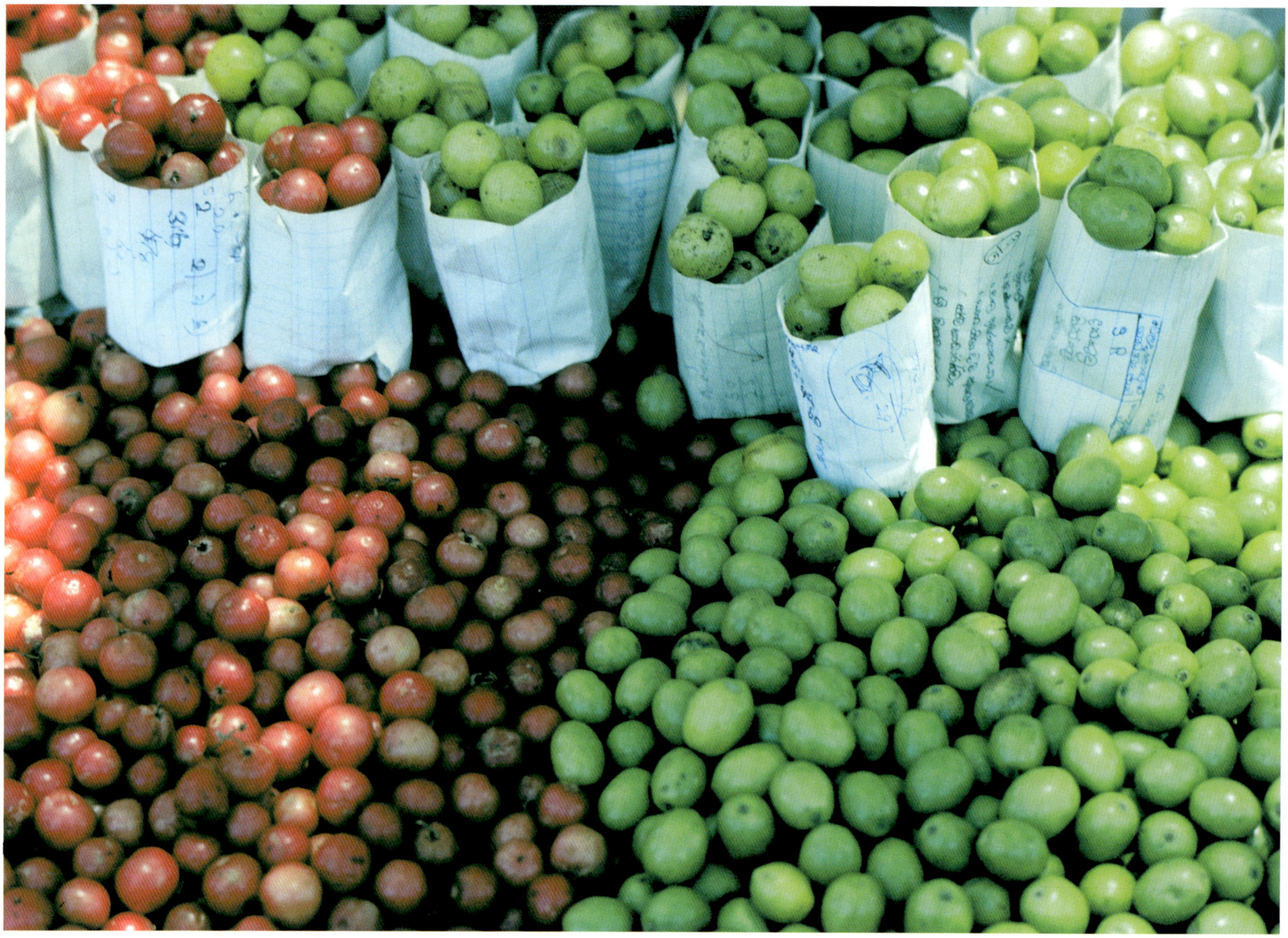

1 Weitere Bildelemente: optische Linie, Struktur, Kalt-Warm-Kontrast

Der Komplementär-Kontrast, der Quantitäts-Kontrast

In seiner Grundveranlagung hat der Mensch das Bedürfnis nach Ausgeglichenheit, nach Harmonie. Ein (dauerhaftes) Fehlen von Harmonie ist für das (Über-)Leben zwar nicht so existenzgefährdend wie ein Fehlen der Grundbedürfnisse - Essen, Trinken, Schlafen - kann jedoch zu psychischen Schäden führen. Auf der anderen Seite kann ausschließliche Harmonie durch das Gefühl von »Langeweile« den zeitweiligen Wunsch nach spannungsreichen Kontrasten erzeugen.

Der Neutralwert der Farben

Das Sehen, das Betrachten unserer Umwelt ist zunächst immer ein »Blick über alles«. Hierbei werden in Sekundenbruchteilen alle Hell-Dunkel- und Farbwerte von den Augen aufgenommen und in ihrer Gewichtung addiert. Ein Gefühl der Ausgeglichenheit aller Werte zueinander entsteht, wenn diese Addition einen mittleren Grauwert, den Neutralwert erreicht. Jeder (psychisch gesunde) Mensch kann seinem angeborenen Gefühl vertrauen und wird sofort merken, wenn ein Ungleichgewicht besteht. Bei optischer Störung des Gleichgewichts im Hell-Dunkel (Hell überwiegt, Dunkel überwiegt, Hell oder Dunkel fehlen ganz), oder bei den Farben (zuviel von einer Farbe, zu wenig von einer Farbe) werden im zweiten Betrachtungsschritt Einzelheiten

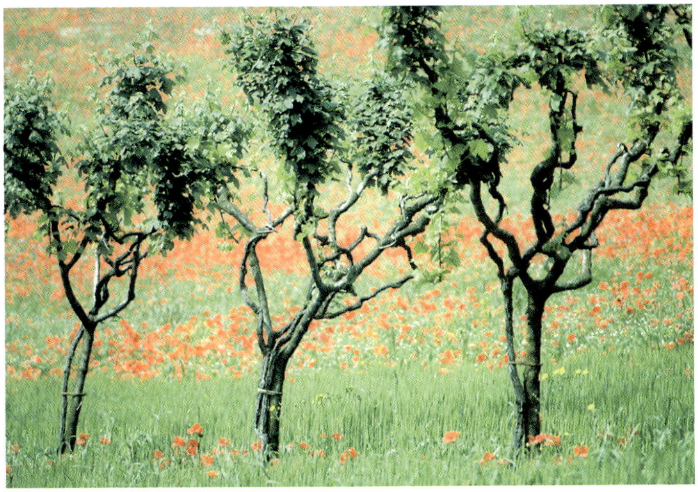

2 Weitere Bildelemente: Senkrechte, Schräge, optische Flächen

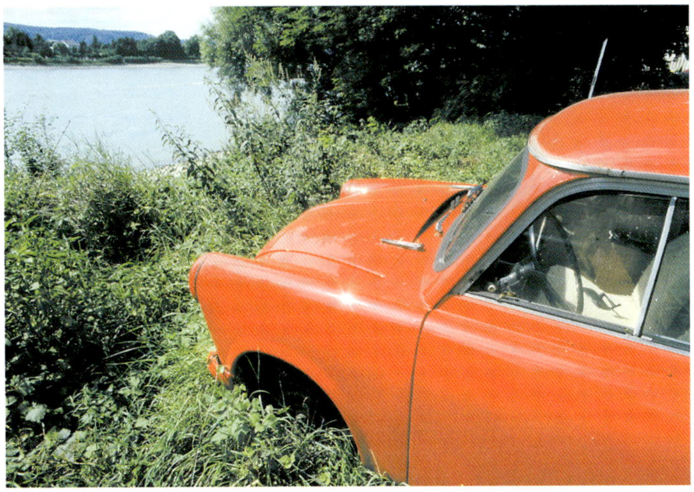

3 Weitere Bildelemente: Hell-Dunkel-Kontrast, Kalt-Warm-Kontrast

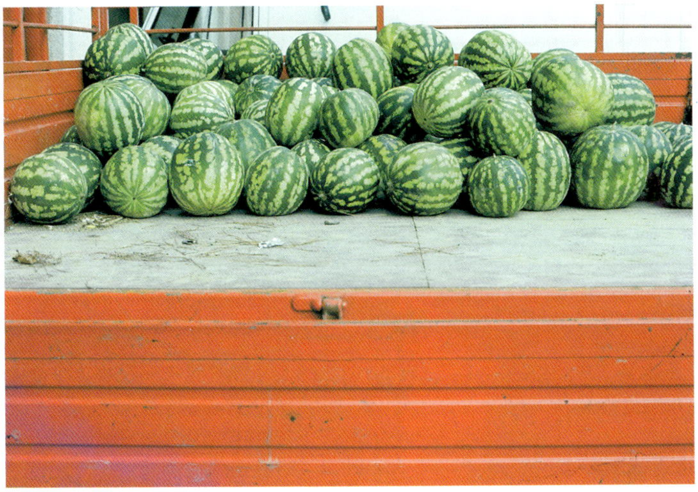

4 Weitere Bildelemente: Struktur, Waagerechte

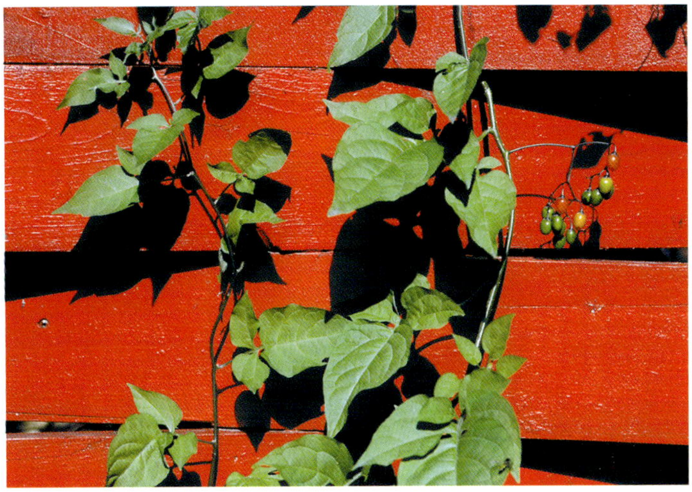

5 Weitere Bildelemente: optische Linie, Waagerechte

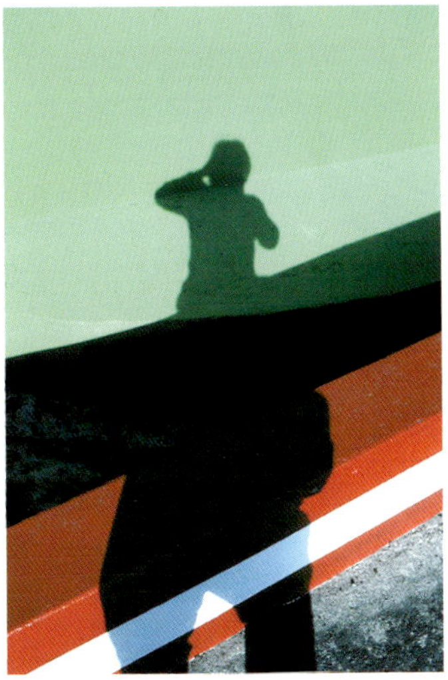

6 Weitere Bildelemente: Senkrechte, Schräge

selektiv betrachtet. Das Auge – und nun auch der wissende Verstand – versuchen den Grund für das Ungleichgewicht, für die Spannungen im Motiv zu finden. Im Experiment läßt sich der mittlere Grauwert zeigen. Bei schneller Umdrehung einer in gleichen Mengen mit Weiß und Schwarz bemalten Scheibe ergibt das »optische Vermischen« der beiden Farben ein mittleres Grau. Das gleiche geschieht, wenn Komplementär-Farbpaare auf die Scheibe aufgebracht werden – nur, daß hierbei die richtigen Teilmengen der jeweiligen Komplementär-Paare beachtet werden müssen.

Komplementärfarben und ihre Quantitäten

Alle Komplementär-Farbpaare liegen sich im Farbkreis direkt gegenüber. Aus dem kleinen, sechsteiligen Farbkreis, der nur aus den drei Farben der ersten und den drei Farben der zweiten Ordnung besteht, lassen sich drei komplementäre Farbpaare bilden. Diese drei Farbpaare – Rot und Grün, Blau und Orange, Gelb und Violett – sind gleichzeitig die Farbpaarungen, die den Komplementär-Kontrast sehr klar und direkt zeigen. Deutlich wird dabei auch, daß die Paare des Komplementär-Kontrastes letztendlich immer auf die drei Farben der ersten Ordnung zurückgeführt werden können. Die optimale harmonische Wirkung zweier Farben die komplementär sind, wird durch die richtige Quantität (Flächengrößen) der beiden Farben zueinander bestimmt. Die Leuchtkraft (der Lichtwert) jeder einzelnen reinen bunten Farbe ist verschieden. Die helleren Farben im Farbkreis (das Gelb und seine Nachbarfarben) haben die höchste Leuchtkraft und die dunkleren Farben (das Violett

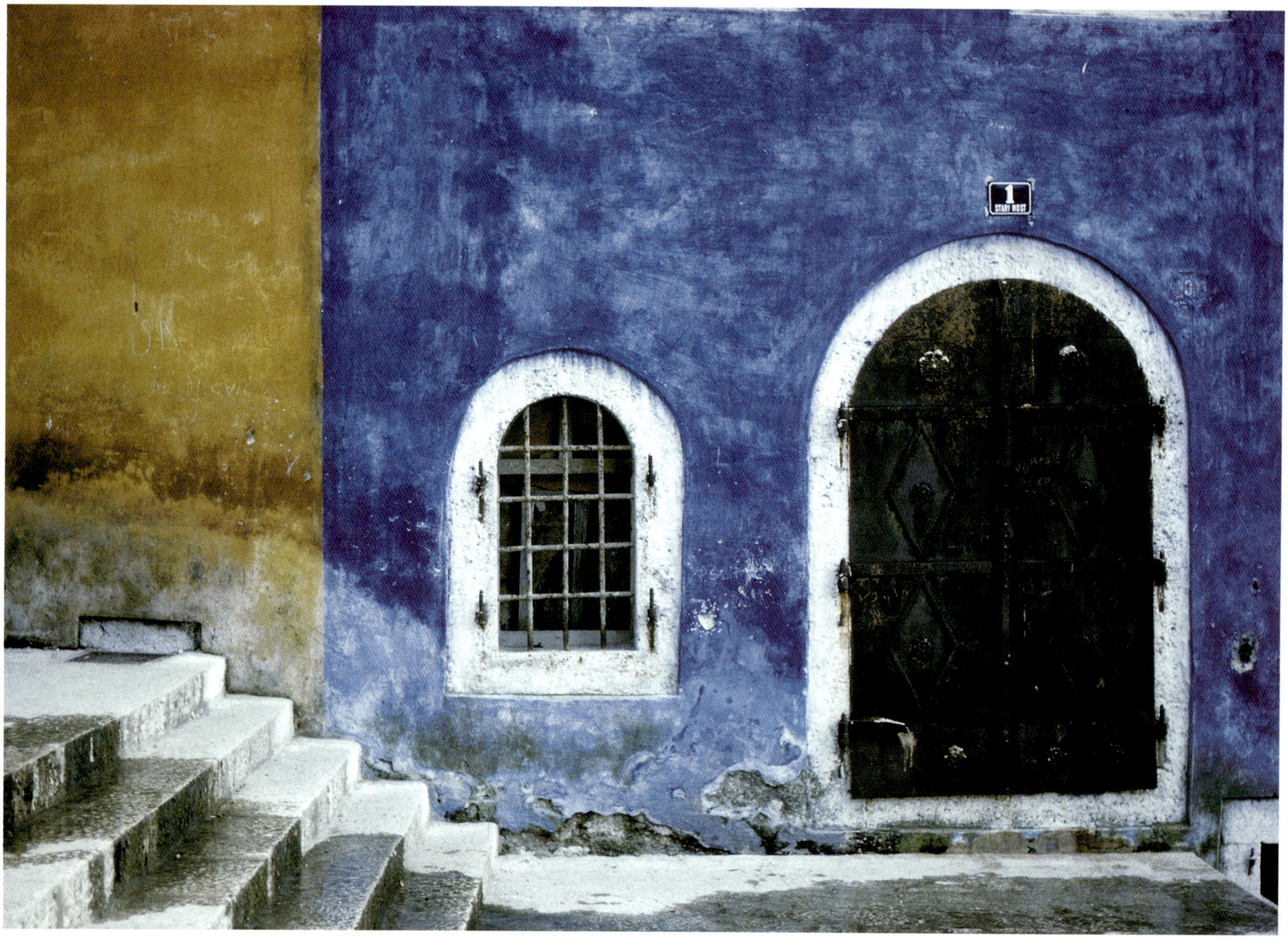

7 Weitere Bildelemente: Senkrechte, Rundform, Hell-Dunkel-Kontrast

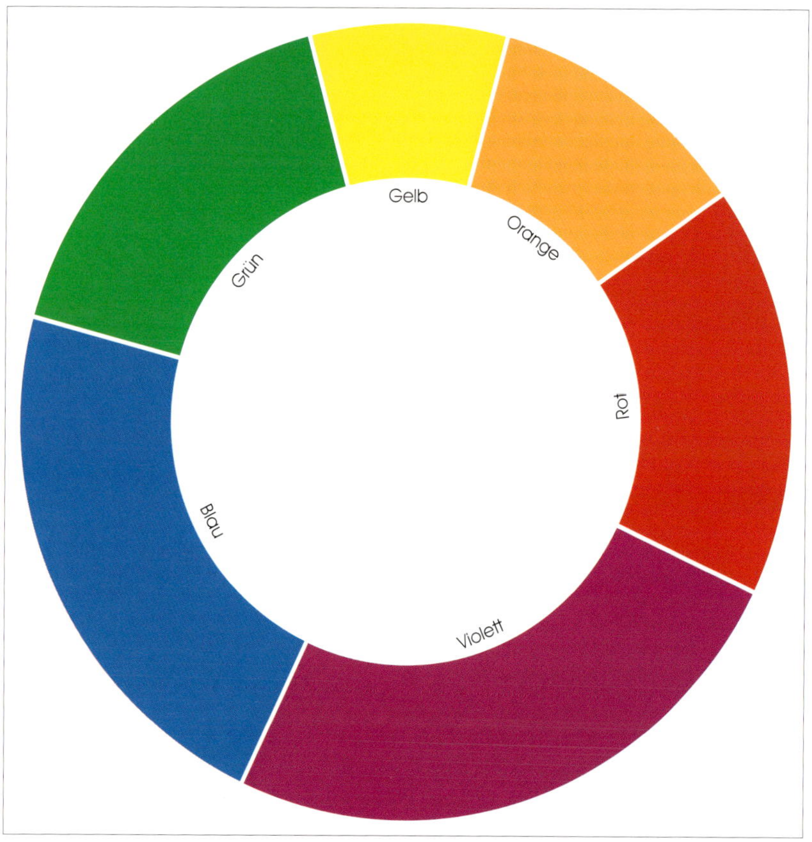

A

Über die Umkehrung der Lichtwerte (der Leuchtkraft) der Farben werden die komplementären Farbpaare in ein harmonisches Mengenverhältnis zueinander gebracht.

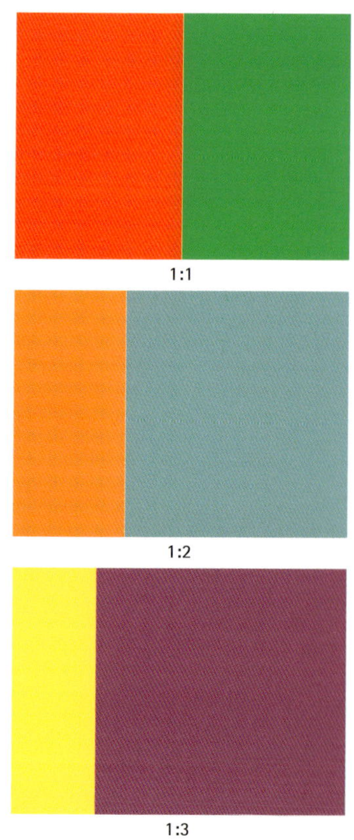

B

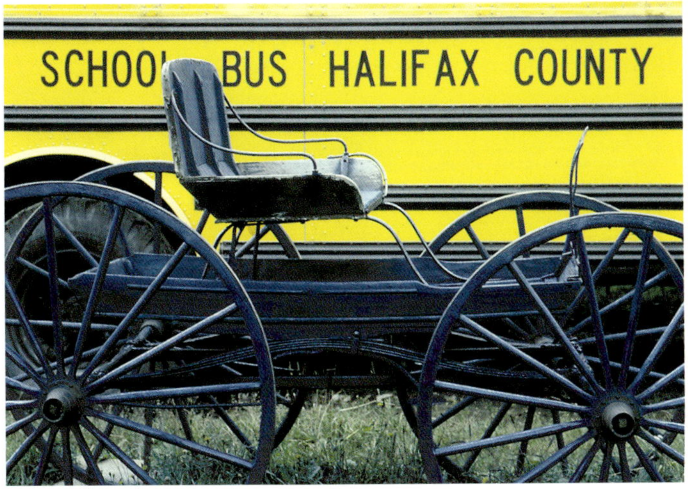

8 Weitere Bildelemente: Waagerechte, Schräge, Kreis

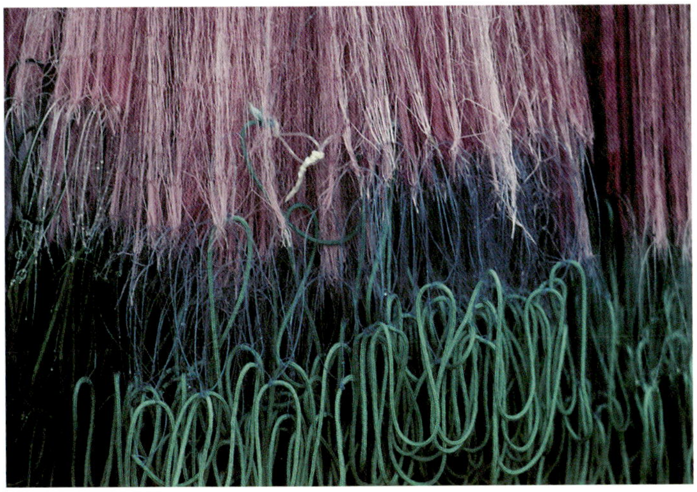

9 Weitere Bildelemente: Senkrechte, Linienkontrast

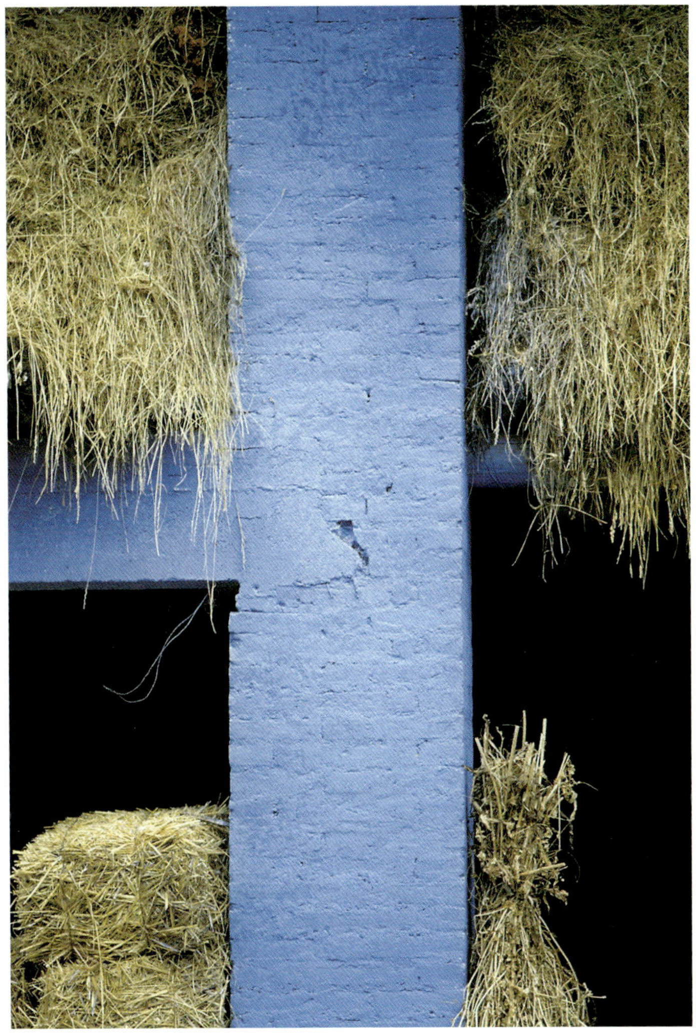

10 Weitere Bildelemente: Senkrechte, Struktur, Hell-Dunkel-Kontrast

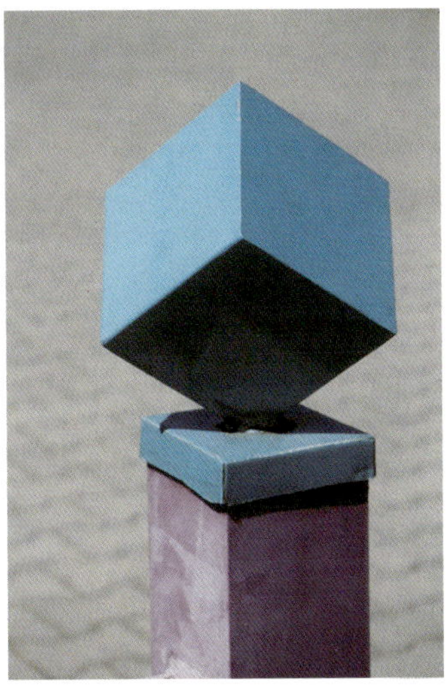

11 Weitere Bildelemente: Senkrechte, Quadrat

und seine Nachbarfarben) die geringste Leuchtkraft. Für die Lichtwerte der Farben können Zahlenverhältnisse aufgestellt werden, über die es möglich ist, die harmonischen Quantitäten der Farben zueinander zu finden. Die einfachsten und noch immer brauchbaren Farben-Zahlenzuordnungen hat J. W. v. Goethe aufgestellt. Die Lichtwerte für die Farben der ersten und zweiten Ordnung sind: Gelb = 9, Orange = 8, Rot = 6, Violett = 3, Blau = 4 und Grün = 6. Für das Komplementärpaar Gelb-Violett ergibt sich dabei ein Lichtwertverhältnis von 9 : 3 (3 : 1), da das Gelb eine dreimal höhere Leuchtkraft hat als das Violett. Für ein optisch gleichgewichtiges Verhältnis von Gelb-Violett, muß also das dreimal stärkere Gelb eine dreimal kleinere Fläche einnehmen, wie das lichtschwache Violett. Das harmonische Flächenverhältnis für das Komplementär-Farbpaar Gelb-Violett ist demnach 1 : 3. Die quantitativen Harmoniewerte der Komplementärfarben sind reziprok zu den Lichtwerten und lauten: Gelb = 3, Orange = 4, Rot = 6, Violett = 9, Blau = 8 und Grün = 6. In einem auf 36 Segmente aufgeteilten Kreis lassen sich diese Anteile der sechs Farben eintragen (Grafik A). Die Grafik B zeigt die Flächenanteile dieser drei Komplementär-Paare im direkten Nebeneinander. Über die Werte der Komplementärpaare hinaus, lassen sich auch die harmonischen Flächengrößen für nicht komplementäre Farbpaare (zum Beispiel Gelb-Grün : 3 = 6) oder Farbdreiklänge (zum Beispiel Gelb-Rot-Blau : 3 = 6 = 8) für Kompositionen mit harmonischen Farbquantitäten ablesen. Auch für den auf zwölf Farben erweiterten Farbkreis lassen sich die harmonischen Quantitätswerte ermitteln. Hierzu werden die feststehenden Werte der

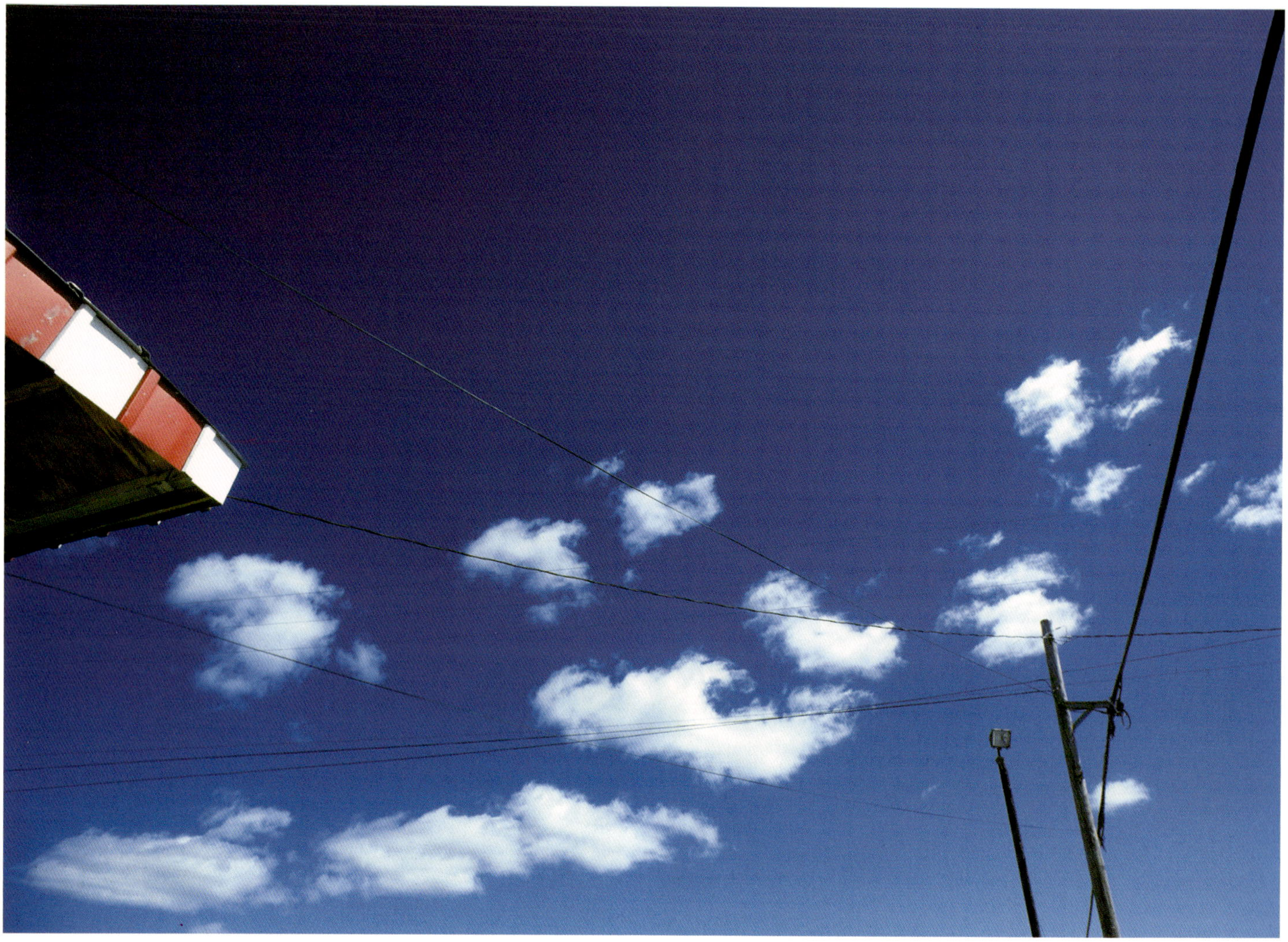

12 Weitere Bildelemente: beherrschende Punkte, optische Linie, Schräge

beiden rechts und links liegenden Farben addiert und dann durch zwei geteilt (zum Beispiel für Blaugrün : Blau = 8 plus Grün = 6 = 14 : 2 = 7). Diese genauen Zahlenwerte können aber nur die theoretische Basis sein, denn meist treten Farben nicht nur als isolierte und nachmeßbare Flächen auf, sondern sind fleckenhaft verteilt und schwankend in ihren Hell-Dunkelwerten. Zum Glück erkennt das Auge diese Werte so gut, daß wir uns im Allgemeinen auf unser Gefühl verlassen können. Eine noch größere Sicherheit in der Beurteilung und Anwendung von harmonischen Farbquantitäten ist natürlich durch ein solides theoretisches Wissen und einer darauf basierenden Sensibilisierung zu erreichen. Bei einer bewußten Suche nach Motiven mit eindeutigen Komplementär-Paaren fällt auf, daß Rot-Grün – nicht zuletzt wegen des hohen Grünanteiles in der Natur – am häufigsten zufinden ist (Abb. 1-6). Die Abbildungen 7-11 zeigen Motive mit anderen komplementären Farbpaaren.

Der expressive Quantitäts-Kontrast

Der Komplementär-Kontrast ist in der idealen Anwendung mit den optisch gleichgewichtigen Größen der Farbflächen der harmonische Quantitäts-Kontrast. Wird eine optische Spannung über Groß-Kleinverhältnisse erzeugt, entsteht der expressive Quantitäts-Kontrast. Während das optische Messen und Empfinden für ausgeglichene Quantitäten bei Hell-Dunkel- und Farbkontrasten bei (fast) allen Betrachtern gleich ist, kann eine Reaktion auf spannungsreiche Kompositionen sehr unterschiedlich sein. Empfindet ein Betrachter eine kleine Menge im Verhältnis zu einer großen Men-

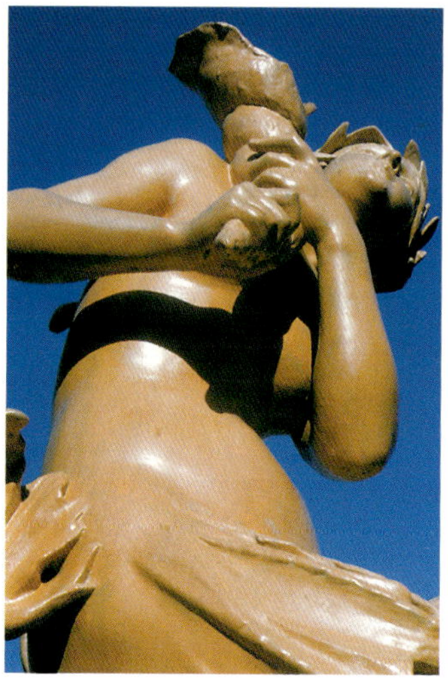

13 Weitere Bildelemente: Hell-Dunkel-Kontrast, Kalt-Warm-Kontrast

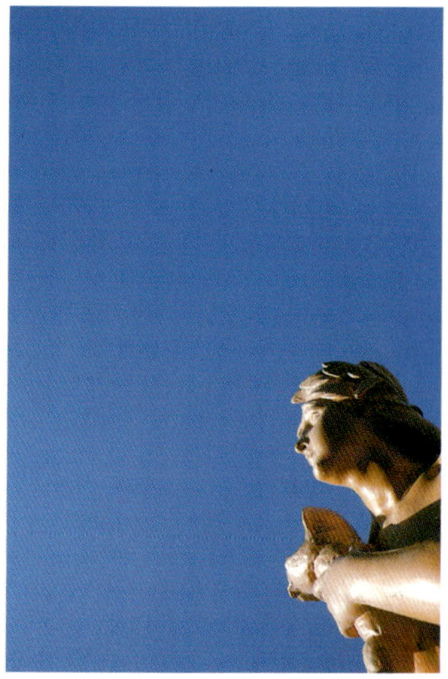

14 Weitere Bildelemente: Hell-Dunkel-Kontrast, Kalt-Warm-Kontrast

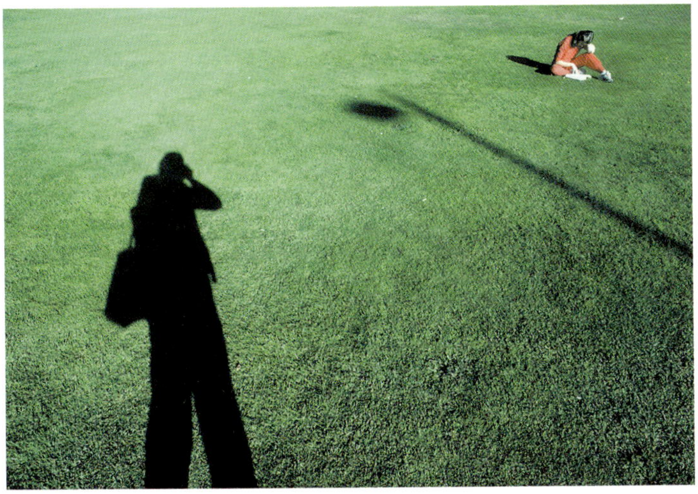

15 Weitere Bildelemente: Senkrechte, Schräge, Struktur

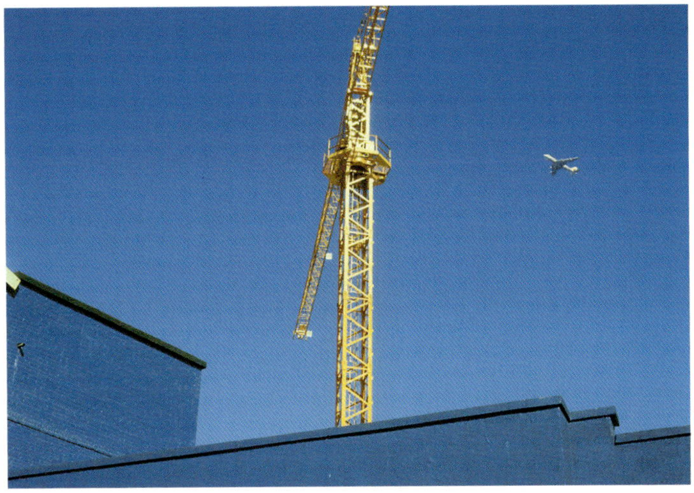

16 Weitere Bildelemente: beherrschender Punkt, Senkrechte, Schräge

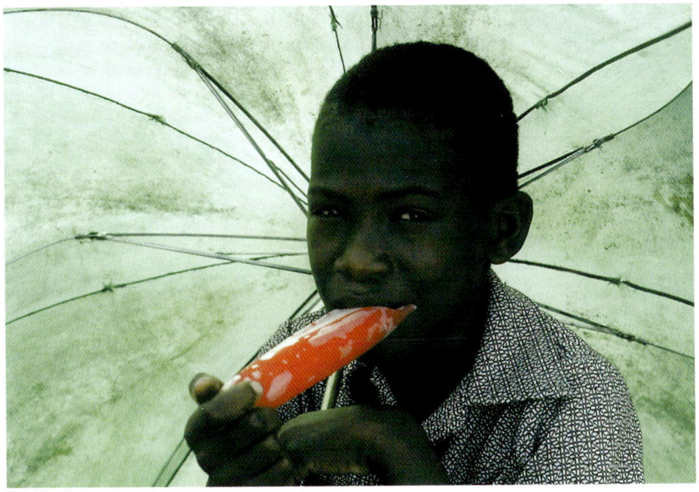

17 Weitere Bildelemente: Schräge, Hell-Dunkel-Kontrast

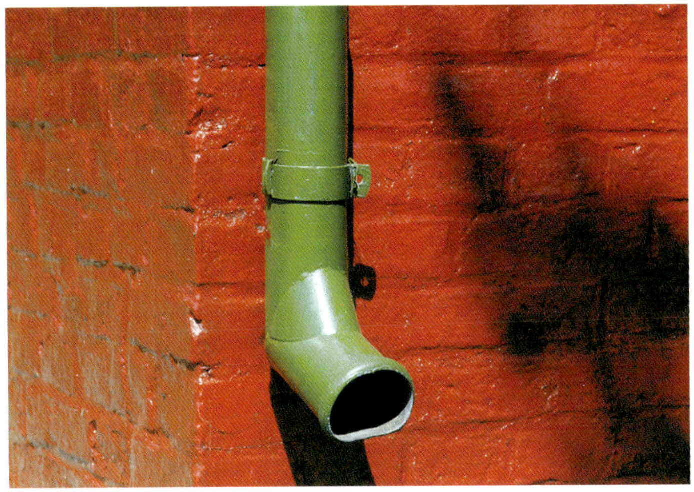

18 Weitere Bildelemente: Waagerechte, Senkrechte, Struktur

ge als interessant und (positiv) spannungsreich, ist für einen anderen die kleine Menge zu klein, während eine dritte Person gerade die kleine Menge noch kleiner haben möchte (Abb. 12, 15, 17). Der expressive Quantitäts-Kontrast ist also in seiner optimalen Wirkung nicht absolut, sondern in seiner Beurteilung vom ähnlichen subjektiven Empfinden der Anwender/Betrachter abhängig. In seiner Primärwirkung ist der expressive Quantitäts-Kontrast identisch mit dem flächenbeherrschenden Punkt. Dem kleinen, aus Hell-Dunkel oder Farbe gebildeten Element in einer Komposition, zu dem das Auge (fast zwanghaft) immer wieder zurück kehrt. Der bekannte (und oft belächelte) »rote Punkt« in einem Bild, ist im Kontrast mit viel Grün ein expressiv angewendetes Komplementär-Farbpaar. Obwohl der Lichtwert für Rot und Grün gleichwertig (1 : 1) ist, kann ein kleines Rot auf viel Grün (Abb.

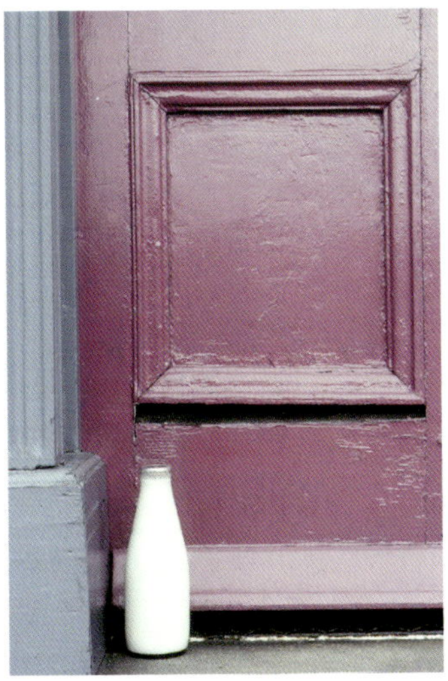

19 Weitere Bildelemente: Punkt, Senkrechte, Rechteck, Kalt-Warm-Kontrast

15, 17) sich optisch besser behaupten, als ein noch relativ großes Grün auf einem roten Hintergrund (Abb. 18). Sind für zwei Farben schon die Lichtwerte verschieden, gibt es zwei Stufen der expressiven Quantitäten. Bei der ersten Spannungsstufe wird bei der Farbe, der sowieso nur der kleinere Flächenanteil zusteht, die Flächengröße noch weiter verkleinert. Aus einem Flächenverhältnis von 1 : 2 des Farbpaares Orange-Blau, wird zum Beispiel ein Quantitäts-Kontrast von 1 : 6, 1 : 12 oder mehr (Abb. 14, 16). Bei der zweiten Spannungsstufe werden die Flächenwerte umgekehrt und oft sogar gesteigert. Aus dem 1 : 2 des Orange/Blau wird ein 2 : 1, ein 3 : 1 usw. (Abb. 13). Übereinstimmend mit dem Gestaltungselement »flächenbeherrschender Punkt«, kann auch ein kleines Hell oder Dunkel den Quantitäts-Kontrast bilden (Abb. 19).

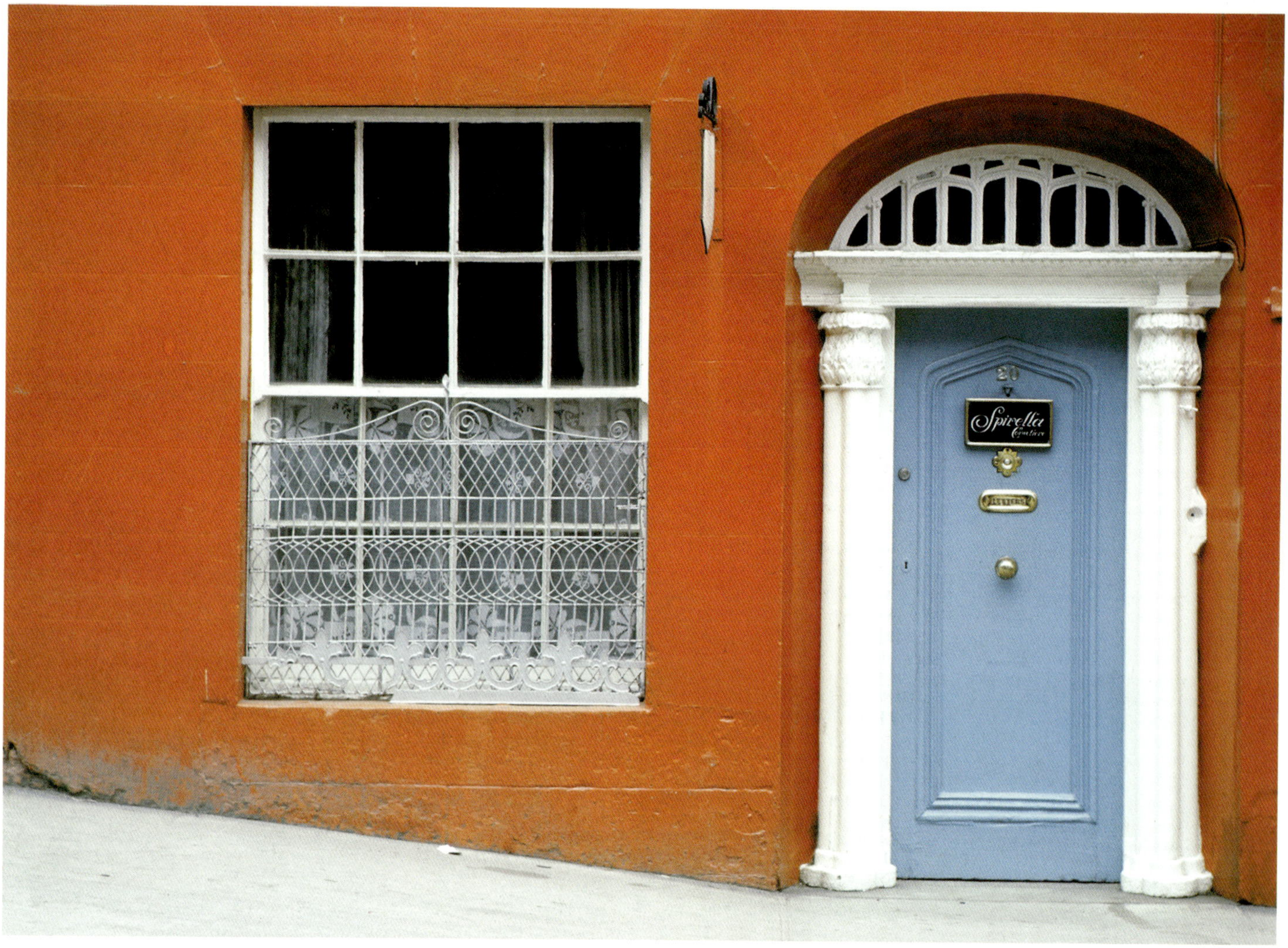

1 Weitere Bildelemente: Waagerechte,Senkrechte,Schräge,Struktur, Hell-Dunkel-Kontrast

Der Kalt-Warm-Kontrast

Meist sind es mehrere Kontraste, die ein Bild wirken lassen. Bei einem Schwarz-Weißbild ist es neben den Mitteln der Gestaltung jedoch nur der - die Farben abstrahierende - Hell-Dunkel-Kontrast. Bei Farbbildern sind die Gestaltungsmittel durch sieben Farbkontraste und verschiedene Anwendungsmöglichkeiten erweitert. Die jeweils angewendeten Mittel und Kontraste können sich ergänzen, aber auch in Konkurrenz zueinander stehen.

Der Kalt-Warm-Kontrast

Der Kalt-Warm-Kontrast gehört mit dem Hell-Dunkel-Kontrast, dem Farbton-Kontrast und dem Komplementär-Kontrast zu den Kontrasten, die sowohl absolut (also beherrschend und deutlich), als auch abgeschwächt und verhalten auftreten können. Bezogen auf die reinbunten Farben des zwölfteiligen Farbkreises gibt es für zwei dieser Kontraste absolutc Pole. Für den Hell-Dunkel-Kontrast sind dies die Farben Gelb (Hell) und Violett (Dunkel). Der Kalt-Warm-Kontrast hat die Pole Blaugrün, kalt und Rotorange, warm (Grafik A). Zieht man im Farbkreis eine Senkrechte von Gelb zu Violett, wird der Farbkreis in eine linke und eine rechte Seite geteilt. Auf der linken Seite gruppieren sich die kühlen Farben um den Pol »Kalt« und auf der rechten Seite die wärmeren Farben um den Pol »Warm«

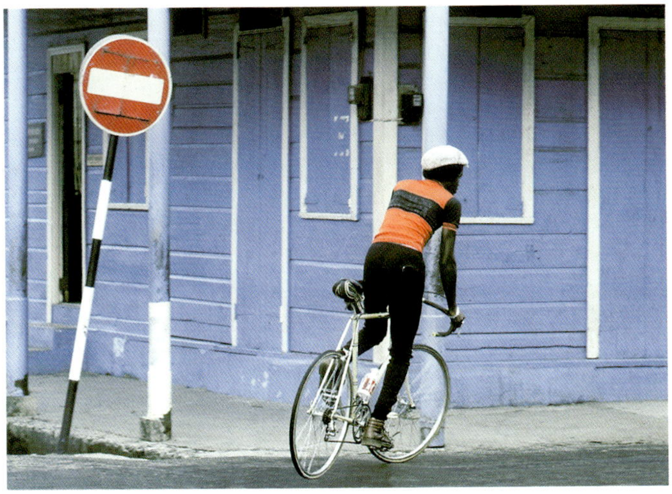

2 Weitere Bildelemente: zwei Punkte, Senkrechte

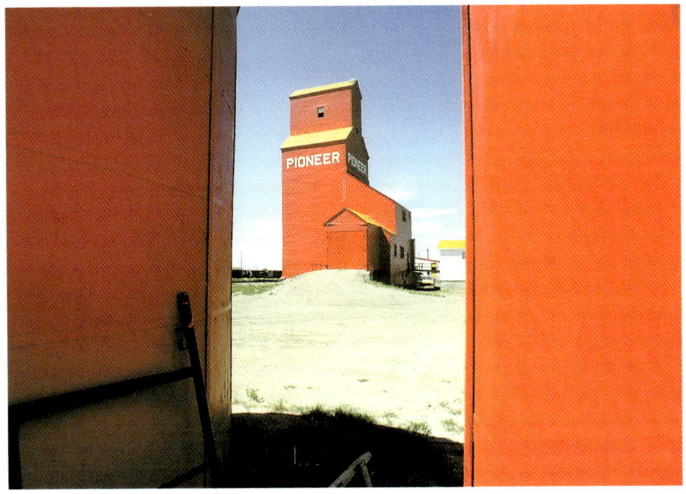

3 Weitere Bildelemente: beherrschender Punkt, Senkrechte

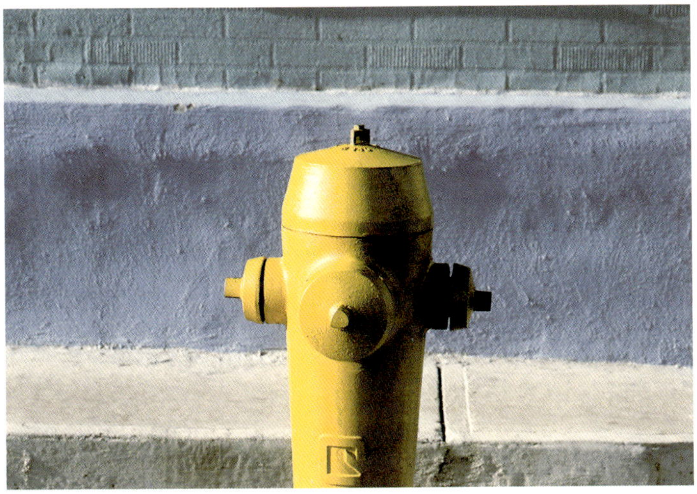

4 Weitere Bildelemente: Waagerechte, Senkrechte

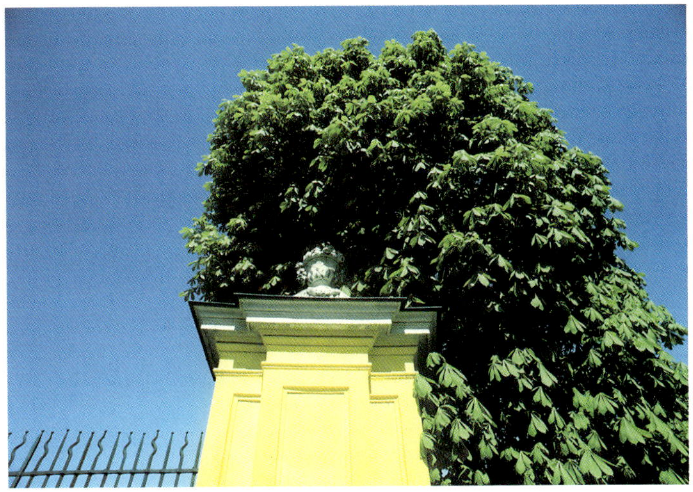

5 Weitere Bildelemente: Struktur, Flächenkontrast

(Grafik B). Nur die beiden Pole als kälteste und als wärmste Farbe (Blaugrün und Rotorange) sind in ihrer Wertigkeit von kalt und warm absolut. Bei allen anderen Farben kommt es für eine Definierung der Kalt-Warm-Wertigkeit immer auf die jeweilige Kontrastierung, das Gegen- oder Miteinander der verwendeten Farben an. Steht zum Beispiel ein Grün neben einem Blau oder Blaugrün ist es, obwohl es sich auf der linken, der kühlen Seite des Farbkreises befindet, die wärmere Farbe (Abb. 9). Dasselbe Grün ist neben einem Gelb durch seine Nähe zum kalten Farbpol jedoch die kältere Farbe (Abb. 5). Das Gelb ist dabei neben dem Grün die wärmere Farbe, während es seinerseits im Kontrast mit einem Orange oder Rot (mit deren deutlicher Nähe zum warmen Farbpol) die kältere Farbe ist (Abb. 13). Die Nähe oder Distanz der verwendeten Farbpaare oder Farben zu den kalten und warmen Farbpolen bestimmt also ihre Kalt-Warm-Wertigkeit. Ebenso wie die Hell-Dunkel-Pole Gelb-Violett, bilden auch die Kalt-Warm-Pole Blaugrün-Rotorange gleichzeitig ein komplementäres Farbpaar. Das macht deutlich, daß meistens mehrere Kontraste zu der Wirkung einer Farbkomposition beitragen und natürlich auch ihr optisches Gewicht haben. Ein extremes Hell-Dunkel hat ohne Zweifel in vielen Fällen das größte optische Gewicht und fällt auch den Betrachtern auf, die sich noch nicht näher mit den Gestaltungs- und Farbtheorien beschäftigt haben. Aber auch ein ausgeprägtes Kalt-Warm der Farbe kann dabei schnell eine vorherrschende Stellung während des Prozeßes des rationalen Erkennens und emotionalen Reagierens bekommen. Denn die kontrastierenden Begriffe von kalt und warm lassen sich auch

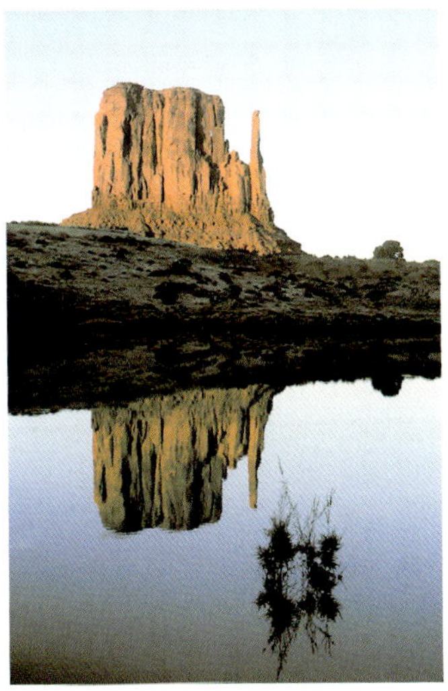

6 Weitere Bildelemente: Waagerechte, Senkrechte, Hell-Dunkel

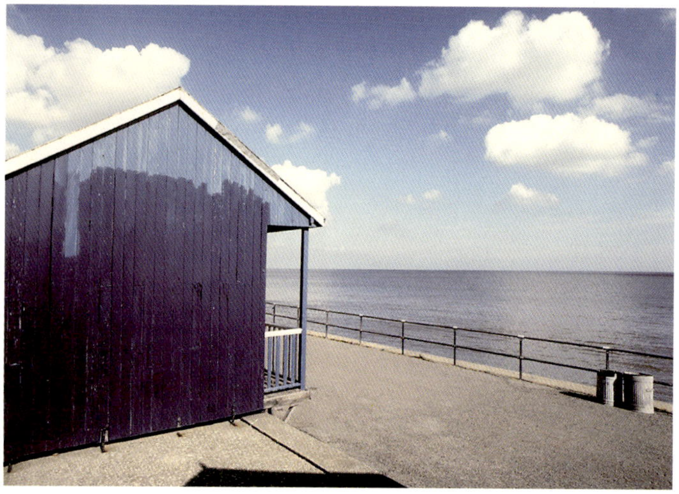

7 Weitere Bildelemente: beherrsch. Punkt, Waagerechte, Schräge

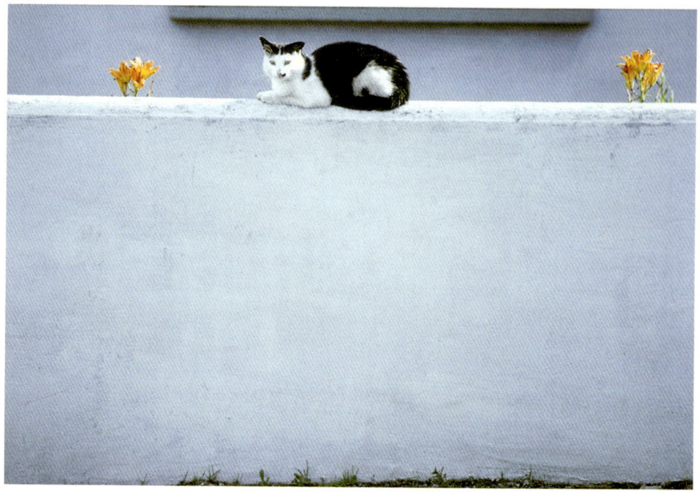

8 Weitere Bildelemente: optische Linie, Waagerechte

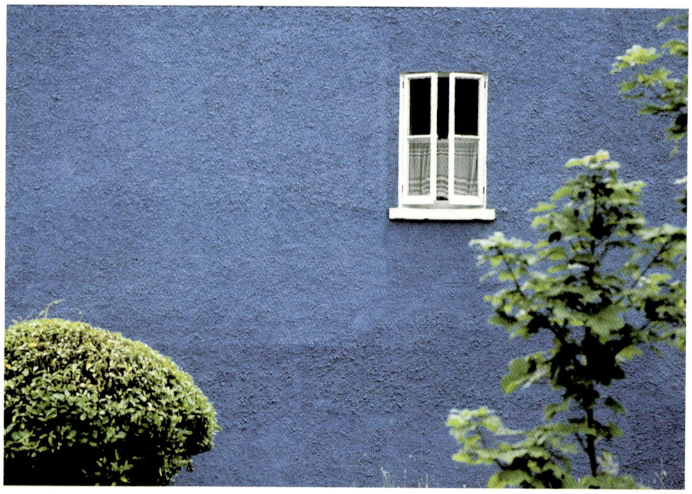

9 Weitere Bildelemente: beherrschender Punkt, Struktur

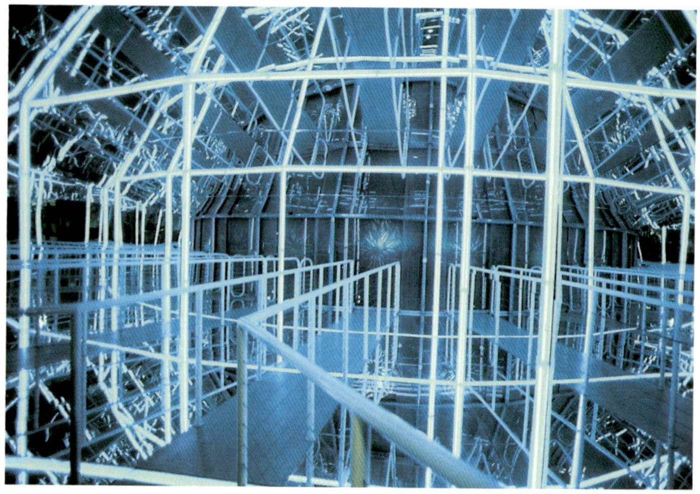

10 Weitere Bildelemente: Senkrechte, Schräge

durch andere kontrastierende Bezeichnungen ergänzen und/oder austauschen. Die (polaren) Bezeichnungen, die den Charakter der kalten und der warmen Farben treffen, sind: schattig – sonnig, fern – nah, beruhigend – erregend, leicht – schwer, luftig – erdig, durchsichtig – undurchsichtig und andere. Im Zusammenhang mit der inhaltlichen Bedeutung dieser einzelnen Paarungen ist es zu verstehen, daß durch den Kalt-Warm-Kontrast eine verstärkte emotionale Wirkung bei den Betrachtern entstehen kann. Kälte und Wärme sind Temperaturempfindungen, die an sich nicht mit den Augen empfunden werden. Deshalb ist es zunächst gewöhnungsbedürftig auch im optischen Bereich mit den Begriffen von Kalt und Warm umzugehen und diese auf Farben zu übertragen. Vergleichende Versuche haben jedoch ergeben, daß in zwei Räumen, von denen der eine in blaugrün und der andere in rotorange gestrichen war, die Empfindungen für Kälte und Wärme um mehrere Grade differierten.

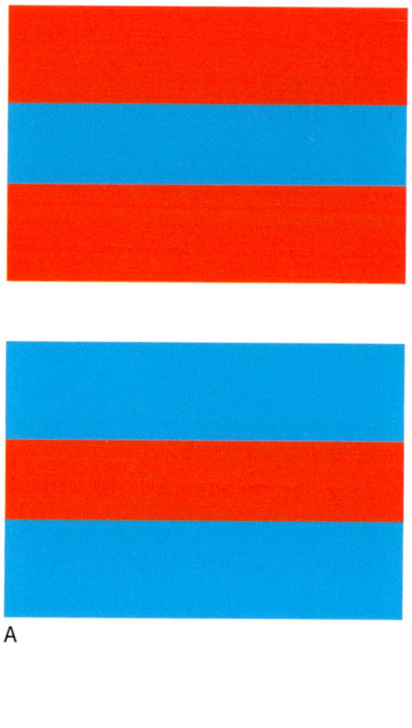

A

Das Blaugrün als Pol des Kalt hat gleichzeitig die Tendenz zurückzuweichen, während das Rotorange als Pol des Warm dem Betrachter entgegen zu kommen scheint.

Die Anwendung des Kalt-Warm-Kontrastes

Jede warme Farbe drängt optisch nach vorne, dem Betrachter entgegen, während die kühle Farbe zurückweicht. Ein Objekt, eine Szene in Rot-Orange-Gelbtönen im Vordergrund vor einem blau-grünen Hintergrund wirkt als Nähe/Wärme vor Ferne/Kühle (Abb. 2, 3, 4, 5, 14, 15). Der rationale Erkennungsprozeß mit dem Einordnen der Lage der Objekte im Raum, der Aufteilung in Vorder- und Hintergrund, deckt sich mit der Wirkung der Farbe. Bei einem in kühlen Farben gehaltenen Objekt im Vordergrund vor einem Hintergrund in warmer Farbigkeit stehen das ratio-

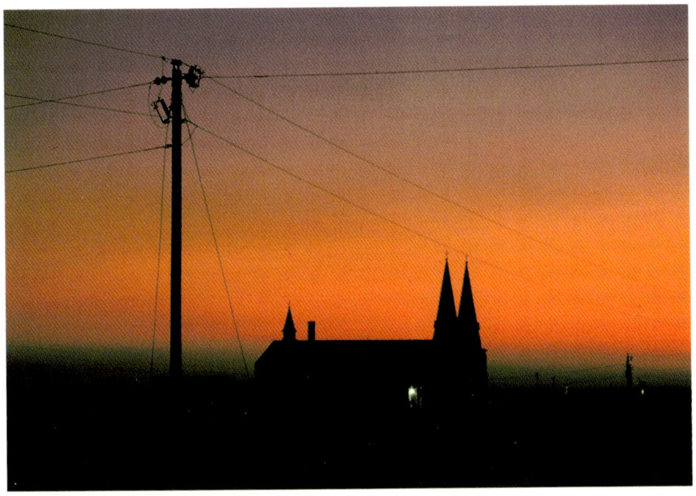

11 Weitere Bildelemente: Punkt, Senkrechte, Hell-Dunkel-Kontrast

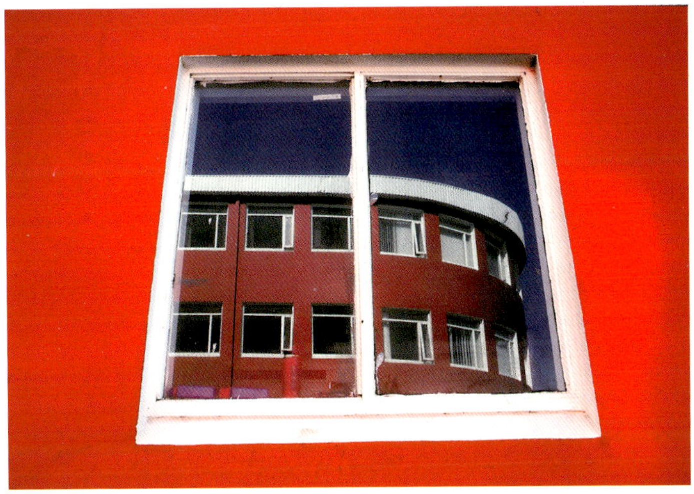

12 Weitere Bildelemente: optische Linie,Waagerechte,Senkrechte,Schräge

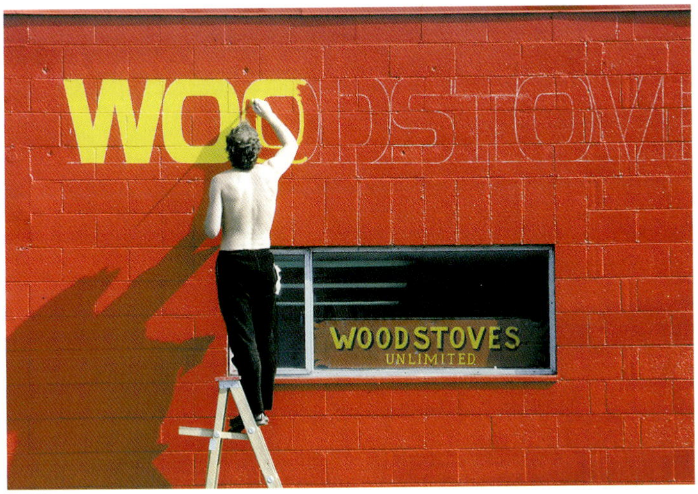

13 Weitere Bildelemente: Senkrechte, Hell-Dunkel-Kontrast

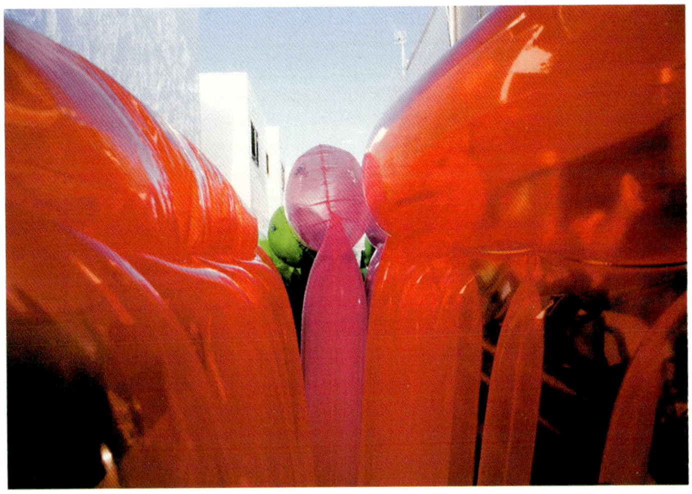

14 Weitere Bildelemente: Linienkontrast

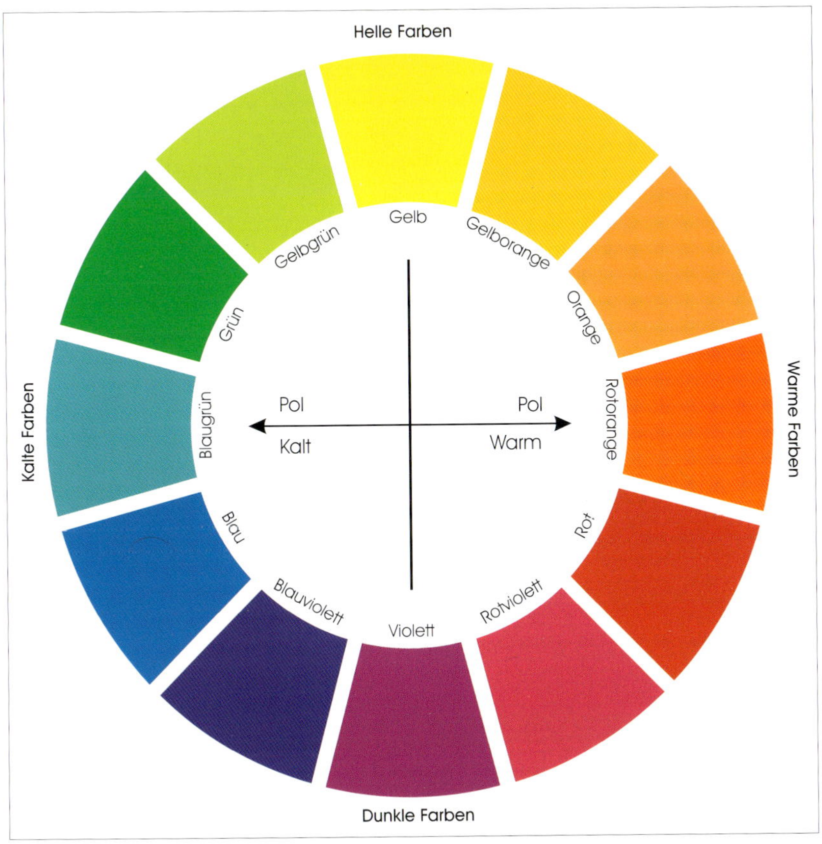

Grafik B

Die Senkrechtachse, die die Pole der hellsten Farbe und der dunkelsten Farbe verbindet, teilt gleichzeitig den Farbkreis in eine kühle und in eine warme Farbseite.

nale Erkennen und die Wirkung der Farben gegeneinander. Bei einer unverfälschten Abbildung der Natur oder Umwelt wird trotz einer eventuellen kurzfristigen Irritation das rationale Erkennen überwiegen (Abb. 18,19). Bei einer abstrakten Komposition steht der Farbe und ihrer (emotionalen) Wirkung nichts entgegen (Abb. 16). Eindeutig sichtbar (fühlbar) ist das Kalt-Warm bei Farben, die komplementär oder zumindest deutlich je in einen anderen Teil des Farbkreises positioniert sind (Abb. 1 bis 6, 15, 18, 20, 21). Ein sehr subtiles Kalt-Warm entsteht, wenn die Farben einer Komposition eine nahe Verwandschaft haben. Bilder, bei denen zum Beispiel nur – oder überwiegend – Farben der warmen Seite des Farbkreises (Abb. 11-14) oder (fast) nur Farben der kalten Seite des Farbkreises (Abb. 7 bis 10, 18) verwendet wurden. Das Einordnen der Far-

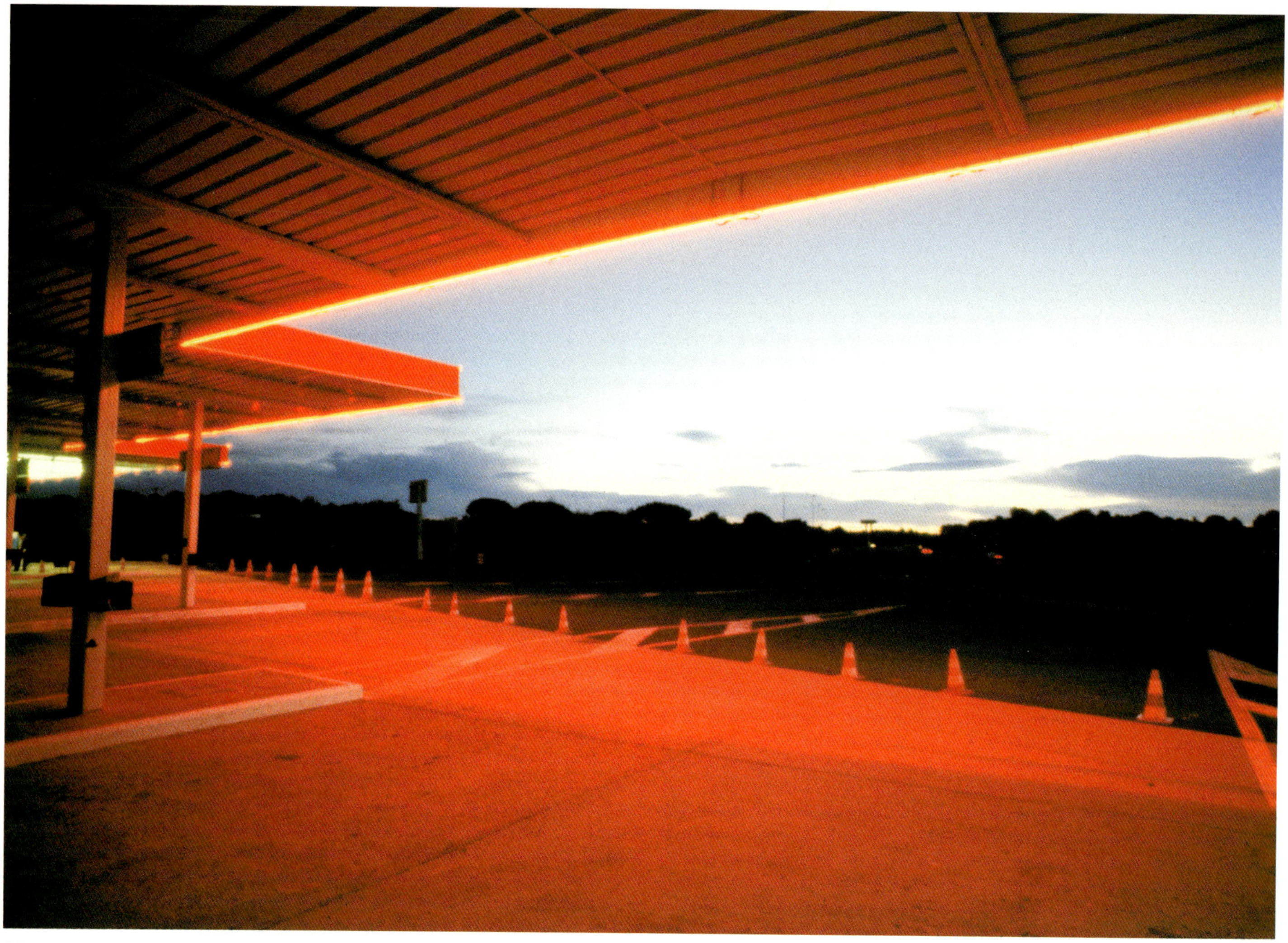

15 Weitere Bildelemente: Waagerechte, Schräge, Hell-Dunkel-Kontrast

ben in das Schema des Kalt-Warm wird dann von der Nähe und/oder Entfernung der einzelnen Farbe zu den Polen bestimmt. Warme Farben werden im Kontrast zu kühlen Farben in ihrer »Warmwirkung« gesteigert und steigern ihrerseits die kühle Wirkung der kalten Farben. Diese (Wechsel-)Wirkung ist nicht nur auf Kompositionen innnerhalb von Bildflächen eingegrenzt. Sie bezieht sich auch auf ein Nacheinander von Farbbildern (Diaprojektion, Kalender und ähnlichem) oder ein Nebeneinander von Farbbildern (Multivision, Bildpaare und Reihen, Ausstellungen, Layouts in Büchern oder Zeitschriften)

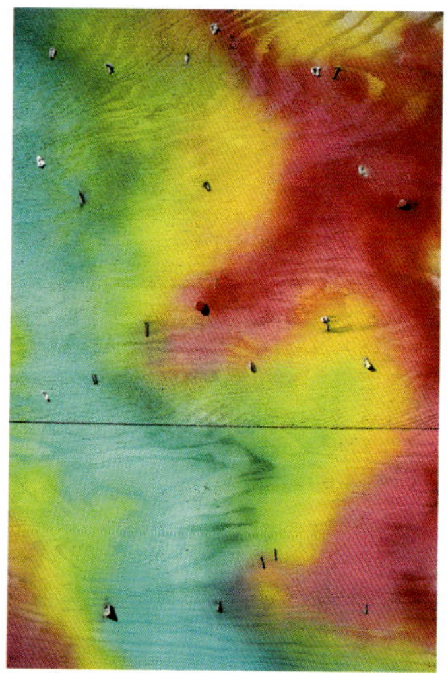

16 Weitere Bildelemente: optische Formen, freie Formen

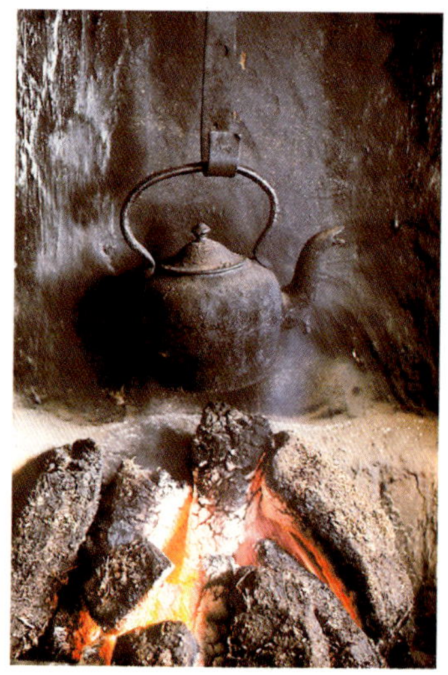

17 Weitere Bildelemente: Hell-Dunkel-Kontrast

Farbtheorie und Theorie der Farbfotografie

Die Farbtheorie nimmt Bezug auf die vom Auge sichtbaren Farben und deren optischer Wir-

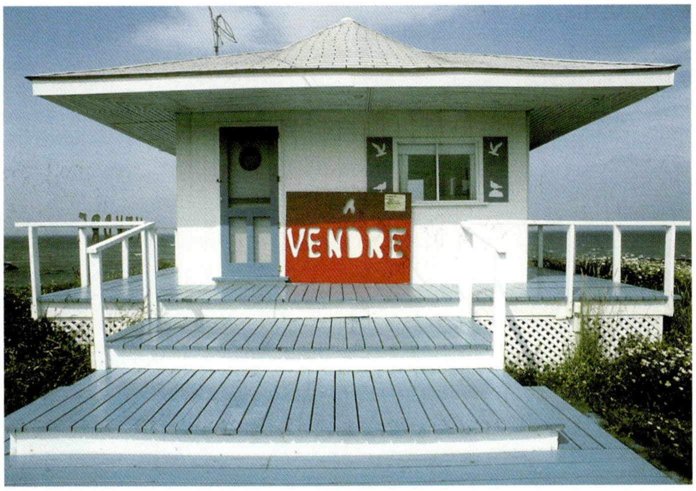

18 Weitere Bildelemente: Waagerechte, Senkrechte, Schräge

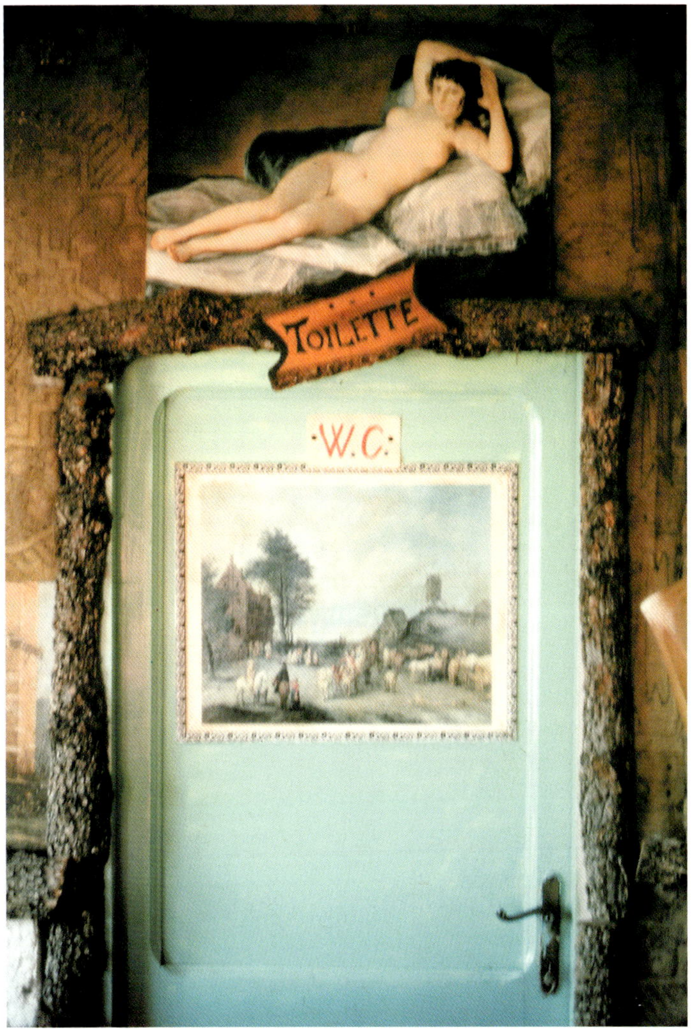

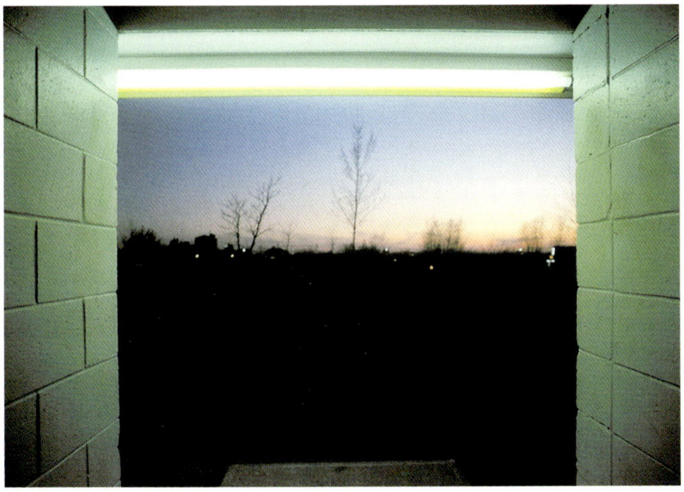

19 Weitere Bildelemente: Waagerechte,Senkrechte,Hell-Dunkel-Kontrast

20 Weitere Bildelemente: Waagerechte,Senkrechte, Formenkontrast

kung in unserer Umwelt und der (sichtbaren) Umsetzung in/auf Bildern, Fotografien und Objekten. Die Theorie der Farbfotografie, die Farbfototechnik, beschreibt den technischen Weg, um möglichst unverfälschte Wiedergaben der Farben auf dem Farbbild zu bekommen. Zwischen der (gefühlsmäßig zu empfindenden) Kalt- und Warmwirkung der sichtbaren Farbe und der (zu messenden) Farbtemperatur eines Bildmotives besteht ein grundlegender Unterschied. Was in der Farbtheorie die größte Wärme ist (Rotorange/Feuer, Abb17) hat in der Farbfototechnik die niedrigste Farbtemperatur (nach Kelvingraden). Und was in der Farbtheorie der kühlste Bereich ist (Blau/Blaugrün/Grün/Himmel) hat in der Farbfototechnik mit dem blauen Himmel bei hohem Sonnenstand die höchsten Kelvingrade, die höchste Farbtemperatur. Die Pole des Kalt-Warm

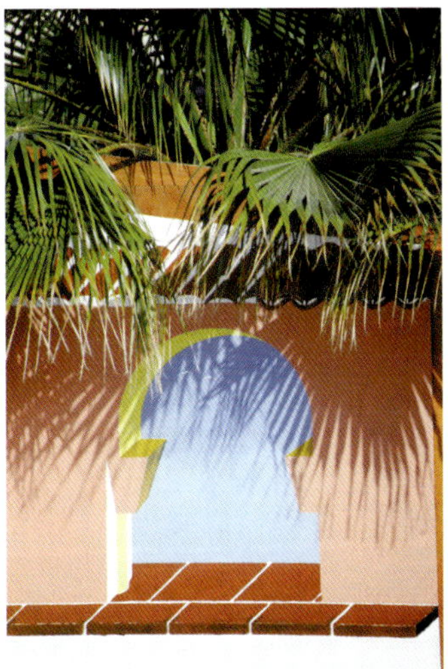

21 Weitere Bildelemente: Hell-Dunkel-Kontrast, Farbdreiklang

der Farbtheorie und der Theorie der Farbfotografie sind sozusagen gekontert. Für die Beurteilung der farbtechnischen Qualität eines Farbbildes sind natürlich auch Kenntnisse in der Theorie der Farbfotografie erforderlich. Allgemein größere Bedeutung hat für uns jedoch die Kenntnis der Farbtheorie, das Wissen um die Wirkung der sichtbaren Farben. Hier läßt sich anmerken, daß – von einigen Ausnahmen abgesehen – eine Parallele zwischen unserem (körperhaften) Empfinden von Wärme und Kälte/Kühle und dem Kalt-Warm der Farben besteht. Das gelborange Kerzenlicht, das rotorange Feuer (Abb. 17) fühlen wir warm und es sind auch die warmen Farben der Farbtheorie. Das kalte Eis schimmert in Blaugrün, der kalten Farbe der Farbtheorie.

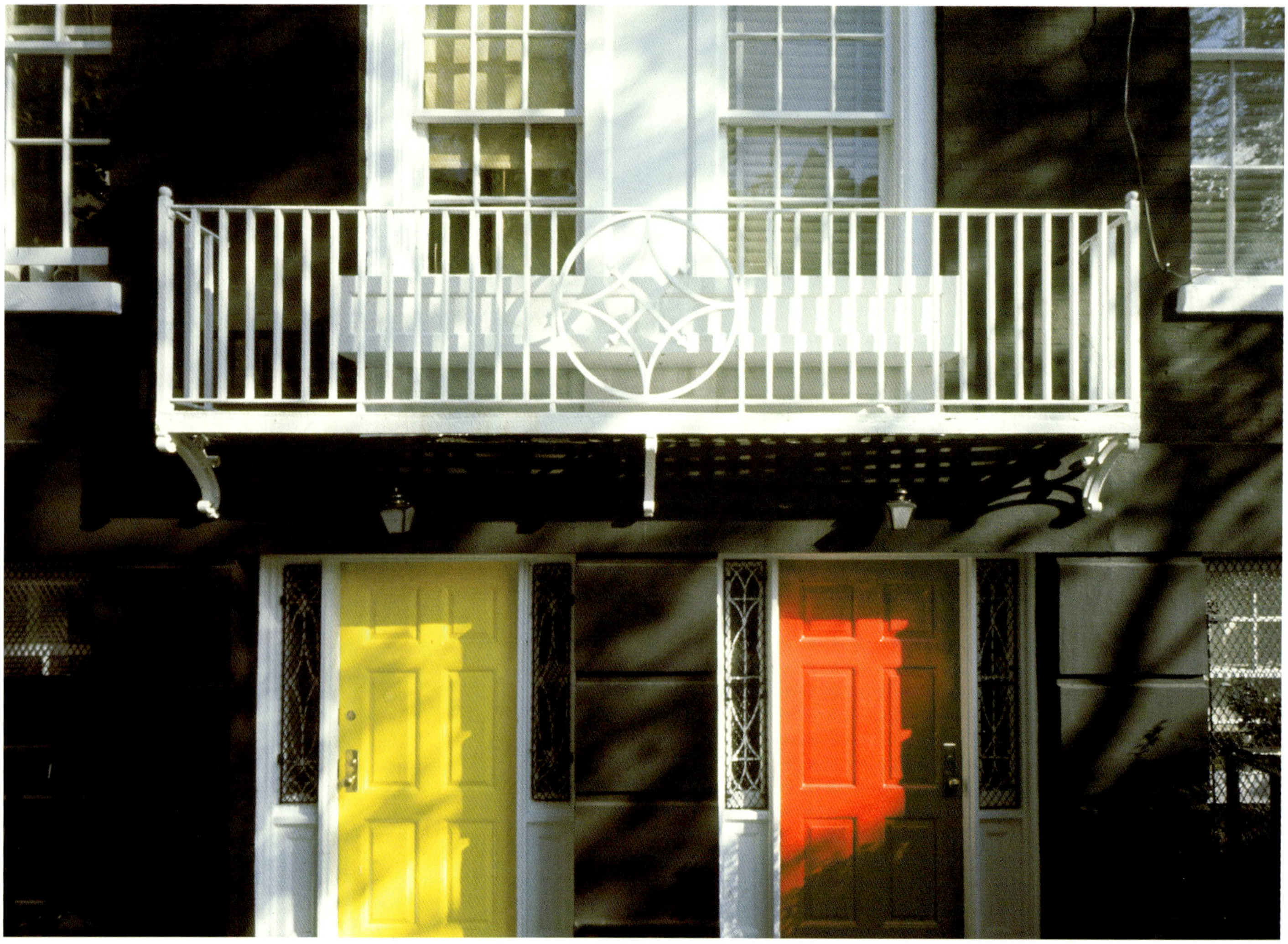

1 Weitere Bildelemente: Waagerechte, Senkrechte, Hell-Dunkel-Kontrast

Farbwirklichkeit und Farbwirkung, der Simultan-Kontrast

Für den Farbdruck und andere Verwendungen von Farben wurden zur exakten Bestimmung genaue Bezeichnungen zu jeder einzelnen Farbe, ihrem Farbton, der Farbdichte und dem Reinheitsgrad entwickelt. Bei Betrachtungsprozeßen werden unsere Augen fast immer mit vielen Farb- und Hell-Dunkel-Reizen gleichzeitig gefordert. Dabei ist es nahezu unmöglich, eine einzelne Farbe gemäß ihrer Farbnormung zu klassifizieren.

Die Farbwirklichkeit

Die Schwierigkeit aus einem Hell-Dunkel- und Farbensemble eine einzelne Farbe gemäß ihrer Stelle in der Farbnormierung genau zu »erkennen«, kann mit den Phänomen von Farbwirklichkeit und Farbwirkung begründet werden. Hierbei ist die Farbwirklichkeit eine (nach) meßbare Konstante, während die Farbwirkung von den jeweiligen Umfeldfaktoren abhängt und erst beim aktiven Betrachtungsprozeß wirksam wird. Der Begriff »Farbwirklichkeit« bezeichnet das physikalisch-chemisch definierbare und analysierbare Pigment der Farbe, den Farbstoff. Die Farbwirklichkeit, also das den Farbton bildende Pigment – beziehungweise die Pigmentmischung – bleibt im Moment der jeweiligen Betrachtung unverändert. Veränderungen der Pigmente sind in der Regel Langzeitprozesse. Für das

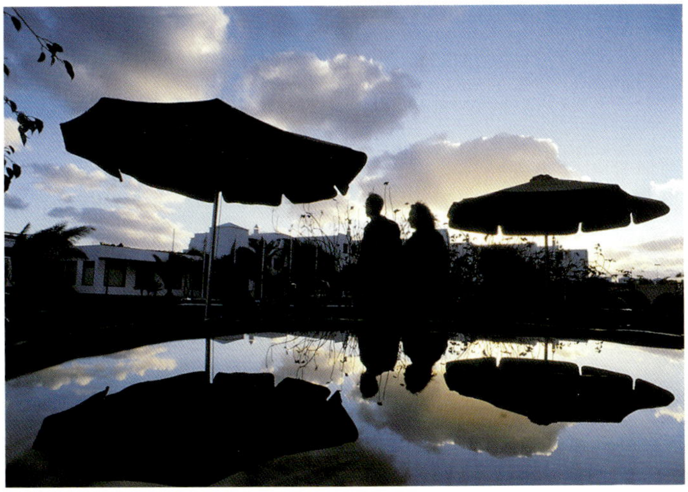

2 Weitere Bildelemente: Hell-Dunkel-Kontrast, Kalt-Warm-Kontrast

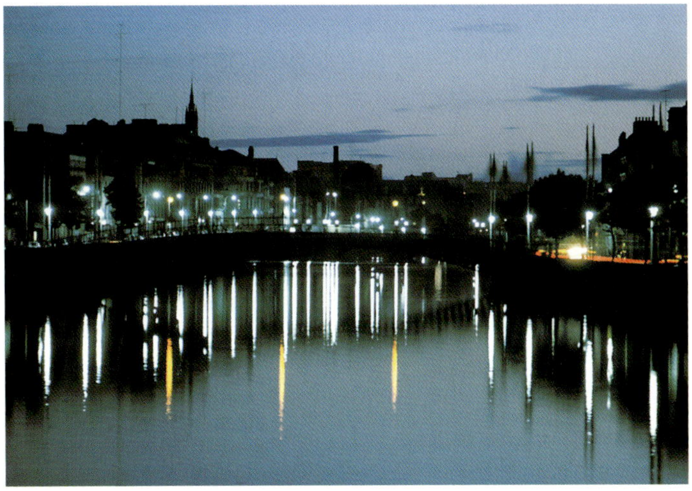

3 Weitere Bildelemente: optische Linien, Hell-Dunkel-Kontrast

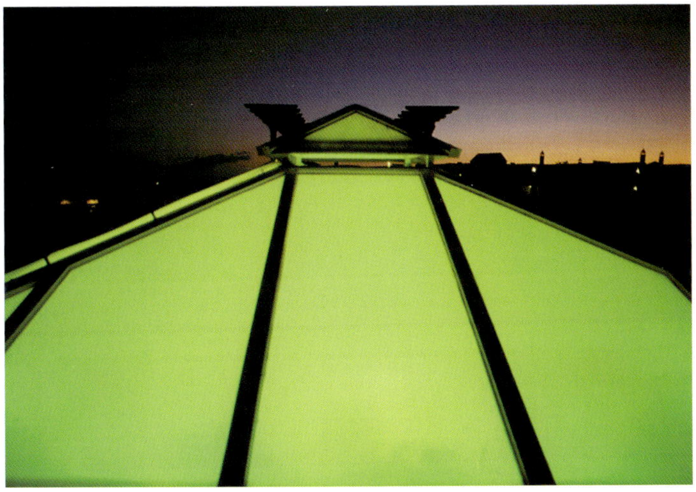

4 Weitere Bildelemente: Schräge, Hell-Dunkel-Kontrast, Kalt-Warm-Kontrast

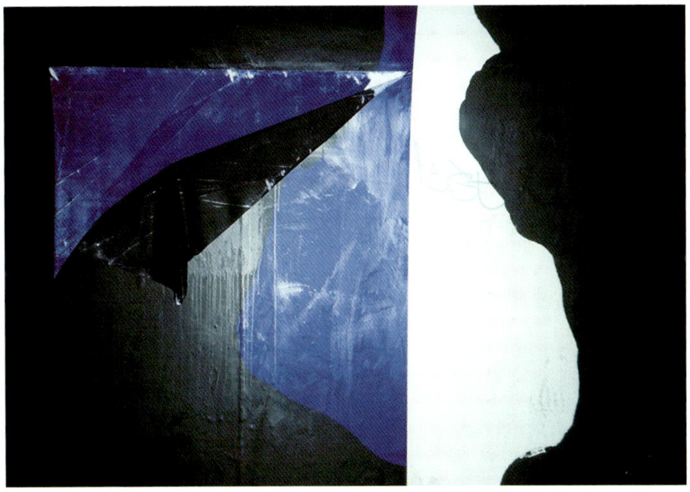

5 Weitere Bildelemente: Senkrechte, Schräge, freie Linie, Hell-Dunkel-Kontrast

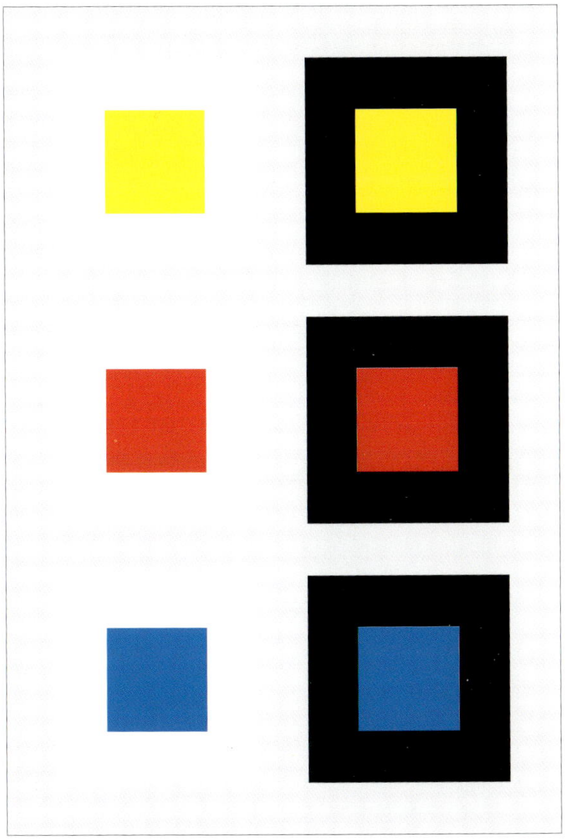

A

Bildschaffen ist hier zum Beispiel die Lichtechtheit der Farbe (des Pigmentes, der Pigmente) ein Problem. Es besteht die Gefahr eines eventuellen Ausbleichens, der Verlust der ursprünglichen Farbigkeit eines Bildes durch (zu intensive) Lichteinwirkung. Aber auch chemische Prozesse können Farben, Bilder und Dia zerstören. So können Industrieabgase Anstriche zerstören, während Chemikalienreste in Negativen, Dias oder Aufsichtsbildern zerstörende Auswirkungen haben. Selten sind solche Prozesse der Zerstörung so schnell, daß sie während eines normalen Betrachtungsvorgan-

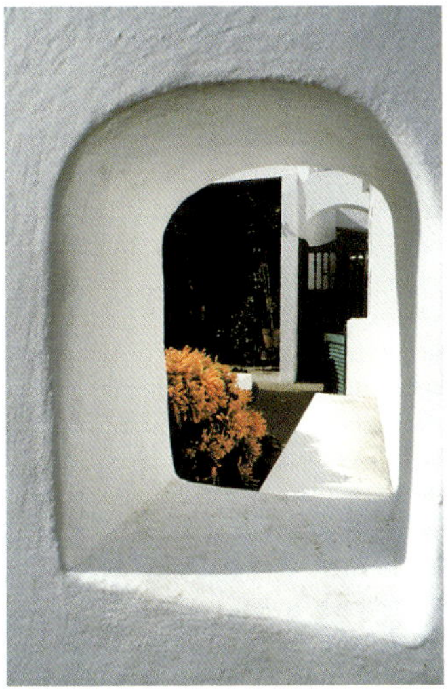

6 Weitere Bildelemente: Senkrechte, Schräge, Hell-Dunkel-Kontrast

Das einfache Beispiel der Plazierung der drei Grundfarben jeweils auf weißen und auf schwarzen Untergrund zeigt deutlich die Beeinflussung des Umfeldes auf die optische Wirkung von Farben.

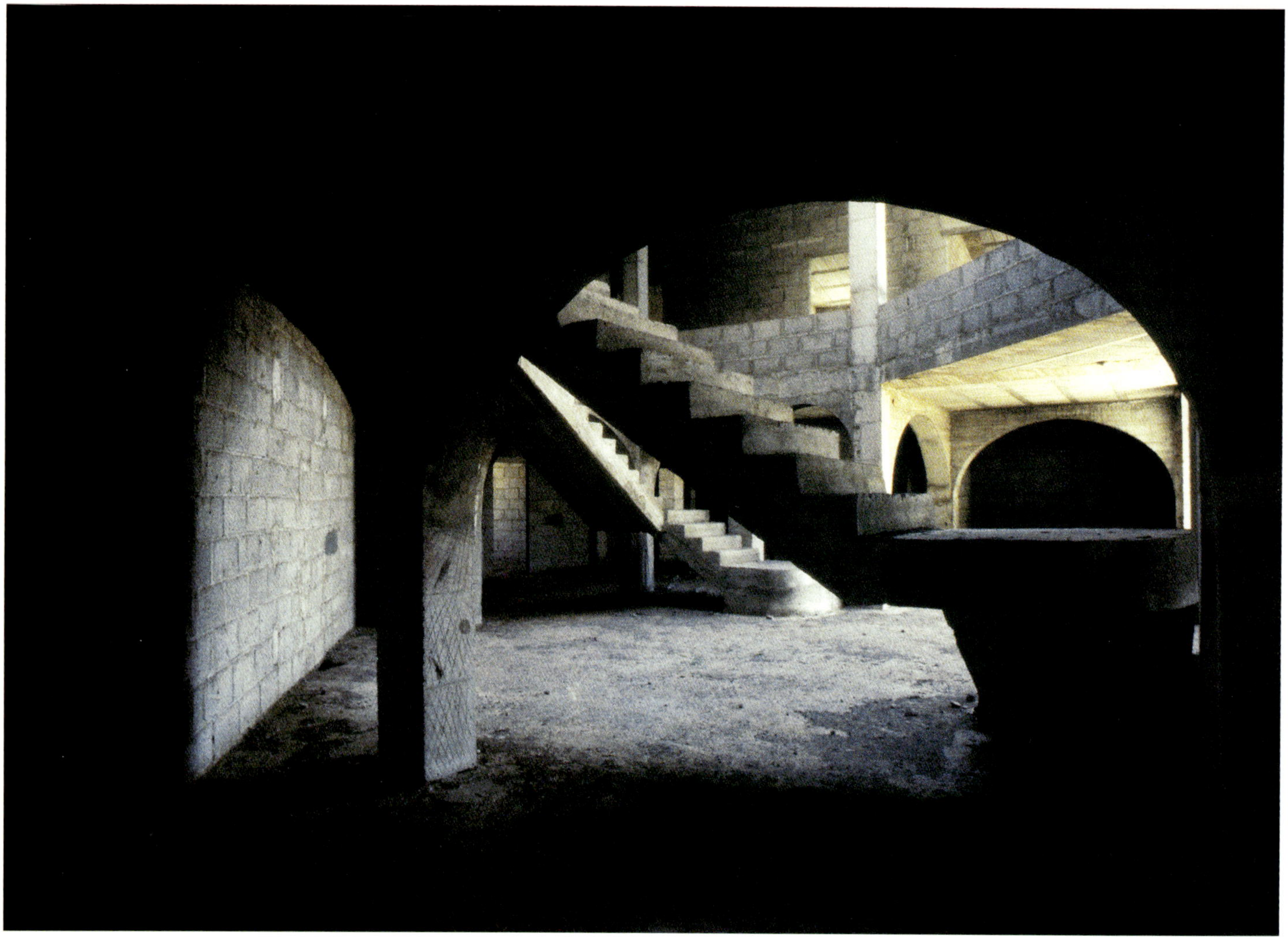

7 Weitere Bildelemente: Senkrechte, Schräge, Rundform, Hell-Dunkel-Kontrast

ges ablaufen. Die jeweilige momentane Farbwirklichkeit jeder einzelnen Farbe bleibt in der Regel während einer beurteilenden Betrachtung unverändert.

Die Farbwirkung

Wir sind es gewohnt, daß Farbe erst in ihrer Beziehung zu Schwarz, Weiß oder/und Grau oder zu einer zweiten oder mehreren Farben ihren Wert erhält. Im Gegensatz zur physikalisch-chemischen Wirklichkeit der Farbe, ist unsere Farbwahrnehmung psycho-physischer Natur und wird als Farbwirkung bezeichnet. Schon im Zusammenhang mit dem Positiv-Negativ-Kontrast und der Problematik des Formgewichtes auf der Fläche, wurde auf die Unterschiede der optischen Formgröße einer weißen Fläche auf schwarzem und einer schwarzen Fläche auf weißem Untergrund

Die Beeinflussung des Umfeldes auf graue Flächen (und auf Farben) ist sehr subtil. Bei einer (längeren) Betrachtung wird nicht nur der Hell-Dunkelwert, sondern auch die Farbtendenz optisch durch das Umfeld beeinflußt.

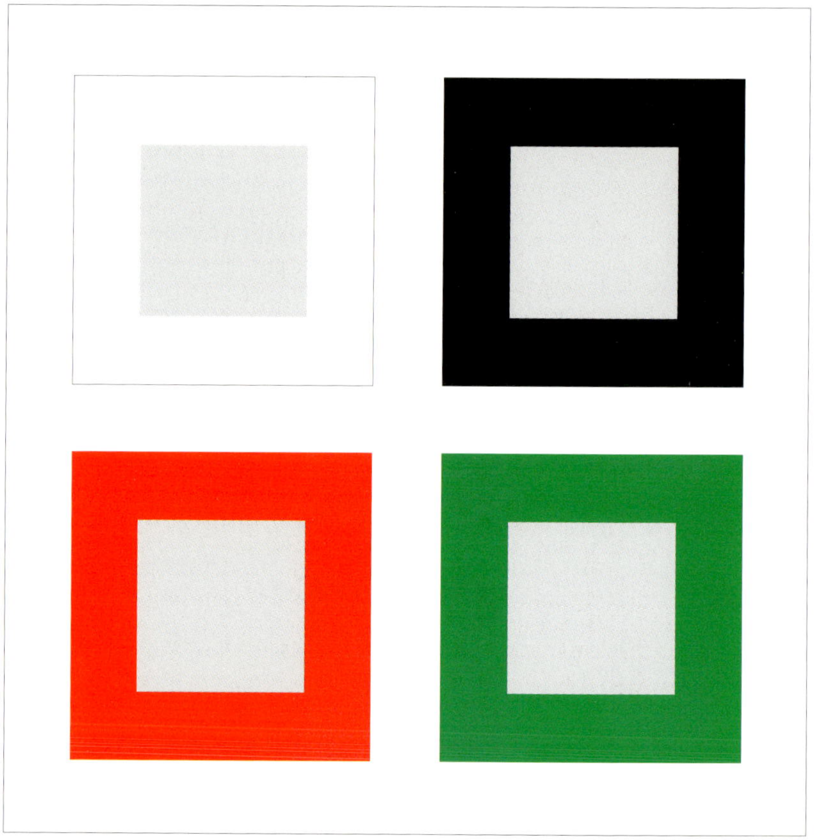

B

8 Weitere Bildelemente: Waagerechte, Schräge, Kreis

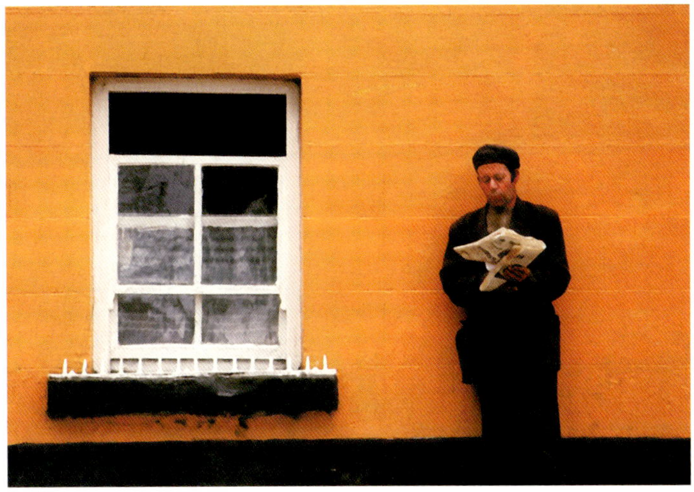

9 Weitere Bildelemente: Waagerechte, Senkrechte, Formenkontrast

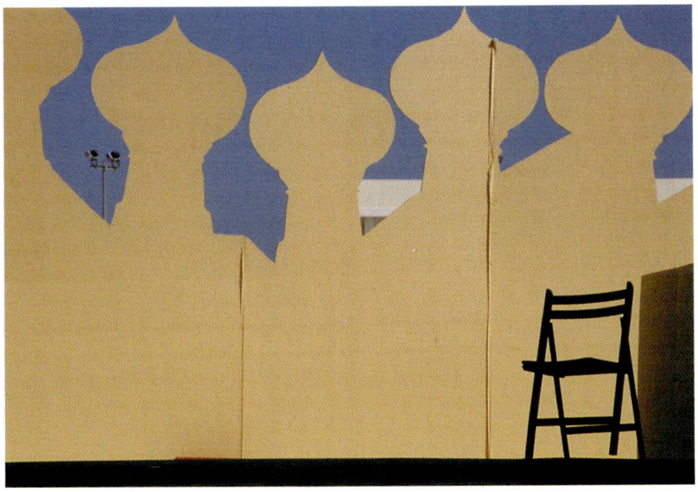

10 Weitere Bildelemente: Waagerechte, freie Linie, Hell-Dunkel-Kontrast

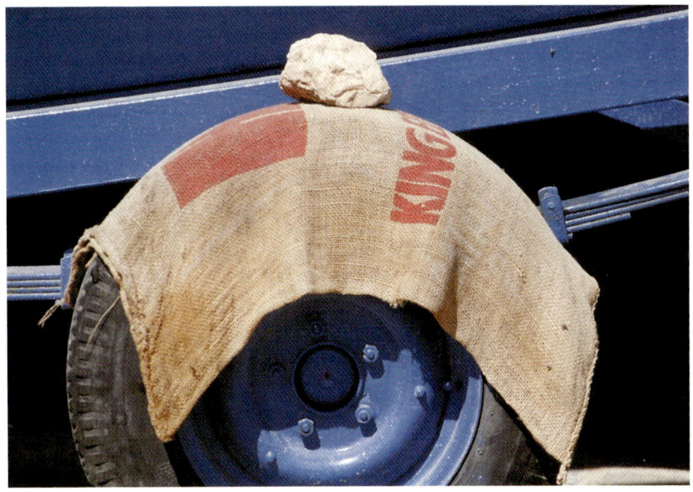

11 Weitere Bildelemente: Schräge, Kreis, Hell-Dunkel-Kontrast

hingewiesen. Eine helle Fläche auf Dunkel dehnt sich optisch aus, eine dunkle Form auf Hell wird von der Kraft des Hellen eingeengt, wirkt optisch kleiner. Sobald als dritte Kraft noch die Farbe hinzukommt, setzt zusätzlich die Farbwahrnehmung und damit auch die Farbwirkung ein (Grafik A, Abb. 1, 3, 4, 5, 6). Bei starken Hell-Dunkel-Kontrasten ist auch hier die optische Formgröße wirksam. So wirkt das Gelb auf Schwarz größer, als auf dem weißen Untergrund. Interessanter und wichtiger ist aber die unterschiedliche Farbwirkung, die scheinbar andere Helligkeit/Leuchtkraft der Farbe auf Weiß im Verhältnis zur selben Farbe auf Schwarz. Das Gelb wechselt von ruhiger Wärme zu kalter Aktivität, das Rot von stumpfer Dunkelheit zu intensiver Leuchtkraft und das Blau von starker Dunkelheit zu leuchtender Tiefe. Durch Umfelder, die eine Farbe umschließen, wird unser Auge fast immer getäuscht. Sobald zum Beispiel immer beide gelbe, rote oder blaue Flächen nur von Schwarz, von Weiß oder von einem neutralen Grau umschlossen werden, wird sichtbar, daß es jeweils der selbe Farbton ist. Kaum ist jedoch der Hell-Dunkel-Kontrast wieder hergestellt, läßt sich das Auge trotz unseres Wissens erneut irritieren. Der Farbton, die Farbreinheit und die Farbsättigung bleiben als Farbwirklichkeit konstant. Die (scheinbare) Veränderung der Farben, die Farbwirkung, ist ein Prozeß der sich erst während des Betrachtungsvorganges entwickelt.

Der Simultan-Kontrast

Die optische Veränderung der Hell-Dunkel-Wirkung läßt sich am deutlichsten bei einem neutralen hellen Grau auf Schwarz oder Weiß beobachten. Ein und dasselbe Grau wirkt heller oder dunkler, bleibt aber als Grau neutral. Anders wird die Wirkung des neutralen Grautones, wenn das Umfeld farbig ist. Jede der Farben wird das Grau in Richtung ihrer Gegenfarbe (Komplementärfarbe) drängen (Grafik B). Auf Rot erscheint das Grau grünlich, auf Grün wird es ins rötliche beeinflußt. Diese Wirkungen werden deutlicher sichtbar, wenn alle anderen Farbreize um die Beispiele abgedeckt werden und man einen Farbreiz isoliert aus der Nähe betrachtet. Eigene Versuche mit grauen Flächen auf farbigen Papieren oder Untergründen können noch intensivere Erfahrungen bringen. Daß unser Auge zu einer gegebenen Farbe immer gleichzeitig, also simultan, die Komplementärfarbe verlangt und diese selbsttätig erzeugt, wenn sie nicht gegeben ist, wird als Simultan-Kontrast bezeichnet. Die simultan erzeugte Kom-

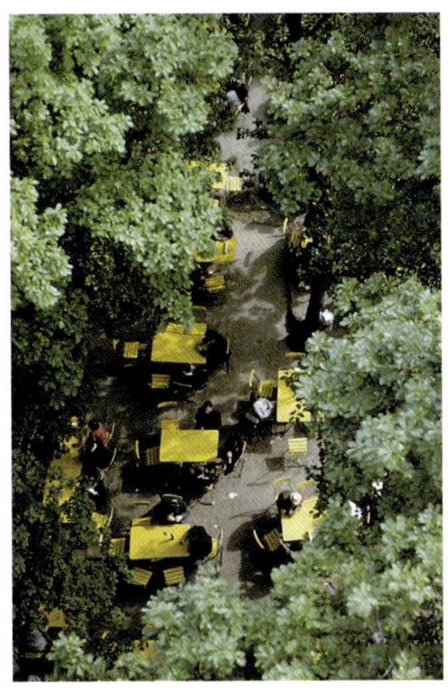

12 Weitere Bildelemente: optische Flächen, Struktur

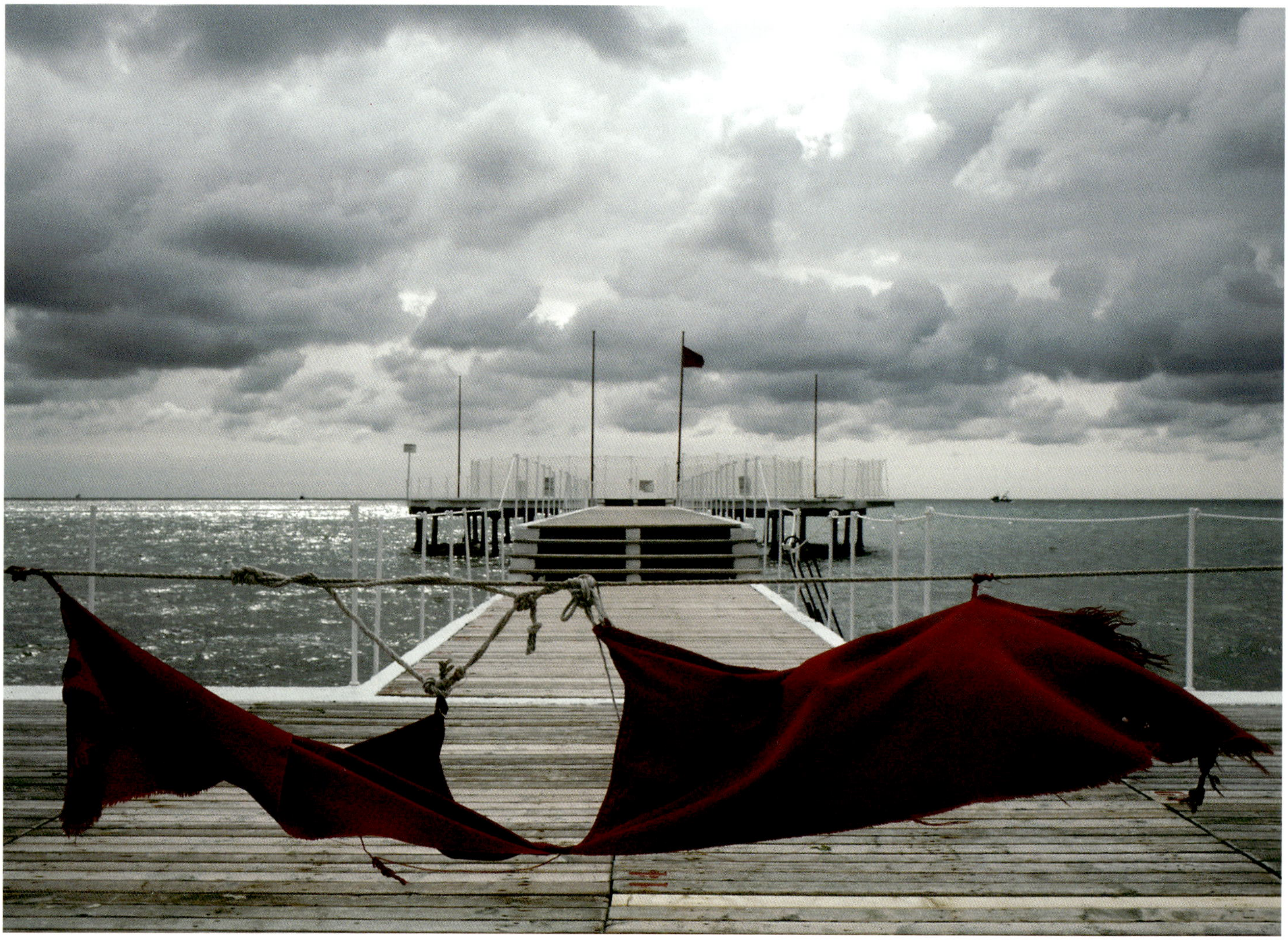

13 Weitere Bildelemente: Waagerechte, Schräge, freie Form, Kalt-Warm-Kontrast

plementärfarbe entsteht als Farbempfinden im Auge der Betrachter, ist also nicht real vorhanden und beweist durch diese selbsttätige Handlung während des Sehprozesses auch unser angeborenes (Farb-)Harmoniebedürfnis. Weil die simultan entstehende Farbe nicht real vorhanden ist, ist eine deutliche Wirkung unter anderem von einer längeren Betrachtung der Farbkomposition abhängig. Die Hauptfarbe (eines Bildes) scheint an Kraft und Intensität abzunehmen, das Auge wird überreizt und das Empfinden für die simultan erzeugte komplementäre Farbe wird stärker. Die simultane Wirkung kommt nicht nur zwischem reinen Farben und Grautönen zur Auslösung (Abb. 8,9,13,17), sondern auch zwischen reinen Farben. Bei echten Komplementärfarbpaaren hat jede Farbe schon ihr absolutes Gegenüber – eine Steigerung ist weder nötig noch möglich. Sind

Der Nachbildeffekt erscheint nach einer Betrachtung der Farbgrafik (ca. 20 Sekunden) und einem Augenwechsel auf das Leerfeld.

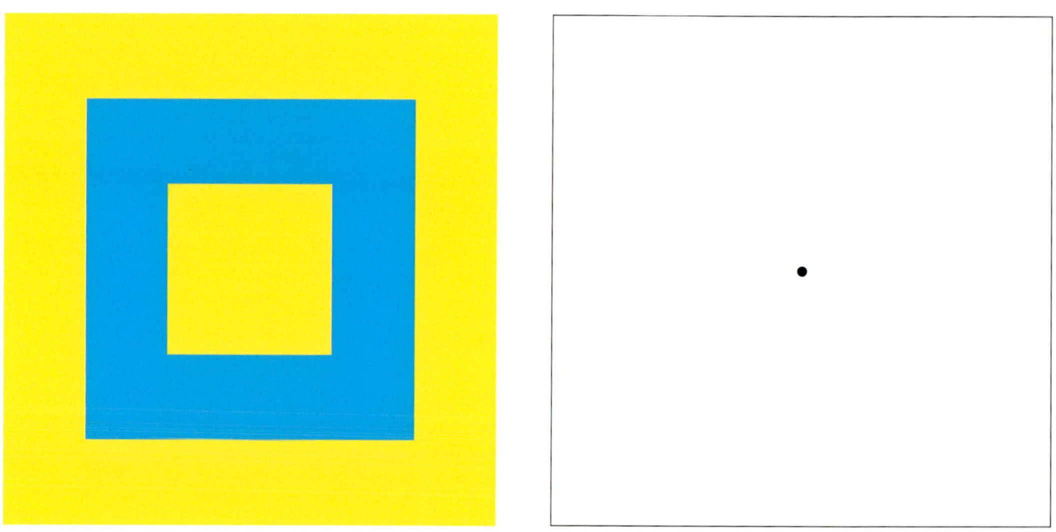

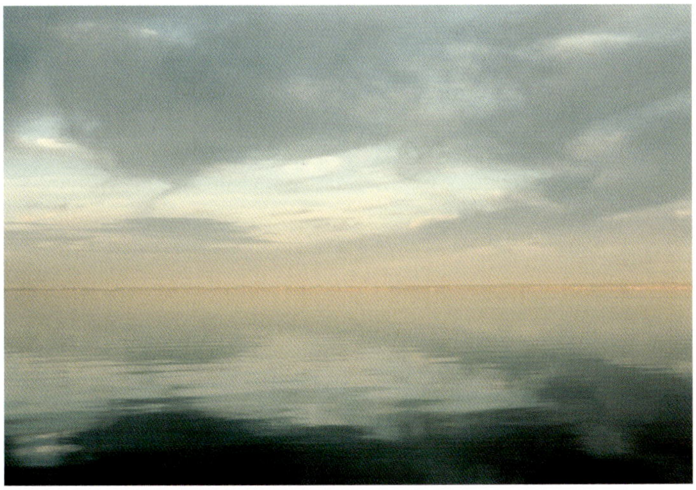

14 Weitere Bildelemente: freie Formen, Kalt-Warm-Kontrast

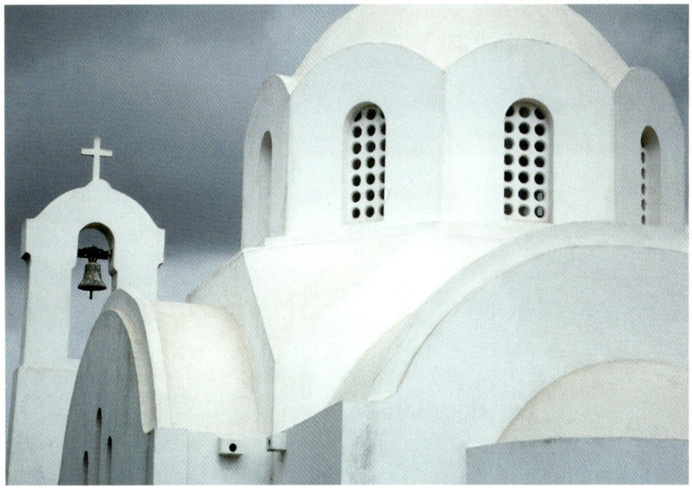

15 Weitere Bildelemente: beherrschende Punkte, Senkrechte, Rundformen

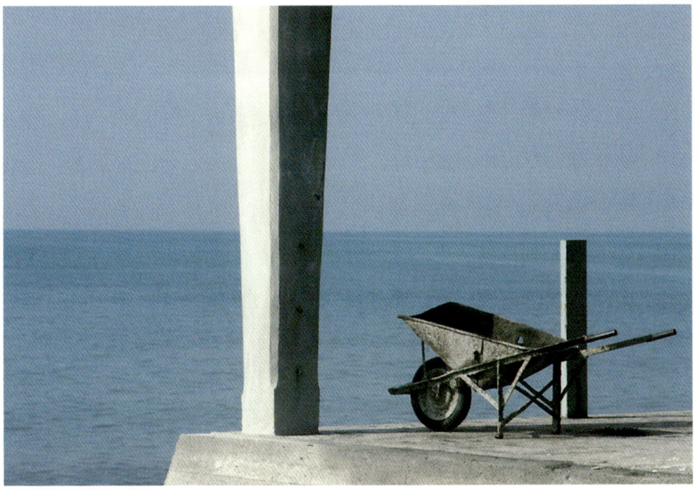

16 Weitere Bildelemente: beherrschender Punkt, Waagerechte, Senkrechte

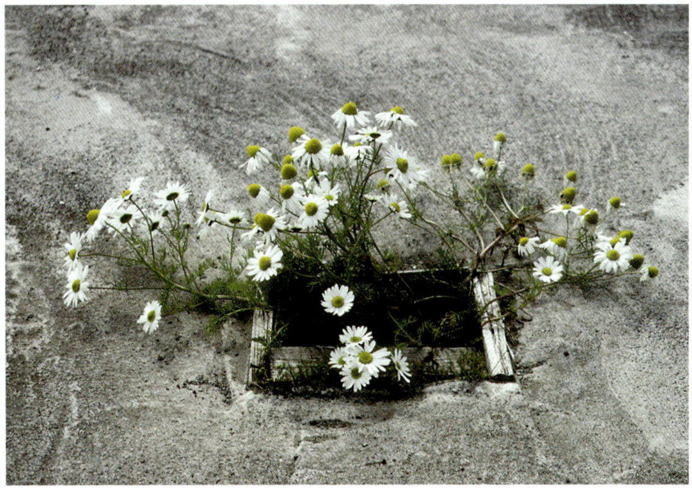

17 Weitere Bildelemente: optische Fläche, Schräge, Struktur

Farben jedoch nicht genau komplemetär – zum Beispiel statt dem Komplementärpaar Rot-Grün (Grün-Rot) ein Rot-Blaugrün oder Rot-Gelbgrün, oder ein Grün-Rotorange oder Grün-Rotviolett – versuchen jeweils beide Farben ihr Gegenüber stärker zur eigentlichen Komplementärfarbe zu drängen. Zwischen den Farben kommt es zu einem Vibrieren, zu einer dynamischen Erregung, die sichtbar wird, wenn man sich für das Betrachten solcher Farbklänge Zeit nimmt (Abb. 10, 11, 12, 18).

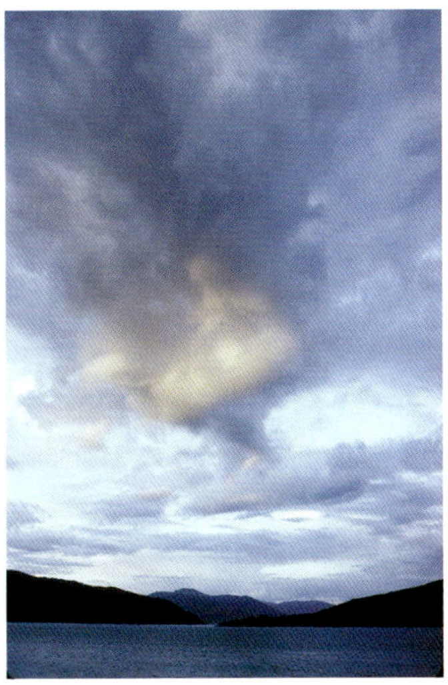

18 Weitere Bildelemente: Hell-Dunkel-Kontrast, Kalt-Warm-Kontrast

Der Nachbildeffekt

Einen Beweis für die gesetzmäßige Abhängigkeit beim Farbsehen liefert der Sukzessiv-Kontrast, auch Nachbildeffekt genannt. Der Sukzessiv-Kontrast ist eng mit dem Simiultan-Kontrast verwandt. Während beim Simultan-Kontrast zwei oder mehr Farben versuchen sich gegenseitig zu beeinflussen, bringt der Sukzessiv-Kontrast nur ein (kurzfristiges) Nachbild einer farbigen Form in ihrer komplementären Farbe. Betrachtet man (am besten nur mit einem Auge und möglichst ohne »Detailschärfe«) die Grafik D1 ca. 20 Sekunden lang und wechselt dann ruhig mit dem Auge zum kleinen Punkt in Grafik D2, erscheint nach kurzer Zeit das Nachbild der Grafik D1 in seiner komplementären Farbigkeit. Dieses kleine »Experiment« läßt sich auch mit einfachen Farbdia (als zweites ein Leerdia mit einem leichten Graufilter schalten) oder auch mit kleinen Farbpapieren, die man vor einen neutralen Hintergrund hält und dann schnell aus dem Blickfeld zieht, durchführen. Die Beeinflussung einer kräftigen reinen Farbe auf andere kräftige reine Farben ist für den Betrachter nicht immer deutlich spürbar. Das Experiment mit dem Nachbildeffekt beweist aber, daß in jedem Fall immer eine Reaktion des Auges stattfindet. Unser Warhnehmungssystem scheint über die ständige Forderung nach der physiologischen Gegenfarbe das Farbsehen ständig zu reaktivieren. Farbkompositionen in verhaltener Farbigkeit, bei denen komplementäre Farbpaare nicht als reine, gesättigte Farben, sondern aufgehellt und/oder in ihrer Leuchtkraft gebrochen angewendet sind, haben einen besonderen Reiz (Abb. 2, 7, 14, 15, 16). Die gegenseitige simultane Steigerung der verhaltenen Farben zu einer intensiven Farbigkeit des Bildes ist nahezu körperlich fühlbar.

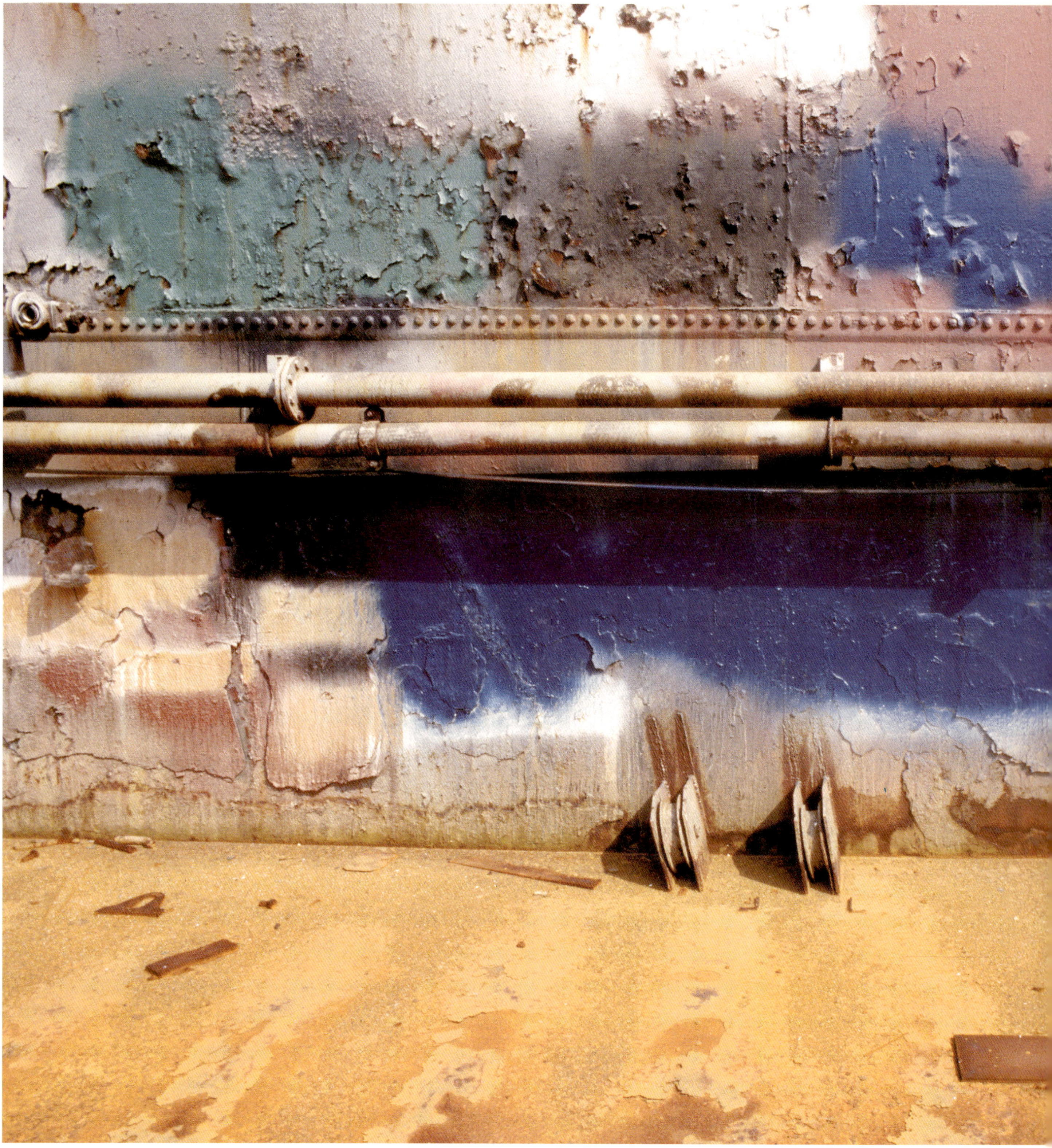

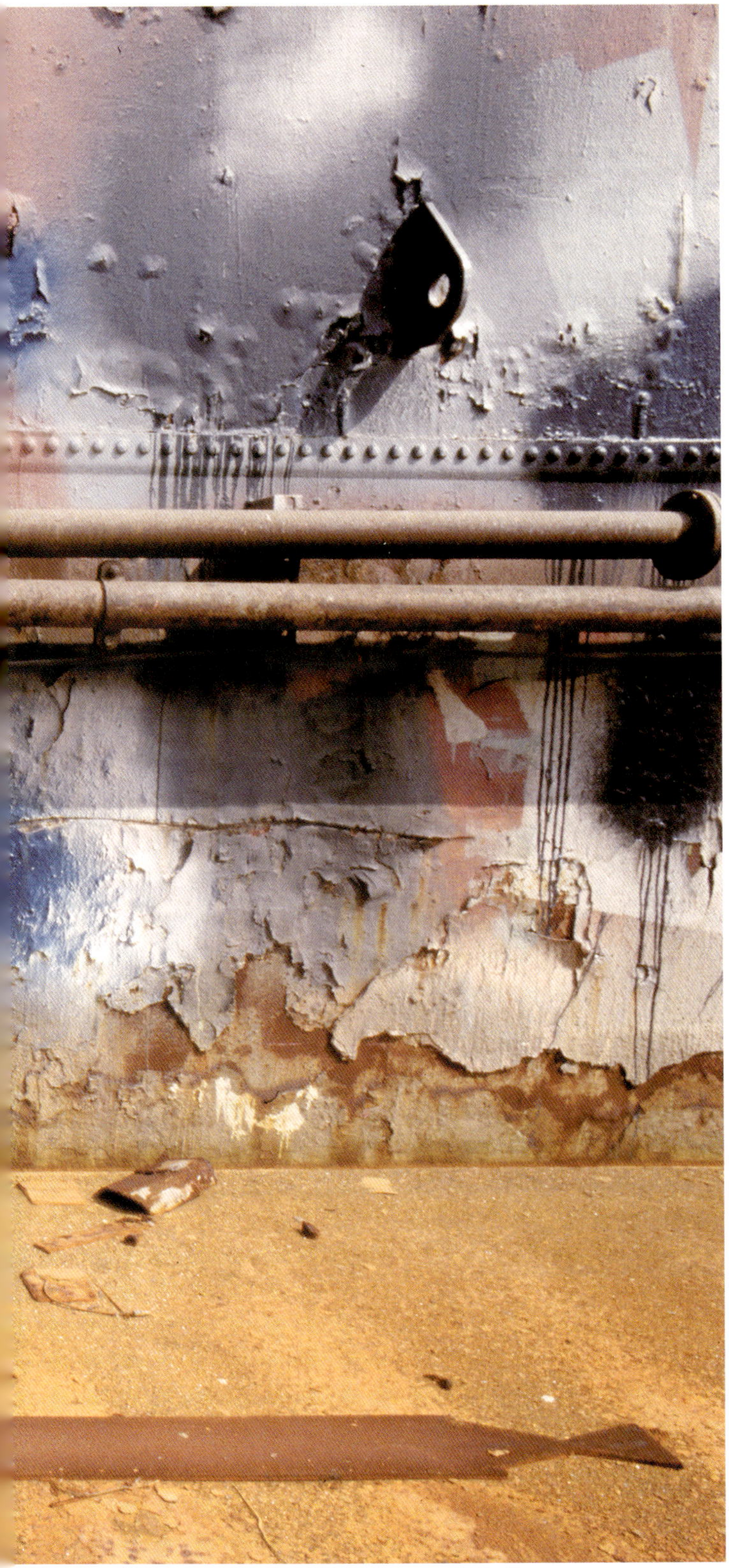

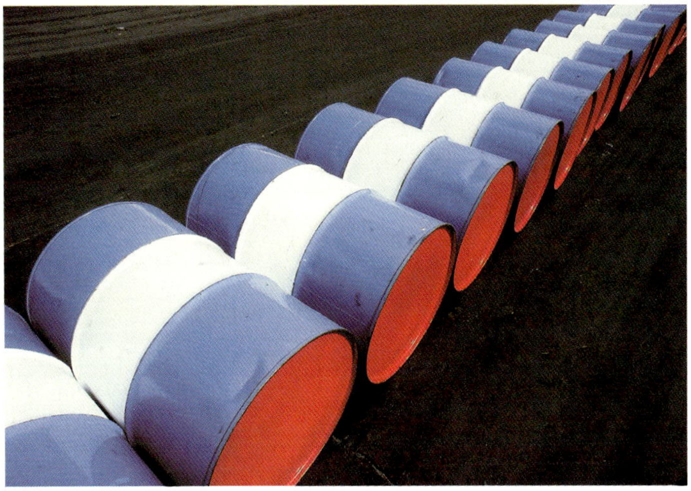

Die Anwendung der Mittel

Das Wissen um die künstlerische Wirkung der Gestaltungsmittel und der unterschiedlichen, teilweise sehr subtilen Kontraste von Farbe und Form sind Basis einer qualifizierten Bildbewertung und, in der praktischen Anwendung, einer qualifizierten Bilderstellung. Gestalterische Qualität kann einen Bildinhalt nur unterstreichen, ihn gut »präsentieren«. Um aussagekräftige Bildinhalte zu erreichen sind Kreativität und konzeptionelles Denken notwendig.

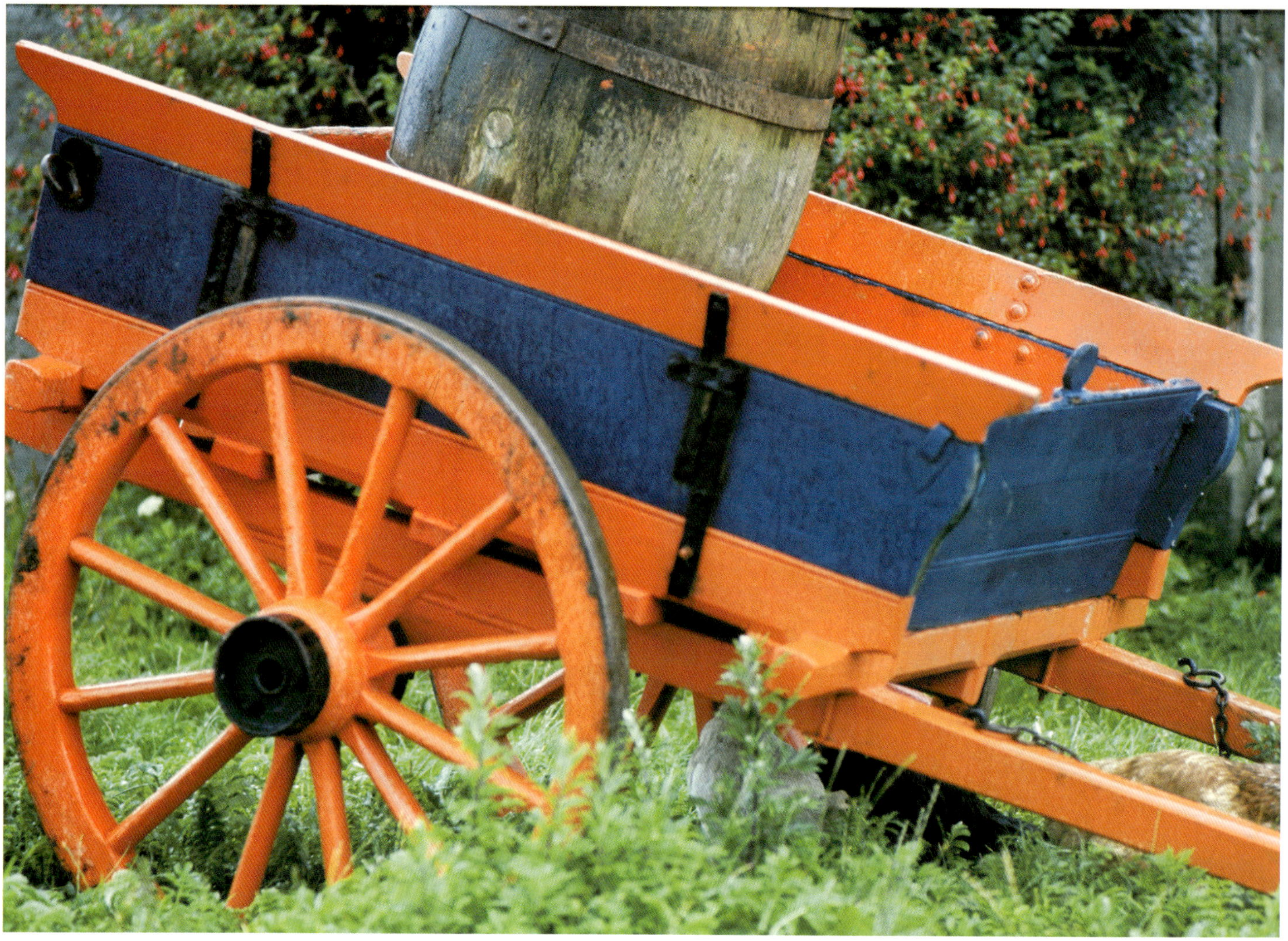

1 Weitere Bildelemente: Punkt, Schräge, Kreis, Hell-Dunkel-Kontrast

Die Harmonie der Farben, Farbklänge

Der Begriff »Harmonie der Farben« bezeichnet das Zusammenwirken von zwei, drei, vier oder mehr Farben zu einem harmonischen Klang. Der Fotograf, dem Kenntnisse in der Farbtheorie fehlen, wird Farbzusammenstellungen als harmonisch bezeichnen, die ähnliche Farbcharaktere oder gleiche Tonwerte verschiedener Farben zeigen. Also Farbklänge, bei denen Farben ohne große Kontraste nebeneinander stehen.

Harmonie der Farben

Subjektive Beurteilungen ohne Kenntnisse der Farbtheorie werden außerdem bei verschiedenen Betrachtern zu unterschiedlichen Beurteilungen von Farbklängen führen. Darüber hinaus betreffen dabei die Einteilung der Wirkung der Farben in die Bereiche von harmonisch und disharmonisch meist nur den (persönlichen) Gefühlsbereich »angenehm – unangenehm« oder »sympatisch – unsympatisch«. Diese Wertungen sind nur subjektive Meinungen ohne objektiven Wert. Der Begriff der Farbharmonie muß von einer subjektiven Gefühlslage getrennt und in eine objektive Gesetzmäßigkeit gebracht werden. Harmonie der Farben heißt Gleichgewicht der Farben in ihrem Zusammenklang. Es ist die Symetrie der Kräfte, die durch die verschiedenen Farbkontraste und die jeweils gege-

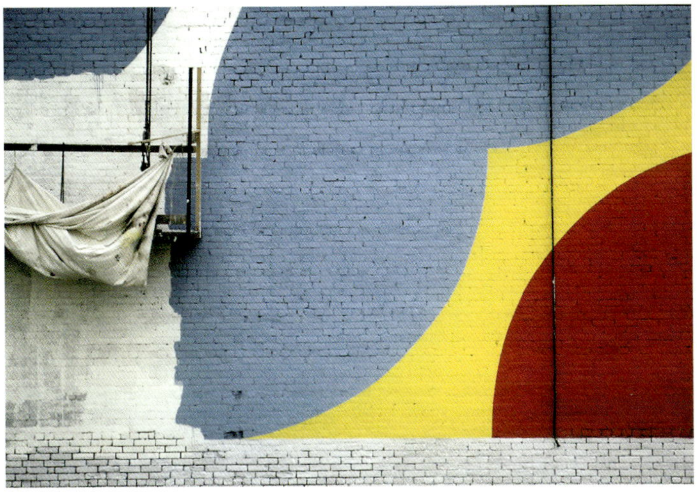

2 Weitere Bildelemente: Waagerechte, Kreisformen, Farbton-Kontrast

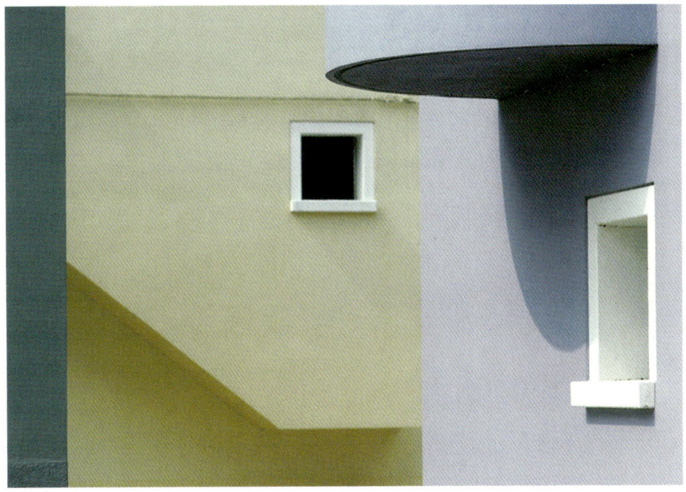

3 Weitere Bildelemente: Punkt, Senkrechte, Schräge

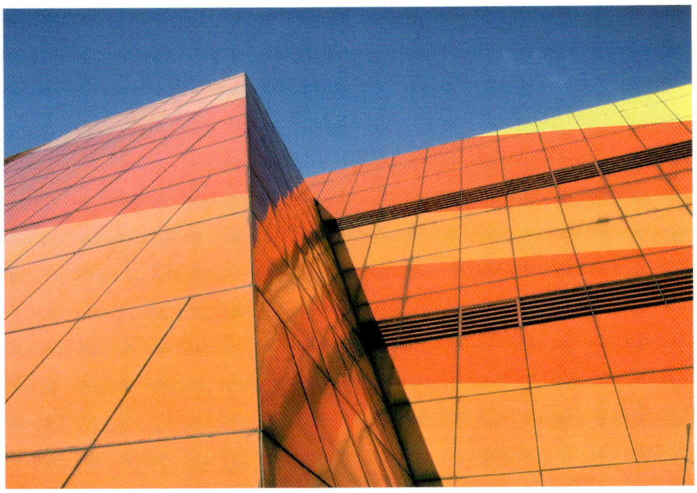

4 Weitere Bildelemente: Schräge, Farbton-Kontrast, Kalt-Warm-Kontrast

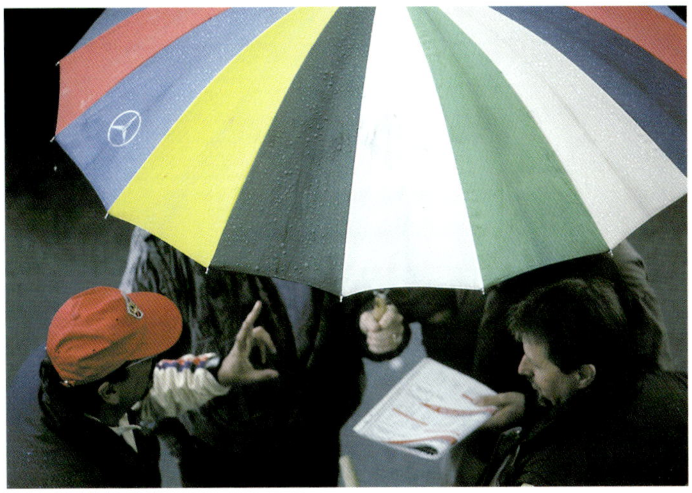

5 Weitere Bildelemente: Schräge, Kreisform, Hell-Dunkel-Kontrast

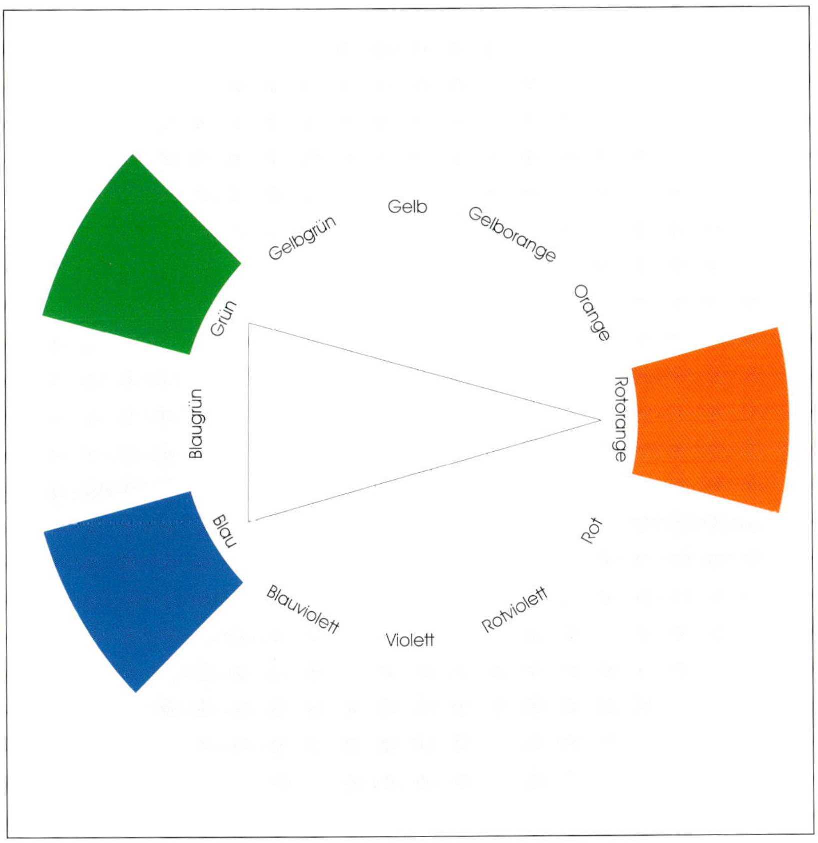

A

Wird eine der Farben eines komplementären Farbpaares in seine beiden Nachbarfarben geteilt, entsteht ein sogenannter musikalischer Dreiklang.

benen Bedingungen von Farbwirklichkeit und Farbwirkung entstehen.

Farbdreiklänge

Mit den Primärfarben, dem Gelb, dem Rot und dem Blau entsteht der farbstärkste und »lauteste« Farbdreiklang der möglich ist (Abb. 2). Innerhalb des Kapitels über den Farbton-Kontrast wurde dieser Farbdreiklang schon einmal erwähnt. Verbindet man diese drei Farben der ersten Ordnung innerhalb des zwölfteiligen Farbkreises von J. Itten mit geraden Linien, entsteht ein gleichseitiges Dreieck (Grafik B). Durch ein Drehen dieses Dreiecks auf die nächsten Farben werden noch drei weitere Dreiklänge sichtbar. Neben dem »lauten Urdreiklang« von Gelb-Rot-Blau tritt vor allem noch der Dreiklang der durch die Farben der zweiten Ordnung

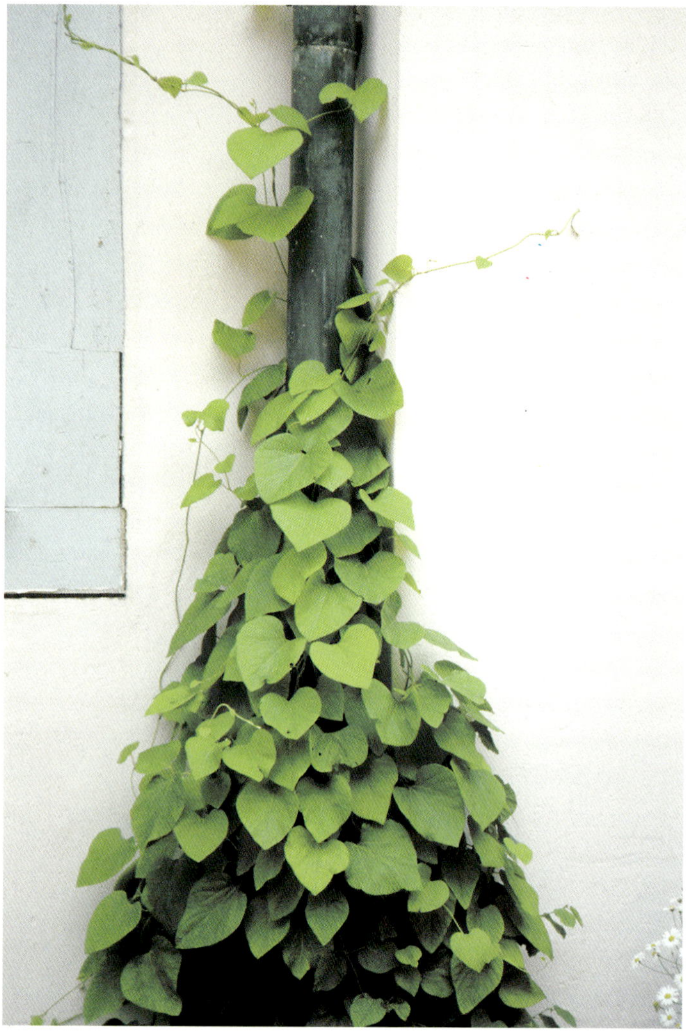

6 Weitere Bildelemente: Senkrechte, Dreieck, Simultan-Kontrast

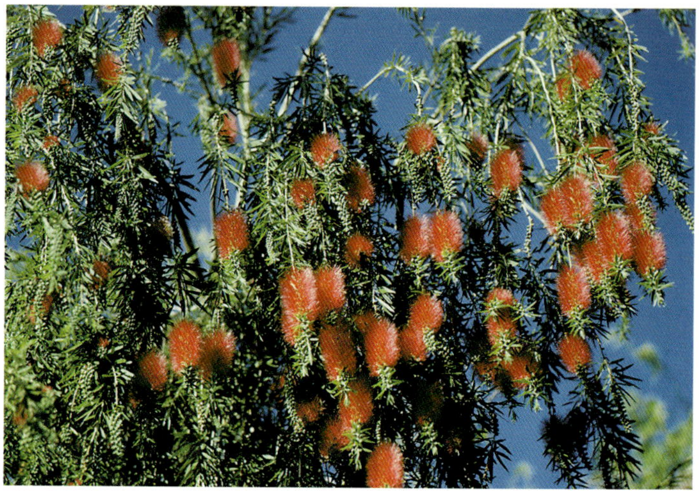

7 Weitere Bildelemente: freie Linie, Struktur, Kalt-Warm-Kontrast

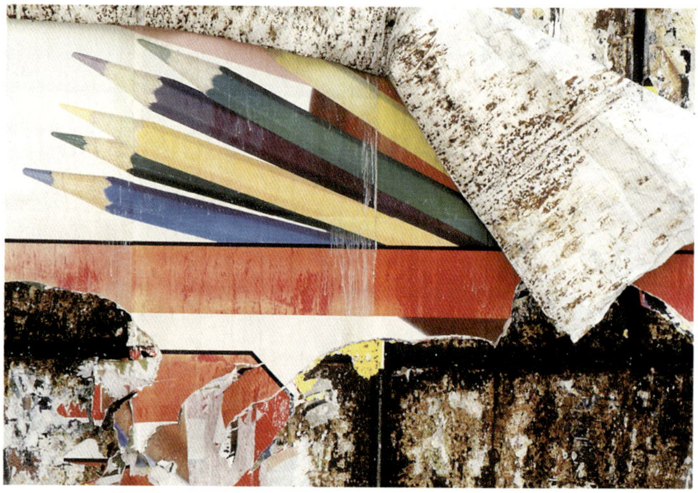

8 Weitere Bildelemente: Waagerechte, Schräge, Qualitäts-Kontrast

– Grün-Orange-Violett gebildet wird – kräftig hervor. Mit Rotviolett-Blaugrün-Gelborange und mit Blauviolett-Gelbgrün-Rotorange entstehen die beiden weiteren, durch das gleichseitige Dreieck angezeigten Farbdreiklänge. Neben diesen vier direkten Dreiklängen lassen sich mit Hilfe der sechs komplementären Farbpaare aus dem zwölfteiligen Farbkreis weitere zwölf Farbdreiklänge konstruieren. Jeweils eine der beiden Farben eines Komplentärfarbpaares wird durch seine Nachbarfarben ersetzt. Im Falle des Farbpaares Rotorange-Blaugrün wurde dadurch der Farbdreiklang Rotorange-Blau-Grün (Grafik A, Abb. 1). Verbindet man diese drei Farben im zwölfteiligen Farbkreis mit geraden Linien, entsteht ein gleichschenkliges spitzes Dreieck. Durch Drehen dieses pfeilartigen Dreiecks lassen sich die weiteren elf Farbdreiklänge ablesen (Grafik A, B,

Die Verbindung der Farben des Urdreiklanges mit geraden Linien ergibt ein gleichseitiges Dreieck. Eine Linienverbindung der Farben eines harmonischen Dreiklanges ergibt ein spitzes Dreieck. Durch ein Drehen der jeweiligen Dreiecke innerhalb des Farbkreises lassen sich alle anderen Dreiklänge und musikalischen Dreiklänge ermitteln.

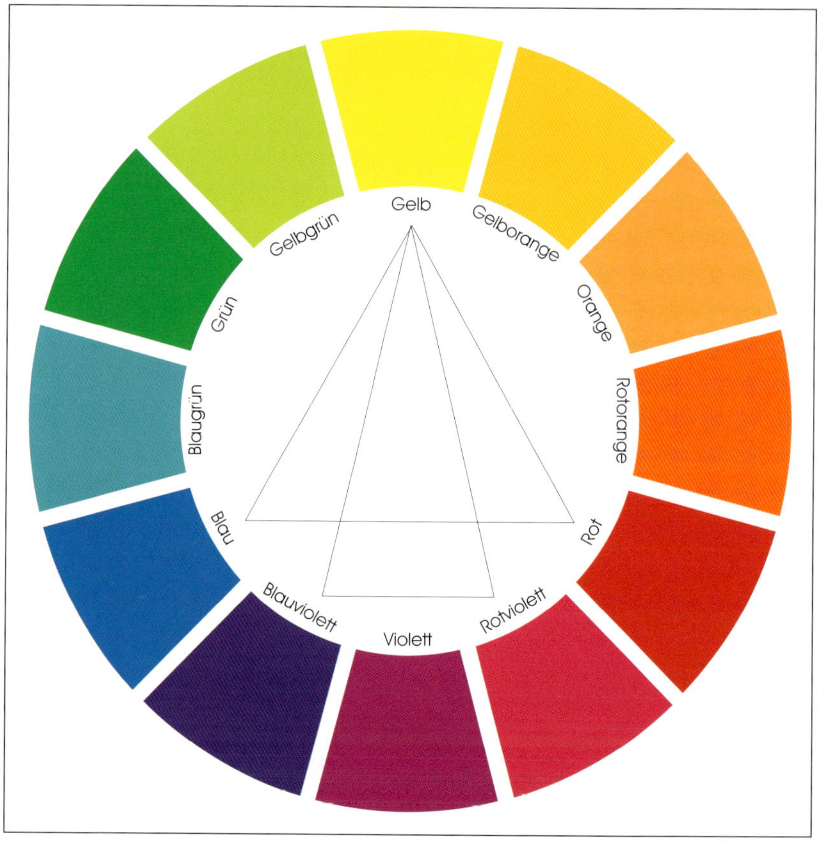

B

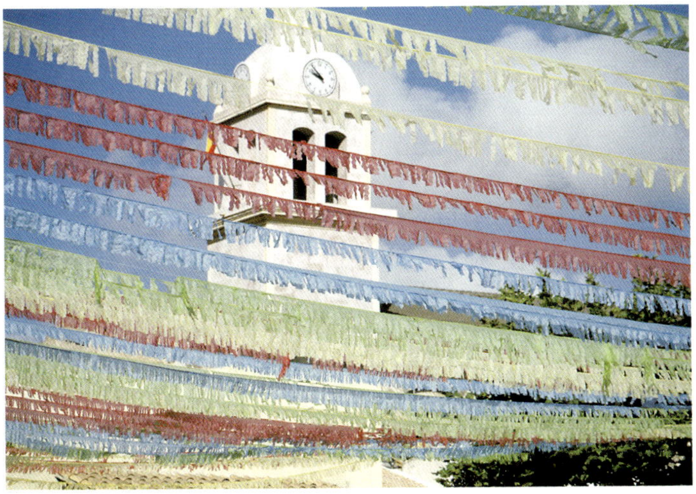

9 Weitere Bildelemente: Senkrechte, Schräge, Kalt-Warm-Kontrast

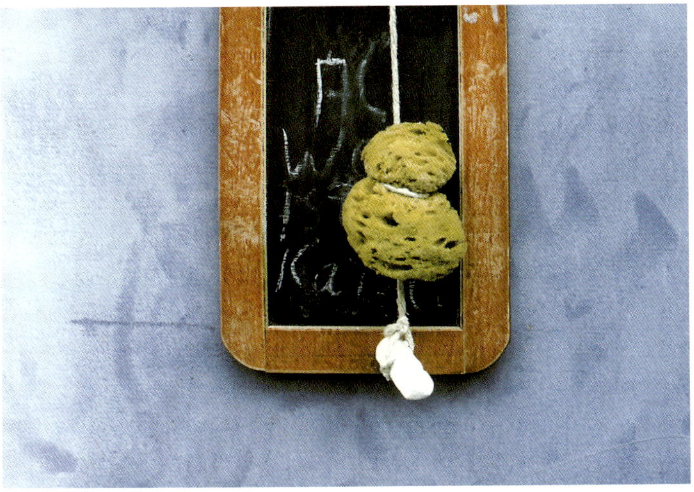

10 Weitere Bildelemente: Punkte, Senkrechte, Hell-Dunkel-Kontrast

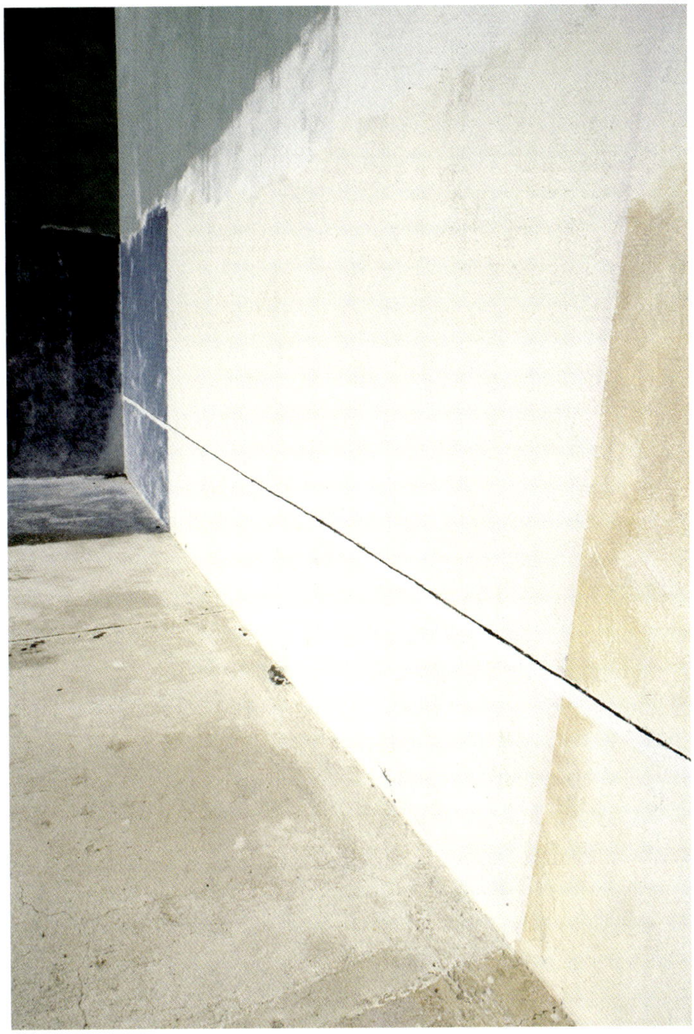

11 Weitere Bildelemente: Senkrechte, Schräge, Kalt-Warm-Kontrast

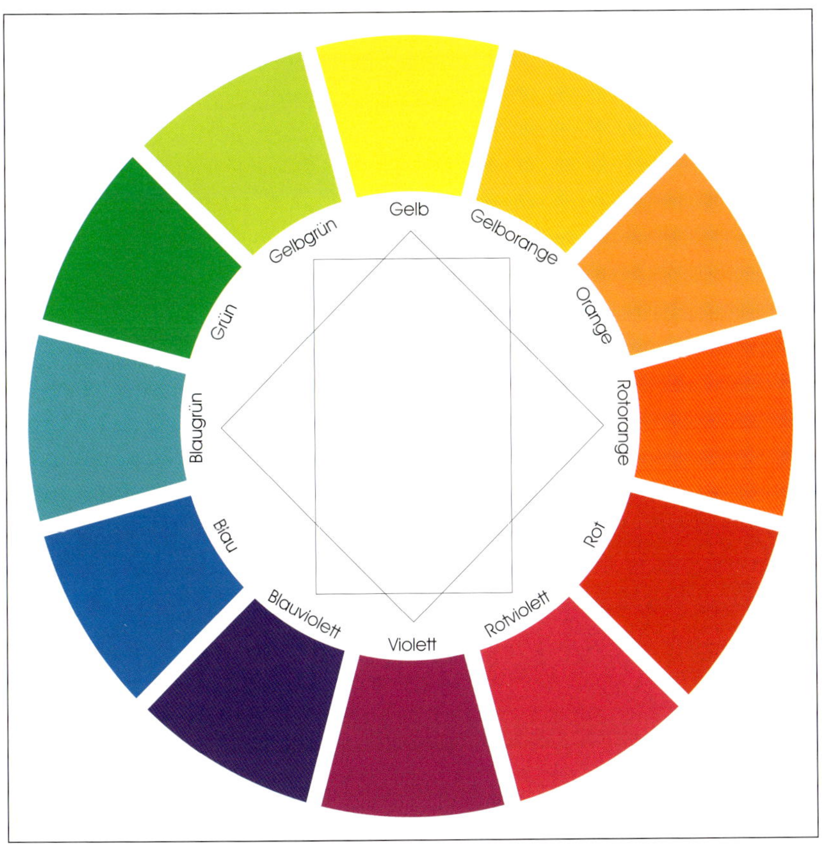

Ein Quadrat im Farbkreis weist mit seinen vier Ecken auf vier Farben, die einen einfachen Vierklang ergeben. Für einen harmonischen Vierklang muß man beide Farben eines komplementären Farbpaares in ihre Nachbarfarben teilen. Eine Verbindung der vier Farben mit Linien ergibt ein Rechteck. Auch hier lassen sich durch Drehen der Formen im Farbkreis die anderen Farbklänge bestimmen.

C

Abb. 3, 6, 7, 10, 11). Es sind dies die Dreiklänge mit den Farben Rot-Blaugrün-Gelbgrün, Rotviolett-Grün-Gelb, Violett-Gelbgrün-Gelborange, Blauviolett-Gelb-Orange, Blau-Gelborange-Rotorange, Blaugrün-Orange-Rot, Grün-Rotorange-Rotviolett, Gelbgrün-Rot-Violett, Gelb, Rotviolett-Blauviolett, Gelborange-Violett-Blau, und Orange-Blauviolett-Blaugrün. Diese zwölf Dreiklänge werden auch die musikalischen Farbdreiklänge genannt – als Hinweis zu ihrem Ursprung, den sechs harmonischen Komplementärfarbpaaren. In der Farbtheorie gelten Schwarz, Weiß und alle Grautöne auch als Farben. Es sind dies – im Gegensatz zu den bunten Farben – die unbunten Farben. Vor allem die reinen bunten Farben drängen sich stark in den Vordergrund, während die unbunten Farben als »Farben« vom Betrachter oft nicht beachtet werden. So zeigt zum Beispiel

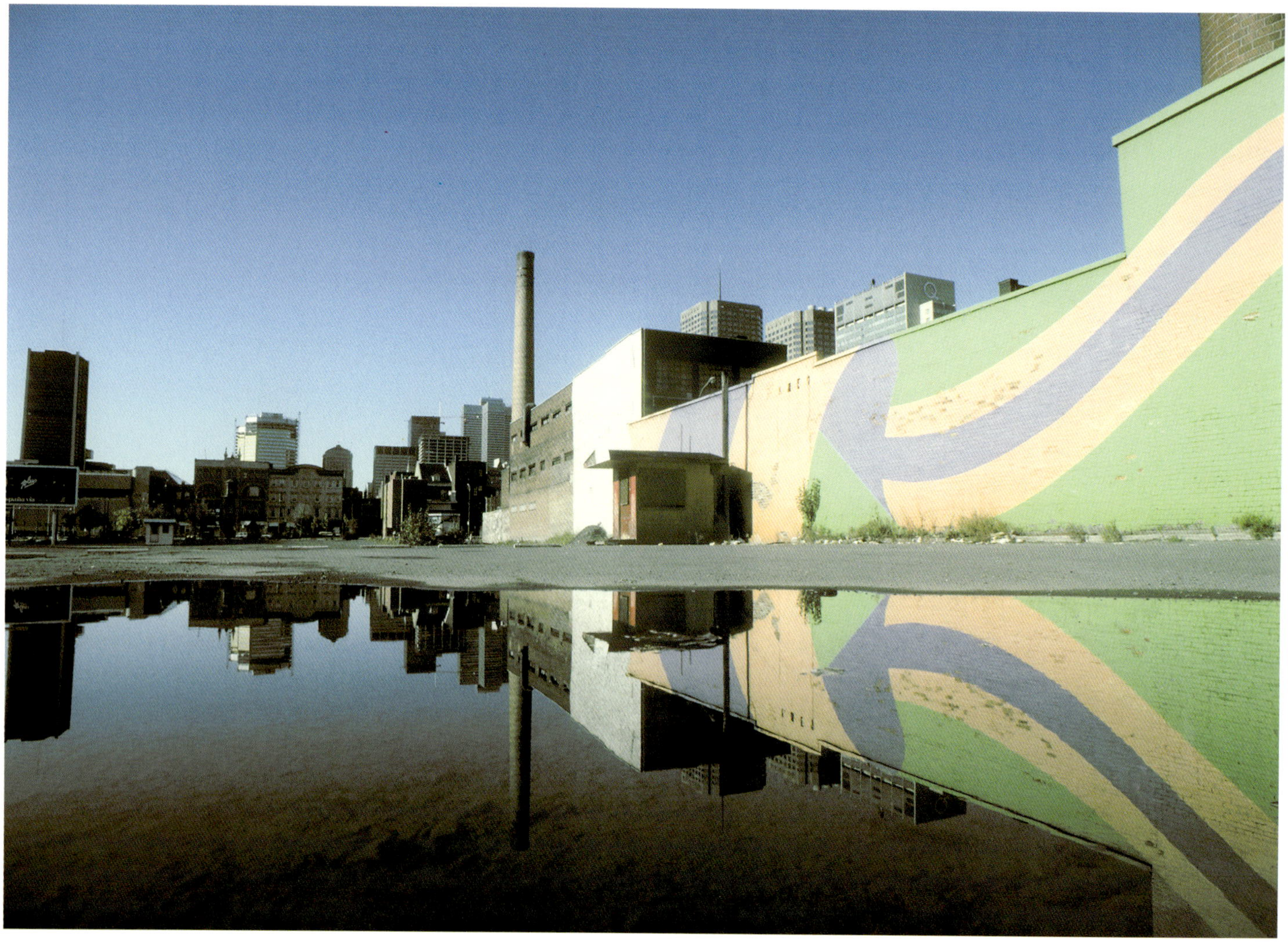

12 Weitere Bildelemente: Senkrechte, Schräge, Hell-Dunkel-Kontrast

das Bild 2 keinen Farbdreiklang, sondern mit dem Weiß einen Vierklang – und ganz streng genommen mit den Minimengen von Dunkel sogar einen Farbklang mit fünf Farben.

Harmonische Vierklänge

Wie die musikalischen Dreiklänge basieren auch die harmonischen Vierklänge auf den harmonischen komplementären Farbpaaren. Zur Entwicklung der Vierklänge aus dem zwölfteiligen Farbkreis gibt es zwei Wege, bei denen jeweils zwei Komplementär-Farbpaare den Vierklang bilden. Die Komplementärpaare

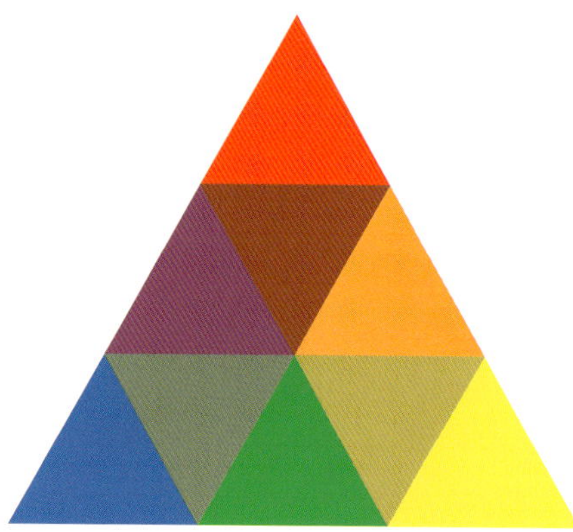

D

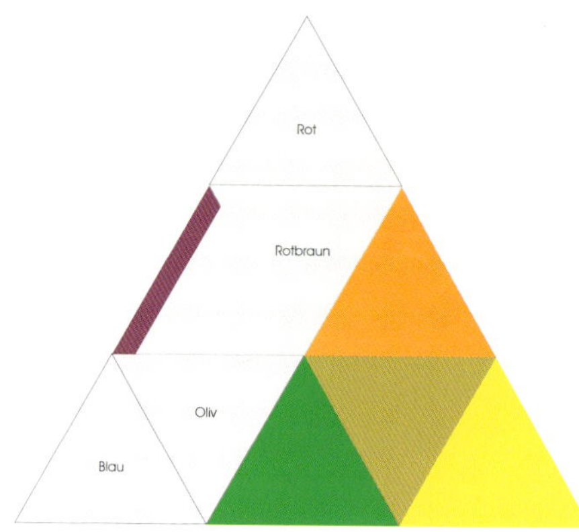

E

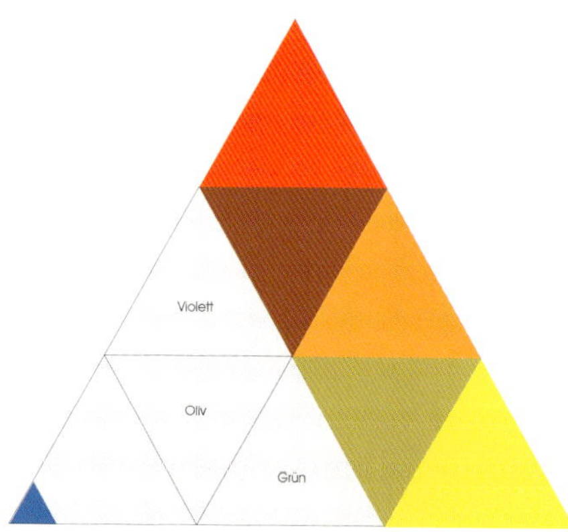

F

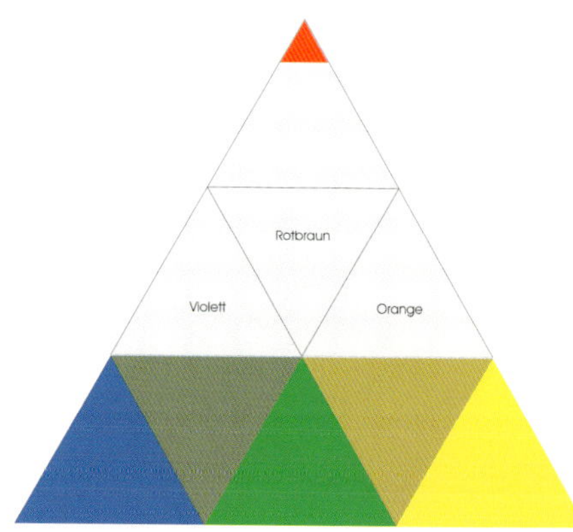

G

Aus dem Farbdreieck lassen sich durch Abdecken der Seiten oder der Spitzen des Dreiecks Farbklänge mit verschiedenen Stimmungen sichtbar machen.

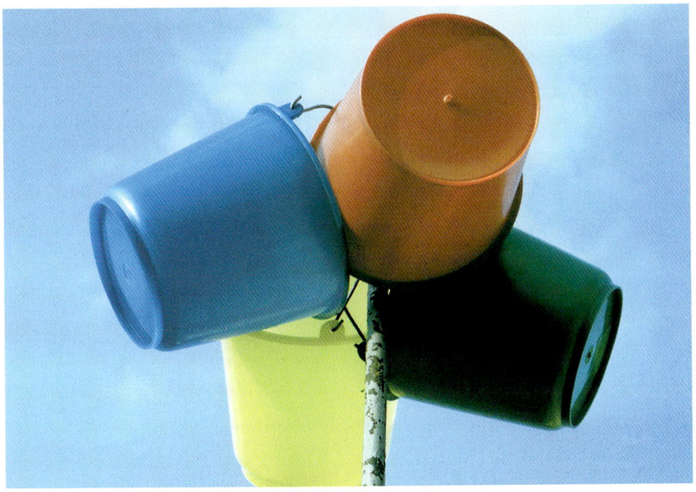

13 Weitere Bildelemente: Senkrechte, Farbton-Kontrast

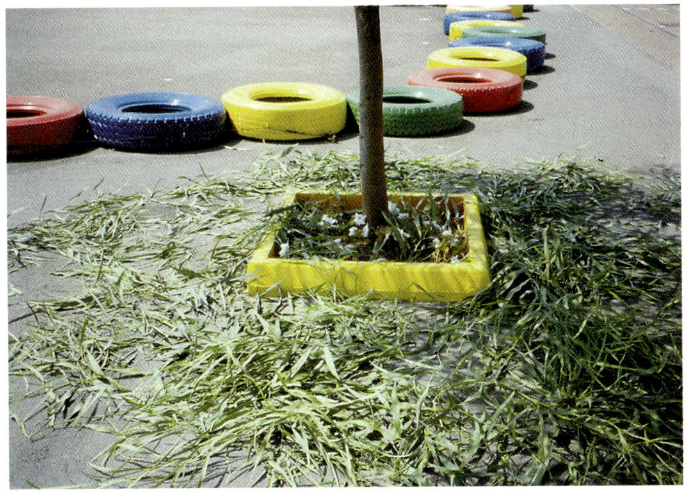

14 Weitere Bildelemente: optische Linie, Senkrechte, Struktur

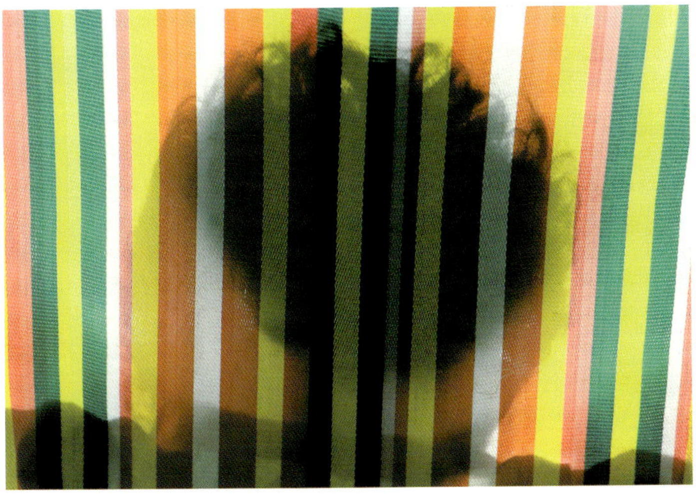

15 Weitere Bildelemente: Senkrechte, Rundform, Hell-Dunkel-Kontrast

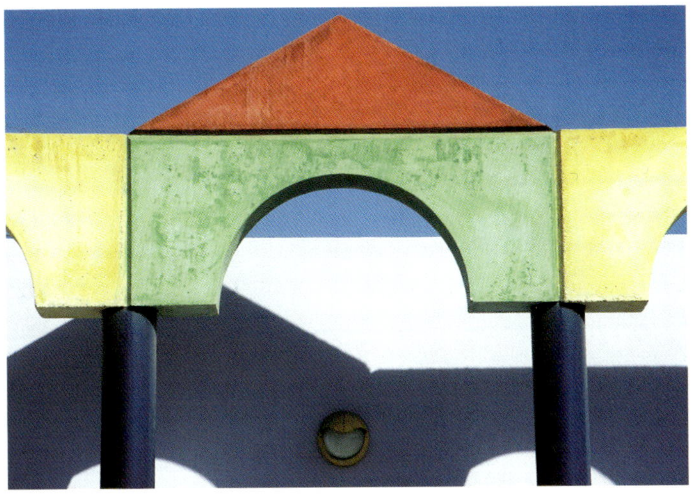

16 Weitere Bildelemente: Waagerechte, Senkrechte, Formenkontrast

Gelb-Violett und Rotorange-Blaugrün, die gleichzeitig auch die Pole des Hell-Dunkel und des Kalt-Warm der Farben sind, werden mit einer quadratischen Figur verbunden. Die Spitzen des Quadrates zeigen auf die vier Farben, die den Vierklang bilden (Grafik C). Durch Drehen des Quadrates werden drei Vierklänge angezeigt: Gelb-Rotorange-Violett-Blaugrün, Gelborange-Rot-Blauviolett-Grün und Orange-Rotviolett-Blau-Gelbgrün. Vier weitere Vierklänge erhält man durch eine Rechteckfigur im Farbkreis, deren Spitzen (überkreuz) auf zwei komplementäre Farbpaare zeigen (ebenfalls Grafik C). Durch Drehen des Rechtecks lassen sich an den Ecken die Farben der vier Vierklänge ablesen: Gelbgrün-Gelborange-Rotviolett-Blauviolett, Gelb-Orange-Violett-Blau, Gelborange-Rotorange-Blauviolett-Blaugrün und Orange-Rot-Blau- Grün.

Alle der aufgeführten Drei- und Vierklänge sind Farbklänge unter Verwendung reiner Farben mit höchster Farbsättigung. Werden einzelne oder mehrere der Farben aufgehellt, abgedunkelt oder durch andere Farben in ihrem Hell-Dunkel- Wert und/oder ihrem Reinheitsgrad verändert, ist die Palette der Drei- und Vierklänge noch erheblich erweitert. Gleichzeitig drängen sich aber auch andere Kontraste wie etwa der Hell-Dunkel-Kontrast, der Qualitäts-Kontrast oder der Simultan-Kontrast in ihrer Wirkung verstärkt in den Vordergrund (Abb. 4, 5, 8, 9, 12). Zur Beurteilung und Empfindung der Harmonie der Farbklänge können wir uns, wie auch schon zum Komplementär-und Simultan-Kontrast erläutert, an sich sehr gut auf unser angeborenes Gefühl für Farbharmonie verlassen.

Farbklänge des Farbdreiecks

Auch aus dem Farbdreieck von G.Field (Grafik D) lassen sich auf sehr einfache Weise Farbklänge entwickeln. Im Gegensatz zu den sehr deutlichen und kräftigen Farbdreiklängen und den harmonischen Vierklängen, die sich aus dem Farbkreis von Itten konstruieren lassen, kann man die Farbklänge des Dreiecks eher als Stimmungs(farb)klänge bezeichnen. Durch ein Abdecken der drei Seiten des Dreiecks (je fünf Farbfelder werden verdeckt) bleibt jeweils eine Ecke mit vier Farben stehen. So der heitere Klang mit Gelb-Orange-Grün-Ocker (Grafik E), ein kühler, melancholischer Klang mit Blau-Grün-Violett-Olivgrün und der warme Klang mit Rot-Orange-Violett-Englischrot (Rotbraun) mit einer Tendenz zur Schwere. Durch Abdecken der drei Ecken (vier Farbfelder) bleiben jeweils fünf Farben stehen. Mit Rot- Englischrot-Orange-Ocker-Gelb entsteht ein warmer Klang mit einer Neigung zum Licht (Grafik F). Mit Blau-Olivgrün-Grün- Ocker-Gelb ergibt sich ein Farbklang, der dem Bereich Landschaft zugeordnet werden kann (Grafik G) und die fünf Farben Blau-Olivgrün-Violett-Englischrot-Rot erzeugen eine dunkle, ernste Stimmung. Für alle Farbklänge des Farbkreises und des Farbdreiecks gilt gleichermaßen, daß die Quantitäten der einzelnen Farben oder Farbfelder nicht gleich groß sein müssen. Ein expressiver Quantitäts-Kontrast sollte jedoch, ebenso wie ein zu starkes Hell-Dunkel, vermieden werden, damit die Farb- und Stimmungsklänge nicht zu sehr durch diese Kontraste zurückgedrängt werden (Abb. 13, 14, 15, 16).

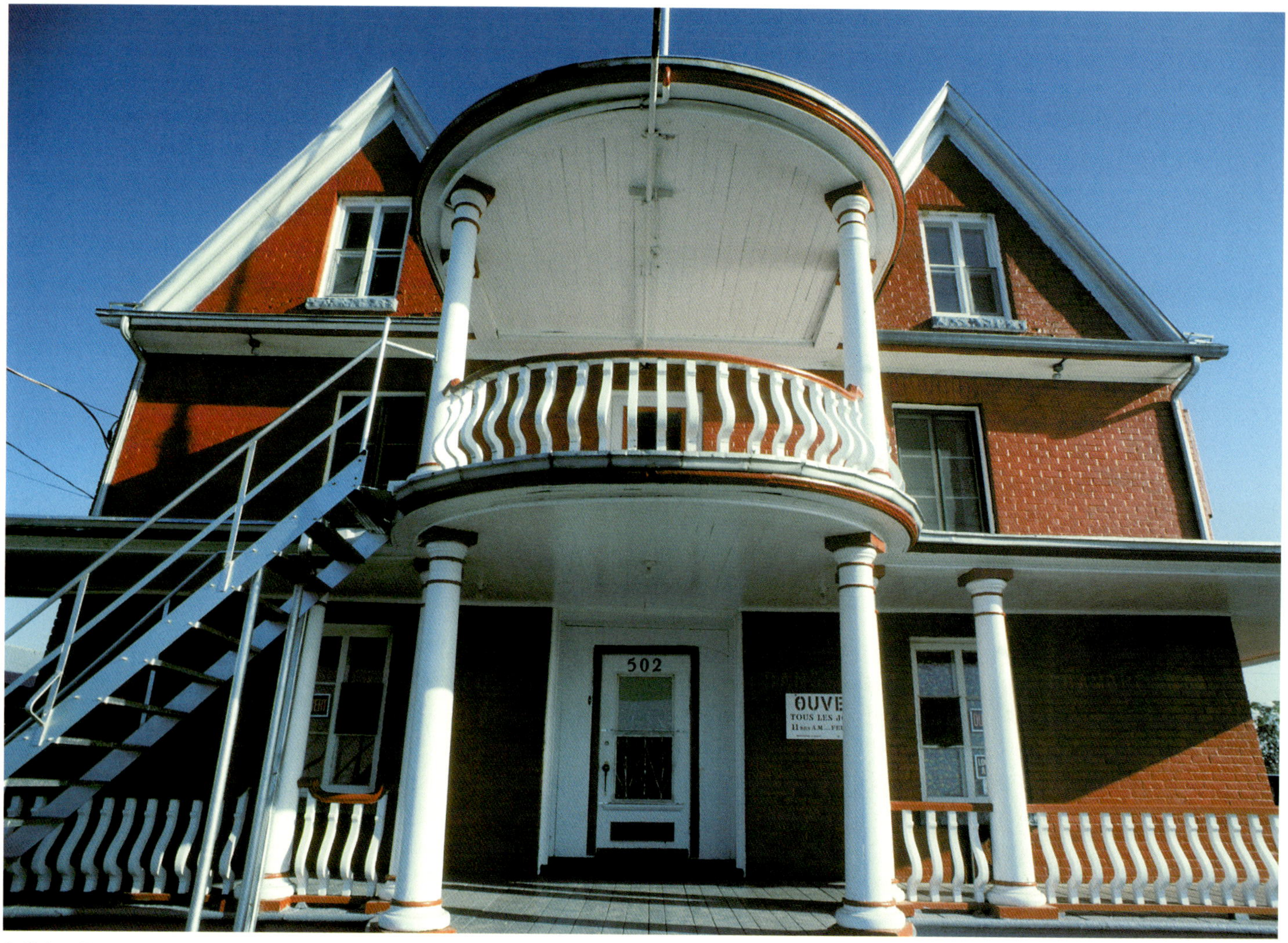

1 Weitere Bildelemente: Punkte, Kreisform, Dreieck, Hell-Dunkel-Kontrast

Statische und dynamische Gestaltung, lineare und koloristische Farbgebung

Die Anwendung der technischen, gestalterischen und künstlerischen Mittel hat als Ergebnis ein Bild oder eine Reihe von Bildern. Je nach Aufgabe, Auftraggeber oder persönlicher Intuition können die Bilder in der Arbeitsweise von einer Sachrealität bestimmt oder von einer Wirkrealität getragen sein. Diese Entscheidung hat natürlich auch Auswirkungen auf die Bildgestaltung.

Sachrealität und Wirkrealität

Jedes Bild ist grundsätzlich immer »Realität aus zweiter Hand«. Eine Darstellung von Situation und/oder Geschehen mit dem Zwischenfilter einer technischen Anwendung und den Entscheidungen eines Bildschaffenden. Bei dem Medium Fotografie haben diese Überlegungen unter anderem zu dem Begriff der »subjektiven Fotografie« geführt. Als Gegenpol zur subjektiven Fotografie wird oft eine objektive Fotografie zitiert. Da jedoch schon bevor es überhaupt zur ersten Aufnahme kommt eine Reihe von (subjektiven) Entscheidungen zu treffen sind, kann es keine objektive Fotografie geben. Sicherlich gibt es aber Fotografinnen und Fotografen mit fotografischen Konzepten, die sich eng an die realen Vorlagen halten, subjektive Interpretationen vermeiden und damit

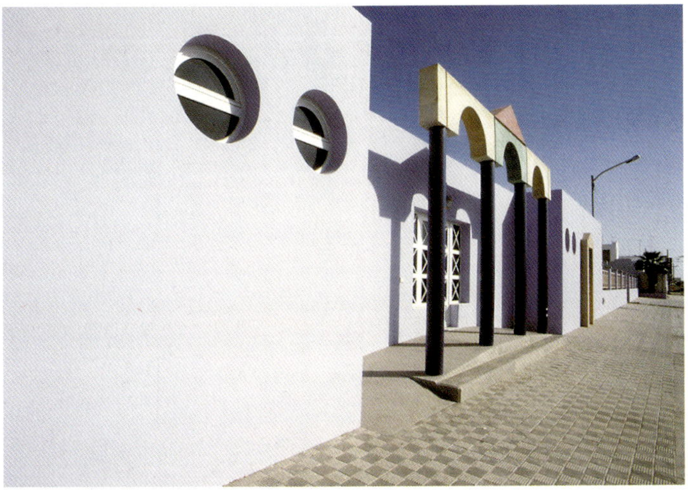

2 Weitere Bildelemente: Punkte, Senkrechte, Schräge, Struktur

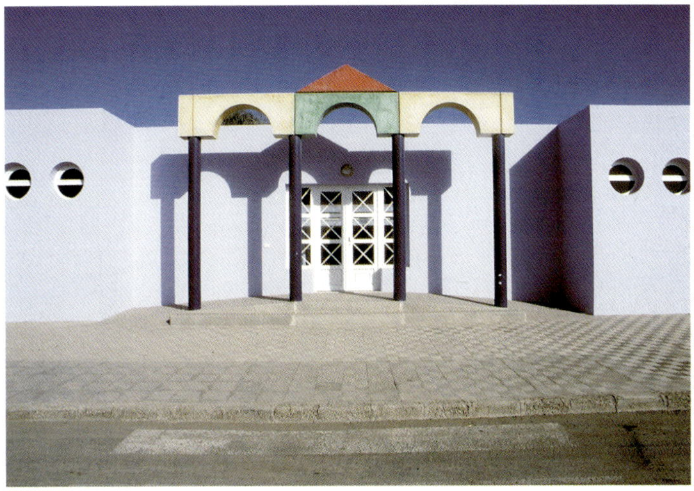

3 Weitere Bildelemente: optische Linie, Senkrechte, Waagerechte

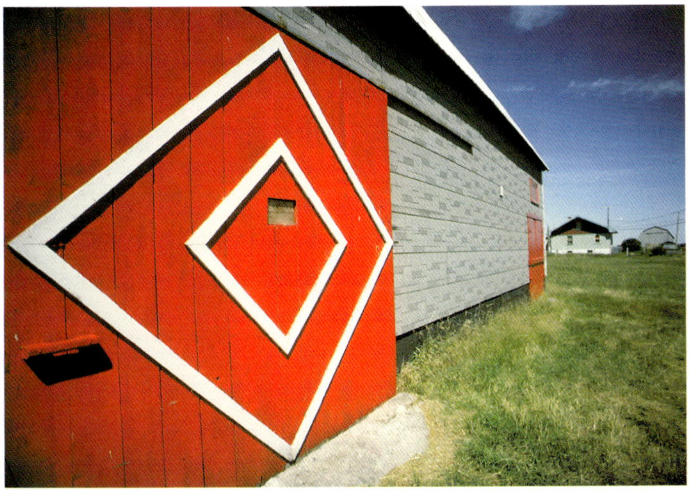

4 Weitere Bildelemente: Schräge, Kalt-Warm-Kontrast, Struktur

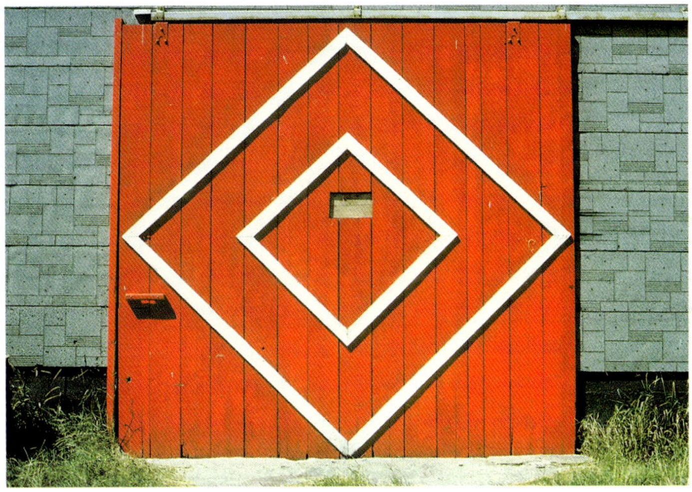

5 Weitere Bildelemente: Punkte, Formkontrast, Struktur

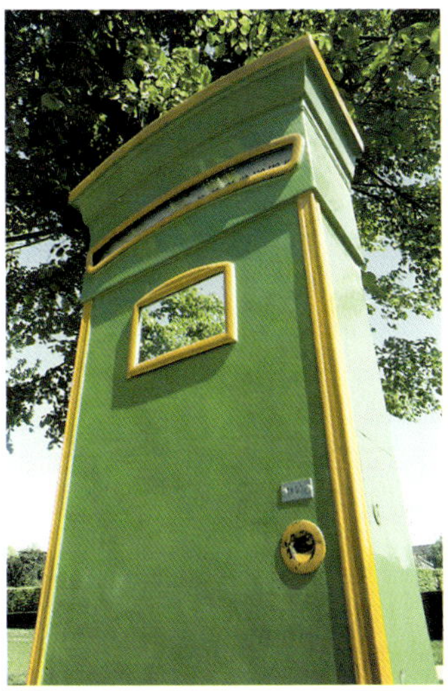

6 Weitere Bildelemente: Punkte, Schräge, Struktur, heiterer Klang

im Stile der Sachrealität arbeiten. Zur Verdeutlichung seien einige der Einscheidungspunkte aufgeführt, die vor der ersten Aufnahme zu treffen sind:

1. Die Wahl der Kamera: Hier reicht die Spannweite von der Kleinstbildkamera über Kleinbild (24x36mm), Formaten von 6x6/6x7 bis hin zu 18x24 Zentimetern – oder noch größeren Aufnahmeformaten. Je nach gewähltem Aufnahmeformat können zum Beispiel Materialen und Oberflächen weniger präzise bis sehr detailgetreu wiedergegeben werden.
2. Die Wahl des Aufnahmeobjektives: Hier steht die gesamte Palette vom extremsten Weitwinkel bis hin zum extremsten Teleobjektiv zur Auswahl. Nur die Brennweiten, die zum gewählten Aufnahmeformat einen Aufnahmewinkel ergeben, der in etwa unserem Sehfeld entspricht, unterstützen eine Abbildung im Stil der Sachrealität.
3. Die Wahl des Filmmateriales: Hier steht Schwarzweiß und Farbe, Negativ- und Positivmaterial, niedrig- und hochempfindlicher Film, Tageslicht- und Kunstlichtemulsionen zur Verfügung. Die Art der Entwicklung des Filmmateriales: normal oder gepusht, overcross etc. ist ebenfalls von Bedeutung. Die Entscheidung in Schwarzweiß zu arbeiten, weicht dabei am weitesten von unserer realen, das heißt farbigen Umwelt ab. Ein feinkörniger Farbfilm kommt der Sachrealität am nahesten.
4. Die Wahl des Aufnahmelichtes: Hier reicht die Palette vom Tageslicht über Vollmond, Feuer, Blitzlicht bis zu den unterschiedlichsten Kunstlichtquellen.

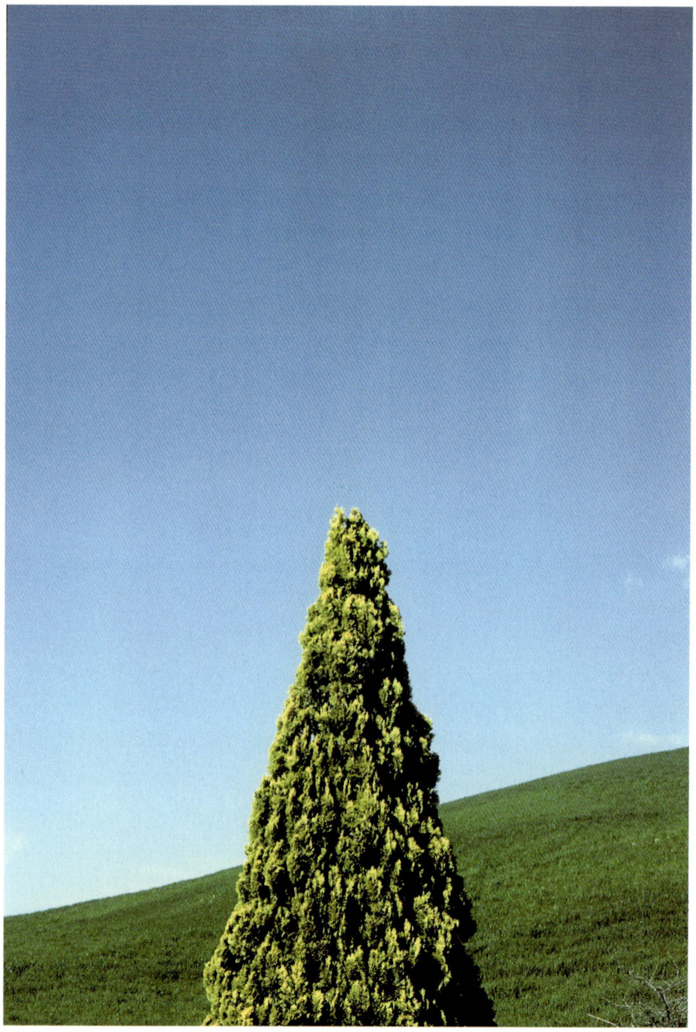

7 Weitere Bildelemente: Schräge, Struktur, Kalt-Warm-Kontrast

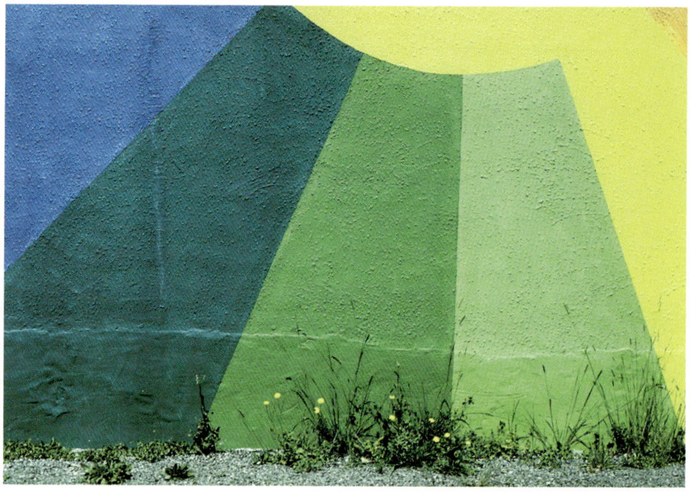

8 Weitere Bildelemente: Schräge, Kreisform, kühler Klang

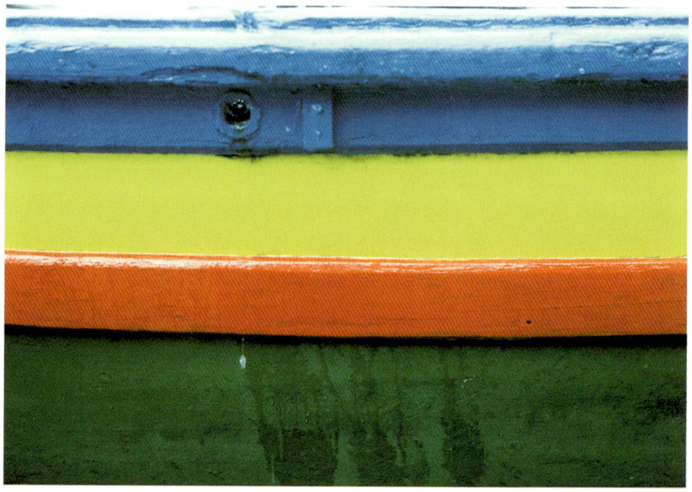

9 Weitere Bildelemente: Waagerechte, Kalt-Warm-Kontrast, Vierklang

5. Die Wahl des Aufnahmezeitpunktes: Bei direkter Sonne und damit auch immer mit Schattenbildung oder grundsätzlich bei bedecktem Himmel und damit schattenlos, ob morgens, mittags oder abends, ob im Januar, März, Juli oder Oktober (wichtig bei Naturaufnahmen) – um nur einige der zu entscheidenden Möglichkeiten zu nennen.
6. Die Wahl des Aufnahmestandpunktes: »Normal« aus Augenhöhe und exakt senkrecht-waagerecht ausgerichtet oder tief vom Boden, von einem erhöhten Standpunkt aus, frontal zum Motiv oder mit seitlichem Aufnahmewinkel ?
7. Die Wahl der Belichtungszeit und der Blende: Ob viel oder wenig Schärfentiefe, ob gestochen scharf oder verwischt, ob über- genau oder unterbelichtet.

Bei den Entscheidungen kann zu jedem Punkt der sachliche Aspekt mit dem Ziel einer realitätsnahen Abbildung im Stil der Sachrealität im Vordergrund stehen. Aufnahmen im Stile von »Sachrealität« bedeuten also Bilder in möglichst objektiver, sachlicher Nähe zum jeweiligen Motiv. Genauso kann jeder Punkt aber auch völlig individuell entschieden werden – mit dem Arbeitsergebnis von Bildern in Wirkrealität. Wirkrealität steht für eine subjektive Interpretation von realen Situationen, deren subjektive Veränderungen vor allem durch abweichenden und experimentellen Umgang mit den technischen und gestalterischen Mitteln erzeugt werden. Zwischen den Polen von Sach- und Wirkrealiät gibt es natürlich Abstufungen. Etwa Aufnahmen in Sachrealität mit leichten »subjektiven« Ansätzen zum Beispiel stürzende Linien bei Aufnahmen mit ge-

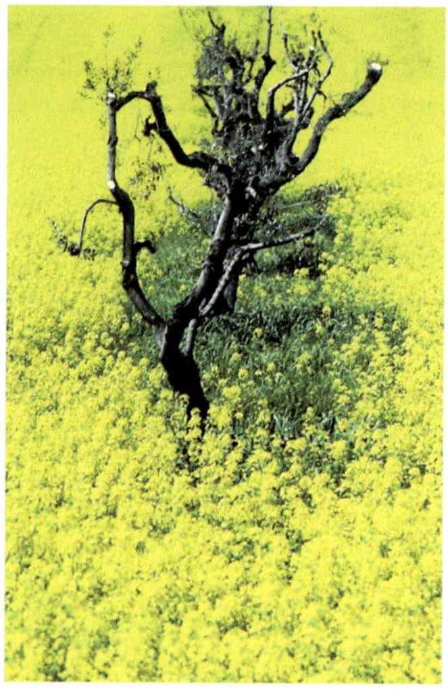

10 Weitere Bildelemente: freie Linie, Struktur, lichte Farbe

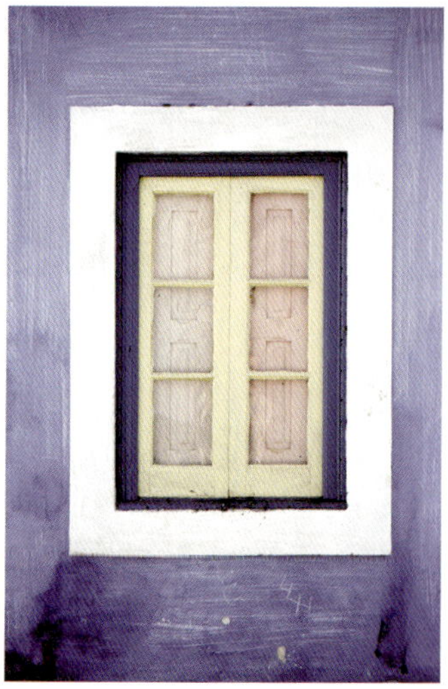

11 Weitere Bildelemente: Rechteck, Kalt-Warm-Kontrast

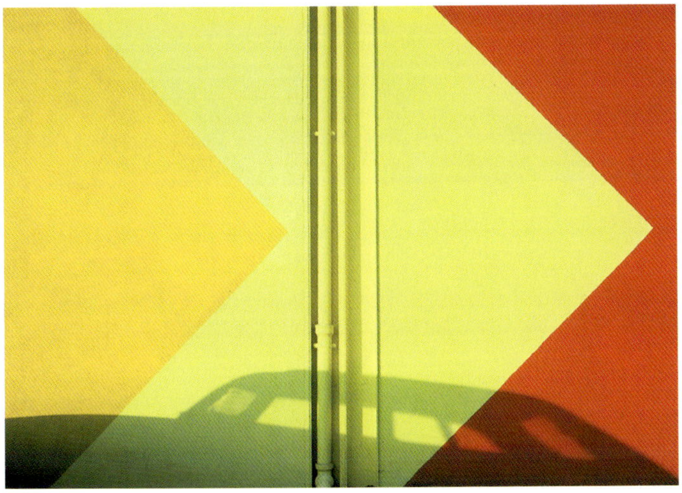

12 Weitere Bildelemente: Senkrechte, Schräge, Dreiecke, warmer Klang

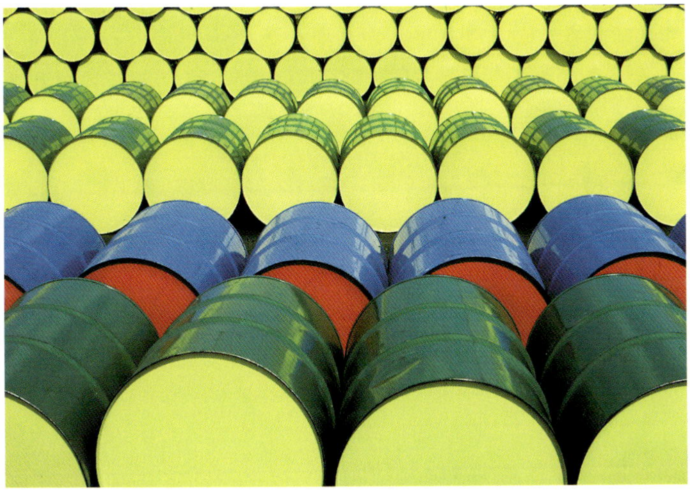

13 Weitere Bildelemente: optische Linie, Kalt-Warm-Kontrast, Vierklang

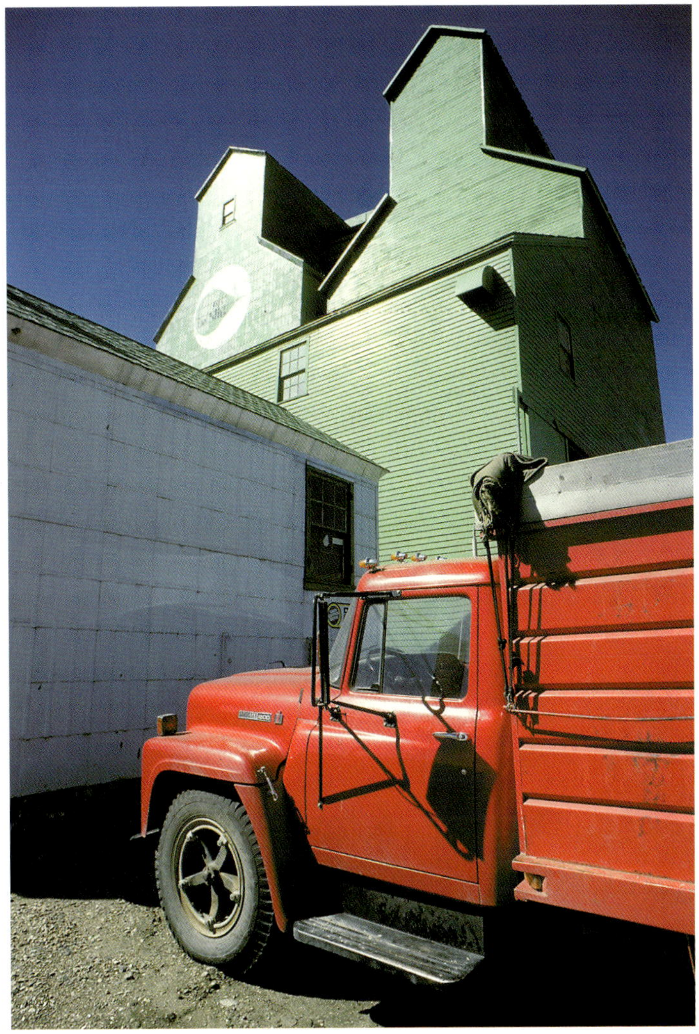

14 Weitere Bildelemente: Senkrechte, Schräge, Hell-Dunkel-Kontrast

kipptem Weitwinkel (Abb. 1, 6, 14). Oder Aufnahmen in Wirkrealität, bei denen aber im rationalen Erkennungsprozeß noch Motivteile erkannt werden können (Abb. 7, 8, 12, 17, 20).

Statische und dynamische Bildgestaltung

Der Umgang mit gefundenen oder inszenierten Motiven und die Einflußnahme auf die spätere Wirkung des Bildes auf den Betrachter kann also von Schritt zu Schritt verändert werden. Verändert immer wieder mit einer Betonung in Richtung einer sachlichen Darstellung, als auch in Richtung einer subjektiven Interpretation und Beeinflussung der Motive. Nicht immer lassen die Arbeitsmittel und der Arbeitsaufwand ein »sowohl als auch« zu. Doch wenn als Aufnahmeformat das Kleinbild gewählt wurde, lassen sich wegen des relativ geringen Materialaufwandes Aufnahmen mit unterschiedlichen Wirkungen machen. Vor allem mit den Möglichkeiten des Objektivwechsels und der Veränderung der Aufnahmehöhe und/oder des Aufnahmestandpunktes lassen sich Motive sowohl statisch als auch dynamisch gestalten (Abb. 2/3, 4/5). Bei einer statischen Bildgestaltung werden nach Möglichkeit alle waagerecht/senkrecht verlaufenden Motivelemente nach den waagerecht/senkrechten Bildkanten ausgerichtet. Der sachbezogene Aufnahmestil wird vor allem bei Motiven von und mit Architekturen sichtbar (Abb. 3, 5). Bei Landschafts- und Naturaufnahmen sind es hingegen oft nur Details innerhalb des Motives die eine waagerechte oder senkrechte Lage haben. So der waagerechte Horizont und/oder senkrecht stehende Bäume, aber auch Masten, Zäune oder ähnliches (Abb. 7). Eine dynamische und somit subjektiv betonte Bildgestaltung bezieht sich meist auf senkrechte Bildelemente, die durch ein »Nach-oben-kippen« der Kamera perspektivisch betont werden und zu den sogenannten »stürzenden Linien« führen (Abb. 1, 6). Konzepte mit Bildgestaltungen bei denen waagerechte Linien und Begrenzungen durch ein Drehen der Kamera zu Schrägen in der Bildfläche werden sind selten. Schiefe Horizonte oder verkantete Architekturen stoßen bei Betrachtern meist auf Verständnisschwierigkeiten. Durch eine jahrzehntelange Anwendung von Weitwinkeln in der Fotografie sind deren Einfluß auf die Bildwirkung – und hier vor allem die der stürzenden Linien – zu einem gewohnten, zu einem »normalen« Mittel der Bildgestaltung geworden. Dabei ist es aber wichtig stürzende Linien im Bild deutlich zu beto-

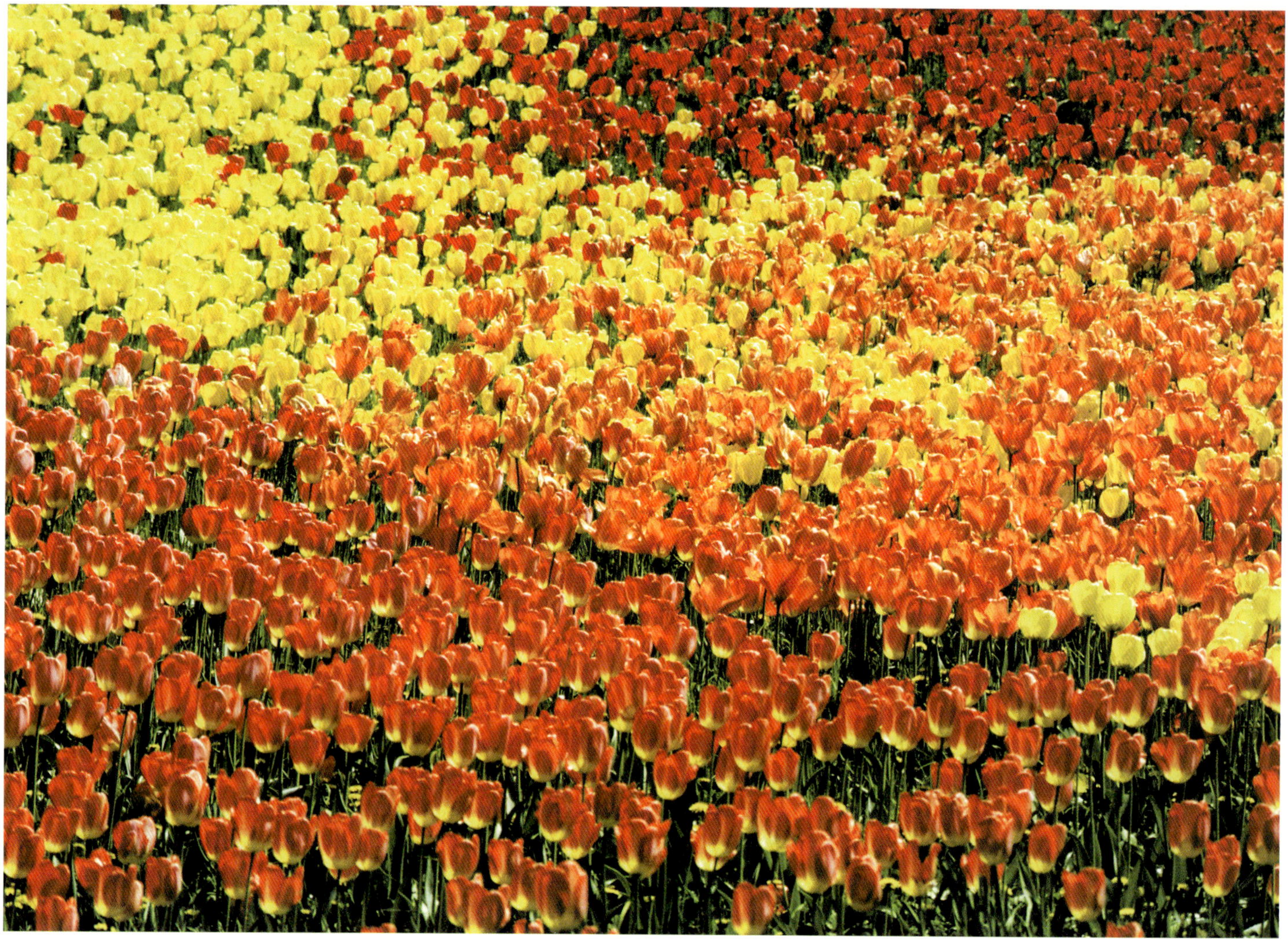

15 Weitere Bildelemente: Struktur, Quantitäts-Kontrast, warme Farbe

nen, sie eindeutig als (gewolltes) Gestaltungsmittel hervorzuheben. Eine sichtbare oder gedachte senkrechte Mittelachse kann dynamischen Kompositionen einen guten Stand in der Bildfläche geben. Bei einem seitlichen Aufnahmestandpunkt ist eine Mittelachse kaum zu erreichen. Ein (bedingt stabiler) Halt in der Bildfläche kann erreicht werden, indem deutliche Bezüge der schrägen Linien zu den Bildecken gebildet werden. Selbstverständlich kann man auch mit Weitwinkelobjektiven Motive exakt waagerecht/senkrecht ausrichten und somit betont statisch arbeiten. Doch schon ein geringes unachtsames Kippen der Kamera läßt auch senkrechte Linien kippen. Leicht schiefe Linien haben dabei nicht die Qualität einer dynamischen Bildgestaltung – der subjektiven Interpretation eines Motives – sondern zeigen nur das Ergebnis nachlässigen Arbeitens.

Lineare und koloristische Farbgebung

Eine lineare oder koloristische Farbgebung ist oft schon im Motiv vorgegeben, kann aber auch inszeniert und verändert werden. Motive und Farbkompositionen, bei denen Farben klar eine Fläche oder Teile einer Fläche ausfüllen und sich als Farbe oder Farbfläche eindeutig zu benachbarten Farben oder Farbflächen abgrenzen, zeigen eine lineare Farbgebung. Klare Trennungen der Farben im Farbton, der Reinheit und des Hell-Dunkel der Farbe sowie relativ große Farbflächen verbunden mit einer sachlichen Aufnahmetechnik unterstreichen eine lineare Farbgebung (Abb. 1-9, 11-14). Durch einfache technische Mittel, wie zum Beispiel das Unscharfstellen der Objektive, das Bewegen der Kamera bei längerer Belichtungszeit, Langzeitbelichtungen bei sich bewegenden Motiven oder das Benutzen von Weichzeichnerfiltern etc. lassen sich die Konturen von Farbflächen ganz oder teilweise auflösen. Wenn die klare Trennung von Farben durch lineare Konturen verschwindet, entsteht eine koloristische Farbgebung. Viele und sehr kleinteilige Farbflächen »verschwimmen« optisch miteinander. Das heißt unser Auge ist nicht mehr in der Lage alle Kleinflächen optisch voneinander zu trennen und es können Mischtöne entstehen (Abb. 10, 15, 18, 21). In der Maltechnik des Pointilismus haben Künstler sich dieses Farbphänomens bedient. Aber auch Naturelemente wie Nebel, Regen etc. können harte Konturen abschwächen oder sogar auflösen. Auch ein Motiv überlagernde Schatten und Licht-Schattenstrukturen erschweren die Erkennbarkeit von Formen und Farbflächen. Im Sinne von Wirkrealität, einer subjektiven Veränderung und Einflußnahme auf

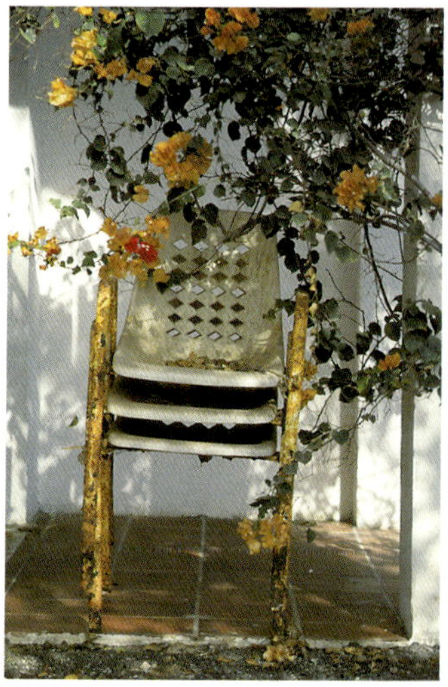

16 Weitere Bildelemente: Senkrechte, Struktur, Qualitäts-Kontrast

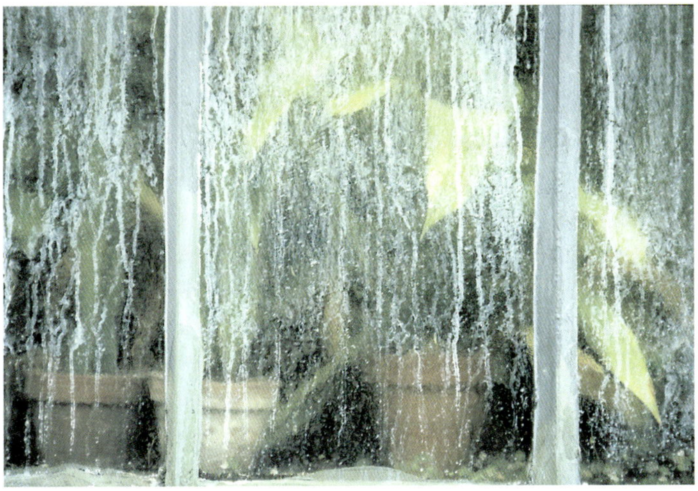

17 Weitere Bildelemente: Senkrechte, Struktur, Kalt-Warm-Kontrast

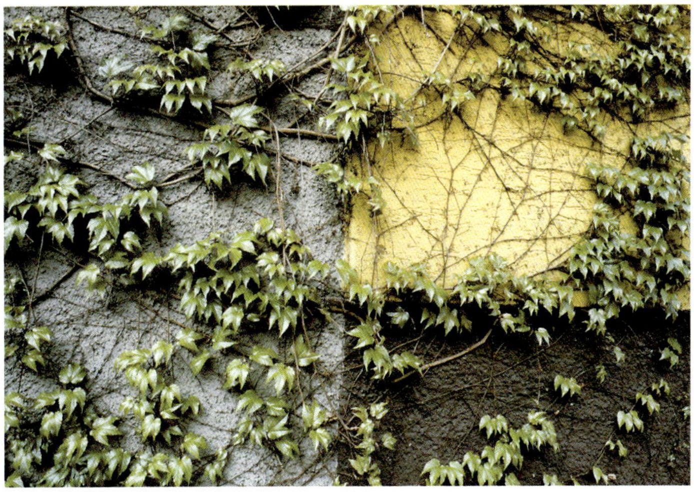

18 Weitere Bildelemente: Senkrechte, freie Linie, Struktur

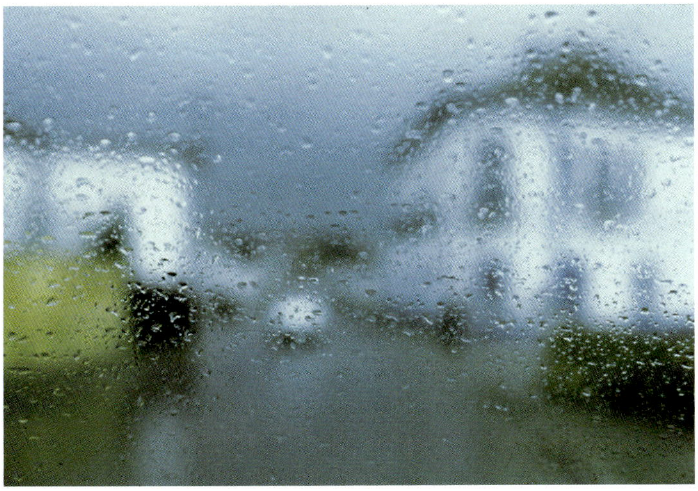

19 Weitere Bildelemente: Punkte, Schräge, kühle Farbe

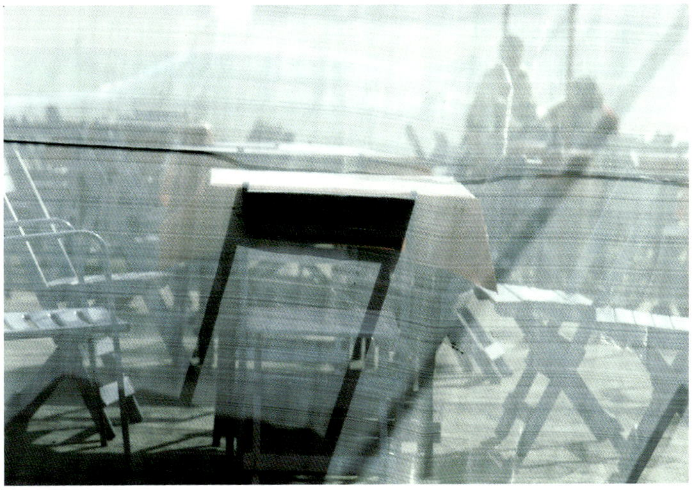

20 Weitere Bildelemente: Schräge, Struktur, Kalt-Warm-Kontrast

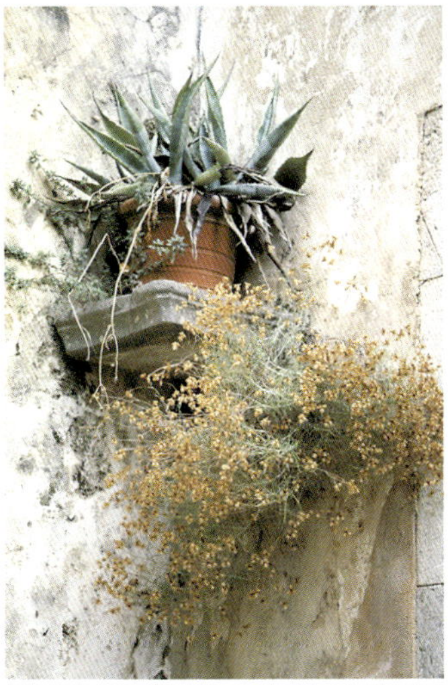

21 Weitere Bildelemente: Struktur, Qualitäts-Kontrast

Motive, können auch beschlagene Scheiben, strukturiertes Glas, Gitter und Zäune, dünne Stoffe usw. zwischen dem Motiv und der Kamera zu koloristischer Farbgebung führen. (Abb. 16-21).

Bildinhalte: richtig oder falsch ?

Die Einschätzung der Inhalte und Aussagen von Bildern durch den einzelnen Betrachter erfolgt über das rationale Erkennen und das emotionale Reagieren. Davon unabhängig kann die gestalterische Qualität eines Bildes über die Kenntnisse der Bildgestaltung, der Farbgestaltung und der Anwendung der künstlerischen Mittel analysiert werden. Offen bleibt nun noch die Frage nach dem Zweck eines Bildes: Warum und wofür wurde ein Bild geschaffen und erfüllt es den gewünschten oder notwendigen Zweck? Ob es im Sinne von richtig und falsch ein »richtiges Bild« oder ein »falsches Bild« ist, hängt nur vom Bildinhalt und nicht von der Bildqualität ab. Sowohl Bilder, die für ein Thema richtig, als auch Bilder die für ein Thema falsch sind, können gute oder schlechte gestalterische Qualitäten haben. So kann ein Bild in hervorragender Qualität wegen des ungeeigneten Inhaltes (im Moment) ungeeignet sein, während ein Bild mit mittelmäßiger Qualität genau zum geforderten Thema paßt und damit das geeignete, das richtige Bild ist. Jeder Bildautor kann seine Bilder natürlich auch mit Titeln oder Texten versehen und sie damit im inhaltlichen Sinn zum »richtigen« Bild machen. Titel sind oftmals nur eine Analogie, da sie nicht selten nur beschreiben was der Betrachter sowieso schon sieht (etwa der Titel »Farbige Fässer« für Bild 13). Andererseits können Titel Hinweise auf den Aufnahmeort, das Aufnahmeland und/oder das Motiv geben. Etwa zu Bild 7 und 10: in der Toskana, zu Bild 1 und 14: in Kanada oder für die Bilder 2 und 3: Kindergarten in Rosario, Fuerteventura.

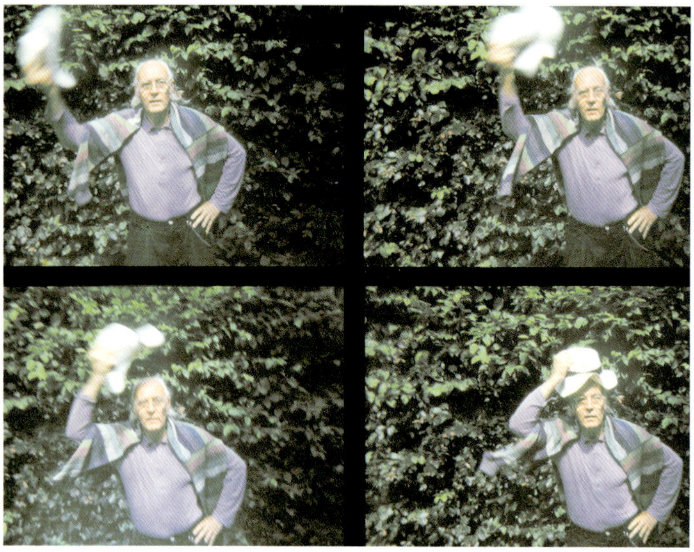

Action sampler Foto von Eva Witter

Biographie Harald Mante

	Geboren 1936 in Berlin
1950–54	Lehre als Schildermaler
1957–61	Stipendium an der Werkkunstschule Wiesbaden, Klasse Malerei bei Vincent Weber, Heinz-Rudi Müller, Oskar Kolb
1960	erster Kontakt mit dem Medium Fotografie
1961	erste Preise, Medaillen und Auszeichnungen
1961–67	Dozent für Fotografie an der VHS in Wiesbaden und Mainz
1964	dreimonatige Fotoreise nach Irland
ab 1965	freischaffender Foto-Designer mit Reisen nach Irland, Portugal, Spanien, Italien, Ostafrika, England, USA, Kanada, Neuseeland u.a. Länder
1967–71	Lehrauftrag für Fotografie an der Werkkunstschule Wiesbaden
1969	Lehrbuch »Bildaufbau«, Lizenzen in fünf Sprachen
1971	Lehrbuch »Farbdesign«, Lizenzen in vier Sprachen
1973	vierwöchige Englandreise mit Vorträgen und Workshops an 6 Hochschulen für Fotografie
1974	Auf eigenen Wunsch Versetzung an die Fachhochschule Dortmund, Fachbereich Design, Studienrichtung Fotodesign, Lehrgebiet: freie und experimentelle Farbfotografie
1975	Lehrbuch »Farbe und Form«
1976	Ernennung zum Professor
1978	Gastprofessur an der University of Sascatchewan in Saskatoon, Kanada
1980	Lehrbuch »Farbig sehen und gestalten«
1980–85	Arbeit an Länderbildbänden über Toskana/Umbrien, Florenz, Österreich, Kanada und Irland
1986	Lehrbuch »Objektive kreativ nutzen« (mit Co-Autor Josef H. Neumann)
1987	Monographie »Kompositionen«
1988	Beginn der Schwarzweissarbeit »Bildräume – Diaphane Metamorphosen von Schlössern in Europa« zusammen mit Eva Witter (Katalog, acht Ausstellungen)
1988	Lehrbuch »Filme kreativ nutzen« (mit Co-Autor Josef H. Neumann)
1989	Video-Dokumentation über Lehre und freie Arbeit in der Reihe »Technics of the masters«, Kodak USA
1994	Projekt »Irland nach 30 Jahren« Dekan des Fachbereichs Design der Fachhochschule Dortmund
1996	Lehrbuch »Motive kreativ nutzen«
2000	Lehrbuch »Das Foto – Bildaufbau und Farbdesign«
	Seit 1965 zahlreiche Einzelausstellungen und Ausstellungsbeteiligungen im In- und Ausland

Sachwortverzeichnis